दादी जानकी द्वारा चुने गए हीरे मोती

ज्ञान मार्ग में श्रेष्ठ पुरुषार्थ कराने का एक सफल प्रयास

और

जन-सामान्य के लिए सांसारिक जीवन में बेहतरी प्रदान करने हेतु मार्गदर्शन

'दादी जानकी द्वारा चुने गए हीरे मोती' की तारीफ

➤ मानव मन में प्रवाहित विचारों को पवित्र करने एवं सकारात्मक विचार उत्पन्न करने में यह पुस्तक अपना बहुमूल्य योगदान देती है। पुस्तक मनुष्य जीवन को श्रेष्ठ बनाने में उपयोगी है।

—डॉ. डी.पी., न्यायमूर्ति (सुप्रीम कोर्ट)

➤ दादी जानकी की पुस्तक में जो भी ज्ञान की बातें हैं वे सचमुच हीरे मोती हैं, जो मनुष्य के अंधकारमय पथ को आलोकित कर पाने में कारगर सिद्ध होंगी। इस पुस्तक में जीवन में खुशियाँ लाने के अनेक उपाय बताए गए हैं।

—बाल स्वरूप राही

➤ इस पुस्तक में विश्व प्रसिद्ध वक्ता एवं जानकी फाउंडेशन की अध्यक्ष दादी जानकी के प्रवचनों की जो गूढ़तम शिक्षाएँ है वह सरलतम भाषा में दी गई हैं। इनके ज्ञान को आत्मसात कर हर मनुष्य अपने जीवन के दुखों से मुक्ति पा सकता है।

—ब्रह्माकुमारी सुदेश बहन
(55 वर्ष पूर्व मुरारी लाल त्यागी की रूहानी शिक्षक, जो अब विदेश सेवा में हैं)

➤ ब्रह्माकुमारी दादी जानकी के प्रवचनों की यह पुस्तक 'दादी जानकी द्वारा चुने गए हीरे मोती' प्रत्येक मनुष्य के जीवन में सुख, शांति, प्रेम व भाई चारे की भावना को स्थापित करने में पूर्णत: सफल है।

—अशोक चक्रधर

➤ विश्व के विभिन्न देशों में अपने ज्ञानपूर्ण ओजस्वी व्याख्यानों से मनुष्य के हृदय में ज्ञान का संचार करने वाली दादी जानकी के प्रवचनों के संकलन पर आधारित यह पुस्तक सभी के जीवन को नई दिशा देकर सुख, शांति व उल्लासमय बना सकती है।

—ब्रह्माकुमारी सरला बहन रानी बाग सेवा केंद्र, दिल्ली

➤ वर्तमान में मनुष्य का जीवन अनेक दुखों से कष्टमय होता जा रहा है। खुशियाँ मनुष्य के जीवन से दूर होती जा रही हैं। इस तरह के

वातावरण में यह पुस्तक 'दादी जानकी द्वारा चुने गए हीरे मोती' प्रत्येक मनुष्य के मन की विकृतियों को दूर कर सुख, शांति एवं सकारात्मक विचारों से ओत-प्रोत करने में अपनी महत्त्वपूर्ण भूमिका निभाती है।

–दिनेश वर्मा
निदेशक, गुल्लीबाबा पब्लिशिंग हाउस प्रा.लि.

दादी जानकी द्वारा चुने गए हीरे मोती

ज्ञान मार्ग में श्रेष्ठ पुरुषार्थ कराने का एक सफल प्रयास

और

जन-सामान्य के लिए सांसारिक जीवन में बेहतरी प्रदान करने हेतु मार्गदर्शन

बी.के. डॉ. मुरारीलाल त्यागी
सम्पादक कल्पान्त

GPH BOOK ™

गुल्लीबाबा पब्लिशिंग हाउस प्रा. लि.
आई.एस.ओ. 9001 एवं आई.एस.ओ. 14001 प्रमाणित कं.
दिल्ली-त्रिनगर एवं दिल्ली-दरियागंज से प्रकाशित

प्रकाशक

गुल्लीबाबा पब्लिशिंग हाउस (प्रा.) लिमिटेड,
पंजीकृत कार्यालय: 2525/193, प्रथम तल, ओंकार नगर-ए त्रिनगर,
दिल्ली-110035, (कन्हैया नगर मेट्रो से ओल्ड बस स्टैंड की तरफ)
दूरभाष: 09350849407, 09312235086
शाखा कार्यालय: 1A/2A, 20, हरि सदन, अंसारी रोड, दरियागंज,
नई दिल्ली-110002, दूरभाष: 23289034,
के साथ विश्वसनीय व्यवस्था के अंतर्गत प्रकाशित

प्रथम संस्करण : 2016

मूल्य : ₹160/-

ISBN : 978-93-83921-82-9

सर्वाधिकार सुरक्षित

इस पुस्तक में व्यक्त विचार एवं मंतव्य लेखक के हैं और इसमें वर्णित लेखों, तथ्यों और कथनोपकथनों एवं इस्तेमाल किये गये स्रोतों की प्रामाणिकता के लिए लेखक जिम्मेदार है और इस पुस्तक के सर्वाधिकार (कॉपीराइट) एक मात्र लेखक के पास हैं, इस पुस्तक में प्रयोग किए गए चित्रों तथा उनके प्रयोग हेतु प्राप्त की गई अनुमति के लिए लेखक उत्तरदायी है। प्रकाशक किसी भी रूप में इसके लिए उत्तरदायी नहीं होगा। प्रकाशक और लेखक की लिखित अनुमति के बिना इस पुस्तक को पूरी तरह अथवा आंशिक तौर या किसी भी अंश को छायाप्रति, रिकॉर्डिंग अथवा इलेक्ट्रॉनिक अथवा ज्ञान के किसी भी संग्रह या पुन: प्रयोग की किसी भी प्रणाली द्वारा प्रेषित, प्रस्तुत अथवा पुनरुत्पादित न किया जाए।

टाइपसेट और आवरण सज्जा: गुल्लीबाबा पब्लिशिंग हाउस प्राइवेट लिमिटेड, नई दिल्ली
मुद्रण: अनीस प्रिंटर्स, दिल्ली

यदि आप अभी तक ब्रह्माकुमारीज के संपर्क में नहीं आ सके हैं, तो कृपया निम्नलिखित शब्दावली को ध्यानपूर्वक पढ़ लें ताकि आपको पुस्तक में लिखे हुए विवरण समझने में कठिनाई न हो।

शब्दार्थ

	शब्द		अर्थ
(1)	शिवबाबा/बाबा	=	परमात्मा
(2)	ड्रामा	=	सृष्टिचक्र
(3)	ब्रह्माबाबा	=	निराकार शिवजी जिसे तन का आधार मिला
(4)	संगमयुग	=	संधिकाल
(5)	शांतिधाम	=	(ब्रह्मलोक)
(6)	लौकिक	=	देह संबंध
(7)	फरिश्ते	=	देवदूत, पारदर्शी शरीर
(8)	वृत्ति	=	दृष्टिकोण, नजरिया
(9)	श्रीमत्	=	श्रेष्ठमत
(10)	दिलाराम	=	दिल के राज को जानने वाला, दिल को आराम देने वाला राम
(11)	वर्सा	=	जायदाद, संपत्ति
(12)	सर्व संबंधों	=	माता, पिता, बंधु, सखा, स्वामी परमात्मा है।
(13)	लाइट	=	प्रकाश (हल्का)
(14)	माईट	=	शक्ति (परमात्मा की शक्ति)
(15)	बादशाही	=	वर्सा, जायदाद
(16)	पार्ट	=	पात्र (इस धरती पर शरीर रूपी वस्त्र पहन कर आत्मा अपना पात्र कर रही है।
(17)	आत्मा	=	ज्योतिर्बिंदु,
(18)	भाई-भाई की दृष्टि	=	पवित्र दृष्टिकोण
(19)	पढ़ाई पढ़ना	=	ज्ञान रूपी पढ़ाई पढ़ना (आत्मा की उन्नति के लिए)
(20)	पुरुषार्थ	=	effort आंतरिक या मानसिक रूप में अपने को सशक्त करना।

(21)	साक्षी	=	अपनी आँखों से सामने देखना।
(22)	ग्लानि	=	निंदा
(23)	पार्टधारी	=	अभिनयकर्त्ता
(24)	अतीइंद्रिय सुख	=	इंद्रियों से परे (आत्मा का) सुख
(25)	साकार बाबा	=	(ब्रह्मा बाबा)
(26)	राजयोग	=	राजाओं का राजा बनने का योग
(27)	रीस	=	(तुलना)
(28)	सतकर्म	=	अच्छेकर्म
(29)	दिलीशिकस्त	=	मन से हार मान लेना, हीनभावना रखना।
(30)	मूँझना	=	संशय, भ्रमित होना
(31)	सतोप्रधान	=	संपूर्ण स्टेज (आत्मा के सातो गुणों की प्रधानता)
(32)	रजोप्रधान	=	राजसी संपन्नता के गुणों की प्रधानता
(33)	तमोप्रधान	=	काला, तामस, आत्मा में अवगुणों की प्रवेशता
(34)	ज्ञान का मंथन	=	ज्ञान का मनन चिंतन फिर मंथन, मंथन से निकलता है मक्खन
(35)	माया	=	आत्मा पर पाँच विकारों का प्रभाव, कमजोर संकल्प
(36)	अत्यभिचारी याद	=	केवल एक परमात्मा की ही याद
(37)	अनासक्त वृत्ति	=	कोई भी व्यक्ति, वस्तु, वैभव में आकर्षण न हो या आँख न डूबे, प्रभावित न हो
(38)	प्रालब्ध	=	प्राप्ति
(39)	मूलवतनवासी	=	परमधाम वासी (आत्मार्थ और परमात्मा के रहने वाले)
(40)	बीजरूप अवस्था	=	बिंदु रूप अर्थात् जैसे वृक्ष के बीज में सब कुछ समाया हुआ होता है ऐसे आत्मा सारे गुणों से भरपूर
(41)	घर जाना	=	परमधाम जाना
(42)	कर्मातीत	=	कर्मों के प्रभाव से परे
(43)	मम्मा	=	माँ
(44)	शूद्रों	=	सभी विकारों, बुराईयों से ग्रसित
(45)	स्वदर्शन चक्र फिराना	=	चारों युगों के बारे में जानना, उसमें रमण करना

(46)	मधुबन	=	मधु+बन = मधु अर्थात् मधुरता, बन अर्थात् तपस्या क्षेत्र
(47)	अलबेला	=	अनोखा
(48)	निर्वाण धाम	=	परमधाम
(49)	सूक्ष्म वतन	=	ब्रह्मा विष्णु शंकर पुरी
(50)	देही अभिमानी	=	आत्मा अभिमानी

आभार

प्रारंभ—मैं इस पुस्तक के प्रकाशन के लिए ब्रह्मा कुमारीज ईश्वरीय विश्वविद्यालय के प्रति आभार व्यक्त करता हूँ जिससे कई दशकों से जुड़ीं दादी जानकी के पवित्र विचारों को पुस्तकाकार देने की मुझे प्रेरणा मिली। यह पुस्तक हालाँकि मैंने बहुत पहले प्रकाशित करवाई थी। जिसे आस्थावान पाठकों ने बहुत पसंद किया था। मेरी बहुत इच्छा थी कि उस पहले प्रकाशित पुस्तक का दूसरा संस्करण इस तरह से प्रकाशित हो कि भाषा की सरलता रहे, ताकि आस्थावान पाठकों को शीघ्रता से दादी जानकी की बातें समझ में आ सकें। जैसाकि दादी जानकी जी ने अपने प्रवचनों में अंग्रेजी भाषा का भी कहीं-कहीं प्रयोग किया है। इस संस्करण में उन अंग्रेजी शब्दों को जो कठिनतर हैं हमने हिंदी में रूपांतरित करके उनकी बातों को सरलता से प्रस्तुत करने का प्रयास किया है। हाँ, अंग्रेजी के चलताऊ शब्द जो आम बोलचाल में प्रयोग होते हैं उनको हिंदी में प्रस्तुत नहीं किया है।

दादी जानकी के प्रवचनों की यह पुस्तक (भाग-1) निश्चित रूप से पाठकों के मन के विकारों को दूर कर उन्हें सुख-शांति प्रदान करने के साथ ही मन में उत्साह व उल्लास भरते हुए सकारात्मक जीवन जीने में मददगार होगी। मैं पत्रकार एवं उपन्यास-कहानी लेखक हूँ। इस विद्या पर मेरी अनेक पुस्तकें प्रकाशित हुई हैं। परंतु आत्मिक ज्ञान प्राप्त कर मनुष्य जीवन की कायापलट करने वाली पुस्तकों की श्रेणी में मेरी यह पहली पुस्तक है। जिसका संशोधित संस्करण आपके हाथों में है।

यद्यपि दादी जानकी के गूढ़तम विचारों से ओत-पोत उनके प्रवचन की भाषा आम पाठकों की समझ से परे थी परंतु गुल्लीबाबा पब्लिशिंग हाउस, त्री नगर, नई दिल्ली की कुशल संपादकीय टीम ने अपने अथक प्रयासों से भाषा को सरल बनाकर समझने योग्य बनाया। इस पुनीत कार्य के लिए मैं पब्लिशिंग हाउस के निदेशक श्री दिनेश वर्मा एवं उनके पिताजी श्री महेश चन्द जी के प्रति आभार व्यक्त करता हूँ। मैं समाज के सभी वर्गों के नागरिकों व बुद्धिजीवियों के प्रति भी आभार व्यक्त करता हूँ जिन्होंने इस पुस्तक के प्रकाशन में मुझे भरपूर सहयोग दिया।

मैं लॉरेंस रोड ब्रह्माकुमारी सेंटर व्यवस्थापिका ब्रह्माकुमारी लक्ष्मी बहन तथा ब्रह्माकुमारी तन्नू बहन एवं ब्रह्माकुमारी सुनीता बहन का आभारी हूँ, जिन्होंने अपने बहुमूल्य सुझाव देकर इस पुस्तक को और अधिक प्रेरक एवं जीवनोपयोगी बनाने में सहायता प्रदान की।

बी.के. डॉ. मुरारीलाल त्यागी द्वारा संकलन
संपादक कल्पान्त

समर्पण

शुद्ध संकल्प, शुभ भावना से मन के साथ-साथ वायुमंडल भी पावन बनता है। दादी जानकी के हर शब्द 'हीरे-मोती' तुल्य हैं। इसकी चमक समाज के प्रत्येक व्यक्ति के मन का विकार दूर कर सकी तो यह संकलन एक सार्थक प्रयास सिद्ध हो सकेगा। समाज के हर वर्ग के लिए जीवन संवारने वाले अनगिनत 'हीरे-मोती' समर्पित हैं।

आत्मोत्कर्ष की ओर ले जाने वाली महान विभूति: दादी जानकी

100 वर्ष की आयु प्राप्त कर लेने वाली दादी जानकी का जन्म सन् 1916 में हैदराबाद (दक्कन) में हुआ था। बचपन से ही ईश्वर के प्रति गहन आस्था रखने वाली दादी जानकी ने 14 वर्ष की आयु तक स्कूली शिक्षा प्राप्त की तथा उसके पश्चात् परिवार वालों ने एक संपन्न घराने में उनका विवाह कर दिया। किंतु सांसारिक जीवन से लगाव न होने के कारण तथा ईश्वरीय प्रेरणा से वे 21 वर्ष की अवस्था में 'ओउम् मंडली (वर्तमान में 'ब्रह्माकुमारीज')' में सम्मिलित हो गईं। उनकी अंत:-प्रेरणा ने उन्हें यह ज्ञान प्रदान किया कि अपना जीवन दूसरों के कल्याणार्थ लगाने में जो सुख है, वह सांसारिक सुख-साधनों को जुटाने के लिए किए गए प्रयासों में नहीं है। इसी विचारधारा ने उन्हें दूसरों के कल्याण हेतु आध्यात्मिक सेवा में लगा दिया।

"आज विश्व में चारों तरफ़ लालच, वैमनस्यता, स्वार्थ और धन-लोलुपता का वातावरण दिखाई देता है। नीचे से लेकर ऊपर तक, व्यक्ति से लेकर समाज, क्षेत्र, राज्य, राष्ट्र तथा विश्व, किसी भी स्तर पर देखें-सभी कहीं न कहीं अपना प्रभाव स्थापित करने की होड़ में लगे हुए हैं। पर, क्या ऐसा हो पाता है? शायद नहीं, क्योंकि मानव की लालसा में उत्तरोत्तर वृद्धि होती जाती है, और इसी मृग-तृष्णा में उसका संपूर्ण जीवन समाप्त हो जाता है, तथा जिस परम उद्देश्य तथा परम लक्ष्य की प्राप्ति के लिए वह संघर्षरत रहता है, वह उसे प्राप्त नहीं हो पाता है। क्यों?

"इसका एक मात्र उत्तर है, कि वह स्वयं नहीं जानता है कि उसका परम लक्ष्य है क्या? जिन उपलब्धियों के लिए वह दिन-रात प्रयासरत रहता है, वे वास्तव में एक सीमा तक सांसारिक सुख-साधन तो दे सकतीं हैं, किंतु एक अलौकिक शांति एवं चिरस्थायी सुख की अनुभूति नहीं। यह सुख अधिकाधिक धनोपार्जन या क्षेत्र विस्तार से नहीं, बल्कि जीवन-मूल्यों की स्थापना से प्राप्त होगा। जो सुख देने में है, वह लेने में नहीं। जो आत्मिक सुख किसी

ज़रूरतमंद की ज़रूरत पूरी करने से प्राप्त होता है, वह किसी को प्रताड़ित करके उसकी संपत्ति छीन लेने से प्राप्त नहीं होगा। आज मनुष्य नश्वर जगत की क्षणिक सुख देने वाली वस्तुओं की प्राप्ति में शांति खोज रहा है, तो कैसे मिल सकती है उसे परम शांति? कैसे हो सकती है उसे परम सुख की अनुभूति?" ये विचार हैं 'ब्रह्मा कुमारीज' दादी जानकी के।

आज दादी जानकी के प्रवचन विश्व-व्यापी बनकर विश्व शांति के लिए जन-जागरण की दुंदुभी बजा रहे हैं। उनके आध्यात्मिक जीवन का अनुभव उनके प्रवचनों के रूप में अपनी पहुँच की सीमा तक यत्र-तत्र-सर्वत्र मानव मन के विकारों को दूर करके सच्चे सुख की प्राप्ति के लिए न केवल प्रेरित कर रहा है, बल्कि अपने ईश्वरीय प्रभाव से संपर्क क्षेत्र में आने वाले मनुष्यों को श्रेष्ठ व सार्थक जीवन जीने की राह पर लगाकर एक पवित्र कार्य कर रहा है। उन्होंने अपने जीवन में सक्रिय रूप से जाति-प्रथा की बुराइयों को दूर करने एवं महिला सशक्तीकरण के क्षेत्र में अधिकाधिक प्रयास किया है। उन्होंने अपने प्रवचनों के माध्यम से जन-जीवन में सकारात्मक सोच की जो पवित्र गंगा प्रवाहित की है, उससे समाज में एक आध्यात्मिक चेतना का प्रादुर्भाव हुआ है तथा तीव्र गति से इसका विस्तार हुआ है। उनके प्रवचनों से उनकी इस उत्कृष्ट भावना का स्पष्ट पता चलता है कि उनके मन में आज की वैश्विक स्थिति को देखकर कितनी पीड़ा है। विश्व-शांति के लिए उनके हृदय की व्याकुलता उनके प्रवचनों में स्पष्ट दिखाई देती है।

कहते हैं कि आज जिस वैश्विक व्यवस्था को हम सर्वत्र देख रहे हैं, जिसमें प्राचीन संस्कृति एवं आध्यात्मिकता का कोई स्थान नहीं है, वह पाश्चात्य देशों की देन है, लेकिन उन्हीं पाश्चात्य देशों में ब्रह्माकुमारीज संस्था की राजयोगिनी दादी जानकी ने अध्यात्म की पवित्र जल-धारा प्रवाहित कर वहाँ के जन-मानस को ईश्वरीय आनंद से अभिभूत कर दिया है। उसके पश्चात् तत्कालीन मुख्य प्रशासिका दादी प्रकाशमणि के अव्यक्त हो जाने के पश्चात् वर्ष 2007 से दादी जानकी मुख्य-प्रशासिका का पद-भार सँभाल रहीं हैं। संयुक्त राष्ट्र के कई सम्मेलनों में आध्यात्मिक कार्यक्रमों में प्रतिष्ठित वक्ता रहीं 'दादी जानकी' को सहज राजयोग तथा अध्यात्म के क्षेत्र में उच्च स्थिति प्राप्त करने के कारण ब्रिटिश संसद ने 23 जुलाई, 2014 को 'भारत गौरव' लाइफ टाइम अचीवमेंट अवार्ड से सम्मानित किया तथा जर्मनी में टैक्सास यूनिवर्सिटी के वैज्ञानिकों ने 'मोस्ट स्टेबल माइंड इन द वर्ल्ड' की उपाधि प्रदान की।

दादी जानकी का कहना है कि मनुष्य इस पृथ्वी का सर्वश्रेष्ठ प्राणी है, किंतु जब उसका मन कलुषित विचारों का घर बन जाता है, तब उसकी श्रेष्ठता पर कलुषित विचारों की कालिमा का आवरण चढ़ जाता है और उसकी चमक धूमिल पड़ जाती है। उनका कहना है कि मनुष्य यह जानता है कि विश्राम एवं निद्रा के लिए उसके शरीर की माप का स्थान ही पर्याप्त होता है, किंतु फिर भी वह अधिक से अधिक स्थान घेरने के प्रयास में दिन-रात एक कर देता है। आज मनुष्य की यह प्रवृत्ति बन चुकी है कि वह इस संसार की विलासिता पूर्ण वस्तुओं की प्राप्ति के लिए हर समय लालायित रहता है, जबकि वह जानता है कि इनमें से कुछ भी स्थायी नहीं है। स्वयं उसका अपना जीवन भी स्थायी नहीं है, जिसके लिए वह इतनी आपा-धापी में लगा रहता है। दादी जानकी अपने प्रवचनों के माध्यम से मनुष्य की हर उस बुराई पर प्रहार करतीं हैं, जो उसे अच्छाई और चिर-शांति से दूर ले जाती है। मनुष्य को उसके जीवन-लक्ष्य के मार्ग पर लगाना दादी जानकी के प्रवचनों का मुख्य विषय होता है।

दादी जानकी कहतीं हैं कि मनुष्य अपने अमीर होने पर गर्व करता है तथा उसी अमीरी के बल पर स्वयं को अपने गरीब भाई-बंधु एवं साथियों से श्रेष्ठ मानता है तथा उनके साथ हेय व्यवहार करता है। क्या धन आ जाने पर वह यह भूल जाता है कि कल उसके पास यह धन नहीं था? जिस प्रकार कल नहीं था, आज है, हो सकता है कि कल फिर न रहे। क्या तब भी उसका व्यवहार ऐसा ही रह सकेगा? बदलती परिस्थितियों के साथ उसे भी बदलना ही पड़ेगा, क्योंकि उसने स्थायी मार्ग को तो अपनाया ही नहीं है। उसने तो उस मार्ग का अनुसरण किया है, जो पल-पल रंग बदलता है। यदि जीवन में स्थायित्व चाहिए, शांति चाहिए, तो आवश्यक है कि उस मार्ग का चयन करें, जो स्थायी सुख दे, स्थायी शांति दे। कुत्सित विचारों का त्याग करें तथा अपने मन-मस्तिष्क में सुविचारों को प्रवाहित करें। फिर देखिए, आपके चारों तरफ खुशियाँ ही खुशियाँ दिखाई देंगीं। आप एक चिरंतन सुख का अनुभव करेंगे।

दादी जानकी द्वारा चुने गए हीरे मोती

विषय-सूची

दो शब्द	xxiii
सम्पादक की कलम से...	xxv
(1) सुस्ती को कैसे जीतें? सुस्ती से क्या नुकसान? (08-08-84)	1-4
(2) संसार कितने हैं? उनका विस्तार क्या है? (15-08-84)	4-7
(3) ज्ञान गंभीर बनाता और योग से नम्रता आती है (17-08-84)	7-10
(4) समर्पित भाईयों की भट्ठी में दादी जी-प्रथम (17-08-84) (लंदन में)	10-13
(5) समर्पित भाईयों की भट्ठी में दादी जी-द्वितीय (18-08-84)	14-17
(6) लास्ट आते भी फास्ट जाने का पुरुषार्थ क्या है? उत्तम पुरुषार्थी कौन? (02-09-84)	17-20
(7) ब्राह्मणों की प्रकृति दासी कैसे होती है? प्रकृति दासी किसको कहेंगे? (13-09-84)	20-23
(8) राज्यपद पाने के लिए विशेष पुरुषार्थ तथा निशानियाँ (22-09-84)	24-27
(9) पढ़ाई का आधार-आज्ञाकारी, ईमानदार और वफादार (देहली में टीचर्स के मध्य) (23-09-84)	27-30
(10) बच्चों का फर्ज, माँ-बाप की पालना का रिटर्न देना (15-11-84)	30-34
(11) प्रेरणा योग्य बनने के लिए तीन बातों का पुरुषार्थ (1) अनासक्त वृत्ति (2) नष्टोमोहा और (3) निद्राजीत (16-11-84)	34-37
(12) निर्बंधन ब्राह्मणों को 4 प्रकार के बंधन (1) बाबा का (2) ड्रामा का (3) दुनिया वालों का (4) अपने पुरुषार्थ का (18-11-84)	37-41
(13) शक्ति प्राप्त करने का साधन-ज्ञान, प्रेम और पवित्रता (लंदन की डाक से) (21-11-84)	41-44
(14) समर्पण होने के बाद पुरुषार्थ की शुरुआत, जब तक समर्पण नहीं तब तक पुरुषार्थ नहीं (09-01-85)	44-47

(15) सत्यता के आधार से मधुरता आती, मधुरता भी बहुत बड़ा गुण है (14-01-85)	47-50
(16) एकरस स्थिति बनाने के लिए वरदानों को स्मृति और खजाने का सिमरण (16-01-85)	51-54
(17) अंतर्मुखता से अपनी संपूर्ण स्टेज को समीप लाओ (19-01-85)	54-55
(18) धर्म ग्लानि के साथ-साथ लोगों को धर्म से ग्लानि (20-01-85)	56-57
(19) ईश्वरीय परिवार से स्नेह युक्त संबंध भी पास होने का आधार (21-01-85)	57-59
(20) अंतर्मुखी व्यर्थ संकल्पों की कम्प्लेन से मुक्त हो सकता है। (23-01-85)	59-61
(21) ड्रामा के ज्ञान (नॉलेज) से सहन शक्ति आती, सहन शक्ति वाला सदा प्रसन्नचित रहता है (28-01-85)	61-64
(22) राजयोगी वह जो न कभी कनफ्यूज हो, न अपसेट हो, न डिस्टर्व हो (04-02-85)	64-67
(23) सच्ची साधना क्या है? याद की साधना आत्मा को पवित्र बनाती है (05-02-85)	67-70
(24) खुशी गुम होने का कारण है-किसी भी विनाशी वस्तु या व्यक्ति से लगाव (15-02-85)	71-74
(25) बुद्धिवान वह जो न दुख दे न दुख ले, कम बुद्धिवाला दुख देता, दुख महसूस करता (16-02-85)	74-77
(26) वृत्ति को अनासक्त बनाओ तो प्रकृति दासी हो जायेगी (06-04-85)	77-80
(27) वाणी का महत्त्व : गुस्से के बोल कायर बनाते, बहादुर नहीं (30-10-85)	80-83
(28) सच्चे ब्राह्मण वह जो स्वच्छ, पवित्र और पावन हैं (तीनों में अन्तर) (08-12-85)	83-86
(29) छोटेपन की ईर्ष्या और जवानी की ईर्ष्या (10-12-85)	87-90
(30) हमारी मन्सा पावन बनी है तो उसका सबूत है कर्म में दैवीगुणों का साक्षात्कार हो (26-01-86)	90-93
(31) गोल्डन जुबली में दादी जी द्वारा सुनाये हुए गोल्डन महावाक्य (10-02-86)	93-96
(32) ईश्वरीय स्नेह की शक्ति बहुत बड़ी शक्ति है, वह हमें सम्पूर्ण और संपन्न बना ही देगी-सिर्फ स्नेही बनो (18-02-86)	96-99
(33) कल्याणकारी बनने के लिए मास्टर भोलानाथ बनना है (20-02-86)	99-102

(34) लाइट रहने से अधीनता छूट जाती है, लाइट रहो तो
फरिश्ता से देवता बन जाएँगे (22-02-86)   102-105

(35) शुद्ध संकल्पों में रमण करने वाला ही सच्चा
सेवाधारी है (02-03-86)   105-108

(36) विचारों के परिवर्तन से विवेक खुलता है, आत्मा अनुभवी
बनती जाती है विचार, विवेक और अनुभव (11-03-86)   108-111

(37) सारे ज्ञान का सार है—मनमनाभव, मन भगवान में लगा
दो तो तन और धन उसके पीछे-पीछे लग ही जाएगा
(16-03-86)   111-114

(38) योग से विकर्म विनाश हुए हैं-उसका प्रमाण है संस्कार
स्वभाव में परिवर्तन (16-03-86)   114-116

(39) माया को शत्रु जान परमात्मा को मित्र बनाएँ अपने ऊपर
मैत्री कृपा करो (01-01-87)   116-119

(40) देह दान तो छूटे ग्रहण, ज्ञान दान देने के पहले विकारों
का दान बाप को दो (03-01-87)   119-123

(41) ज्ञान सोप से बुद्धि को स्वच्छ बनाओ तो बाप से प्रीत
जुटे (05-01-87)   123-126

(42) मन्सा-वाचा-कर्मणा तीनों से एक साथ सेवा करो तो
थकावट नहीं होगी (07-01-87)   126-129

(43) कर्मों की गुह्य गति को जानने वाले ही बेहद की
बादशाही लेने के अधिकारी बन सकते हैं (09-01-87)   130-133

(44) ब्रह्मचर्य का पालन करने वाले ही ब्रह्मा के महावाक्य
सुना सकते हैं (11-01-87)   133-136

(45) पूजनीय बनना है तो प्रवृत्ति में रहते पक्के ब्राह्मण बनो
गीता पाठशाला के निमित्त भाई-बहिनों के साथ
(14-01-87)   136-139

(46) शुद्ध संकल्प, शुभ भावना से वायुमंडल बहुत सुंदर बनता,
परचिंतन, अशुद्ध संकल्प वायुमंडल को भारी बना देता
(15-01-87)   140-143

(47) श्रीमत कहती है-सदा शीतल-शांत रहकर सेवा करो,
कम्पिटिशन में न आओ (16-01-87)   143-146

(48) बाप का प्यार लेने के लिए न कभी किसी की शिकायत
(कम्पलेन) करो, न आपकी कोई शिकायत (कम्पलेन)
करे। (17-01-87)   146-149

(49) मन का गुण है मोहित होना, मन बाबा से लगा दो तो
धन और तन उधर लग ही जाएगा (20-01-87)   149-152

(50)	मर्यादा पुरुषोत्तम बनने के पहले अहिंसक बनो-दुख देना, दुख लेना भी बहुत बड़ी हिंसा है (21-01-87)	153-156
(51)	मनमत परमत बहुत धोखेबाज है, श्रीमत है धोखे से छुड़ाने वाली (22-01-87)	156-159
(52)	आत्मा का ज्ञान बुद्धि में पक्का हो तो तन-मन के सब रोग दूर हो जाएँगे (23-01-87)	159-162
(53)	इच्छाओं का त्याग कर पढ़ाई पर ध्यान (अटेन्शन) दो तो लोभ-मोह से सहज ही मुक्त हो जाएँगे (24-01-87)	163-166
(54)	पावन बनने के लिए अन्तर्मुखी बनकर ज्ञान गंगा में खूब नहाओ, कान-नाक बन्द की डुबकी लगाओ (25-01-87)	166-169
(55)	सेल्फ रिस्पेक्ट में रहना है तो दूसरों के पार्ट से रीस मत करो (20-02-87)	169-172
(56)	लक्ष्य और लक्ष्यदाता को सदा सामने रखो तो श्रेष्ठ लक्षण स्वत: आ जाएँगे (23-02-87)	173-176
(57)	सूक्ष्म तथा मोटे पुरुषार्थ में अन्तर (कॉन्ट्रास्ट) (27-02-87)	176-179
(58)	सदा ध्यान रहे-किसी के गुण आकर्षित न करें और अवगुण की छाप न लगे (28-02-87)	179-182
(59)	फालतू (व्यर्थ) सोचने के बजाय असोचता बनो, व्यर्थ सोचना भी कर्मभोग है (22-02-87)	182-185
(60)	ज्ञान का सार बुद्धि में तब रहेगा-जब असार संसार की बातें बुद्धि से खत्म होंगी (23-02-87)	185-188
(61)	संगमयुग पर मान-अपमान व दुख-सुख के खेल में समान रहो तो बाप समान बन जाएँगे (25-03-87)	188-191
(62)	धर्मात्मा वह जो खुद से भी सच्चा, दुनिया से भी सच्चा और भगवान से भी सच्चा हो, झूठ का अंश मात्र न हो (27-03-87)	192-195

दो शब्द

मनुष्य अपने लिए स्वयं ही सुख-दुख को उत्पन्न करता है। सुख की चाहत में अक्सर वह दूसरों को दुख देने लग जाता है, तब दूसरा तो दुखी होता ही है, वह स्वयं भी अपना सुख जो पहले उसके पास था उसे भी गँवा बैठता है। वर्तमान में स्थिति यह है कि मनुष्य का लोभ दिन-प्रतिदिन बढ़ रहा है, उसके हिस्से में जो भी संपत्ति आ रही है, उसे उससे और अधिक पाने की चाहत होती है। वह दूसरे को स्वयं से अमीर देखकर ईर्ष्या भी करने लगा है। अर्थात् मनुष्य अपने दुखों से कम दुखी हो रहा है और दूसरों के सुखों से ज्यादा दुखी हो रहा है। दादी जानकी जी मनुष्य मन की भावनाओं की बड़ी सूक्ष्मता से परख करती हैं, तभी तो प्रस्तुत पुस्तक में हर उस बात की चर्चा करती हैं जिससे जीवन की खुशियाँ छिनती जाती हैं और समाज में बुराइयों की जड़ें मजबूत हो रही हैं। अपने प्रवचन में इन बातों की चर्चा करके वे मनुष्य के जीवन से छिनती जा रही खुशियों पर रोक लगाती हैं और अच्छाइयों का साम्राज्य स्थापित करने का वातावरण उत्पन्न करती हैं। दादी जानकी जी कहती हैं कि मन बड़ा ही चंचल होता है। हर पल बदलता रहता है, कभी कहीं तो कभी कहीं। मन यदि विचलित हो गया तो कई तरह की समस्याएँ उत्पन्न होती हैं, फिर मन अशांत हो जाता है। ऐसे में खुशियों की प्राप्ति अशांति दूर होने पर ही संभव है जिसके लिए बाबा के ज्ञान की आवश्यकता है।

मन की चंचलता अक्सर गलत बातों को अपने अंदर किसी कोने में बैठ जाने का निमंत्रण देने में पहल करती है परंतु जब बाबा की ज्ञान रूपी मशाल प्रज्वलित करते हैं तो उसकी ज्वाला मन की चंचलता और उसके दिए निमंत्रण को पल भर में जला डालने में सक्षम हो जाती है। मन रूपी बर्तन में समाने वाली ढेर सारी वस्तुएँ हमें मुफ्त में मिलती हैं, जैसे कि कटुवचनों की कड़वी गोलियाँ, ईर्ष्या की सुइयाँ, लोभ के लड्डू, झूठ के पापड़, क्रूरता का पदक, बहानेबाजियों के रसगुल्ले, धोखा के चमचमाते सिक्के, ठगी के आभूषण इत्यादि-इत्यादि। इन सारी वस्तुओं के समाने से पूर्व बाबा के ज्ञान की छोटी सी पोटली भी मन के खाली स्थान में रख दी जाती है तब वहाँ और किसी वस्तु के लिए जगह नहीं होगी।

दादी जानकी मनुष्य को सर्वश्रेष्ठ प्राणी का दर्जा देती हैं परंतु उनका

कहना है कि जब वह अपने मन में कलुषित विचारों को भर लेता है तब उसकी श्रेष्ठता कहीं गुम हो जाती है। मनुष्य की प्रवृत्तियों के बारे में वह कहती हैं कि मनुष्य इस नश्वर संसार में हर क्षणभंगुर चीजों की प्राप्ति के लिए लालायित-सा है। उसे पता है कि स्वयं के सोने के लिए अपने शरीर की लंबाई-चौड़ाई का स्थान ही पर्याप्त है परंतु वह कई शयनकक्ष बनवाता है अपने मकान को टू बेडरूम, थ्री बेडरूम कहकर उच्चारित करना अपनी शान समझता है। वह टू ध्यानकक्ष, थ्री ध्यानकक्ष इत्यादि नहीं उच्चारित करता, क्योंकि अपनी शयन क्रिया को वह ज्यादा महत्त्व देता है, इसलिए टू बेडरूम, थ्री बेडरूम उच्चारित करता है।

इस तरह से यह पुस्तक 'दादी जानकी द्वारा चुने गए हीरे मोती' मनुष्य की हर बुराइयों पर प्रहार करती है और उसे दूर कर अच्छाई ग्रहण करने का सरल समाधान बताती है। आज मनुष्य अपनी अमीरी पर गर्व करता है और अपने भाई-बंधुओं की गरीबी पर उनकी मदद न करके उनका मजाक उड़ाते हुए खुश होता है। उसने कागजी डिग्रियों से फाइलें भर रखी हैं लेकिन व्यावहारिक डिग्रियों को लोभ व ईर्ष्या के दीमक से चटवा रखने में कोई कोर-कसर नहीं छोड़ता, इसी कारण वह अपनी खुशियों को कैद कर रखा है और दुखों के जंजाल में फंसकर तड़फड़ा रहा है। दादी जानकी का कहना है कि यह सब मनुष्य के मन में समाई हुई गलत विचारों की शृंखला का कुप्रभाव है जो उसकी मनुष्यता पर बदनुमा धब्बा है। मनुष्य बाबा के ज्ञान की ज्वाला प्रज्वलित कर इन कुत्सित विचारों से मुक्त हो सकता है। मन में यदि सुविचारों का प्रवाह हो गया तो निश्चित रूप से मनुष्य का जीवन सुख-शांति से तो गुजरेगा ही उसके आगे का जन्म भी श्रेष्ठतम हो सकेगा। यदि मनुष्य अपने मन की भावनाओं को हमेशा पवित्र रखकर बाबा की ज्ञान ज्योति प्रज्वलित कर पाने में सफल हो जाए तो उसका जीवन न केवल सार्थक हो जाए, बल्कि उसके आस-पास हर जगह खुशियाँ ही खुशियाँ व्याप्त हो जाएँ।

संकलनकर्त्ता
डॉ. मुरारीलाल त्यागी

सम्पादक की कलम से...

यह पंक्तियाँ सुखमय जीवन का संदेश देती हैं–

ईर्ष्या नहीं आशा के दीप जलाओ,
शुभ भावना मन में रख आगे कदम बढ़ाओ।

दीपक की लौ हमें केवल रोशनी ही नहीं देती, बल्कि अंधकार से प्रकाश की ओर, नीचे से ऊपर की ओर उठने की प्रेरणा भी देती है। स्वयं जलकर, मिटकर दूसरों को राह दिखाकर औरों के लिए नि:स्वार्थ भाव से जीने का संदेश भी देती है। मनुष्य का जीवन पानी का बुलबुला है, जो जाने कब पलभर में अपना अस्तित्व खो बैठे। अत: क्यों न हम जीवन के क्षणों को बहुमूल्य मानें और पल-पल का सदुपयोग दूसरों के कल्याणार्थ करें। अपने स्वार्थ और लाभ की भावना का त्याग कर सदैव दूसरों के कष्ट को दूर करने के लिए मददगार बनें। महानता इस बात में नहीं कि दूसरों की गरीबी का मजाक उड़ाएँ और उनका शोषण कर स्वयं भौतिक सुख-साधनों की छत्र-छाया में ऐशो-आराम का जीवन जीएँ, बल्कि महानता यह होगी कि अपने सुखों का बलिदान कर दूसरों का दुख दूर करें, उनकी हर संभव मदद कर अपना जीवन सार्थक बनाएँ।

दादी जानकी के प्रवचनों की श्रृंखला न केवल मन को पवित्रता का छौंक भर देती है, बल्कि सार्थक जीवन जीने की कला भी सिखाती है। वह बेबाक शब्दों में कहती हैं, "अगर मंजिल पर पहुँचना है तो बाबा को अपना साथी बनाओ। ईश्वरीय परिवार का भी साथ हो। ज्ञान बुद्धि में हो, धारणा अच्छी हो, योग भी हो, संगठन का बल भी हो। बाबा में अटल निश्चय हो तो मंजिल पर पहुँचना कठिन नहीं बहुत सहज है। मंजिल ऊँची है, पर दूर नहीं दिखाई देती।" मैं स्वयं इस धारणा को आत्मसात करते हुए विगत 55 वर्षों से प्रजापिता ब्रह्मा कुमारीज ईश्वरीय विश्वविद्यालय से जुड़कर बाबा के अनमोल ज्ञान से अभिभूत हो सार्थक जीवन जीने की हर पल कोशिश में लीन हूँ। इसी का प्रतिफल है कि मुझे दादी जानकी के पावन प्रवचनों को संकलित कर समाज के हर वर्ग तक पहुँचाने की प्रेरणा मिली।

वर्तमान समय में अपराध की घटनाएँ अपने चर्मोत्कर्ष पर हैं। धन की लालसा मनुष्य को शैतान बनाती जा रही है। रिश्तों की डोर हर पल टूट रही है। बाबा कहते हैं–किसी भी प्रकार की हिंसा मन-वचन-कर्म से न हो।

अहिंसा की परिभाषा समझ लो तो किसी को दुख दे ही नहीं सकते। वास्तविकता तो यह है कि प्रत्येक हिंसा के पीछे हिंसा करने वाले का अपना स्वार्थ छुपा होता है, तो सबसे जरूरी यह है कि इस 'स्वार्थ' की ही हिंसा क्यों न कर ली जाए। न स्वार्थ रहेगा न किसी का लहू बहेगा।

पुस्तक का शीर्षक **'दादी जानकी द्वारा चुने गए हीरे-मोती'** की सार्थकता इस बात में है कि इसे पढ़ें तो गुनें भी, तभी हीरे-मोती को हासिल किया जाना संभव है। यह ऐसा हीरा-मोती है, जिसे पाकर आप इसे किसी तहखाने या बैंक लाकर में नहीं रख सकते, बल्कि इसकी चमक अपने पवित्र विचारों के तेज प्रवाह से देश, समाज और स्वयं के जीवन की हर बाधा को मिटा डालती है। पुस्तक में दादी जानकी के प्रवचनों से ली गई उन सारी समस्याओं का सरल भाषा में समाधान है जो प्रत्येक मनुष्य के जीवन की खुशियों को ग्रहण लग रहा है। यह पुस्तक आप सभी पाठकों के जीवन को सार्थक करे, मन के कुत्सित विचारों को पवित्र करे, काम, क्रोध, लोभ व मोह के बंधनों से मुक्त करे यही मेरी सद्इच्छा है।

दिनांक: 29 अगस्त 2015 (रक्षाबंधन)
स्थान: नई दिल्ली   बी.के. डॉ. मुरारीलाल त्यागी द्वारा संकलित
संपादक कल्पान्त

सुस्ती को कैसे जीतें? सुस्ती से क्या नुकसान? (08-08-84)

सुस्ती सभी में ऐसे है जैसे अहंकार। ऐसा कोई नहीं जिसमें सुस्ती न हो। एक तरफ तो हरेक की इच्छा है कि हम कुछ न कुछ जरूर करें परंतु सुस्ती करने नहीं देती। वैसे देखें तो बातें करने में सुस्ती नहीं होती, परंतु याद में जब बैठते या सेवा करने का संकल्प आता तो फट से सुस्ती आ जाती। अगर हम काम में बिजी हैं तो सुस्ती कभी नहीं आएगी, परंतु काम खत्म होने के बाद फिर सुस्ती आ जाएगी। कईयों को खाने में सुस्ती आती, परंतु सोने में नहीं आती। इसलिए बाबा ने मनसा-वाचा-कर्मणा, तीनों प्रकार की सेवा हमें दी है। यह सेवा हमें ही करनी है, दूसरों से नहीं करवा सकते। मनसा सेवा भी ब्राह्मण करेंगे, खाना भी स्वयं बनाएंगे, शूद्रों से नहीं बनवा सकते। तो स्वयं को ही सब कुछ करना है। हरेक चेक करें कि सुस्ती को हमने कितना जीता है। जब सुस्ती छूटे तब अमृत वेले का योग और क्लास कर सकें। स्कूल कॉलेज में जिनका पढ़ाई पर ध्यान रहता उन्हें सुस्ती कभी नहीं आती। तो हमारी भी यह पढ़ाई है, इसमें अगर सुस्ती आती है तो दुख नहीं करो, लेकिन उसको भगाने की कोई न कोई युक्ति ढूँढ़ लो।

"अगर आत्मा में पास होने का दृढ़ संकल्प है, सेवा करने का पूरा लक्ष्य है तो सुस्ती आ नहीं सकती। सेवा में भी थकना नहीं है। यथाशक्ति सेवा करनी है, नहीं तो उसमें चिड़चिड़ापन आ जाता है।"

अगर याद और सेवा में सफलता नहीं मिलती है तो भी सुस्ती आ जाती है। उसमें फिर मन और तन दोनों की सुस्ती आ जाती है। मन की सुस्ती बहुत ही खराब है। शरीर की सुस्ती आराम करने से दूर हो सकती है, परंतु मन की सुस्ती घुटका खिलाती है। तन की सुस्ती से झुटका आता है। मानसिक सुस्ती बहुत खराब है, उसके लिए अपने को सदा ही फ्रेश रखना चाहिए। जैसे तन की सुस्ती को दूर करने के लिए कभी चाय पी कर या स्नान आदि कर अपने को फ्रेश कर लेते हैं। इसी प्रकार मन की सुस्ती पर भी ध्यान देना है। कई बार बहुत सोने से या पड़े रहने से और ही सुस्ती आती है, तब काम में लग जाना चाहिए। जीवन में कुछ न कुछ नवीनता भी चाहिए। पुरानी वही घिसी-पिटी बातों से भी सुस्ती आती है। इसलिए ऐसी कोई-कोई नई-सी रुचियाँ

(इनट्रेस्ट) रखनी चाहिए। हरेक लोग समझें कि मुझे कुछ करना ही है, अपनी सुस्ती को खत्म करने के लिए। तो कोई न कोई युक्ति आप निकाल सकते हैं।

प्रश्न : जानना, मानना और पहचाना - इन तीनों में क्या अंतर है?

उत्तर– जानना होता है बुद्धि से, मानना होता है दिल से और पहचानना होता है-अनुभव से। अनुभव से ज्ञान मिलता है और जब तब कुछ बुद्धि में नहीं बैठा है तब तक मानना मुश्किल है। अगर मान लिया तो फिर प्रैक्टिकल में लाना जरूरी है। कभी जान लेते परंतु मानने के लिए तैयार नहीं तो वो अनुभव नहीं कर सकते, तो अंतर्मुखी होकर जानकर विचार करें तो विचार करने के बाद मानना सहज होता है। फिर अगर मान लिया तो स्वतः ही अनुभव में आना शुरू हो जाता है। बुद्धि जब जान लेती है तो श्रेष्ठ बन जाती है, मान लेती है तो जीवन को श्रेष्ठ बनाने की शक्ति आ जाती है और पूरा पहचानने से बाबा हमसे जो कराना चाहते हैं वो हम करने के लिए तैयार हो जाते हैं। इन तीनों से क्या-क्या फायदा मिला है वह हरेक ने अनुभव किया है। अगर बाबा को हमने यथार्थ पहचान लिया है तो फिर हमसे कोई भूल नहीं हो सकती, क्योंकि कौन आया है, क्या करवा रहा है यह पहचानने से फिर भूल रिपीट नहीं होती क्योंकि पहचान है तो योग्यता है।

प्रश्न : सदा उन्नति होती रहे-उसका सहज पुरुषार्थ क्या है?

उत्तर– कभी भी यह नहीं सोचना चाहिए कि हमारी उन्नति नहीं हुई है। जितने वर्ष से हम बाबा के बने हैं, बाबा के पास बैठे हैं-तो हमारी उन्नति होती ही आई है। हमारा स्टूडेंट जीवन, ब्राह्मण जीवन और योगी जीवन यह सभी हमको चढ़ती कला में ले जाते हैं। हम त्याग, तपस्या और सेवा से फरिश्ता बनते हैं। बाबा का बनने से ही हमें शक्ति मिलती है। उन्नति के लिए सिर्फ यह ध्यान रहे कि हमारी बुद्धि हद में न रहे। सदैव बेहद में रहकर सेवा करो। बेहद की सेवा से ही अच्छी स्थिति (स्टेज) बनती है। दिल बिल्कुल साफ हो। हल्के हैं, पवित्र हैं तो उन्नति है। संकल्पों की पंक्ति (क्यू) नहीं होनी चाहिए। कोई बात आती है तो संकल्पों को रोकने (स्टॉप) की शक्ति हो। कछुए के समान कर्म इन्द्रियों को समेटने की शक्ति हो। पास्ट की बात को नजदीक भी आने न दो और भविष्य की फिक्र न हो, ड्रामा पर अचल-अडोल रहो तो उन्नति होती रहेगी। ड्रामा हमको शांत चित्त भी बनाता है तो पुरुषार्थ में उमंग उल्लास भी लाता है। ज्यादा सोचना नहीं है, लेकिन 20 नाखून का जोर देकर सेवा करते रहना है। सिर्फ यह बात ध्यान में रहे, जो हम कर रहे हैं बाबा जिम्मेवार है। सब ठीक होगा। जो भी आत्मा कर रही है, अपनी बुद्धि से समझकर कर रही है। आत्मा पर दुनिया का कोई प्रभाव न हो। अपने पर विश्वास हो कि आज तक हमने जो कुछ किया है वह श्रेष्ठ किया है, उनका फल श्रेष्ठ ही होगा। मैं बाबा की हूँ, अपनी समझ और अपने निश्चय के आधार पर हूँ। सफलता है ही है। एक-दूसरे से प्यार रखते आगे

बढ़ते चलो। कभी व्यर्थ चिन्तन में नहीं रहो। हम राजयोगी बाबा के बच्चे हैं, हमारा बुरा हो नहीं सकता। हमारे हर कदम में उन्नति समाई हुई है, ऐसा दृढ़संकल्प चाहिए।

प्रश्न : मन की बीमारी के कारण क्या हैं?

उत्तर– मन की बीमारी के कारण हैं–(1) व्यर्थ संकल्प, (2) देह अभिमान और (3) गंदे वायब्रेशन, जो कि टेलीविजन, सिनेमा, बुरी संगत आदि–आदि से पैदा होते हैं। इसलिए इन सबकी संभाल करनी है। अपना सच्चा मित्र बनकर रहना है। अच्छी कंपनी, पढ़ाई और सेवा में अपने को बिजी रखना है। कई बहुत पुरानी–पुरानी बीमारियाँ सेवा से खत्म हो जाती हैं। कोई कोमल दिल वाले भी बहुत जल्दी बीमार हो जाते हैं। जो अपने से नाउम्मीद बनते, ईर्ष्या या आवेश में आते–उनका मन बीमार हो जाता है, जिससे चिड़चिड़ापन आ जाता है। तो मन हमारा सदा खुश, शान्त, गंभीर, शीतल, संतुष्ट और स्वतंत्र रहे, सिर्फ यही चेक करना है। इसके लिए अपनी आत्मा में शक्ति भरते जाओ। कभी भी याद में अपने को ढीला नहीं छोड़ो। बहुत सोचने वाले का भी मन ढीला हो जाता है, जिससे बीमार हो जाते हैं। कैसी भी समस्या आए- अंदर ही अंदर अपने को ठीक कर लो तो सदा खुश रहेंगे। पवित्रता के किले में अपने को बाँधकर रखो। इस किले से अपने को कभी भी बाहर न निकालो। बाबा के जितने भी गुण हैं उनका मनन–चिन्तन करो। आप समान बनाने की सेवा का जो चांस मिला है उसी सेवा में बिजी रहो तो यह सब मन की बीमारियाँ समाप्त हो जाएंगी। कर्मबंधनों से फ्री हो आप फरिश्ता बन जाएंगे।

प्रश्न : बाबा से रूहरिहान करने की आदत कैसे बने? रूहरिहान से फायदे?

उत्तर– जितना–जितना बाबा से गहरा संबंध है उतना रूहरिहान करने की आदत बनती जाती। गहरे संबंध के आधार पर हल्के होकर बातें कर सकते हैं। बाबा से चिटचेट करने वाली आत्मा हल्की रहती, नजदीक रहती और खुश भी रहती है। अथॉरिटी का भी अनुभव होता है, क्योंकि भगवान से बातें करने के लिए तो देवता भी तरसते हैं। वो भी आपस में ही बातें करेंगे। भगवान, जो सबसे बड़ी अथॉरिटी है उससे हम बातें करते, यह कोई कम भाग्य की बात नहीं क्योंकि जिससे बात करते उससे स्वतः ही प्यार जुट जाता है। उस प्यार की खेंच भी होती है। तो जिसकी भगवान से बातें करने की आदत है उनका संबंध गहरा होता जाता, विकर्म भी विनाश होते जाते, हल्कापन भी अनुभव होता और पवित्रता की बहुत भावना आती–जाती है। सत्यता की शक्ति आ जाती है। जिससे सतयुग हमारे हाथ में दिखाई देता है। लोग कहते सतयुग तो तुम्हारी कल्पना है, लेकिन हम देख रहे हैं कि कलियुग अभी मरने की हालत में है, हम सतयुग में जा रहे हैं। मनुष्य दुनिया की ऐसी हालत देख डरपोक बनते जाते और हम निर्भय होते जा रहे हैं क्योंकि हमें जो कुछ पाना था वह पा लिया। दुनिया जाए, चाहे रहे हमें कोई परवाह नहीं। विनाश कभी भी हो हमें मालूम है कि हमारा भविष्य बना पड़ा है। जहाँ हम बैठे हैं, बाबा का घर है, हम सदा सुरक्षित (सेफ) हैं।

प्रश्न : हम सभी के कितने घर हैं?

उत्तर– (1) मधुबन घर, (2) सूक्ष्मवतन घर, (3) शांतिधाम घर, (4) जहाँ पर रहते हैं वह भी घर। सयाना वह जो अपने रहने के स्थान का वातावरण अलौकिक बनाकर रखे। तभी वह सेफ रह सकता है।

संसार कितने हैं? उनका विस्तार क्या है? (15–08–84)

(1) एक है अनुमान का संसार, दूसरा है स्वप्नों का संसार और तीसरा (लंडन के समाज में) है यह रावण का संसार। जो न जाने कहाँ से पैदा हो जाता है। माया का प्रभाव समझते हुए भी, जानते हुए भी सब कुछ खराब कर देता है। सब कुछ अनर्थ हो जाता। तो ज्ञान से समझ लेकर, इन तीनों संसारों पर विजय पाते हैं और समझ के आधार से बाबा द्वारा बताए हुए तीनों संसारों का अनुभव करते हैं मूल, सूक्ष्म और स्थूल।

अनुमान का संसार सत्यता को खत्म कर देता है। बाबा से दूर ले जाता है और दूसरों को भी बाबा के नजदीक नहीं आने देता। बार-बार अनुमान पैदा न हो, इस पर मनन-चिंतन कर इस बीमारी को खत्म करना है। अगर वहम अर्थात् अनुमान है तो तन और मन की बीमारी का भी इलाज नहीं हो सकता। अनुमान लगा-लगा कर वहम को हम इतना पक्का कर देते हैं कि रूहानी और जिस्मानी डॉक्टर जो भी बताएगा उसे मानेंगे नहीं। खुद भी मूँझे रहेंगे दूसरों को भी मुँझाएँगे। तो यह अनुमान का संसार बहुत नुकसानकारक है। इससे मुक्त होना है।

(2) स्वप्नों का संसार-यह स्वप्न भी तब तक है जब तक हम अपने आपको पवित्र और शक्तिशाली संकल्पों से नहीं भर देते हैं। वो भी ज्ञान के आधार से। जब हम कर्मातीत अवस्था के नजदीक जाएंगे तो संकल्प, सेवा आदि का सब रूप बदल जाएगा। स्वप्नों का संबंध है पिछले जन्म से और जितना हम नई दुनिया के नजदीक आते जाते बीता हुआ (पास्ट) भूलता जाता, तो स्वप्न भी नई दुनिया के आएंगे। स्वप्नों का संबंध संस्कारों से है, स्वप्न ही बताते हैं कि अभी हमारे संस्कारों में क्या है। वैसे मनुष्य अपने आपको बड़ा अच्छा समझता है परंतु स्वप्न सब सत्य बताते हैं कि इन पाँच विकारों की छाया कहाँ तक है। कईयों का अपने मन पर नियंत्रण (कंट्रोल) नहीं होता है तो स्वप्न आते हैं। स्वप्नों का संसार बताता है कि ज्ञान कम है। जितना-जितना हम बाबा के नजदीक आते जाएंगे तो स्वप्न भी ऐसे ही आएंगे जैसे कि हम बाबा का साक्षात्कार कर रहे हैं। सूक्ष्मवतन का साक्षात्कार, सतयुग का-सा कर रहे हैं और करा रहे हैं।

> "जिस भी संकल्प से जो सोता उसे वह स्वप्न जरूर आता है। अच्छी अवस्था वही है कि स्वप्न न आये। या आये तो याद न रहे, क्योंकि स्वप्न भी बहुतों को दुखी बना देते हैं।"

कई बार ऐसे स्वप्न आते जो मनुष्य समझते कि यह पूरा जरूर होगा। परंतु नहीं पूरा होता तो दुख होता है। जितनी हमारी अवस्था अचल, अडोल और शक्तिशाली बनती जाएगी उतना यह स्वप्न कम होते जाएंगे। तो यह दोनों दुनिया हम बच्चों को बहुत तंग करती है। संगम युग पर सयाना वह - जो ज्ञान और योग का डीप अभ्यास करके इनसे अपने आपको दूर ले जाये।

(3) हरेक को लगन है कि हम तीव्र पुरुषार्थ करें। तो सबसे तीव्र पुरुषार्थ यही है कि निंदा स्तुति, मान-अपमान और हर प्रकार के प्रभावों से दूर हो जाओ। दो आत्माएं एक जैसी तो नहीं हो सकतीं, क्योंकि हरेक का पार्ट अपना-अपना है और एक जैसा हो भी नहीं सकता। तो मुझे फिर दूसरे के पार्ट की चिंता नहीं करनी है। ज्ञान यही कहता है कि मुझे अपना पार्ट अच्छी तरह से समझकर बाबा के साथ पार्ट बजाना है। जो भी अंदर से किचड़ा भरा हुआ है अगर उसकी सफाई करते जाएंगे तो आगे बढ़ने के लिए कोई रुकावट नहीं आ सकती। कभी भी अनुमान के वश किसी को दुख देना या दुख लेना चलता है, तो स्वयं को इससे जरूर फ्री करना है।

"ज्ञान है याद में रहने के लिए न कि ध्यान में जाने के लिए"

(1) कई समझते हैं ध्यान में जाने से ही यहाँ का सब कुछ भूल सकते हैं। परंतु याद और ध्यान में बहुत अंतर है। वास्तव में याद ऐसी होनी चाहिए कि यहाँ की कोई भी स्मृति न रहे। हमें तो प्राकृतिक (नेचुरल) योगी बनना है। आत्मा सत है और चैतन्य है। ज्ञान से वास्तविक चैतन्यता आई है। ज्ञान ने सिखाया की समझ से चलो और ध्यान रखो कैसे अपने संकल्पों पर नियंत्रण (कंट्रोल) रखना है और उस द्वारा कैसे शक्ति पैदा करनी है, न कि ध्यान में जाना है। कई समझते हैं कि आसपास की सुध-बुध न रहे, यही योग है। **कोई कहते हैं क्रोध भूत है, एक तो हम क्रोध न करें, परंतु इतनी हमारे में शक्ति हो कि हमारे संग में कोई और भी क्रोध न करे।** ऐसी शक्ति हमें याद से पैदा करनी है जो किसी भी भूत का वार हमारे ऊपर न हो। सदा ही बाबा के चरित्र को सामने रखते हैं, तो यह कह नहीं सकते कि बाबा ने कभी

भी हम बच्चों पर क्रोध किया होगा। बाबा ने हम सबके दिलों को रूहानी प्यार और रूहानी शक्ति से जीत लिया। बाबा कभी भी बच्चों की शक्ति को वेस्ट नहीं करने देता। बाबा के रहम भाव ने हम बच्चों के जीवन में परिवर्तन कर दिया। एक बाबा के प्यार का रूप, रहम का रूप और धर्मराज का रूप हमें परिवर्तित करने के निमित्त बना। अगर धर्मराज का रूप भी सामने न होता तो भी हम बहुत विकर्म किए हैं, इनसे बच्चों को फ्री करना है। बाबा के प्रेम और शक्ति से हमारे में परिवर्तन आया है। बाबा की शक्ति और स्वयं का परिवर्तन ही फिर दूसरों की सेवा करता है। जितनी ज्यादा सेवा बढ़ रही है उतना हमें नम्र बनना है। पहले तो हमें सबकी बात बड़े प्यार से सुननी है, जिससे एक तो स्वयं को बहुत कुछ सीखने को मिलता, दूसरा-दूसरे का भी सहारा बढ़ता। अगर स्वयं को ही बड़ा समझते रहते, कोई हमारे जैसा है नहीं, तो ऐसा कभी सेवा नहीं कर सकता। तो हमको बड़े प्यार से दूसरों को सुनना है और उन्हें महत्त्व (रिगार्ड) देना है। सबकी विशेषताओं से मिलकर ही बाबा की सेवा बढ़ रही है। यह कोई एक बुद्धि का काम नहीं है। तो सेवा का भी शेयर (हिस्सा) करना है। अगर सभी को चांस देते हैं तो अंदर में शक्ति पैदा होती है, सेवा करने की। सेवा बहुत सहज होती जा रही है, क्योंकि हमको पढ़ाने वाला सर्वशक्तिवान है, हमारी स्वयं की तपस्या का भी बल है और सुनने वालों की अपनी बुद्धि भी काम कर रही है।

प्रश्न : बाबा का सर्विस एबुल बच्चा कौन?

उत्तर— (1) जो तन-मन और धन से सदा खुशराजी है। आत्मा खुश है तो राजी जरूर है। सर्विस एबुल बच्चा तन को योग शक्ति से ठीक रखता है-अगर न भी ठीक है तो उसका ध्यान रखता है, क्योंकि नया शरीर तो मिलना नहीं है। मन को भी ठीक रखता है। व्यर्थ संकल्प न उठें, उसका भी ध्यान रखता है और धन का भी ध्यान रखता है। ब्राह्मणों के पास धन कैसा है? ब्राह्मण एक तो ईमानदारी का कमाते और दूसरा ट्रस्टी होकर रहते हैं। मेरा-मेरा का नाम नहीं।

(2) हम विश्व के मालिक बन रहे हैं तो इतनी हमारे पास बुद्धि और अथॉरिटी हो, ऑर्डर में भी रहना है और ऑर्डर में रखना भी है, यह तब होगा जब हम किसी के अधीन नहीं होंगे। प्रकृति दासी है, माना तन भी हाथ में रहे, मन भी हाथ में रहे, यह कैसे होगा? जब ज्ञान को जीवन में लाएंगे। योग भी एक के साथ होगा और अगर एक से योग है तो शक्ति है। ज्ञान को भी जीवन में लाने से शक्ति मिलती है। एक तरफ कहते तुम अकेले हो, दूसरी तरफ सारी दुनिया की नजर तुम पर लगी पड़ी है। अभी हम दुनिया में हैं। हमारे पास मन भी है, तन भी है, धन भी है और तीनों को सफल कैसे करें, वह दुनिया को दिखाना है। परमधाम वा सूक्ष्मवतन में यह तीनों ही नहीं। ब्राह्मण सच्चा वह जो हर बात करके दिखलाए, सबकी फिक्र उतारे और उसकी फिक्र किसी को न हो। सर्विस तब बढ़ती है जब पहले हम अपने आपको संभालें और फिर दूसरों को संभालें। ज्ञान मार्ग में दो बातों की जरूरत है जो कभी नहीं छोड़नी है।

(3) एक तो सपूत बनना और मेहनत से कभी न थकना। ज्ञान में चलते-चलते कभी जो सुस्त हो जाते हैं न मनसा (इच्छा) सेवा की करते, न वाचा और कर्मणा की करते। औरों में बुद्धि चली जाती, तो खुद ही सुस्त हो जाते हैं। जितनी ज्यादा मेहनत करेंगे उतनी आदत पड़ेगी और मेहनत से कभी डरेंगे नहीं। आज्ञाकारी सपूत बनकर रहना है। कभी अहंकार न आये। कोई उल्टी बात कान में न आये जिससे कपूत बन जाओ।

(4) बाबा का हृदय हमको शीतल बनाता, बाबा के महावाक्य हमको शक्तिशाली बनाते और बाबा की दृष्टि हमको ऊपर उठाती। बाबा को मात पिता कहते - माँ कहने से उनके दिल में बैठ जाते। बाप कहने से वर्से के हकदार बन जाते और सखा, साजन, टीचर सतगुरू साथी सहारा, हर प्रकार के संबंध की रसना है तो बाप समान बन जाते। उसे पिता समझते तो सुख और शान्ति का वर्सा मिलता, टीचर समझते तो देवी मैनर्स आते। सखा समझते तो दिल खुल जाता। आपस में प्यार हो जाता। साजन समझते तो अव्यभिचारी बन जाते। सतगुरू समझते तो उनकी श्रीमत से प्यार हो जाता।

ज्ञान गंभीर बनाता और योग से नम्रता आती है (17-08-84)

(1) दैवी गुणों की धारणा में सरलता, नम्रता और गंभीरता बहुत जरूरी है। सरलता क्रोध को खत्म करती है। नम्रता अहंकार को खत्म करती है और गंभीरता शीलता और शक्ति लाती है। ज्ञान हमको गंभीर बनाता और योग से नम्रता आती है। सर्विस हमको सरल बनाती है। अगर ज्ञान की कमी है तो गंभीरता नहीं आ सकती। ज्ञान को धारण करते जाते हैं तो गंभीरता आती जाती है और हल्के भी होते जाते हैं। योग हमको नम्रचित बनाता- कि मैं वही कल्प पहले वाला बच्चा, कल्प पहले वाला वर्सा ले रहा हूँ, तो नशा किस बात का। झूठ से मुक्त होते जाते, सच को पाते जाते तो अभिमान क्यों आये। पुराने संस्कारों से बचने के लिए बाबा के समीप आते जाओ। जितना जो आत्म अभिमानी बनने का पुरुषार्थ करता है उतना वह निरअहंकारी दिखाई पड़ता। गुप्त पुरुषार्थ वह जो निराकारी, निर्विकारी और निरअहंकारी बनने का पुरुषार्थ करे। यह दोनों एक दूसरे से मिलते हैं।

(2) गंभीरता से दिखाई पड़ता है कि यह सयाना है और नम्र भाव वाला दूसरों के दिल को जीत लेता है। जो गंभीर है वह जल्दी घबराता नहीं, मूँझता नहीं, परंतु शान्ति से काम लेता है। उसके सामने रास्ता खुला हुआ है और **सरलता से कई कार्य सिद्ध हो जाते हैं।** नम्रता यह नहीं कि हम किसी के आगे झुक रहे हैं परंतु झुका

रहे हैं। कई बाबा के बच्चे ऐसे भी हैं जो भूल करके सॉरी नहीं करते, तो जिस भी आत्मा को दुख दिया, वह बाबा के पास आता, तो बाबा उस बच्चे की तरफ से माफी माँगता। इसमें कोई बाबा झुकता नहीं है परंतु उसकी नम्रता दूसरों को खुश कर देती है। इसी बात से बाबा ने सबके दिल को जीत लिया। अगर हम दूसरों के दुख नम्रता से दूर नहीं करते हैं तो कई बाबा को छोड़कर भी चले जाते हैं। बाबा हरेक आत्मा को प्यार तो देता ही है परंतु सुधारता भी जरूर है। तो इन सब बातों के लिए नम्रता और सरलता चाहिए। बाबा की सरलता ने हमारी बुद्धियों का परिवर्तन कर दिया, हम सब पत्थर बुद्धि, पतित बुद्धि, नीच बुद्धि थे-अभी हम महसूस (रियलाइज) करते कि बाबा ने कितना बदल दिया है। बाबा की मुरली सुनते-सुनते हम निरअहंकारी बन गये हैं। बाबा के ऐसे कड़े शब्द भी मीठे लगते हैं।

(3) बाबा की नम्रता-माताओं को कहना मैं तुम्हारा सर्वेन्ट हूँ। परंतु ऐसे नहीं कि माताएँ भी बाबा की मास्टर हैं, नहीं, माताएँ कहतीं हम आपके सर्वेन्ट हैं। तो बाबा ने नम्रता से सब कुछ करके सिखलाया तभी हमारा अहंकार टूटा।

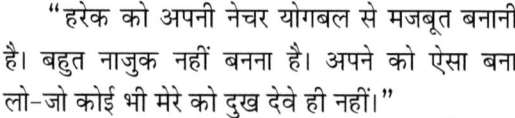

"हरेक को अपनी नेचर योगबल से मजबूत बनानी है। बहुत नाजुक नहीं बनना है। अपने को ऐसा बना लो-जो कोई भी मेरे को दुख देवे ही नहीं।"

इतना भी नाजुक नहीं बनना है-जो जरा-सा भी हवा पानी बदला और बीमार हो जाएँ। आत्मा अगर कमजोर है तो फट से प्रभाव (फीलिंग) में आ जाती है। फट से दुख ले लेना, ऐसा नेचर बनाएं ही क्यों। मैं दुख को खरीद ही क्यों करूँ। एक अज्ञानी का यह स्वभाव (नेचर) होता-जो कोई दुख देता तो फट से दुख देने का संकल्प उठता। परंतु ज्ञानी वह- जो चुप कर जाए। और ज्ञान से दुख को भुला दे। अगर ज्ञान नहीं तो बीता हुआ (पास्ट) भूलता नहीं, फिर दुख लेते और देते रहते हैं।

प्रश्न : पहले बीता हुआ (पास्ट) के कर्मों का हिसाब चुकता करना जरूरी है या वर्तमान (प्रजेंट) के कर्मों पर ध्यान देना जरूरी है?

उत्तर– जो पहले वर्तमान (प्रजेंट) के कर्मों पर ध्यान देते हैं तो श्रेष्ठ कर्म उनके पास्ट के हिसाब को खत्म कर देते हैं। पहले हम अपने कर्मों को कूटते रहते थे। अभी मन उससे फ्री हो गया। भक्ति में भी कहा जाता है-दया भाव सुख का बीज है और अभिमान दुख की जड़ है। अभी हमारी दृष्टि में भी दया भाव और रूहानियत तथा प्रेम आने से दूसरों के दुख दूर करने का ढंग आ गया है। किसी को दोष न दो लेकिन दया की दृष्टि दो। बाबा ने हम बच्चों को सुखकारी दृष्टि देकर पावन बनाया है, तो हमें भी सुखकारी दृष्टि देनी है। कोई भी प्रकार की समस्या आए तो अंतर्मुखी होकर

खुद को दृष्टि दे दो। अंतर्मुखी बन स्वयं को शांत करने से वातावरण शांत हो जाता है। भारी वातावरण में हम दूसरों को दृष्टि नहीं दे सकते, इसलिए स्वयं को दृष्टि देना चाहिए। निश्चय से हर बात को पास करना सहज हो जाता है। सबसे बड़ी गफलत है-दुख देना और दुख लेना। सबसे बड़ी सेवा है- सहयोगी होकर रहना। नेकी कर कुएँ में डाल- इसी ख्याल से सेवा करते चलो। मायाजीत बनना-माने दुख देने और लेने की गफलत न हो।

प्रश्न : ज्ञान से शक्ति कैसे पैदा होती है?

उत्तर– ज्ञान का जितना मनन-चिंतन चलता है उतना ज्ञान से शक्ति पैदा होती है। ज्ञान का मनन करो तो वह बहुत प्यारा लगता है और उससे भ्रान्तियाँ भी निकल जाती हैं और चिंतन करने से चिंता मिट जाती है। चिंता तब पैदा होती है जब व्यर्थ चिंतन चलता है। ऐसे में वह स्मृति का रूप बनता जाता है। ज्ञानी आत्मा के लिए चिंता बहुत खराब है। फिक्र और चिंता में भी अंतर है। फिक्र से चिंता बड़ी है। फिक्र माना ख्याल, मुझे अभी उसकी फिक्र नहीं है अर्थात् ख्याल नहीं है। ज्ञान की शक्ति बेफ्रिक बादशाह बना देती है। योग की शक्ति झुकाव को समाप्त कर देती है। कौन हमारा माता पिता है, कौन हमें पढ़ा रहा है, यह जानने से मनुष्यों से संबंध टूटता जाता है। जो जंजीरें आज तक नहीं टूटी हैं वह योग से टूट जाती हैं और आत्मा उड़ने लगती है।

धारणा-जिसने शुरू से धारणा का लक्ष्य रखा है उसकी कोई भी कमी, कोई उसके मुख पर दे नहीं सकता। उनके धारणा की शक्ति दूसरों को भी बल देती है। धारणामूर्त को देख सामने वाले को धारणा करनी ही पड़ती है और सेवा हमें रसीला बना देती है।

तो इन चारों ही विषय (सब्जेक्ट) में पास होने के लिए चाहिए-सच्चाई और लगन। इससे सफलता साथ है ही। शक ही नहीं होता कि सफलता नहीं होगी। हमारा झण्डा शुरू से ही लहरा रहा है, हमारी विजय ही विजय है, सफलता हुई पड़ी है।

प्रश्न : बाबा के पास होशियार बच्चे कौन हैं?

उत्तर– जो दुनिया से भोले हैं वही होशियार हैं। जो संसारी बातों से बिल्कुल भोले बन जाते, विकारों की अविद्या, दुखों की अविद्या- ऐसी धारणा वाले भोले बच्चे हैं। दुनिया में जो अपने को होशियार समझते हैं, लेकिन वह रूहानी दुनिया में भोले हैं। भक्ति की होशियारी, विकारों की होशियारी, वह किस काम की। जब तक कर्मों की गुह्यगति को नहीं समझा है तब तक उसकी होशियारी कोई काम की नहीं। कर्मों की गुह्यगति को समझने वाले ही होशियार हैं। बाबा हमें जो नशा चढ़ाता है वह नशा यदि चढ़ा हुआ है तो दूसरे किसी भी नशे का प्रभाव नहीं पड़ सकता। जिस पर दूसरे का प्रभाव न पड़े वह हैं होशियार बच्चे।

भोले भी दो प्रकार के होते हैं-एक तो वह जो किसी भी प्रभाव में आ जाते हैं और दूसरे वो जो इतना नशे में रहते, इतने पवित्र हैं जो सदा ही बाबा की गोद में समाए

हुए हैं। वे दूसरी आत्माओं को भी बाबा के पास खींचते रहते हैं। तो ऐसे भोले ही होशियार हैं जो दूसरों को रास्ता ठीक से दिखाते रहें और खुद भी ठीक चलते रहें। होशियार वह जो इतना सही तरीके (एक्यूरेट) से चलें जिससे न पीछे वाला तंग हो न आगे वाला। जो अपनी बुद्धि का प्रभाव चालाकी से दूसरे पर डालना चाहते वह होशियार नहीं।

प्रश्न : मूल वतन और सूक्ष्म वतन तक उड़ान भरने के लिए आत्मा के साथ कौन-सा सामान चाहिए?

उत्तर— जैसे प्लेन में उड़ते हैं तो थोड़ा सामान लेकर जाना होता है, वैसे ही आत्मा का सामान है—पवित्रता, शान्ति और शक्ति, जिससे ही आत्मा उड़ सकती है। अगर यहाँ की दुनिया का सारा कचड़ा बुद्धि में भरा हुआ है तो समझना चाहिए कि हम उड़ नहीं रहे हैं, यहाँ ही बैठे हैं।

नीचे की चीजों को भूलना तभी सहज होता है, जब हम ऊपर उड़ते हैं। जैसे हवाई जहाज उड़ता है तो नीचे जो कुछ है वह बहुत छोटा-छोटा दिखाई देता है और फिर जितना ऊपर जाता उतना ही वह भी नहीं दिखाई देता। तो मूल वतन और सूक्ष्म वतन में जाने के लिए हमें उड़ना है। बाबा का ज्ञान इतना अभ्यासपूर्ण (प्रैक्टिकल) है जो हमको सचमुच उड़ाता है, परंतु उड़ने के लिए हल्कापन चाहिए। एक पवित्र अंश और शक्ति (प्युरिटी पीस और पावर) बाबा से लेकर ही हम उड़ान भर सकते हैं। पंखों को आजाद करने के लिए उमंग और उल्लास चाहिए।

प्रश्न : इस ज्ञान मार्ग में कदम आगे बढ़ रहे हैं, उनकी निशानी क्या है?

उत्तर— (1) ज्ञान में बैठते समय बुद्धि कहीं भटकेगी नहीं।
(2) झटका नहीं आयेगा।
(3) जितनी यादें मजबूत (पावरफुल) हैं उतना कदम आगे बढ़ते जाते हैं।
(4) उनका समय, श्वास, संकल्प सफल होगा। कुछ भी व्यर्थ नहीं जाएगा।

समर्पित भाईयों की भट्ठी में
दादी जी-प्रथम (17-08-84) (लंदन में)

(योगी जीवन के लिए सुस्ती और अलबेलापन महान शत्रु हैं)

(1) चलते-चलते योगी जीवन में उमंग, उत्साह कम होने का कारण है (क) सुस्ती (ख) अलबेलापन। जब अपने में सुस्ती का संकल्प आता तो यह सुस्ती भी एक विकार ही है। सुस्ती ब्राह्मण जीवन का विरोध (ओपोजीशन) करती है। सुस्ती ऐसी माया है जो कई कमाई गंवा देती है। सुस्ती ठंडा ठाकुर बना देती है। सुस्ती के

कारण अमृतवेले में पुरुषार्थ की लगन टूट जाती है। कहेंगे, क्या करें सारा दिन काम रहता है। सुस्ती मनुष्य की महान वैरी है, यह खुशी की खुराक को गंवा देती है। उमंग नहीं तो माना खुशी नहीं तो अपना जीवन सुस्ती में गंवाना है। इसलिए सुस्ती को भगाओ। पढ़ाई में भी चुस्त रहो। हमारी पढ़ाई है ही चुस्त होने की। पढ़ाई में ढीलापन आने का मूल कारण ही है सुस्ती। तो हरेक अपने आप से पूछे- कि मेरे में सुस्ती कहाँ तक है? सुस्ती की माया-मासी ऐसी है, जो काम करेंगे एक दिन लेकिन एक मास तक सोते रहेंगे। इसलिए पढ़ाई में रिंचक भी और अलबेलापन भी सुस्ती ही लाता है। तो पूछो अपने से-समर्पण तो हुए लेकिन सुस्ती का समर्पण किया है? अलबेलापन खुद ही खुद को धोखा देता है। कहेंगे-चलो, कोई देखता थोड़े ही है। काम (सर्विस) किया चाहे न किया। पीछे देख लेंगे। यह जो धोखा देते, यही सुस्ती पैदा करता है। इसमें अपने लिए ही लोग अपना वैरी बनते हैं। इसलिए बाबा ने कहा है-तीन घड़ियाँ हैं। 24 घंटे में 3 घड़ी। 8 घंटे लौकिक या अलौकिक काम। 8 घंटे बाबा की सेवा, पढ़ाई के 8 घंटे इसके अलावा नहाना धोना, सोना, खाना आदि-योगी के लिए 5-6 घंटे सोना बहुत है। हिसाब निकालो 6 घंटे से अधिक कितना आराम करते। कम से कम 16 घंटा तो अलर्ट रहो। इसलिए अपना चार्ट देखो कि 16 घंटे में सुस्ती कितना समय रहती।

(2) आप सब यूथ हो। इसमें तो 20 घंटा सेवा कर सकते हो। हम भी 15-16 घंटा सेवा में रहते, कभी थकान नहीं होती। जितनी मेहनत करेंगे उतना चुस्त रहेंगे। पढ़ाई करने की, सेवा करने की मेहनत करो। युद्ध करने की नहीं। 16 घंटा काम (सर्विस) किया तो यह कमाई की, यह मेहनत नहीं है। 15-16 घंटा अलर्ट रहो, उसमें विचार सागर मंथन करो, लेख लिखो।

> "हर काम अलर्ट होकर करो। बाबा ने हमें ऊँचा काम भी दिया है, तो छोटे से छोटा भी दिया है। कैसे भी करके अपने को बिजी रखो।"

सुस्ती लाना माया को लाना है। दिन में 2-4 घंटे सो जाएँगे फिर रात को नींद नहीं आएगी। फिर आएँगे माया के तूफान, तो यह सुस्ती ही व्यर्थ संकल्पों की माँ है। इसे आने ही क्यों देते। इसलिए बाबा ने अनेक विधियाँ ध्यान में (अटेंशन) रखने की बताई हैं। जितना अपने को चुस्त रखेंगे उतना माया नहीं आएगी।

(3) बाबा ने कहा-तुम सहयोगी ही सहजयोगी हो। तो पूछना है कि हम किस-किस बात में सहयोगी हैं। मन्सा-वाचा-कर्मणा सबमें सहयोगी बने हैं? सहयोग का आधार है स्नेह और एकता (यूनिटी)। सहयोगी मनुष्य शांति (पीस) स्थापन

करेगा। पहाड़ जितने कार्य को एकमत बनाएगा। सब बात को सहज कर देगा। एकता (यूनिटी) में रहेगा। कहा संस्कार नहीं मिलता, संगठन है, यह तो सही (राइट) बात है। परंतु उसमें मैंने क्या सहयोग दिया। मैंने समाया, समेटा या टक्कर में आए? सामना किया? क्या सामना करना माना सहयोग देना हुआ? ऐसे ही हर कार्य में, बाबा की बेहद सेवा में मैं किस-किस तरह से सहयोगी हूँ। अगर हम चले काम (सर्विस) करने और आपस में टक्कर हुई तो क्या यह सहयोग देना हुआ? विघ्न विनाशक हुए? ऐसे समय पर हमें क्या करना चाहिए। आपस में संस्कार का टक्कर, यूनिटी नहीं, एकमत नहीं, फिर मेरा हुआ.... फिर जिद के कारण रूठ जाएँगे, फिर बहन मनायेगी, तो क्या यह मर्यादा है? तुम रूठे, बहन ने परचाया (मनाया), यह कहाँ तक राइट है? क्या आपस में दिल की लेन-देन की, आधा घंटा चिट चैट की, यही योग है? यही उड़ती कला है? इन चक्करों में अपना टाइम क्यों गंवाते हो? उसके बदले, सहयोगी रहो। न्यारे-प्यारे रहो। तुम्हारी लाइन क्लीयर है तो तुम शांति का दान दो। तुम अपना चार्ट खराब क्यों करते। क्या यह रूहानी रूहरूहान है? इसलिए न स्वयं का चार्ट खराब करो और न अपने द्वारा दूसरों का चार्ट खराब करने के निमित्त बनो। कोई भी सेवा मिले, प्यार से करो। नहीं मिलती तो दूसरे अनेक काम हैं। समस्याएँ तो हरेक के सामने अनेक हैं, पर मैं समाधान होकर रहूँ। मेरा समाधान है शांति स्थापन करना, सहयोग देना। किसी भी प्रकार का टक्कर न खाना। मैं अगर बाधित (डिस्टर्ब) होकर दूसरे को सुनाता, तो क्या यही शांति स्थापन (पीस का फाउन्डेशन) है? सोडा का उबाल क्यों आता है? कोई छोटी-सी बात होती तो प्रेशर कूकर फट क्यों जाता? इसलिए प्रेशर को हाई मत करो। प्रेशर को शीतल बनाओ। इससे ही अपनी सदा दिव्य एकता (डिवाइन यूनिटी) रहती। यही बाबा की श्रीमत है। बाकी सब है मनमत। इसलिए कुछ भी होता है तो बाबा के सामने जाकर 3 मिनट के लिए भी बैठो, तो बाबा आपके सिर पर हाथ रखकर प्रेशर को शीतल कर देगा। फिर संस्कार का टक्कर ही नहीं होगा। संस्कार अनेक हैं पर मुझे सामना नहीं करना है। अब आपस में किसी की टक्कर होती तो मेरा प्रश्न उठता कि इसका टीचर कौन? बाबा परम शिक्षक ने तो यह सिखाया ही नहीं है, फिर यह कहाँ से सीखें? कहते बड़ों को फालो किया? तो क्या बड़े पढ़कर पास हो गए हैं? बाबा कहता-बड़े तो बड़े छोटे सुभान अल्ला। इसलिए अपना ऐसा रिकार्ड रखो, जो बड़े भी छोटों को महत्त्व (रिगार्ड) दें। तुम क्यों अपना रिकार्ड खोते हो? जितना अपने को अंतर्मुखी होकर चेक करेंगे उतना सुखी रहेंगे। इसलिए खुद का चार्ट चेक करके अपने को सुखी बनाओ।

(4) अपने को शो करने का नशा क्यों चढ़ता है? मैं भी कुछ कर सकता हूँ, यह क्यों आता? जब निमित्त हैं तो हल्के रहो। बाबा पर रख दो, आप हल्के हो जाओ। अपने को श्रीमत के अनुकूल चलाओ तो स्थिति की सुरक्षा (सेफ्टी) है। इसमें ही कमाई है। इससे ही स्थिति ऊँची बनती है। 16 कला की पहली कला है, अपने स्व

का चार्ट बिल्कुल ठीक (एक्यूरेट) रखो। अगर हमारा चार्ट बिल्कुल ठीक (एक्यूरेट) है तो अपने आप (आटोमेटिकल) सब कलायें हमारे में भर जाएँगी। इसलिए अपनी कला है-अपना चार्ट ओके अर्थात् राइट रखना। क्योंकि सुप्रीम जज हमारे ऊपर हैं।

(5) आप सब पाण्डव सेंटर की शोभा हैं। जितना आप अपना चार्ट ओके रखेंगे, आपको देखने आने वाले फालो करेंगे। इसलिए लक्ष्य रखो बहन का एक गुणा हो तो मेरा उससे डबल ओके हो। आप सब शक्तियों के रक्षक (गार्ड) हो। परंतु कभी भी अपना रोब बहुत नुकसानकारक है। यह क्रोध का अंश है। कहेंगे मैं जो कहूँ वही हो। इसलिए इस रोष को समाप्त करो।

(6) जब स्व और संगठन में शांतिपूर्ण (पीसफुल) होंगे तब प्युअर बनेंगे। इम्युरिटी पैदा होने का कारण है शांतिपूर्ण (पीसफुल) नहीं, प्रेम पूर्ण (लवफुल) नहीं। जब पीसफुल नहीं तो शक्तिपूर्ण (पावरफुल) नहीं। अगर मैं स्वयं में ही अशांत हूँ तो विश्व में शांति कैसे स्थापन करूँगी। मेरा मन अगर बाधित (डिस्टर्व) है तो शांति स्थापन में स्पंदन (वायब्रेशन) कैसे आएँगे। इसलिए यह कंगन बांधो कि मुझे शांति का दान देना है हरेक मेरे से शांति की किरणें ले। हम सब शांति दाता के बच्चे हैं, स्व में भी शांति चित्त और चिंतन में भी शांति। इसलिए शांतिपूर्ण (पीसफुल) बनना है, स्नेह का सहयोग देना है। यह पाठ मधुबन भट्ठी से पक्का करके जाओ। अच्छा-

लंडन में

(1) सब दिन होवत न एक समान-अभी इस ब्राह्मण जीवन में हमारा एक-एक दिन न्यारा और प्यारा है। कोई भी दिन एक जैसा नहीं बीतता है। हर दिन में कमाई ही कमाई है। हर दिन बड़ा मूल्यवान (वैल्युबुल) है। हमारा जीवन हीरे जैसा कैसे बनता है? पहले हमारी वैल्यु बहुत कम थी। जैसे-जैसे हमारे अंदर सच्चाई आती जा रही है और अवगुण निकलते जा रहे हैं, उतनी वैल्यु बढ़ती जाती है। मिट्टी और धूल में भी वही हीरा चमकता है जिसमें सच्चाई है और बेदाग है। तो जितनी हमारी आत्मा की कीमत (वैल्यु) बढ़ती जा रही है, कमाई बढ़ती जा रही है। इससे ही हैल्थ, वैल्थ और हैपीनेस की प्राप्ति होती है। हमारी पढ़ाई और कमाई सब साथ-साथ चलती है।

(2) सर्वोत्तम पुरुषार्थ क्या है? हमेशा आत्मा को मान, शान, प्यार आदि की इच्छा से पार रखना ही सबसे सर्वोत्तम पुरुषार्थ है। अगर हम दूसरों पर आधारित हैं तो वह कभी काँटों की शैय्या पर बिठायेंगे, कभी गद्दी पर बिठायेंगे। हमें इन दोनों से पार रहना है। ऐसी अवस्था अपनी नहीं रखनी है जो इन इच्छाओं पर आधारित हों। हमें राजाई संस्कारों वाला दाता बनना है। मुझे कोई कैसी भी दृष्टि से देखे, लेकिन हमें उसे किस दृष्टि से देखना है, इस बात पर ध्यान रहे।

समर्पित भाईयों की भट्ठी में
दादी जी-द्वितीय (18-08-84)

(बाप से पहला वर्सा मिलता है पवित्रता का-पवित्रता ही ब्राह्मण जीवन का आधार है)

(1) बाप, टीचर और सतगुरु यह तीनों ही हमारे जीवन के जीयदाता हैं। हरेक अपने आप से पूछ सकते हैं कि मुझे बाप से क्या वर्सा मिला? टीचर से क्या वर्सा मिला? और गुरु से क्या मिला? बाप का वरदान क्या? टीचर का वरदान क्या और सतगुरु का वरदान क्या? बाप ने अपने साथ सर्व संबंध जोड़कर वर्से में सभी वरदान दे दिए हैं। सबसे पहले एक हमारा बाबा एक परिवार और हम सब आत्माएँ भाई-भाई हैं। आत्मा और परमात्मा दोनों का एक ही पावन घर है। इसी नाते से हम सभी को पहला वर्सा मिला पवित्रता का। एक बाप बाकी हम सब भाई बहन। यह फर्स्ट ही हमारे जीवन का आधार बन गया। फिर परम शिक्षक द्वारा सारे सृष्टि की नालेज मिली। ज्ञान रत्न मिले। मास्टर नालेज फुल बने। जिसको बाबा कहते अपार धनराशि (वेल्थ) मिली। परम शिक्षक से हमें अमूल्य खजाने मिले। यह वर्सा पाकर हम त्रिकालदर्शी बन गए। इसी आधार पर यह स्मृति आई कि हम तो देवता थे ही, हमें फिर से संपूर्ण देवता बनना है। सतगुरु से हमें निरंतर याद में रहने की प्रेरणा मिली, अथवा सर्व शक्तियों का वरदान मिला। वह गुरु वरदान देते हैं अल्पकाल के लिए। हमारा सतगुरु सदाकाल के लिए वरदान देता है, इसी वरदान से हमारी सद्गति हो जाती। सतगुरु का हमें निर्देश (डायरेक्शन) मिला कि तुम्हें कदम-कदम पर सदा श्रीमत को पालन करना है। श्रीमत ही हमारे जीवन का मार्गदर्शन है।

(2) हमारे जीवन का पहला आधार (फाउंडेशन) है पवित्रता। अब देखना है कि इस पाठ को मैंने अपने जीवन में कहाँ तक संपन्न किया है? अपनी स्थिति का मीटर देखना है तो प्युरिटी ही हमारा मीटर है। इसी मीटर से चेक करो कि कहाँ तक हम संपन्न स्थिति के समीप पहुँचे हैं। कई पूछते हैं कि हम भाई-भाई की दृष्टि कैसे बनायें? यह सुनकर हंसी आती है। मैं पूछती हूँ आपकी वृत्ति में क्या है? वृत्ति ही है कि हम सब आत्माएँ भाई-भाई हैं। यही बाबा ने इस न्यारे-प्यारे ज्ञान में अलौकिक संबंध दे दिया कि हम सब आत्माएँ भाई-भाई हैं।

> "मन-वाणी-कर्म श्रेष्ठ हों। हर प्रकार से चार्ट एक्यू-रेट हो तो बाबा राजी तो क्या करेगा काजी।"

"हम आत्मा पुरुष हैं। पुरुषों में उत्तम पुरुष बाबा हैं। और हम सब आत्माएँ श्रेष्ठ पुरुष हैं। भाई-भाई के सिवाय दूसरा कोई नाता ही नहीं।"

बाबा पहले कहता था-तुम भाई बहन हो, परंतु यह नाता भी फेल कर देता। अब संपूर्ण पास होना है इसलिए भाई-भाई का नाता पक्का करो। यह एक ऐसा नाता है, जो सारे जीवन को संपन्न बनाने का आधार है। लोग हमसे यह सवाल करते हैं कि आप इस प्युरिटी पर इतना जोर क्यों देते हो। इसका हमारे पास एक ही उत्तर है कि हम तो हैं ही आत्मा भाई-भाई। इसमें इम्प्युरिटी का सवाल ही नहीं। भाई-भाई के संबंध में आत्मा है ही संपूर्ण पवित्र। फिर यह भी स्मृति आई है कि हम आत्माएँ जब देवता रूप में थीं तो भी पावन थीं। सतगुरु सद्गति भी उसकी ही करता-जिसने अपनी आत्मा को पावन बनाया है। पावन नहीं तो न गति है न सद्गति है। तो पहले खुद से सवाल पूछो-कि यदि मैं आत्मा भाई-भाई के नाते से देखती तब अपने को पाण्डव समझना भी तो देह अभिमान है। अलौकिक दृष्टि वृत्ति हमारी है ही भाई-भाई, मधुवन की पावन भट्ठी में बुलाया ही इसलिए है कि इस भट्ठी में आकर आप इतना पावरफुल हो जाओ कि भाई-भाई की प्रैक्टिकल स्थिति निरंतर हो जाए। यही बुलाने का उद्देश्य है। जैसे कहा जाता है बच्चा, बूढ़ा, ज्ञानी, महात्मा कहलाता, ऐसे महात्मा बन जाओ। यह भूल जाओ कि हम युवा हैं, पुरुष हैं, गोप हैं, पाण्डव हैं। नहीं, अब इस देह अभिमान को भी भूलो। हरेक देखो मैं बहुत छोटे से छोटा पवित्र पौधा हूँ। ब्राह्मण जन्म का नया जन्म है ही छोटे से छोटा बच्चा। हमें नया जन्म मिला, नया परिवार मिला। ब्राह्मण जन्म माने छोटा बच्चा महात्मा। दूसरा-आप सब बूढ़े हो अर्थात् वानप्रस्थी हो। अंतिम जन्म का भी यह अंत है। तो इस हिसाब से भी महात्मा हो। तो आदि और अंत की दृष्टि से देखो, इससे भी अपवित्र दृष्टि वृत्ति खत्म हो जाएगी। भाई-भाई की दृष्टि से देखो, हमारी जैसे देवता की स्मृति से देखो तो भी दृष्टि वृत्ति खत्म।

(3) हमारे ज्ञान का आधार (फाउंडेशन) ही है पवित्रता। उसी बल पर हमारा दावा है कि विश्व को हम पवित्र बनायेंगे। पवित्रता हमारे इस जीवन का श्रेष्ठ से श्रेष्ठ शृंगार है। जब श्रेष्ठ योगी बने, श्रेष्ठ से श्रेष्ठ बाप मिला, पढ़ाई मिली। ऊँचे बाप को समर्पण हुए। वारिस बने, वरदानी बने.... तो पहले चेक करो कि यह संपन्न बनने की जो स्थिति आयी है उससे विश्व के कितने क्षेत्र पावन बने हैं?

(4) आज यह आप सबके दिल से परिवर्तन होना चाहिए, अगर अब तक भी यह रिजल्ट मिलता कि मन्सा भी अपवित्र (इमप्युअर) है तो सवाल उठता-यह कब तक? आप कहेंगे, बाबा तो कहते यह मन्सा के तूफान अंत तक आएँगे, कर्म में नहीं होना चाहिए। परंतु यह अपने को धोखा देने की बात है। यह भी डंलप का तकिया है।

अगर अभी तक भी दृष्टि वृत्ति जाती तो क्या इसे महापाप नहीं समझते हो? यह नहीं सोचा है कि इस महापाप को भी हमें सूक्ष्म से भी जलाकर खत्म करके ही जाना है। फिर ऐसी कोई घड़ी भी न आवे जो मन्सा भी जावे। इस भट्ठी का पहला यह वरदान भरपूर करके जाओ कि बाबा हम इस भट्ठी से ऐसे संपूर्ण पावन बन लाइट माइट लेकर जाते तो इसका अंश मात्र भी वंश न रहे। जब इसमें संपूर्ण बनेंगे तब अन्य बातों में बन सकेंगे। यह वृत्ति दृष्टि इस जीवन में अब समाप्त हो जानी चाहिए। यह है बाबा की पहली-पहली आज्ञा। बाबा के सच्चे बच्चे वह-जो दिल से कहते बाबा, एक आप दूसरा न कोई।

(5) आप सब चैतन्य महान तीर्थों पर रहते हो। रिंचक भी आपकी दृष्टि होगी तो आने वाले नोट करेंगे। इसलिए अपने आपको इतना मर्यादा पुरुषोत्तम बनाओ। मर्यादा पुरुषोत्तम बनना है तो संपूर्ण दृष्टि वृत्ति को पावन बनाओ। अगर कहते अभी तक भी वृत्ति जाती तो यह संतुष्टि की बात नहीं। इसके वंश को भी समाप्त करो तब कहेंगे सच्चे पाण्डव। जब यह सूक्ष्म भी समाप्त होगी तो विश्व पर विजय का झण्डा लहरायेगा। इस बात से ही योग का कनेक्शन है। इससे ही सर्विस का संबंध है। सर्विस की सफलता इसके आधार पर है।

(6) आप सबसे यही एक अर्जी है-कि हे आत्माएँ, भाई, बाबा ने जिस ऊँचे तख्त पर बिठाया है उसी तख्त पर बैठो। देह अभिमान में आकर व्यर्थ संकल्प के पीछे अपनी शक्ति को वेस्ट मत करो। ऐसी स्थिति बना लो-जो सचमुच में छोटा-सा पवित्र बच्चा बन जाओ। यह कभी नहीं सोचो कि क्या करें पिछले संस्कार हैं। यह कहकर अपने संकल्पों को इमर्ज नहीं करो। पिछला संस्कार शूद्र का है। अगर कहते पिछला संस्कार है तो क्या अब तक भी शूद्र हो। पिछला संस्कार कहते तो भी फेल। यह मार्क्स फेल में क्यों? यह सूक्ष्म वृत्ति किसी न किसी रूप में वार करती है। इस वार से बचना है। तो आज आप सभी इस अपने पुराने संस्कारों की प्रवृत्ति को ऐसा पराजित करके जाओ जो यह प्रकृति समर्पित हो जाए। माया का झण्डा झुका दो। ऐसा दृढ़ संकल्प कर अपने को पावरफुल बनाओ। बीती सो बीती। तब कहेंगे-जीत है। इसी माया को जीतना है। ऐसा हरेक दृढ़ संकल्प करो। दृढ़ संकल्प की तीली से इस संस्कार को जला दो।

(7) अगर हम मर्यादाओं की बात उठाते हैं तो अनेक हैं। लेकिन हमें देखना है-हमने इस पहली मर्यादा का पालन कहाँ तक किया है। हमारा शीर्षक (टाइटिल) है मर्यादा पुरुषोत्तम। हमारी पढ़ाई का लक्ष्य उद्देश्य (एम आबजेक्ट) भी यह है। हमें सर्वगुण संपन्न 16 कला संपूर्ण बनना है। यह हमारी पढ़ाई है। तो चेक करो, अभी तक कौन-सी कमी है। यही हमारा चार्ट है। अगर कोई एक भी कमी है तो वह भी माया की तरफ खींच लेगी। इसलिए सर्व कमियों को निकाल मायाजीत, जगतजीत बनो।

प्रश्न : बाप दादा और दादी की हमारे प्रति शुभ भावनाएँ क्या हैं?

उत्तर– (1) हरेक ब्राह्मण बच्चा ईश्वरीय बुद्धि का वर्सा पूरा-पूरा ले ले। क्योंकि संगम पर ही भगवान् से यह गिफ्ट मिलती है।

(2) हरेक सदा संतुष्ट रहें। मान-अपमान में एक रहें। बड़े हमेशा यही आशा रखते हैं कि सभी सदा योगयुक्त रहें, मान के भूखे न रहें। किसी भी बात के अधीन न रहें। किसी को भी बाबा के सिवाय अपना आधार न बनायें।

(3) किसी में यह शक कभी न पैदा हो कि हमको प्यार नहीं मिलता। कोई हमारी परवाह नहीं करता। यह भी एक ऐसा कांटा है जो कभी फूल नहीं बनने देगा। यह भी मान-शान की इच्छा है जो कभी उन्नति करने नहीं देती। मान मिलता है गुणों से, जो गुप्त पुरुषार्थी है, जो अपने कर्मों पर ध्यान रखते हैं, जो बाबा के डायरेक्शन को एक्यूरेट पालन करते हैं उनको मान-शान की इच्छा न होने के बावजूद भी मिलता रहता है।

लास्ट आते भी फास्ट जाने का पुरूषार्थ क्या है? उत्तम पुरूषार्थी कौन? (02-09-84)

(1) उत्तम पुरुषार्थी वह-जिसका रिकार्ड बहुत काल से अच्छा हो। लास्ट आते भी फास्ट जाने के लिए सदा ध्यान (अटेंशन) रहे कि मेरा रिकार्ड कभी खराब न हो। बाबा, तेरा बना हूँ तो सपूत बनकर रहूँ। जो सपूत बनने का लक्ष्य रखते वही उत्तम पुरुषार्थी हैं।

(2) हमारे कर्म ऐसे श्रेष्ठ हों जो परमात्मा प्यार मिलता रहे। संगमयुग ही परमात्मा प्यार पाने का युग है। वह परमात्मा प्यार मिलता है गुणों से और श्रेष्ठ कर्मों से। इसलिए सदा श्रेष्ठ कर्मों पर ध्यान रहे।

(3) पतित पावन बाप ने हम बच्चों को पावन बनने के लिए यह बेहद का यज्ञ रचा है। इस यज्ञ में जितनी जो दिल से सेवा करता उतना पावन बनता है। सेवा में कभी भी सुस्ती न आए, सेवा दिल से करो, उमंग हुल्लास से करो तो फास्ट जा सकते हो।

(4) उत्तम पुरुषार्थी को सदा लगन रहती है कि तन-मन-धन से जो कर सकते हैं वह करते रहें। वह मर्यादाओं का प्रेम से पालन करते, बंधन समझ कर नहीं। पुरुषार्थ के लिए कोई प्रेशर डाले तब हम पुरुषार्थ करें, यह आगे बढ़ने का साधन नहीं। रुचि का पुरुषार्थ हो। जिस पर प्रेशर डाला जाता वह रुचि से नहीं कर सकता, बंधन समझता है।

(5) स्थूल सेवा करते कभी भी यह संकल्प न आए कि स्थूल सेवा में हम योग कैसे लगा सकते हैं, विचार सागर मंथन कैसे कर सकते हैं। अनुभव कहता है, जितना जो सेवा करता-उतना वह योग में अच्छा रह सकता है। अगर प्रेम से सेवा नहीं करते तो नौकर दिखाई पड़ते। उन्हें आगे बढ़ने की शक्ति नहीं मिलती। जितनी अधिक सेवा

उतना चार्ट अच्छा रहता। आत्मा अशुद्ध संकल्पों से मुक्त होती जाती। जितना जिसे यज्ञ सेवा का चांस मिलता उतना वह योगयुक्त दिखाई देता। सेवा में रहने से योग नहीं लगता। पता ही योग का तब चलता है जब कार्यव्यवहार में आते योगी रहते।

(6) एक कर्म है शरीर निर्वाह अर्थ, दूसरा है लोक संग्रह अर्थ और तीसरा है विश्व सेवा अर्थ। जिन्हें शरीर निर्वाह अर्थ कर्म करने का शौक रहता वह कभी किसी का बोझ नहीं बनते। इसलिए सदा ध्यान रहे कि जितनी सेवा कर सकता हूँ उतनी जरूर करूँ। किसी का बोझ न बनूँ। हम किसी भी इंसान के अधीन न रहें।

"एक भगवान में पूरा विश्वास हो। हमको खिलाने वाला वह है। जब तक जिंदा हैं कर्म करके खा सकते हैं। इतना काम अवश्य करें जो कोई बोझ महसूस न करे।"

एक घंटे के लिए भी किसी के पास जाते हैं तो उसे यह महसूस न हो यह तो बोझ है। हमारी फिक्र किसी को भी न हो। ऐसा अपने आपको चलायें जो स्व में सैट हो जाएँ।

(7) हमारा हर कर्म लोक संग्रह अर्थ हो। अर्थात् सदा ध्यान रहे कि जो कर्म हम करेंगे हमें देख सब करेंगे। हमारे कर्म से दूसरों को प्रेरणा क्या मिली। बाबा ने हमें कर्म से प्रेरणा दी है, जिससे इतनी वृद्धि हुई है। प्रेरणा में बहुत शक्ति होती है। मुख से बोलने में इतनी शक्ति नहीं होती, इसलिए हर कर्म लोक संग्रह अर्थ हो।

(8) जो ज्ञान मिलता है, उसे जीवन में ले आना, यही उत्तम पुरुषार्थ है। बाबा जितना ट्रस्टी निरअहंकारी, योगी रहा है, श्रीमत पर चल रहा है वह हम सबने देखा है। उसे देखने से हमें प्रेरणा मिली है। श्रीमत क्या होती है उसका पता चलता है। परफेक्ट वही बनता जो हर बात को महसूस (रियलाइज) करता है। जो महसूस ही नहीं करता वह बदल भी नहीं सकता। महसूसता की शक्ति ही परिवर्तन लाती है। लोक संग्रह का अर्थ है कि सदा ध्यान रहे कि हमारा बेहद का परिवार है। हम अपना दिखावा (शो) नहीं चाहते, लेकिन बाबा ने क्या किया है, वह हमें भी करना है।

(9) उत्तम पुरुषार्थी-मनी और मान का भूखा नहीं होता। उसे यह ख्याल कभी नहीं आता कि हमारे पास पैसा नहीं है। जो साधारण (सिम्पुल) रहना जानता है वह सदा साहूकार है। हमें गरीबी का अनुभव ही नहीं। भले 5 रुपया भी पास में न हो लेकिन हम बेपरवाह हैं, क्योंकि हमें सिम्पुल रहना आता है। जहाँ सिम्पुलसिटी और प्युरिटी है वहाँ गरीबी नहीं आ सकती।

(10) विश्व सेवा अर्थ में जो कर्म करता है उनका हर कर्म बेहद का होता है। वह सारी दुनिया को सामने रखकर सेवा करते। उनके आगे हद की दीवारें नहीं होतीं।

दूसरी क्लास

(1) राजयोग का अर्थ है गुलाम से मालिक बन जाना। राजयोग से सर्वेन्ट मालिक बन जाता है। अभी भी हम राजे हैं। अभी की जो राजाई है उसके आगे सतयुग के महाराजा महारानी भी क्या होंगे। हम योग नहीं लगाते लेकिन राजाई भोग रहे हैं। पहले सभी ने बहुत मेहनत की है, उस मेहनत का फल भोग रहे हैं। अभी हम मेहनत से छूट गए। मेहनत है फालतू व्यर्थ संकल्पों में। उससे हम फ्री हैं तो मेहनत नहीं। संगमयुगी राजा वह जिसे दुख-सुख, मान-अपमान की फीलिंग न आए। संसार में कुछ भी होता रहे लेकिन उसे किसी भी बात की परवाह नहीं। हमारे संकल्प ऐसे शुद्ध, पावरफुल और शाही (रॉयल) हो जाते हैं जो अनुभव होता कि अभी हमें राजाई मिल गई। जो संकल्प उठता वह सिद्ध हो जाता। हमने यह राजाई योग से पाई है। दुनिया में कोई नहीं जो हमारे जैसे बेफिकर हो। हम बेगमपुर के बादशाह हैं। हमारे चेहरे पर सिर्फ मुस्कराहट ही नहीं दया दृष्टि है। स्वार्थ भाव नहीं लेकिन रहम भाव है।

हमारी आपस में एक-दूसरे के प्रति भी दया दृष्टि है। अपने ऊपर भी हमने दया की है। हमारी दृष्टि में सेवा समाई हुई है। स्वार्थ नहीं है, दया भावना है। किसी भी आत्मा का किसी भी तरीके से कल्याण हो जाए। जो बाबा के बच्चे बने हैं, जिन्होंने एक बार दिल से बाबा कहा है वह कभी नीचे-ऊपर न हो। यह हमारे अंदर दया भावना है। जब कोई आत्मा नीचे-ऊपर होती है तो उस पर तरस आता है कि इसकी क्या गति होगी। इसलिए तरस आता कि इस आत्मा ने एक बार बाबा कहा है तो ठिकाने लग जाए, फिर से निश्चयबुद्धि बन जाए।

(2) शुरू-शुरू में जब हम किसी को आत्मा और परमात्मा का परिचय देते थे तो साथ में माया का भी परिचय जरूर देते थे। जब तक किसी ने माया को नहीं जाना है तब तक वह बाबा को भी अच्छी तरह नहीं पहचान सकता। इसलिए पहले यह स्पष्ट हो कि माया क्या है, कहाँ से आती है। हमें मायाजीत, जगतजीत बनना है, इसलिए माया का भी पूरा परिचय चाहिए। अंतर्मुखी वह जो माया को जाने। माया आती है बहिर्मुखता से। अंतर्मुखता मायाजीत बना देती। बहिर्मुखता हार खिलाती है। बहिर्मुखता के सामने ऐसे-ऐसे दृश्य आते हैं जो मोहित कर लेते हैं। बहिर्मुखी हैं तो पता नहीं चलता कि माया क्या होती है। इसलिए अंतर्मुखी बन माया को जान विजयी बनना है, माया के प्रति भी ज्ञानपूर्ण (नालेजफुल) बनना है।

(3) हमारा हर कारोबार रूहानी हो। किसी भी कार्य की रूपरेखा जिस्मानी न हो, तब हम अशरीरी बन सकते हैं। रूहानी कारोबार से आत्म उन्नति होती है। बाप के जितना-जितना समीप हैं उतना दुनिया की उन्नति का भी ख्याल रहता है। सारी दुनिया में घूम कर देखा है–ऐसा दुनिया का कोई कोना नहीं, जहाँ कोई शांति से बैठ

सके। पर बाबा ने हम बच्चों को कितना निर्भय बनाया है। हमें किसी का भी भय नहीं, क्योंकि हम निर्वैर हैं। हमारी किसी से भी दुश्मनी नहीं है। भय उनको होता जिनका कोई दुश्मन होता है। हमने बड़े से बड़े दुश्मन को समझ लिया, मुख्य दुश्मन है गुस्सा। घर-घर में बड़ी आग क्रोध ने लगाई है। हमारा वह क्रोध शांत हो गया, इसलिए हमारा कोई दुश्मन नहीं। न हमारा कोई दुश्मन है न हम किसी का दोष निकालते हैं। हम कहते कुछ भी हो रहा है, किसी का दोष नहीं। जो गंभीरतापूर्वक ड्रामा को जानते हैं, वह सदा हर्षित रहते हैं। शांतिप्रिय बन सबको शांति का दान देते हैं।

प्रश्न : बाबा के समझू बच्चे कौन? सयाने और होशियार कौन?

उत्तर– जो बुद्धि से हर बात को अच्छी रीति से समझते हैं वह हैं समझू और जो उसे समझकर अमल में लाते हैं वह हैं सयाने। सयाने वह जो कभी भी किसी बात में मूँझते या घबराते नहीं। होशियार वह जो बापदादा की हर बात को ज्यों का त्यों लागू (एक्यूरेट फालो) कर सकें। होशियार जम्प जल्दी लगा देगा-लेकिन वह जम्प लगाने का तरीका खतरे का भी हो सकता है। सयाना समझदार युक्ति से जम्प लगायेगा। जैसे प्लेन पहले धीरे चलता फिर उड़ता है। फिर ऊपर जाकर बताते इतना ऊपर है, इतनी गति (स्पीड) में है। एकदम जम्प लगाकर नहीं उड़ता। उतरता भी है तो ऐसे ही धीरे-धीरे, इसलिए चढ़ने या उतरने में होशियारी चाहिए। कितने भी बादल आयें, कुछ भी आ जाए लेकिन झटका न लगे। धक्के से न उतरें। तो हमारे भी इस पुरुषार्थ में बहुत होशियारी चाहिए। जो सयाना और समझदार है वह हर बात का हल निकाल लेता है। किसी बात में मूँझता नहीं, मम्मा बाबा ने समझ से, होशियारी से कर्मातीत अवस्था को पाया। तो हमें भी फालो फादर करना है। अच्छा–

ब्राह्मणों की प्रकृति दासी कैसे होती है? प्रकृति दासी किसको कहेंगे? (13-09-84)

(1) भक्ति में देखा जाए तो उन ब्राह्मणों की प्रकृति दासी है। उन्हें भी शरीर निर्वाह अर्थ सब कुछ अपने आप ही मिलता है। खाने-पीने, रहने आदि का सोचना नहीं पड़ता। हम भी ब्रह्मा के बच्चे ब्राह्मण बने हैं। ब्राह्मण माने योगी और तपस्वी। योग माने बाबा से संबंध अच्छा है और अपनी अवस्था को जमाने के लिए तपस्या बहुत तेज है। ऐसे ब्राह्मणों का शरीर निर्वाह, खाना, रहना स्वत: अपने आप ही हो जाता है। उस सेना में भी जो आते हैं उसका गवर्मेन्ट ख्याल करती है। यहाँ भी जो अपना जीवन सेवा में समर्पण करते हैं, उनका ख्याल पाण्डव गवर्मेन्ट को होता है। हम ब्राह्मण खाने-पीने और रहने के अधिकारी तब हैं जब त्यागी हैं। त्याग के साथ तपस्या का

भी बहुत कनेक्शन है। त्याग भी क्या किया? शूद्र से ब्राह्मण बने, तो हमने त्याग नहीं किया, लेकिन लाइफ बदल गई। जीते जी शूद्र लाइफ से मर गए। वैसे भी जब कोई शरीर छोड़ते हैं तो पास्ट की बातें याद नहीं रहतीं। तो हम भी अपने आप से पूछें कि हम ऐसे मरे हुए हैं जो कभी भी पास्ट में बुद्धि न जाए। पास्ट वाले संबंधी हमें खीचें भी नहीं। जब अपनी बुद्धि उनकी तरफ नहीं जाती और न वह हमारी बुद्धि को खींचते हैं तब कहेंगे प्रकृति दासी है। जब हम ब्राह्मण बन गए तो लौकिक के साथ जो जुटा हुआ था वह टूट गया, चुक्तू हो गया। हम भाग्यशाली उसे समझती-जिसका बुद्धियोग जरा भी लौकिक में नहीं जाता। ऐसा न हो हमारा बुद्धियोग भटके और लौकिक का बुलावा भी आ जाए। कहते भी हैं थोड़ा रूठी, थोड़ा पीहर का बुलावा आया। इसलिए अपनी बुद्धि ऐसी हो जो लौकिक की खींच न हो। बाबा ने हमें अलौकिक सेवा दी है। लौकिक सेवा वह जाने, उनका काम जाने। बाबा भी हमें ऐसा न कहें कि तुम जाकर उनकी सेवा करो।

(2) ब्राह्मण वह जो समय सफल करे। जितना हमारा समय तपस्या और सेवा में लगता उतना जबरदस्त कमाई है। ऐसी तपस्या की स्थिति सदा रहती तो प्रकृति दासी है। सेवार्थ बाबा का निर्देश (डायरेक्शन) मिलता है तो जी हजूर, जी हाजिर। हमें संकल्प न आए कि मैं जाकर लौकिक सेवा करूँ। इसमें भी बुद्धि कभी ढीली (लूज) न हो। यह भी प्रकृति दासी है। हम 'त्याग' शब्द नहीं कहती लेकिन वह पार्ट ही पूरा हो गया। लौकिक और अलौकिक का परिचय मिलने से लौकिक लाइफ बदल गई। ब्राह्मण वह जिसके पास अलौकिक खुशी हो। यह प्रकृति दासी है। कोई ऐसी बात ही नहीं जो खुशी छीन ले। खुशी हमारी खुराक है।

(3) देह के संबंधों का त्याग और कर्मइन्द्रियों पर भी जीत हो। वह सहज ही वश में आ जाए। ज्ञानयुक्त कर्मइन्द्रियाँ कर्म करें, यह भी प्रकृति दासी है। अभी तक कईयों में कर्मइन्द्रियों की चंचलता है, बुराइयाँ हैं, वह खत्म हो जाए। आँखें कभी धोखा न दें। कभी लोभ के वश चोरी या झूठ न हो। इन बातों से आत्मा फ्री हो, यह भी प्रकृति दासी है। मैं किसी से माँगू भी क्यों। माँगने से मरना भला। हमारी यह मरजीवा लाइफ है, कभी कुछ माँगना न पड़े, यह भी प्रकृति दासी है। कुछ भी अप्राप्त नहीं वत्स, हम ब्राह्मणों के खजाने में। हम ब्राह्मण देखें कि हमें किस बात की कमी है। देवताओं से भी ज्यादा हमें मिला है। हमें वेद का बाप मिला, परिवार का, संगठन का सुख मिला, ज्ञान के मनन-चिंतन की ऊँची लाइफ मिली, जो देवताओं के पास नहीं। ब्राह्मणों को सब कुछ अपने आप ही मिलता है। अगर हवस है, मोह है तो योगी, तपस्वी रूप का-सा, खुद को भी नहीं होता और दूसरों को भी हमारे द्वारा नहीं हो सकता। लोभ भी कोई कम शत्रु नहीं है। ब्राह्मणों का बुद्धियोग इधर-उधर न भटके, एक ठिकाने, एक बाबा में लगा हुआ हो, यह भी प्रकृति दासी है।

(4) कई हैं जो कहते, मैं बीमार पड़ा, मुझे तो कोई पूछता नहीं। हम कहते यह भी तुम्हारे कर्म। हम तो सोचती, हमें कोई भी न पूछे और भी अच्छा। यहाँ कोई संभाल नहीं करेगा तो बाबा हमारी संभाल कर लेगा। परंतु अपना निश्चय अटल रहे। जिसने दूसरों की सेवा की हुई है वह माँगता नहीं है। भले प्रकृति दासी भी हो लेकिन तुम स्वीकार न करो। जो स्वीकार करने की इच्छा रखता उसे मिलता भी नहीं है। संगमयुगी ब्राह्मण लाइफ पक्कीरानी लाइफ है। ऐसी ही लाइफ चाहिए-आत्मा बिल्कुल फकीर। फकीर माने जिसे कोई फिकर न हो। यह भी प्रकृति दासी है।

(5) कोई भी बात सामने आए, ज्ञान योग धारणा, सेवा..... उसे सब बात सरल (इजी) लगे। कभी यह महसूस भी न हो कि कठिन (डिफीकल्ट) है। यह कैसे होगा? नहीं सब सहज है। कोई भी बात आ जाए, समस्या नहीं (नो प्राबलम)। डोन्ट वरी। फिकर की कोई बात ही नहीं। सब कुछ ठीक हुआ ही पड़ा है। बहुत काल से अडौल अवस्था रहे। यह भी ब्राह्मणों की प्रकृति दासी हुई। अगर किसी भी कारण से हमारी अवस्था डगमग होती है तो दोष किसका? ऐसे ब्राह्मण नामधारी कहे जाते। सच्चा ब्राह्मण वह जो काम करके दिखाए। जिससे प्युरिटी की खुशबू आती रहे। यह शुद्धता (प्युरिटी) ही शक्ति देती है। दुनिया को इसका ही बल चाहिए। मैं ब्राह्मण आत्मा हूँ तो यह चैक करो कि प्युरिटी की खुशबू है? भले मैं गुप्त वेषधारी हूँ, स्थूल देखने में कोई सेवा नहीं भी है, लेकिन अपने पवित्र वायब्रेशन सेवा में लगाते रहो। यह भी बड़ी ड्यूटी है।

(6) वाचा और कर्मणा सेवा तो ईजी है लेकिन मन्सा सेवा कईयों को कठिन (डिफीकल्ट) लगती है।

"हमारा अनुभव कहता कि मंसा सहज है तो वाचा और कर्मणा भी सहज और ऊँची सेवा हो सकती है। जैसी हमारी मंसा है वह वाचा कर्मणा से दिखाई देती है। हमारी मंसा का दर्पण है वाचा और कर्मणा।"

तो जिसका अटेंशन अपनी मन्सा पर है, वह सदा पवित्र, सुखी और सुखदाता ब्राह्मण है। ब्राह्मणों को सुख देने की सेवा मिली हुई है। ऐसी सेवा करते रहो तो प्रकृति दासी है। कुछ भी माँगने की दरकार नहीं।

(7) सतयुग में तो तत्त्व ही सतोप्रधान है, वहाँ शरीर सतोप्रधान मिलेगा ही, लेकिन अभी हम ब्राह्मणों का देवदूत (एंजिल) रूप तैयार खड़ा है। बाबा ने हमें वह स्वरूप तैयार करके दिया है। हमारा संपूर्ण स्वरूप वह है जिसमें कोई भी कमी नजर नहीं आती। हम साकार बाबा को सामने देखते-तो उस चित्र से भी अनुभव होता कि

बाबा में कोई कमी नहीं। बाबा में सब कलायें साकार में देखी। वही ट्रेनिंग बाबा हम बच्चों को भी दे रहा है। हम सबको भी बाप समान बनने का अवसर (चांस) है। जो यह चांस सदा लेते रहे, पुरुषार्थ में कभी भारी न हो-उनके लिए यह भी प्रकृति दासी है। किसी भी बात की रुकावट सामने आती ही नहीं।

(8) मन्सा जितनी शुद्ध पावरफुल है उतनी प्रकृति दासी है। ऐसे ब्राह्मण ही लाखों को प्रेरणा देने के निमित्त हैं।

प्रश्न : एक स्थान पर बैठे भी विश्व भ्रमण अथवा विश्व की सेवा कैसे कर सकते हैं? इसमें आपका अनुभव क्या है?

उत्तर– (1) यह भी प्रकृति दासी है। किसी के संस्कार स्वभाव का प्रभाव हमारे पर न पड़े। न किसी के झुकाव में रहूँ न लगाव में। इससे मुक्त होने के कारण आत्मा स्वतंत्र (फ्री) है। कोई भी बात का प्रभाव आत्मा पर न हो, तब विश्व भ्रमण कर सकते हैं। किसी के लिए भी अंदर से ग्लानि है, घृणा दृष्टि है तो भी बाबा के नजदीक नहीं जा सकते। यह घृणा दृष्टि भी विश्व सेवा से दूर कर देती है।

(2) 'एक बाबा दूसरा न कोई' यह मंत्र सदा याद रहे।

(3) सेवा में मान मर्तबे की भूख न हो। यह भूख भी विश्व भ्रमण में रुकावट डालती है, हदों में ले आती है।

(4) सदा परिवार से और बाबा से ईमानदार (आनेस्ट) रहें। आनेस्टी ही ईश्वर के दिल में स्थान देती है। आनेस्टी का प्रभाव बहुत पड़ता है। सच्चा पुरुषार्थ ही है आनेस्ट रहना। ईमानदारी हमारे दिल को फरहेत में रखती, दूसरे के दिल को जीत लेती है।

(5) अगर हमें किसी भी चीज का लोभ लालच नहीं है तो इसका प्रभाव दुनिया वालों पर बहुत अच्छा पड़ता है। वह समझते हैं इनका इसमें स्वार्थ नहीं है। बाबा ने हमें जो पालना दी है, इतना लायक बनाया है, उस आधार पर ही हम विश्व भ्रमण करते हैं।

(6) तीनों लोकों में जो घूमने-फिरने की एक्सरसाइज है, अगर वह नहीं करते तो बुद्धि मोटी हो जाती। हम भले बैठे एक स्थान पर हैं लेकिन विश्व सामने है। तो अपनी बुद्धि में ईमानदारी, सच्चाई और भाई-भाई की दृष्टि पक्की हो तो विश्व सेवा के निमित्त बन सकते हैं।

(7) जो भी आत्मा हमारे सामने आए उसे यह फीलिंग आ जाए कि हम सब एक घर के रहने वाले एक पिता के बच्चे हैं। किसी को यह न लगे कि इनका अलग धर्म है। वह महसूस करें कि यह नालिज हर इंसान के लिए है। हमारे समझाने से, वायब्रेशन से यह फीलिंग आए। हमारे अंदर हरेक के प्रति रहम भावना हो। तब विश्व सेवा कर सकते हैं। अच्छा–

राज्यपद पाने के लिए विशेष पुरूषार्थ तथा निशानियाँ (22-09-84)

(1) बाबा ने आज दिन तक राज्य पद की सीट निश्चित (फिक्स) नहीं की है, जो दौड़े हरेक का हक है, घुड़दौड़ चल रही है। राज्य पद वही पा सकते- जिन्हें सदा यह स्मृति रहती कि मैं ईश्वरीय संतान हूँ। जिन्हें कल्प पहले की स्मृति आई कि हमको अब देवता बनना है। लक्ष्य की स्मृति आते ही पुरानी आदतें छूट जाती हैं। देवता बनने के लक्ष्य की स्मृति हमको जरूर राज्य पद दिलायेगी।

(2) जिन्होंने बाबा का फरमान सेकंड में माना, सेकंड में बाबा के आगे समर्पित (सरेन्डर) हुआ वह राज्य पद का अधिकारी है। जो त्याग किया, जो समर्पण किया, उसका फिर वर्णन न करें। वर्णन किया तो आधा खत्म। फिर प्रालब्ध भी नहीं बन पाती। वर्णन करने वाला सस्ते किस्म (चीप क्वालिटी) का है वह राजा बन नहीं सकता।

(3) जो सेवा तो करता लेकिन बुद्धि में रहता कि वह सबकी नजरों में आए, वह महिमा की इच्छा प्रजा में ले जाती है। हम अपने लिए कर रहे हैं, तन से करते, मन से करते, धन से करते लेकिन अपने लिए करते, किसी दूसरे के लिए नहीं। कोई किसीके लिए नहीं कर रहा है। राजा की रॉयल्टी धारण कर रहा है, उसकी रायल्टी उसे राज्य पद में ले आती है।

(4) अशरीरी होकर अशरीरी बनें लेकिन हल्की जबान न हो। बड़े आदमी थोड़ा बोलते हैं। बल्कि, बोलते ही नहीं हैं।

"बड़ों के थोड़े बोल ऐसे होते हैं, जिसे सब सुनने की इच्छा रखते। हमारे बोल ऐसे हों जिसमें रूहानियत की आकर्षण भरी हो। यही रूहानियत हमको राज्य पद पाने में मदद करती है।"

(5) दुख-सुख, मान-अपमान.... होता ही रहता है लेकिन हम एकरस हैं, नीचे-ऊपर नहीं होते तो राज्यपद के अधिकारी बन रहे हैं। अवस्था नीचे-ऊपर होती है तो पद भी नीचे-ऊपर हो जाता है। स्थिति बहुतकाल से ऊँची है तो पद भी ऊँच बनता जाता।

(6) कभी भी किसी के दोष निकालना और अपना दोष छिपाना... कई हैं जो अपना दोष देखते ही नहीं। बाबा शिक्षा देता, मुखड़ा देख ले प्राणी तो हम सदा अपना

मुखड़ा देखें, अपना मुखड़ा ही बताएगा कि कितने पाप खत्म होते जा रहे हैं और पुण्य का खाता बढ़ता जा रहा है। पुण्य कर्म का खाता ही राज्य पद दिलाएगा।

(7) बाबा ने हमें यज्ञ की हर प्रकार की सेवा करना सिखलाया है। जो दिल से यज्ञ की सेवा करता वही राजाई पद पाता। जो अब नवाबी से चलता वह वहाँ नवाब नहीं बन सकता। इसलिए यहाँ हमारे संस्कार नवाबी के या सेठ के न हों, सर्वेन्ट के संस्कार हों। यज्ञ की सेवा प्रेम से करें। यह सेवा ही हमारी कर्मइन्द्रियों को पावन करती। जिस शरीर से पाप कर्म हुए हैं उनसे जब पुण्य कर्म करेंगे तब पावन शरीर मिलेगा। जितना कर्मइन्द्रियाँ सेवा करती हैं उतना पावन बनती हैं। उतना ही सुख मिलता है। यहाँ जितने शाही (रॉयल) संस्कार हैं, नम्रता भाव है, तो हम राज्य पद के अधिकारी हैं।

(8) नशे में रहो लेकिन जरा भी अहंकार का अंश न हो। मन्सा सदा शुद्ध हो। संकल्प से फ्री हों। कभी दिल भारी न हो। रोने जैसी शक्ल न हो, रोने की शक्ल है तो क्या, यह रायल्टी है। वह राजा बनेगा? कभी जिद करना या कोई बात को सिद्ध करना, क्या यह रायल्टी है? एक ने कही दूसरे ने मानी, शिव बाबा कहें दोनों हैं ज्ञानी। जिसे बाबा की हर शिक्षा याद है, उसकी आत्मा में रायल्टी भरती जाती है।

(9) ऐसा कर्म न करें जो बड़ों को हमें सावधानी देने का चांस मिले। इशारों को समझने वाला राज्य पद पाता है। ऐसी घड़ी न आए तो बुलाकर कोई सावधानी दें। सयाना वह जो इशारे से, वायब्रेशन से समझ ले।

(10) सदा जिसके मुँह में, आँखों में मुरली है, उनसे कभी कोई मिस्टेक नहीं होती। अगर होती भी है तो सुधारने वाली मुरली है। मुरली अर्थात् पढ़ाई पर पूरा ध्यान है तो राज्य पद पा सकते हैं।

(11) सतयुग त्रेता की प्रालब्ध देही अभिमानी बनने के आधार पर है। इसलिए बाबा बार-बार दो बातों पर ध्यान खिंचवाता है, एक श्रेष्ठ कर्म पर दूसरा याद पर। कर्म ऐसे हों जो श्रेष्ठ प्रालब्ध देने के निमित्त बनें। द्वापर से देह अभिमान में फँसते गए, जिससे गिरते ही कर्मबंधन में फँसते आए। अभी वह पार्ट हमारा फिनिस हुआ। अभी हमारी चढ़ती कला है। हम सतयुगी दुनिया में किन कर्मों से अधिकारी बनें। यहाँ का ज्ञानी तो आत्मा प्रिय लगती। जिस आत्मा ने ज्ञान को ग्रहण करके परमात्मा की प्रिय आत्मा बनने का पुरुषार्थ किया वही अधिकारी बनता है। लक्ष्मीनारायण की इतनी पूजा क्यों हुई? क्योंकि ज्ञान को स्वरूप में लाया है। जिसकी बुद्धि में सदा स्वदर्शन चक्र घूमता है वही सतयुगी देव आत्मा बनती। राज्य करने का अधिकार उनको मिलता जिनके राजाई के संस्कार यहाँ बन जाते। जितना याद उतना प्युरिटी। जितना विकारों पर जीत उतना स्वामित्व (रॉयल्टी)। घड़ी-घड़ी विकारों से हार खाई तो बाबा की नजरों में विजयी रत्न नहीं। बाबा किस दृष्टि से हमको पढ़ा रहा है, पालना दे रहा है। बाबा से हमें क्या मिलता? दृष्टि, टोली और वरदान। कईयों को टोली का कदर है दृष्टि का नहीं। किसीको वरदान का कदर है। किसने कहा? बाबा की दृष्टि हमको

विजयी बनाती। कमजोर (वीक) आत्मा को विजयी बनने की शक्ति आ जाती। बाबा की दृष्टि से आत्मा में शक्ति पैदा हो जाती। टोली भी बाबा कितने स्नेह से, प्यार से अपना बच्चा समझकर खिलाता। हमें कौन खिला रहा है, संबंध की रसना आती है। यह चांस जो हम बच्चों को मिला है वह भक्तों को नहीं। भगवान खुद हमको खिलाता है। बाबा के कितने मीठे वरदान हर आत्मा को अपनी विशेषताओं की स्मृति दिलाते। पता चलता है कि मैं कौन हूँ। हमारे द्वारा बाबा क्या कराना चाहते हैं। बाबा स्पष्ट तस्वीर (क्लीयर पिक्चर) दे देता है। भगवान, जो हमसे कर्म कराना चाहता है, वही बाबा सिखलाता है। बाबा ने सिर्फ ज्ञान नहीं दिया, कर्म करके सिखाया है। यह कर्म ही हमें सतयुगी प्रालब्ध के अधिकारी बनाते हैं।

दूसरी क्लास

(1) संगमयुग हमारे जीवन को हीरे तुल्य बना रहा है। इसलिए इसकी कदर बहुत है। जितनी समय की कदर है उतनी ही बाबा की कदर है। जैसे यह समय फिर से नहीं आएगा वैसे बाबा भी फिर से नहीं आएगा। इस संगम के समय पर बाबा के साथ हमने तपस्या की है। दिलवाला के साथ हमारी यादगार है। तपस्या में बाबा के साथ दिल हल्का है। कोई बोझ नहीं तो तपस्या ठीक है। तपस्या अर्थात् एक के साथ योग। आत्मा अशरीरीपन की स्टेज पर है। एक अशरीरीपन का हल्कापन और दूसरा, दिलवाला बाप के साथ हमारा पार्ट है तो दिल हल्का है।

(2) हमारा राजयोग साधारण (सिम्पल) और ऊँचा है। हमें बाबा का सेकंड में परिचय मिला, उनसे योग जुट गया। योग से जो प्राप्ति है यह अनुभव ही बाबा के समीप ला रहा है। श्रेष्ठ जीवन, श्रेष्ठ पार्ट को देख भविष्य भी स्पष्ट है। जिस कारण आत्मा नालेजफुल है।

(3) हमारा बोल हल्का न हो। गंभीरता से, जीवन के सबूत से, थोड़े से शब्दों में बोलते हैं तो कई बार मानने के लिए सब तैयार हो जाते हैं। बोलचाल में गंभीरता, थोड़े शब्दों में सच्चा रहस्य जो बताना चाहते हैं, वह ऐसा बताएँ जो वह महसूस करें कि यह जो कहते हैं वह सत्य है। सत्य नालेज मिलने से, सत्य संग से जो बल मिलता वही सेवा में काम आता है।

(4) हमारा कठिन मार्ग नहीं है, उपवास (फास्ट) करना या नींद न करना यह बाबा ने नहीं सिखाया है, कई बार खास याद में रहते तो याद नहीं रहती, सेवा में याद अच्छी रहती। मुख्य बात है, व्यर्थ चिंतन में समय गंवाने की आदत न हो। कोई भूल-चूक न हो। अपने पर ध्यान (अटेन्शन) हो। कोई ऐसा कर्म न करें जो योग न लगे। बाबा को चाहिए दिल की सफाई और दैवीगुण। सर्विस पर अटेन्शन। **न कभी**

धोखे में रहना न किसी को धोखा देना। जितना हो सके अपने में रहमदिली, प्रेम भावना हो। किसी के दिल से यह न निकले, कि इसने दुख दिया। दुख हर्त्ता सुख कर्त्ता आपके बच्चे सब सुखी रहें। सतयुगी जीवन की रिहर्सल अभी चल रही है। वहाँ हैवान अगर इकट्ठा पानी पीते तो हमारा व्यवहार कितना प्रेम का होना चाहिए। हम रूहानी प्रेम से ऐसा जीवन व्यतीत करते जो सब आश्चर्य खाते, आज की दुनिया में यह कैसे प्रेम से रहते हैं। हमारा प्रेम अनेक आत्माओं को मदद करता है। खींच ही प्रेम की हुई। प्रेम को देख हमने अपना जीवन समर्पण किया। हमारा प्रेम देखकर ही, सब समझते हैं यहाँ से हमारी लाइफ बन सकती है। सेवा करने का और साधन न हो, सिर्फ प्रेम से व्यवहार करो तो भी सफलता है। प्रेम से रहते तो वह दिन अच्छे बीतते। मधुबन का प्रेम ही सबको याद आता है।

(5) बाबा के एक-एक गुण को दिल में धारणा करके ऐसी अवस्था अपनी बनावें जो बाबा के सब गुण अपने हो जाएँ। अच्छा–

पढ़ाई का आधार–आज्ञाकारी, ईमानदार और वफादार (देहली में टीचर्स के मध्य) (23–09–84)

(1) अपनी पढ़ाई का आधार ही है ईमानदारी, आज्ञाकारी और वफादारी। पढ़ाई मुख से नहीं लाइफ से ट्रेनिंग देती है। ट्रस्टीपन सीखना हो तो बाबा की लाइफ से सीखो। सारे वर्ल्ड में सभी धर्मों के अंदर ट्रस्टियों के प्रति रिगार्ड होता है। बाबा जैसा ट्रस्टी रहना आर्डनरी बात नहीं। बाबा ट्रस्टी बना तब नारायण बना। हमने देखा नर नारायण कैसे बना है। तो हमें भी समर्पण और ट्रस्टी बनना है। कर्त्तापन का भान न हो। मैंने किया यह वर्णन भी न हो। और अमानत में ख्यानत न हो। पात्र को दान देने की अक्ल हो।

(2) कई प्रश्न पूछते हैं क्या हम, आप जैसे या मम्मा बाबा जैसे बन सकते हैं? यह प्रश्न उठना भी चाहिए। क्योंकि तब ही बनने की लगन लगेगी। मम्मा बाबा ने भी लक्ष्य रखा कि हमको ऐसा (लक्ष्मी नारायण) बनना है, तो बनने में जितने भी विघ्न आए उनको पार किया। इसमें दृढ़ता का संकल्प हो। लक्ष्य हो तो बन जाएँगे। कथनी करनी एक हो। बनने के लिए लगन और शक्ति चाहिए। जब यह लगन लग जाती कि हमें मम्मा बाबा जैसा बनना है तो बाकी सब इच्छाएँ मिट जाती हैं।

(3) गोप गोपियों ने जो अतिइन्द्रिय सुख पाया वह ध्यान दीदार से नहीं। तुम्हीं से सुनूँ, तुम्हीं से बोलूँ यह सुख पाया। ध्यान में भूल न जाओ परंतु बाबा की सुनाई हुई बातों पर ध्यान रखो। ध्यान में तो अपनी इच्छा से नहीं जा सकते। वह है दिव्य दृष्टि का पार्ट। दिव्य बुद्धिदाता कहता–ज्ञान योग में ध्यान रखो। धारणा मूर्ति बनो।

(4) हम सेवा बगैर खाना नहीं खा सकते। यह सेवा हम ब्राह्मणों को संगमयुग पर ही मिलती है। यह सेवा शरीर छोड़ते भी मिलेगी। आकारी रूप से भी हम सेवा करेंगे। जागते, खाते-पीते, सोते सब में सेवा। दवाई भी सेवा अर्थ लेते। जैसे शरीर को खाना देते वैसे दवाई। हम दवा, दुआ और योगबल तीनों से इकट्ठा काम लेते हैं। दुआ बहुत, दवा थोड़ी। ब्राह्मण कुल में हम हठयोगी नहीं बन सकते।

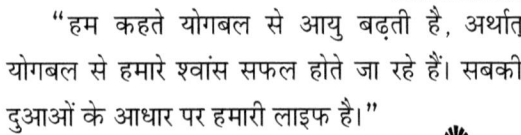

"हम कहते योगबल से आयु बढ़ती है, अर्थात् योगबल से हमारे श्वांस सफल होते जा रहे हैं। सबकी दुआओं के आधार पर हमारी लाइफ है।"

जब हम सहजयोगी हैं तो हमारे लिए कोई यह भी न कहे कि यह हठयोग करते हैं। इसलिए दवा भी लेते लेकिन दवाई पर आधार नहीं रखते। हम किसी को यह भी नहीं कह सकते दुआ करो। वह तो अपने आप दुआयें निकलती हैं। योगबल को भी आजमाना चाहिए, क्योंकि यह प्रश्न कई पूछते हैं कि आपका राजयोग है तो आपको बीमारी क्यों होती? अगर हमको योगबल का अनुभव नहीं होगा तो हम दिल से कह नहीं सकेंगे। गुप्त वीकनेस होने के कारण हार हो जाती है। योगबल से हम जीत पा सकते हैं। तो योगबल, दुआ और दवा इन तीनों से काम लेना है। एक तो बाबा की प्रेरणा से सेवा में जाना यह दुआ, दूसरा विश्व की आत्माओं की सेवा से दुआ। इन दुआओं से ही काम लेना है।

प्रश्न : सेवा केंद्र पर कोई भूत प्रेत आत्मा या शराबी आदि आते हैं, तो डर लगता? उसमें निडर स्थिति कैसे रहे?

उत्तर– एक तो यह स्मृति रहे-कि हमारे ऊपर बाबा की छत्रछाया है। छत्रछाया भी उसके ऊपर है जिसका कोई देहधारी से लगाव नहीं। यदि लगाव है तो योग की शक्ति का अनुभव नहीं होगा। वह कमजोर आत्मा होगी। उसके आगे कोई शराबी आदि आत्मा आएगी तो डरेगी। इसके लिए, एक तो बाबा को याद करो। दूसरा, कहीं भी बुद्धि का लगाव न हो, जो दूसरा कोई वार करे। बहुत समय से बाबा की लगन वाली आत्मा के आगे कोई शराबी आदि आत्मा आएगी, या तो उनको देह दिखाई नहीं पड़ेगी या वह आत्मा शांत हो चली जाएगी। तीसरी बात-जो सीन आई है वह सीन चली गई। तो हमको यह देखना है कि उसमें हमारी अवस्था, हमारी शक्ति कितनी रही। छवि (सीन) तो चली गई मैं कैसी रही? चौथी बात–जिसका निरसंकल्प रहने का अभ्यास होगा उसका इन बातों में चिंतन नहीं चलेगा। फालतू चिंतन करने की आदत, बार-बार एक बात का वर्णन करना, भूतों वाली बातों का भी वर्णन करना-इससे और ही भूत लग जाते हैं। इस बहन को क्या हुआ, यानि, हमको भी हो जाएगा। ऐसा भी वातावरण न हो। वातावरण को शुद्ध रखना, किले में रहना यह सुरक्षित (सेफ्टी) है। यह क्यों आया,

यह भी न कहें। जहाँ योग बल का वातावरण नहीं, वहाँ बाबा कान से पकड़ने के लिए कोई बात ले आते हैं। हम अकेले हैं या 10 के बीच में बैठे हैं, वायुमंडल पावरफुल है, हम गफलत में नहीं, तो बाबा की मदद है। हम गफलत में हैं तो चोट खाते हैं।

प्रश्न : आपसी प्रेम न रहने का कारण क्या है?

उत्तर– विशाल बुद्धि नहीं। विशाल बुद्धि वाला जो है वह प्रेम लेना, देना दोनों जानता है। मेरे को सब प्रेम दें। यह माँगू और देना मेरा धर्म नहीं। विशाल बुद्धि यह नहीं कहेगा कि मेरे को प्रेम मिलता नहीं। यह संकल्प भी नहीं आएगा।

ब्राह्मणों का निवास संस्थान है-बाबा की पलकें

(1) हम ब्राह्मणों का संगठन खुशी और उत्साह को बढ़ाने वाला है। संगठन से खुशी मिलती, एक दूसरे के प्रति रूहानी प्रेम बढ़ता और यह प्रेम की जो लेन–देन होती वह बड़ा सुख देती है। दुनिया में मनुष्य प्रेम के भूखे हैं और हम सब रूहानी बाप से रूहानी प्रेम का रिश्ता जोड़ सुख की अनुभूति कर रहे हैं। हम सबके अंदर से यह आवाज निकलती कि–हमारे जैसा सुखी बाप की पलकों में। तो हमारा निवास स्थान है बाबा की पलकें। परमात्मा के तुम नूरे रत्न हो। बलिहारी है बाबा के पलकों की, जिसने पलकों पर बिठाकर इस असार संसार से पार कर लिया। हम इस असार संसार से पार ब्रह्मलोक में आ गए। भाग्यशाली वह जिसे घर की याद है। जिसको घर याद है वह सदा विश्राम में रहता। वहाँ जो विश्राम मिलता वह कहीं भी नहीं मिल सकता। बाबा के साथ रहते, दुनिया से पार रहते। परमधाम दूर होते भी सामने हैं।

(2) हमारा बाप साधारण (आर्डनरी) नहीं है। जो सदा परलोक में रहता वह हमारा बाप बन हमको भी परलोक वासी बनाता। तो यह स्मृति रखना कि हमारा बाप आर्डनरी नहीं। तो हमारी लाइफ भी आर्डनरी न हो। अभी–अभी हंसना, अभी–अभी रोना यह मृत्युलोक वाली आत्मा का काम है। जो अमरलोक में जाने वाली आत्माएँ हैं उनकी लाइफ न्यारी। **जो जितना न्यारा उतना प्यारा बनता है। परमात्मा का प्यार लेना हो तो एक युक्ति है कि न्यारा बन जाओ। इस देह से न्यारापन इस कांटों के जंगल से निकाल फूलों के बगीचे में ले जाता है।** दुनिया में या कांटो में रहते या कांटे लगाते रहते। हमारे ऊपर वर्षा हो रही है तो हम शीतल रहते। जैसे, जो सागर के कण्ठे पर रहते हैं, उनको शीतलता मिलती है, तो हम भी ज्ञान सागर के कण्ठे पर रहते हैं तो हमको कितनी शीतलता और शांति का अनुभव होता। सदा ज्ञान सागर बाप के कण्ठे पर बैठ जाओ, तो दुनिया का पता नहीं। सदा ज्ञान सागर बाबा नजरों में है तो न सिर्फ शांति, बल्कि लेकिन शीतलता भी साथ में है।

(3) कोई प्रश्न पूछते हैं कि आपके मेडीटेशन में इतनी शक्ति नहीं जो विनाश न हो? हमने कहा विनाश तो होने वाला ही है। जब से विनाश की तैयारी हुई है तब

से बाबा ने बताया कि विनाश होना है। तो हमने यह लक्ष्य रखा कि विनाश से पहले हमको साधना करनी है। विनाश को तो कोई मिटा नहीं सकता परंतु हम तो नई दुनिया बनाने का पुरुषार्थ कर रहे हैं। जो थकी हुई आत्माएँ हैं उनके लिए आराम का स्थान बना रहे हैं। बहुत काल से शांति के अभ्यासी को विनाश के समय बाबा की मदद मिलती है।

प्रश्न : आप में इतनी निर्भयता कैसे आई?

उत्तर— निर्भर बनाया है शिव बाबा ने और बाबा ने जो ज्ञान दिया वह धारण किया तो शक्ति आई। विजय माला में आने के लिए ज्ञान योग की शक्ति चाहिए। पहले हम माया के मुरीद थे अब बाबा के गले का हार बन गए। जो अभी तक युद्ध करते रहते वह त्रेता में आते। सतयुग में आने वाली आत्माएँ युद्ध नहीं करतीं। शांति मेरे गले का हार और मैं शांति सागर बाप के गले का हार, यह विजयी बनने में मदद करता। युद्ध में खुशी नहीं रहती। अविनाशी बाप ने हमें अविनाशी खुशी दी है।

प्रश्न : माया क्या चीज है?

उत्तर— माया कुछ है नहीं। व्यर्थ चिंतन ही माया है। कोई ने कुछ कहा, यह चिंतन करना माया का भूत बना देता है। जैसे कहते, हाथी के कान में चींटी पड़ जाए तो बेहोश हो जाती। तो अवस्था को मजबूत बनाने का आधार है शुद्ध चिंतन। कहते हैं माया जाल है, तो यह व्यर्थ संकल्प माया जाल है जो फंसा लेते हैं। दूसरी बात, कोई भी विशेषता को न देख अवगुण देखना यह भी माया है। मायाजीत अर्थात् निरसंकल्प.... व्यर्थ संकल्प से निवृत। कोई भी बात में फीलिंग न आए। मान-अपमान से फ्री रहें। इसके लिए योग का रस चाहिए। योग का रस नहीं तो धोखे में आ जाएँगे। किसी के नामरूप में फंसना-यह है बहुत बड़ा धोखा।

बच्चों का फर्ज, माँ-बाप की पालना का रिटर्न देना (15-11-84)

(1) ओम शांति कहते ही हम मुस्कराने लगते हैं। ऐसा ही सबको अनुभव होता है? लौकिक रूप में जो सुपात्र बच्चे होते हैं वो कहते हैं हमारे ऊपर माँ-बाप का बहुत बोझा है, माँ-बाप ने हमको पाला, पढ़ाया, लिखाया इतना सब कुछ किया तो उनको लगता है कि उन्होंने इतना किया अभी हम उसका रिटर्न क्या दें। ऐसी ही हम बच्चों के दिल में भी आता-बाबा हमारे लिए इतना कर रहा है, हम बच्चों की सेवा के लिए बाबा ने हड्डी-हड्डी यज्ञ में दी। तो हमको अंदर में आता कि हम क्या करें। रिटर्न देने का जब संकल्प आता है तो बुद्धि कहती है कुछ करें। उसमें फिर देह अभिमान

नहीं है। ब्रह्मा बाबा ने कितनी मेहनत की है, ऐसे नहीं शिव बाबा ने प्रवेश किया और नारायण बन गया। मेहनत की है, परंतु दिखाया नहीं कि हमने मेहनत की है, क्योंकि जो शाही (रॉयल) होते हैं वह दिखाते नहीं हैं। मम्मा बाबा ने भले पुरुषार्थ किया परंतु उनके लिए पुरुषार्थ शब्द कहना जंचता नहीं है। क्योंकि उनका पुरुषार्थ इतना सूक्ष्म था जो कभी दिखाई नहीं पड़ा। सदा मुहब्बत का स्वरूप दिखाई पड़ा। बाबा को कभी शारीरिक ध्यान (बाडी कानसेस) रखने वाला नहीं देखा।

बाबा सदा ही अचल, अडोल और एकाग्रचित था। बाबा ने समर्पण होकर दिखाया। समर्पण माने बस बाबा का ही काम करना है। अगर समर्पण न होते तो सेवा भी नहीं कर सकते।

> "जो बाबा ने सुनाया हर समय उसका ही मनन और मंथन करते-करते ब्रह्मा से विष्णु बन गया। और यज्ञ की सेवा के लिए तन-मन-धन से हाजिराहजूर का पार्ट बजाया।"

कर्त्तापन का भान न रहे, निर्माणचित कैसे रहें... यह प्रेरणा दी है बाबा ने। खुद अथक रहना, सदा उमंग हुल्लास में रहना, हर बात में दृढ़ता ने हमको बहुत ताकत दी है। कोई भी बात सामने आती-बाबा कहते-इसमें भी कल्याण है। बाबा की वृत्ति सदा अनासक्त। सब कुछ होते हुए भी पूरा ट्रस्टी। इतनी अच्छी मधुर ज्ञान भरी मुरली सुनता, फिर भी मान को कभी स्वीकार नहीं किया। कितना भी हम कहते बाबा, आज तो बहुत अच्छी मुरली चलाई, परंतु अंदर की धारणा इतनी गुह्य थी जो कभी मान को स्वीकार नहीं किया। कहता-बच्ची, मुरली तो कल्प ने पहले भी चलाई थी। बाबा इतना पूज्य नारायण तभी बना जब यहाँ कोई प्रकार की भी महिमा स्वीकार नहीं की। भले कईयों ने गालियाँ भी दीं, परंतु बाबा ऐसे अकाल मूर्त आत्मा बन अकालतख्त पर बैठ जाता, जो हमको भी उस स्टेज पर खड़ा कर देता। ऐसे बाबा की हर विशेषता को सामने रखते हम बच्चों को भी फालो फादर कर बाप की पालना का रिटर्न देना है।

दूसरी क्लास

ब्राह्मणों को चुप्पी (साइलेन्स) बहुत मीठी लगती है, क्योंकि मौन की अवस्था (साइलेन्स) उड़ने में बहुत मदद करती है। अभी यह प्रश्न उठता है कि हम बाबा की महिमा करें या उसका स्वरूप बन जाएँ। जब किसी बात की मन्सा ग्रहण कर लेती

है तो अपने आप ही वह बात कर्म से दिखाई देती है। बाबा गुप्त में ही हमारी बुद्धि को खींच कर सब गुण और शक्तियाँ भरता जाता है। आठ शक्तियों में से कौन-सी शक्ति पहले चाहिए? जब एक-एक शक्ति की गहराई में जाते हैं, तो पता चलता है कि यह शक्तियाँ कितनी जरूरी हैं। अगर अष्ट रत्नों में आना है तो अष्ट शक्तियों को धारण करना ही है। इन शक्तियों के बगैर मौन होने (साइलेन्स) का अनुभव नहीं होगा। सहन करने की शक्ति सबसे पहले आती है। **अगर सहनशीलता कम होती है तो सारा ज्ञान बुद्धि से निकल जाता है। योग का भी अनुभव नहीं हो सकता।** परिवार से लेन-देन का अनुभव भी नहीं हो सकता। सहयोग भी न दे सकते, न ले सकते। बाबा और बाबा के परिवार के भी नजदीक नहीं आ सकते। मंजिल भले सहज हो परंतु दूर दिखाई पड़ती है। सहनशीलता एकदम शीतल बना देती है। व्यर्थ की उत्पत्ति नहीं होने देती। चढ़ती कला का अनुभव कराती है। यह शक्ति नहीं तो ठहरती कला या उतरती कला में चले जाते। परखने की शक्ति भी तब आती जब सहन करने की शक्ति है। देखा गया है, आदि से अंत तक हरेक बाबा के बच्चे में विशेषताएँ बहुत भिन्न-भिन्न हैं, परंतु फिर कमियाँ भी जरूर हैं। कोई भी ऐसा नहीं होगा जिसमें सर्व विशेषताएँ ही हों और कमियाँ न हों। गुण नहीं जानते अपना तो बुद्धू हैं और अगर अवगुण नहीं लिखते तो मियाँ मिट्ठू हैं। गुण अवगुण को जानने से पता चलता है कि गुण को सेवा में लगा दें। क्योंकि गुण अच्छी सेवा करता है और अगर अवगुण है तो दूसरे को दुख देता है। कई बार गुण का भी अहंकार आ जाता है और अवगुण छिपा लेते हैं। गुण तो जैसे बाबा की दी हुई गिफ्ट है। गुणों से एक दूसरे के नजदीक भी आते और अपने अवगुणों को निकालने में मदद भी मिलती है। अवगुण पर नफरत न आए और गुण पर प्रभावित न हो पाए, इसमें बहुत संभाल करनी होती है।

परमात्मा ही एक ऐसा है जो हमारा कोई भी अवगुण चित पर नहीं रखता, इसलिए हम उसके नजदीक आ गए हैं तो हमें भी बाप समान बनना है। जब अपने गुण का अभिमान होता है, तो दूसरे का गुण दिखाई नहीं देता। यह भी देह-अभिमान है। हरेक में कोई न कोई गुण है जरूर। भले एक ही गुण हो, वह भी हमें बाबा के घर खींच कर ले आया तो फिर और गुण भी धारण हो जाएँगे। **अगर हम एक-दूसरे की बुराइयाँ देखने लगते तो लिस्ट लंबी होती जाती है। अगर कोई भी अच्छाई है तो उसको सामने रख लेना चाहिए। महारथी वह जो पहाड़ को राई नहीं, रूई बना देवे।** और प्यादा वह जो राई को पहाड़ बना देता। सदा स्व की स्थिति (पोजीशन) में रहो, उसको छोड़ो नहीं। जितना अपनी पोजीशन में रहते, तो दूसरों की कमियाँ हम पर वार नहीं कर सकतीं। दूसरों की कमियों को अपने अंदर लाना यह हमारा स्वमान नहीं। सुनने सुनाने से बात बढ़ जाती है, तो बात को खत्म कर देना चाहिए। क्योंकि हमारा परिवार है, हमें एक-दूसरे की बात नहीं फैलानी है। इसमें गंभीरता का गुण बहुत-बहुत चाहिए। अपना घर समझने वाले को कभी राई का पहाड़

बनाना नहीं आएगा। और जिसको निंदा की आदत है वो राई को पहाड़ बना ही देता है। निंदा स्तुति करने वाला न कभी मौन (साइलेन्स) में बैठ सकता न दूसरे को उसका अनुभव करा सकता। मौन (साइलेन्स) का अनुभव करने वाले शांतचित्त और गंभीर दिखाई देते।

प्रश्न : दूसरों के अवगुण क्यों दिखाई पड़ते हैं?

उत्तर— क्योंकि अपने गुणों का अभिमान है। दूसरा कारण ईर्ष्या है। अगर ईर्ष्या है तो दूसरों को इज्जत, मान नहीं दे सकते। प्यारी दृष्टि नहीं है तो परिवार को अपना नहीं सकते, इसीलिए आलोचना (क्रिटिसाइज) करते हैं।

प्रश्न : अपने अवगुणों को देखना सहज नहीं लगता तो कैसे देखें?

उत्तर— (1) तीव्र पुरुषार्थी को सब मालूम रहता है और उसको बाबा आइने समान दिखाई पड़ता है। अगर दैवी परिवार और बड़ी बहनों के नजदीक हैं तो अवगुण या कमी कमजोरियाँ स्पष्ट दिखाई पड़ती हैं। बड़ों के नजदीक रहना, यह भी एक बहुत बड़ी विशेषता है।

(2) अभी सब पुरुषार्थी हैं, जहाँ जीना है वहाँ सीखने की भावना रखकर पुरुषार्थ में अथक रहना है। अगर थकावट होगी तो अवगुण दिखाई देंगे, थकावट पीछे हटाती है। खुशी उमंग उत्साह को खत्म कर देती है। यह खत्म न हो इसके लिए चेक करना है कि क्या कारण है जो खुशी नहीं रहती। समा लेने की शक्ति से जो शक्तियाँ बहुत काल से दूर हो गई हैं वो नजदीक दिखाई पड़ती हैं। ऐसा लगता जैसे बाबा दे रहा है, पहले से थीं नहीं। तो बाबा की शक्ति से चल रहे हैं।

(3) कर्मबंधन कटते ही तब हैं जब दूसरों की चिंता छोड़ते हैं। सोचने से और ही कर्मबंधन बढ़ता है। स्व चिंतन करने से कर्मबंधन टूटता है। पुरानी दुनिया से दूर नई दुनिया के नजदीक आ गए हैं, कैसे? पावरफुल संकल्प से। मान-शान की इच्छा रखने वाले दूर हो जाते हैं। **मान-शान की इच्छा कभी मीठा नहीं बनने देती और आलोचना की आदत कभी आगे नहीं बढ़ने देती। योग लगने नहीं देती।** एक-दूसरे को आगे बढ़ता देख नहीं सकते। बाबा के ज्ञान का कायदा ही है कि धारणा किए बगैर किसी को सुना नहीं सकते। सुनाता भी वही है जिसने धारणा किया है।

प्रश्न : मनुष्य कहाँ रहते हैं? हम ब्राह्मण कहाँ रहते हैं और देवता कहाँ रहते हैं?

उत्तर— देवता रहते हैं सतयुग में, मनुष्य रहते हैं साइंस की दुनिया में, परंतु हम ब्राह्मण यहाँ रहते हुए भी अपनी मौन (साइलेन्स) की दुनिया में रहते हैं। अभी यहाँ की हर बात, मरना, जीना, जन्म लेना.... सब साइंस के आधार पर हैं, परंतु फिर भी इतना दुख, अशांति, भटकना आदि भी इसी की देन है। दुनियावी सुखों के आधार पर ही मनुष्यों में इतना ईर्ष्या, राग-द्वेष, लड़ाई-झगड़ा पैदा होता जा रहा है, साइंस के साधनों का सुख होते हुए भी अंतरात्मा दुखी होती जा रही है, मन की शांति खत्म होती

जाती है। अभी हम बच्चे उस दुनिया से निकल मौन (साइलेन्स) की दुनिया में रहते भी उपराम हैं। साइंस की दुनिया को भी जानते हैं। साइंस 5 तत्त्वों की दुनिया से पार जाती है। मौन (साइलेन्स) हमको बहुत प्यारा लगता। साइलेन्स ही हमें फरिश्ता बनाती है।

प्रेरणा योग्य बनने के लिए तीन बातों का पुरुषार्थ (1) अनासक्त वृत्ति (2) नष्टोमोहा और (3) निद्राजीत (16-11-84)

(1) दूसरों के आगे हम बाबा के बच्चे एक उदाहरण मूर्त तभी बन सकते हैं जब हमारे कर्म श्रेष्ठ और पवित्र हैं। सिर्फ संकल्प श्रेष्ठ और शुद्ध है तो उदाहरण मूर्त नहीं बन सकते। कई बार देखा गया है, अगर घर में एक आत्मा चलती है और वह अपने ही नशे में चलती रहे तो दूसरों को भी चलने की प्रेरणा उनसे मिलती है। उनका जीवन देखकर स्वयं वैसा बनने का उमंग उत्साह आ जाता है। जैसे साकार बाबा शरीर में होते हुए भी अशरीरीपन की भासना देते थे, ऐसे ही अगर हम भी चलते-फिरते उठते-बैठते, अशरीरीपन की प्रैक्टिस करें तो दूसरों को भी उत्साह दिला सकते हैं। क्योंकि शरीर और शरीर के संबंधों में बुद्धि बहुत जकड़ी हुई है, तो उनसे अलग कैसे हों, इसकी प्रेरणा हमें बाप से मिलती है, जैसे हमको बाबा से प्रेरणा मिलती है वैसे ही फिर विचार उठता है कि हमसे दूसरों को कैसी प्रेरणा मिलती है। प्रेरणादायक बनने के लिए हल्कापन बहुत चाहिए, जो कि हमारे चेहरों से थकावट, उदासी, निराशा, उमंग, उल्लास की कमी न दिखाई पड़े। सदा ही खिले हुए और फ्रेश दिखाई पड़ें। उसके लिए हर एक ब्राह्मण बच्चे को तीन प्रकार का पुरुषार्थ अवश्य करना है। (क) अनासक्त वृत्ति (ख) नष्टोमोहा और (ग) निद्राजीत। सबसे पहले अनासक्त वृत्ति बहुत जरूरी है। किसी भी बात में, खान-पान में, पहनने आदि में बिल्कुल आसक्ति न हो। किसी भी प्रभाव में न आएँ। वातावरण, संग, विकार आदि-आदि तो जितना-जितना अनासक्त बनते जाते हैं उतना-उतना नष्टोमोहा बनते जाते, बगैर अनासक्त वृत्ति के नष्टोमोहा नहीं बन सकते। और जो इन दो बातों में पास होने वाले हैं वो तीसरे में अपने आप ही पास हो जाएँगे, क्योंकि ज्यादा नींद की जरूरत ही तब पड़ती है, जब थकावट है और थकावट का कारण है खींचातान, जो होती है आसक्ति से। और अगर आसक्ति है तो अटैचमेन्ट भी है, जो हमको थका देती है, क्योंकि सारा दिन इसी उधेड़बुन में चढ़ने-उतरने में लगे रहते। अगर कार्य-व्यवहार में रहते अनासक्त वृत्ति है तो सदा ही संतुष्ट रहते, जैसा भी दृश्य (सीन) सामने है, आत्मा संतुष्टता का अनुभव करती है और थोड़ी-सी भी नींद से फ्रेश अनुभव करते हैं।

> "सबसे ज्यादा समय किसमें बर्बाद होता? जब पुरुषार्थ में उदासी है, निराशा है, यह भी तब होता जब अपने में विश्वास की कमी है तो उमंग, उत्साह और उल्लास नहीं आता, कुछ करने का।"

अपने में विश्वास भी तब बैठता है जब कुछ करते हैं। सिर्फ सोचने से समय नष्ट (वेस्ट) होता और करने में समय सफल होता। तो हर एक ब्राह्मण बच्चे को कैसे समय को सफल करना है और सदैव हर्षित मुख और शोभनिक बनकर रहना है, इस बात पर ध्यान देना चाहिए।

प्रश्न : किन तीन बातों की प्राप्ति बाबा से सदैव हुई है?
उत्तर– (1) दृष्टि (2) सकाश और (3) प्रेरणा।

दृष्टि-जिसके लिए बाबा कहते नजर से निहाल, कैसे भी बेहाल थे परंतु बाबा की दृष्टि पड़ने से एकदम शीतल हो गए हैं। बाबा की नजर से निहाल होते-होते निराकारी दुनिया के रहवासी बन गए हैं, इस दुनिया से दूर जाने की मदद मिली। सकाश-हमारे पापों को नष्ट करने के लिए बाबा हमें सकाश दे रहा है, जिससे हम पावन बनते जा रहे हैं। सकाश से बहुत काल के जीवड़े खत्म होते जा रहे हैं। दृष्टि बाबा की तरफ खींचती और संबंधों से न्यारा करती, सकाश पावन बनने में मदद करती और प्रेरणा से पदमापदम कमा सकते, क्योंकि बाबा की प्रेरणा से सेवा के संकल्प सिद्ध होते जाते हैं।

प्रश्न : बाप दादा तथा बड़ों के नजदीक कैसे आ सकते हैं?
उत्तर– यह स्थूल में नजदीक आने की बात नहीं है। यह बहुत सूक्ष्म पुरुषार्थ है। जितना सूक्ष्म में साफ दिल है उतना नजदीक आ जाते। ब्राह्मण कुल की मर्यादाओं को पालन करने वाली, योगी जीवन में रहने वाली आत्मा जल्दी ही नजदीक आ जाती है। **यह स्वाभाविक है कि जिनका जिनसे स्वभाव, संस्कार मिलता है वे आपस में मिल जाते हैं, आप भले कितना भी चाहो वो न मिले परंतु अलग करना मुश्किल दिखाई पड़ता है।** यह भी जानना अक्ल की निशानी है कि किसके संग से मेरा क्या कल्याण होगा और क्या नुकसान होगा। ज्ञानी आत्मा अगर किसी का संग देती है तो वो उसकी उन्नति के लिए, अगर स्वयं भी किसी का संग करते तो स्वयं की उन्नति के लिए। अगर संग करने से उन्नति नहीं होती है तो ऐसे संग का फायदा ही क्या, क्योंकि हमारा समय बहुत कीमती है और बाप का फरमान है, बच्चे परचिंतन में अपना समय व्यर्थ न गंवाओ। तो जिसको समय की कदर है वह सदैव उन्नति की सोचता और बाप के समीप आता जाता। समय, संकल्प और संपत्ति जिसका सफल होता जा रहा है वो बाबा के नजदीक आता जा रहा है। उसको ही बाबा सयाना बच्चा

कहता। जो बाप के इशारे को समझ गलत न करके सदैव ठीक ही करता जाए, उसको गलत और ठीक का पूरा ज्ञान है।

कई बच्चे नजदीक होते हुए भी बहुत दूर होते और कई दूर होते हुए भी समीपता का अनुभव करते। इसमें दूर और पास की बात नहीं परंतु बुद्धियोग बाप के साथ कितना है, यही ईश्वरीय कुदरत है। इसको ही ईश्वर की लीला कहते हैं। जो परमात्मा के अंत को जानता है, सदा शुभ चिंतन में रह सर्व का शुभचिंतक रहता है वही बाबा के और बड़ों के नजदीक है। व्यर्थ चिंतन वाला स्वयं ही दूर हो जाता। सदा ही वही दो बातें करते रहना और रोते-पीटते रहना, ऐसी आत्माएँ जिनसे व्यर्थ चिंतन की बदबू आती वो बाप के नजदीक नहीं आ सकते। जिनमें रूहानियत, दिव्यता, ज्ञान-योग की खुशबू आती वो बाबा के नजदीक रहते, उन्हें बाबा भी प्यार करता। अष्ट रत्नों में अष्ट बातों की धारणा करने वाले ही आ सकते हैं। वह आठ बातें हैं–(1) पवित्रता (2) दिव्यता (3) रॉयल्टी (4) सत्यता (5) संगठन (6) ईमानदारी (7) रूहानियत और (8) ट्रस्टी। इन्हीं 8 बातों की धारणा करने वाले बाप दादा तथा बड़ों के नजदीक हैं। गुप्त ही गुप्त अंदर की लगन से यह सब बातें अपने में समाने वाले ही बाप में समाए पड़े हैं। और उन समीप आत्माओं में बाप के गुण और कलाएँ भरती जाती हैं।

दूसरी क्लास

मनुष्यों की एक नेचर होती है, उसे कमाई का बहुत शौक रहता है। सदा कमाता ही रहूँ, गवाऊँ कभी नहीं। क्योंकि कमाई में खुशी होती है। भले बच्चे को बाप से कितना भी वर्सा मिले फिर भी अपनी कमाई जरूर करता है और जो बाप के वर्से पर आधारित होते उनको मूर्ख समझा जाता है। इसलिए ज्ञान मार्ग हमको कमाई कराता है। हरेक यहाँ पर बैठे भी कमाई करता है। पढ़ाई भी है, तो कमाई भी है। क्योंकि खुशी होती है। अगर कमाई जमा हो रही है तो खुशी का नशा कम नहीं हो सकता, भले खाते-पीते तो वही हैं परंतु खुशी तब होती है जब जमा होता जाता। फिर चाहे कितनी भी मुश्किलातें, समस्याएँ आएँ, सबको खुशी से पार कर लेता, क्योंकि कमाई है। हम बाबा के बच्चों को चार बातों का अनुभव है–(1) खुशी (2) नशा (3) मजा (4) मस्ती।

हमें खुशी है-कि बाप मिला है। नशा है कि कमाई कर रहे हैं, प्रालब्ध बहुत ऊँची है। अभी भले नहीं दिखाई पड़ती, गुप्त है पर निश्चय है कि भविष्य में मिलने ही वाली है। मजा भी है-क्योंकि ड्रामा को जानते हैं। ड्रामा देखने में सबको मजा आता है। ड्रामा के हर दृश्य (सीन) को बड़े मजे से देखते हैं। उसमें यह नहीं कि कोई सीन अच्छा

लगे कोई न लगे। फीलिंग में आ जाना, हिलना, तो मजे में नहीं है। इसका मतलब ड्रामा को समझा नहीं है, अभी बचपना है, क्योंकि नाटक को देखना नहीं आता। रोने का सीन आया तो रोने लगे, हंसने का सीन आया तो हंसने लगे। तो जो कभी रोते, कभी हंसते उन्हें ज्ञानवान नहीं कहा जाता। उनमें ज्ञान की गंभीरता नहीं। हम अपने को कोई फोर्स से दबा नहीं रहे हैं परंतु हर बात को यथार्थ रीति से समझ रहे हैं। और मस्ती फिर इतनी चढ़ी हुई है–कि एक बाप दूसरा न कोई। और कोई बिल्कुल दिखाई ही नहीं दे रहा है। जो इस बात की मस्ती में है उस पर दुनिया की कोई बात का असर ही नहीं आता। दुनिया क्या कह रही है, क्या कर रही है उसको जानने की इच्छा ही नहीं रहती। तो **हम खुशी में, नशे में, मजे और मस्ती में रहें**, और **यह तभी हो सकता जब हम ज्ञान को यथार्थ रूप से जीवन में धारणा करते जाएँ।** फिर श्रीमत को पालन करना कोई मुश्किल नहीं लगता। अनुभवी मूर्त बन जाते तो दूसरों को अपने जीवन से सिखाना सहज हो जाता है।

मनुष्यों का समय दो बातों में ही जाता है। (1) खाना (2) पहनना। अभी बाबा ने हम बच्चों को खाने और पहनने की मना नहीं की है परंतु आसक्ति न हो। कपड़े ऐसे पहनें जिससे सारा शरीर ढका हुआ हो, किसी की बुरी दृष्टि तुम पर न जाए। हमेशा साधारण (सिम्पल) पहनना चाहिए, जिससे किसी को यह ख्याल न आए कि यह अमीर है, यह गरीब है। सबका पहनना, खाना-पीना एक जैसा हो, जो किसी की बुद्धि इस तरफ न जाए। हम विद्यार्थी (स्टूडेंट) हैं तो हमारा ध्यान पढ़ाई की तरफ जाना चाहिए, दूसरी बातों में नहीं।

निर्बंधन ब्राह्मणों को 4 प्रकार के बंधन (1) बाबा का (2) ड्रामा का (3) दुनिया वालों का (4) अपने पुरुषार्थ का (18-11-84)

हम सभी ब्राह्मण बच्चे-बाबा के बने तो निर्बंधन बन गए। परंतु फिर भी हमें 4 प्रकार के बंधन हैं, एक तो हम सभी बाबा के बंधन में है और जानते हैं कि उनसे पिछड़े हैं तो हमारी क्या गति हो गई है। तो अभी ध्यान में रहे कि यह बंधन कभी ढीला न हो। क्योंकि बाबा के बंधन से दुनिया के और सब विकारी बंधन कट जाते हैं। हमारा पुरुषार्थ है ही बाबा की श्रीमत के आधार पर। अगर बाबा की श्रीमत को समझते ही नहीं तो पुरुषार्थ कैसा। दूसरा–ड्रामा के ज्ञान ने अपने बंधन में बाँध लिया, चक्र की समझ से चक्र में पार्टधारी बन गए। ड्रामा की नालेज न होती तो हम पास्ट को पास्ट नहीं कर सकते। एक कदम भी आगे नहीं बढ़ सकते। ड्रामा ही हमको आगे बढ़ाने में मददगार है। नहीं तो जो भी रुकावटें, आफतें या परिस्थितियाँ आतीं, उनमें

ही रुक जाते। ड्रामा की नालेज से ही समझते हैं, अभी हमको घर जाना है। तो उसके लिए तैयारी भी करनी है और फिर जिस दुनिया में आना है उसके लिए कमाई भी अभी करनी है। और फिर तीसरा बंधन है-सारी दुनिया हमको देख रही है।

"अगर हम सारी दुनिया को सामने रखते हैं तो फिर रहमदिल स्नेही बनना पड़ेगा। तब ही दुनिया को परिवर्तित कर सकते हैं। उसके लिए पहले अपने आपको बदलना है, फिर दुनिया को बदल सकते हैं।"

अगर स्वयं बंधन में हैं तो दुनिया को बंधन से छुड़ा नहीं सकते। अगर इच्छा नहीं है सेवा करने की तो सेवा कर नहीं सकते। अगर स्वयं की इच्छा नहीं पुरुषार्थ करने की, तो भी क्या कर सकते। तो इन चारों बातों का आपस में बहुत घनिष्ट संबंध है। क्योंकि गीता में लिखा है-कि हे अर्जुन, तेरी प्रकृति ही तेरे से पुरुषार्थ कराती है। अगर इन तीनों द्वारा सहज रीति से पुरुषार्थ नहीं करते तो मजबूरी से कराती है। और जो प्रकृति के वश होता है उसका प्रभाव सब पर पड़ता है। क्योंकि हम देखते हैं कि हमारी नेचर (स्वभाव-संस्कार) अपने आप खेल करते हैं। तो हम यह कभी नहीं कह सकते कि केवल हम पुरुषार्थ करते हैं या सिर्फ ड्रामा करा रहा है यह बाबा। हम किसी एक पर आधारित नहीं हैं। अगर यह चारों ही बातें सामने रखते तो पुरुषार्थ सहज हो जाता। कभी कहते हैं, हमें करना है, कभी बाबा कराता है, कभी ड्रामा अनुसार हो जाता है और कभी दूसरों के लिए ही करना पड़ता। हरेक आत्मा के अंदर अगर अपने पुरुषार्थ करने की प्रेरणा नहीं होती तो बाबा हमसे कैसे कराता। और अगर ड्रामा के अंदर घर जाने का समय न होता तो तैयारी किस बात की। और बाबा यदि हर पल श्रीमत न देता तो आगे कैसे बढ़ते। और जब इंसानों के दु:ख और अशांति को देखते तो तरस पड़ता है कि इनकी भी सेवा करें, क्योंकि हम भी इंसान हैं और इंसान होते हुए जानते हैं कि दु:ख, अशांति क्या होती है। तो फिर दिल होता है कि जो मुझे बाबा ने दिया है वो मैं दूसरों को दूँ। तो सदा हमारे सामने बाबा भी है, ड्रामा भी है, सारी दुनिया भी है और अपना पुरुषार्थ भी है।

प्रश्न : अपनी वैल्यू (कदर) बढ़ाने का साधन क्या है?

उत्तर- बाबा ने हम बच्चों को स्वमान में टिकाने के लिए सदा एक शिक्षा दी है, बच्चे "भूल जा" भगवानुवाच जो भी बात बीती उसे भूल जा। यह भूल जाने की आदत जिसको पड़ जाती, उसको बहुत सुख मिलता है। परंतु जो काम की बात नहीं उसको भूल जा। बुद्धि को साफ करने के लिए यह मंत्र याद करो। यह एक मनुष्य का स्वभाव (नेचर) है, जितना-जितना बड़ा होता जाता है उतना-उतना वो बातों को

“मनजीत बनना है तो अपने चिंतन को जरा भी खराब नहीं करो। ज्ञान का चिंतन, मंथन और सिमरण करके माला में आ जाओ।”

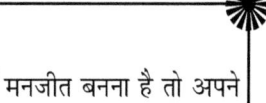

पकड़ता जाता है। बच्चे को भूलना बड़ा सहज होता परंतु जितना बूढ़ा होता जाता उतना ही बार-बार बातों को दोहराता जाता है। दोहराने का संस्कार बन जाता है। ज्ञानी आत्मा माने ही जो बात बीत चुकी उसे भूल जाए, जैसे कि पूर्व जन्म की बात भूल जाती। **ज्ञान एक ऐसी शक्ति है जो पुरानी बातें भुलाकर नई बातें भर देता है। पुरानी भूलने से नया याद रहता।** ज्ञान में आने के बाद अगर कोई पास्ट की बात याद आती है तो चेहरा बदल जाता, भूलने की आदत नहीं है तो बार-बार पास्ट की बातों में समय और शक्ति बरबाद होती है। और अगर बार-बार स्मृति में लाते तो मुख पर और कर्म में भी आ जाती है। शुरू करते हैं शुद्ध संकल्पों से और बीच में फिर व्यर्थ शुरू हो जाता है। तो वो कौन-सी बात है जो व्यर्थ पैदा कर देती। वो है भूलने की आदत नहीं। तो बाबा किन-किन बातों के लिए कहता “भूल जा”। अच्छी बातें नहीं भूलना। और जिसे अच्छी बातें भूल जातीं तो कहा जाता कि इसका बुद्धियोग ठीक नहीं है। सेकंड ड्रामा और बाबा मेरे को याद है? ड्रामा कहता सेकंड पास हो गया, तो क्यों रिपीट करते हो। बाबा कहता मेरे को सामने रखो तो सब भूल जाएगा। और इसी से तुम्हारा पुराना हिसाब- किताब चुक्तू हो जाएगा।

पास्ट का क्या भूलना है? न सिर्फ संबंधियों को भूलना है परंतु जो भी पास्ट में हुआ उसे भूल जाओ। खुद भी भूलें, परंतु इतनी शक्ति हो जो कि किसी ने अगर भूल की हो, उसको ऐसे भुला दें जैसे कि हुई ही नहीं। इतना जरूर है, जो कुछ भी अपने से या दूसरों से होता है, दिल पर उसका प्रभाव तो जरूर होता है। परंतु यह भी अफसोस करने में समय बरबाद होता। और अगर मेरी नेचर है भूल करने की तो मम्मा की बात याद रखें-कि एक बार जो भूल की वो कभी रिपीट न हो। दूसरा, अगर भूल हो भी गई तो फट से माफी माँगना। इससे स्वयं भी भूल जाते और दूसरे भी उस बात को भुला देते। तीसरा-फिर हमें सबका गुण देखना है, अवगुण नहीं। वातावरण में उनके गुणों का इतना प्रभाव डालें कि दूसरे भी उनको उस नजर से देखें। सब उसकी बुराई को भूल जाएँ। वायब्रेशन बहुत समय तक रहता है, और वायब्रेशन वातावरण में है तो जरूर कोई बात है। तो ध्यान देकर उसको परिवर्तित कर देना है। किसी को मेरे से दुख पहुँचता है तो सयाना वो जो खुद को इतना परिवर्तित करके उनके संकल्प को खत्म कर दे। अगर हम अच्छे व्यवहार (गुडफेथ) से जिसने भूल की, उनको भूलकर दूसरों से भी भुलाने की कोशिश करते तो एक-दूसरे के प्रति रिगार्ड पैदा होता है। गुप्त

तौर पर अगर हम किसी की गलतियों का प्रभाव मिटाते रहें तो यह भी बहुत बड़ी सेवा है। जहर को अमृत कर देना, नेगेटिव को पाजिटिव कर देना, बात भले कड़वी हो परंतु उसको मीठा बना देना। हर बात में लक्ष्य रहे, मुझे बाबा बदल सकते थे? बाबा ने हमारी भूलों को भुलाकर क्षमा कर दिया, बाबा हमारी कोई भूल दिल पर नहीं रखता और ऊपर से इतना प्यार देता जाता, जो उस पर वारी जाने का दिल होता। तो इसी प्रकार की आदत (नेचर) हमें भी अपनी बनानी है, ताकि दूसरे भी समझें कि इनको ऐसा बनाया किसने। क्षमा और प्यार से इतना परिवर्तन आ जाता है। अगर कोई निंदा करता तो बाबा कहता, कोई बात नहीं, बच्ची, इसको बोलने दो... यह बोलने से हल्का हो जाएगा। तो ऐसा शीतल रहने से वातावरण शांत बन जाता है और दूसरों की सेवा का कारण बनने के योग्य होता है। इसलिए अगर हम जीयें तो भी इसी ख्याल से और मरें तो भी इसी ख्याल से। दुनिया वाले शांति और पवित्रता के वायब्रेशन से बहुत दूर हैं, तो उनको भी थोड़ा बहुत अनुभव करा दें। भूल जाने की आदत से बहुत काल की जो शक्ति इकट्ठी की होगी तो दूसरों को भी शक्ति दे सकेंगे।

दूसरी क्लास

परमात्मा का प्यार सच्चा प्यार है, जो हमको देव बनाता है, पावन बनाता है, हृदय में सच्ची खुशी लाता है और पास्ट के कर्मों के हिसाब चुक्तू करने में मदद करता है। जब तक पास्ट का हिसाब चुक्तू कर प्रजेन्ट में गुणवान न बने हैं तो प्यार खिंचवा ही कैसे सकते। उसकी प्यार भरी दृष्टि दुनिया भुला देती है। उसकी कृपा दृष्टि उड़ना सिखलाती है। **सदैव अपने गुण और कर्म अच्छे रखो। अगर बाबा से गुण खींचना हो तो पहले वाली बातों को तलाक दो। न घर को तलाक देना है न पति को और न ही बच्चों को।** जो दुनिया करती वह हम नहीं कर सकते। ज्ञान से समझ आई है कि इंसान कोई बुरा नहीं, खराब नहीं, परंतु उसमें जो लोभ, मोह व क्रोध है, जिसके वह परवश है, वह अंदर से नहीं चाहता कि दुख दूँ परंतु विकारों के कारण दुख देता और स्वयं दुखी होता। तो उनको तलाक न बल्कि विकारों को चैलेन्ज करके तलाक दो, ताकि 21 जन्म के लिए फिर यह तंग न करें।

भले प्रवृत्ति में रहो परंतु प्रवृत्ति को स्वर्ग बनाकर चलो-उसमें फिर भिन्न-भिन्न प्रवृत्तियाँ अपनाओ। (1) गंभीर रहो। (2) शांत रहो। (3) समझदार बनो। (4) विशालबुद्धि बनो। (5) दूरादेशी बुद्धि बनकर चलो। हमें अब का ही नहीं परंतु भविष्य का भी सोचना है। भविष्य को सामने रखने से ही हम त्याग, तपस्या और सेवा कर सकते हैं। त्याग हमें उपराम बनाता, तपस्या बाबा का साथी बना देती और सेवा से विश्व की बादशाही मिल जाती है। त्याग, तपस्या और सेवा ही हमारे जीवन की

सुंदरता है। जिसको यह रस बैठ गया उसे व्यक्ति या वैभव का रस खींच नहीं सकता। उसकी आँख किसी में भी डूब नहीं सकती।

 शक्ति प्राप्त करने का साधन-ज्ञान, प्रेम और पवित्रता (लंदन की डाक से) (21-11-84)

(1) बाबा के हम बच्चों को शक्ति कहाँ से मिलती है? जब याद में बैठते हैं तो अनुभव होता है, मौन (साइलेन्स) से शक्ति मिलती है, परंतु सारा दिन शक्ति किस आधार पर मिलती रहती है। वास्तव में ज्ञान, प्रेम और पवित्रता तीनों से ही हमें शक्ति मिलती है। ज्ञान से जो शक्ति मिलती है, उससे हमारे बंधन कटते जाते हैं, क्योंकि समझ के आधार पर पुराने बंधनों को काटना सहज हो जाता है और प्रेम के आधार पर नैचुरल योगी बनते जाते हैं। प्रेम में बहुत शक्ति है, मोहब्बत में मेहनत का अनुभव नहीं होता है और पवित्रता से अपनी असली स्थिति बनती जाती है। मैं आत्मा जो थी, जैसी थी वैसा स्वरूप बनता जाता है। पवित्रता से इतनी शक्ति मिलती है कि अपवित्रता क्या होती है, वो सब खत्म हो जाती है और प्रेम से इतनी शक्ति मिलती है कि प्रेम में इतने समा जाते हैं, जो न तो दुनिया को हम देखते हैं और न ही हम दुनिया को दिखाई पड़ते हैं। इन तीनों से न केवल आत्मा में शक्ति भर रही है, बल्कि आत्मा और काया दोनों ही कंचन होती जा रही है। हमें हर बात में एकदम सही (एक्यूरेट) बनना है-हम केवल साफ ही न दिखाई पड़ें, परंतु चमकते हुए भी दिखाई पड़ें, तो अब हमें स्वयं को चमकाने के लिए मसाला भी अच्छा चाहिए, जो आत्मा और शरीर दोनों को चमका दे। इसके लिए हरेक को अपने से मेहनत करनी है। जो ईमानदारी और मेहनत से काम करता है उसकी कदर बहुत है।

(2) मेहनत हमें हर बात में अनासक्त बनाती है, परंतु वह तब ही संभव है, जब उसमें भी ईमानदारी है, क्योंकि मेहनत और ईमानदारी से जो कमाई करते हैं उसे खर्च भी उसी रीति से करते हैं। तो ज्ञान, प्रेम और पवित्रता तीनों से ही अपनी आत्मा को अच्छी तरह साफ करो। सिर्फ पवित्रता को ही देखें तो कितना काम करती है, सच्चे प्रेम से दिव्यता आती जाती है। देह का भान ऐसे निकलता जाता है, जैसे उससे हमारा कोई मतलब ही नहीं। हमें मनुष्यों के प्यार से वास्ता ही नहीं रहता। और ज्ञान से जो शक्ति मिलती है, वही ज्ञान की वैल्यु बढ़ाती है। जैसे-जैसे हम ज्ञान की कदर को जानते जाते हैं वैसे-वैसे हमारी वैल्यु बढ़ती जाती है। जिनकी खुद की वैल्यु है वह दूसरों का जीवन भी वैल्युएबल बनाने में सदा ही तत्पर रहते हैं। अक्लमंद वह है जो स्वयं को संतुष्ट रखने के साथ दूसरों को भी संतुष्ट रखता है।

"वास्तव में संतुष्ट कौन रह सकता है? वही, जो हर बात में दखल नहीं देते और जो बाबा ने काम दिया है उसको बड़े प्यार से करते रहते हैं। माना जो ड्यूटी मिली है उसे बहुत प्यार से करते हैं।"

(3) खुशी गायब होने का कारण क्या है? खुशी गायब तब होती है–जब मिली हुई ड्यूटी प्यार से नहीं बजाते और अन्य बातों में लग जाते हैं। दरअसल जो सब तरफ लगना चाहते हैं वो कभी संतुष्ट नहीं रह सकते। अभी हमको पुरुषार्थ करना है–देह अभिमान को तोड़ने का। बस आप इससे ही पुण्य आत्मा बन जाएँगे।

प्रश्न : ज्ञान मार्ग में तीन प्रकार की यादें कौन-सी हैं?

उत्तर– एक है सतोप्रधान याद। दूसरी–रजो प्रधान और तीसरी–तमोप्रधान। ज्ञान मार्ग में भी यह तीन स्टेज हैं। सारे दिन में हम बच्चों की ये तीन अवस्थाएँ होती हैं। तमो से रजो और रजो से सतो में आते हैं। सतो प्रधान याद में सिर्फ एक बाप दूसरा न कोई होता है। माना पतिव्रता नारी की याद। उसमें केवल बाप का नाम रोशन हो, अपना कुछ भी नहीं।

रजो प्रधानता की स्टेज में सेवा तो करते हैं परंतु बाप के साथ-साथ अपने मान की भी सूक्ष्म इच्छा रहती है और तीसरा–जिसमें न आत्मा को खुद के प्रति रिगार्ड और न बाप के प्रति रिगार्ड रहता है। न मेरा नाम रोशन न बाबा का, अर्थात् खुद को भी भूले हुए हैं और बाबा को भी भूले हुए होते हैं। अभी हम कलियुग से आये हैं, संगम से गुजर रहे हैं और सतयुग में जाना है तो सतोप्रधान अवस्था जरूर बनानी है। विवेकपूर्ण (सेन्सीबुल) वह है जो इस राज को समझकर अपनी अवस्था सतोप्रधान बनाएँ।

प्रश्न : सतो प्रधान अवस्था बनाने के लिए जरूरी बातें कौन-सी हैं?

उत्तर– सतो प्रधान अवस्था बनाने के लिए जरूरी बातें निम्नलिखित हैं–

(1) जैसे बाप सच्चा है, वैसे ही मैं भी बाप के साथ सच्ची रहूँ, सजनी के माफिक।

(2) दूसरों के प्रभाव से बचकर रहना है।

(3) हिम्मते बच्चे मददे बाप। स्वयं मेहनत कर चढ़कर पार होना है।

(4) सदैव सब मर्यादाओं का पालन करना है, क्योंकि मर्यादायें ही हमें बहुत अच्छे किले में बाँधकर रखती हैं, जिसमें माया की प्रवेशता का चांस नहीं है, जिससे हमारी वह स्टेज बन जाती है।

(5) ज्ञान का मंथन सदा अंदर (अंतर्मन) में चलता रहे और कुछ भी व्यर्थ न चले।

हीरे मोती

(6) एकांत में बैठने का अभ्यास बहुत जरूरी है, सारा दिन अगर बुद्धि काम में बिजी है तो सतो से रजो और तमो स्टेज आ जाती है। तमो से सतो अवस्था बनाने के लिए एकांत का विशेष पुरुषार्थ चाहिए होता है।

(7) ईश्वरीय परिवार से अति प्यार और रिगार्ड हो। सदैव यह ध्यान रहे कि मेरे कर्मों का दूसरों पर क्या प्रभाव पड़ेगा?

(8) सदा दुनिया की नजरें मुझ पर हैं और मैं सदा बाबा को अपनी नजरों में रखूँ, औरों को मेरे से बाबा दिखाई पड़ें।

(9) बुद्धि को सदा निर्मल (क्लीन) रखनी है।

(10) दैवीगुण धारण करने के लिए विशेष ध्यान रखना है। जिसको अव्यभिचारी याद का अनुभव है वो रजो और तमो को स्वीकार ही नहीं कर सकते। सतो प्रधान याद माना सती। कुछ भी सामने आ जाए, कितनी भी परीक्षाएँ आ जाएँ परंतु उनका प्रभाव न पड़े।

आज्ञाकारी बच्चे ही बाप को प्यारे हैं

(1) बाबा, जब बाप रूप में हैं तो कौन से बच्चे प्यारे लगते हैं? जब टीचर रूप में हैं तो कौन प्यारे लगते हैं? और जब सतगुरू रूप में हैं तो कौन-से बच्चे प्यारे लगते हैं? तीनों ही प्यारे लगते हैं, वह जो आज्ञाकारी हैं। बाप को वही बच्चे प्यारे लगेंगे जो बचपन से ही 'जी' कहना शुरू करते हैं। और जो कुछ भी टीचर पढ़ा रहा है उसको दिल से लगाकर रखते हैं, माना धारण करते हैं और सतगुरू जो मत दे रहा है उसको एक्युरेट फालो करते हैं, उसमें मनमत या परमत मिक्स नहीं करते; दरअसल उन्नति का बहुत बड़ा साधन है-बाप, गुरू, टीचर का बनकर रहना, क्योंकि उनका प्यार, पढ़ाई और श्रीमत ही हमारी उन्नति करता है। हरेक को अपनी-अपनी उन्नति के लिए अपना-अपना पार्ट मिला हुआ है। कोई अस्पताल बनाता है, कोई डॉक्टर बनता है और कोई रोगी भी बनता। लेकिन ये जरूरी नहीं कि जो अस्पताल बनाए वही डॉक्टर भी हो और वही रोगी भी हो। सबमें तो एक जैसी क्वालिटी हो नहीं सकती। अस्पताल बनाने वाला ही डॉक्टर या पेशेन्ट बने यह जरूरी नहीं है। अस्पताल खोलने का दान कर वह अपना भाग्य बना लेता है। डॉक्टर दवाई देने का काम करके अपना भाग्य बना रहा है और जो रोगी है, वो अगर दवाई ठीक रीति से खाकर अपने को तंदुरुस्त बनाता जा रहा है तो यह उसकी कमाई है। तो स्कूल में भी ऐसे ही होते हैं। पढ़ाने वाले कौन? पढ़ने वाले कौन? इसी तरह बाबा के घर में भी ऐसा ही होता है। बनाने वाला कौन? पढ़ाने वाला कौन? और पढ़ने वाले कौन? तो मैं अगर टीचर हूँ तो ऐसा पढ़ाऊँ, ऐसे मैनर्स सिखाऊँ कि दुआएँ मिलें और अगर स्टूडेन्ट हूँ तो ऐसा पढ़ूँ जो बाप का और टीचर का नाम रोशन हो। तो जो भी सेवा हम कर सकते हैं, वह अच्छी तरह से करें। टीचर नहीं बन सकते तो ऐसा स्टूडेन्ट बनें जो सब देख हैरान हो जाएँ। **एक**

प्रमाण बन जाऊँ जो दूसरों को स्कूल में दाखिल कराने के निमित्त बन जाऊँ और अगर स्कूल खोलें, तो अनासक्त वृत्ति से, मेरा नहीं बाबा का है।

(2) सबसे ऊँचा दान है या तो बुद्धि का या अस्पताल खोलने का। और यहाँ पर तो दोनों ही हैं। कितनी-कितनी पुरानी बीमारियों का इलाज हो रहा है और वह भी पढ़ाई के आधार पर। कितनी यह दवाई अच्छी है जो हम अंदर ही अंदर तंदुरुस्त बनते जाते हैं। जो जैसी सेवा चाहे अपनी उन्नति के लिए वह कर सकते हैं।

(3) अपनी उन्नति के लिए सदैव दूसरों को रिगार्ड देते चलो। कभी अपने लिए माँगो नहीं। यह नहीं कि प्राप्ति हो तो रिगार्ड दूँ। नहीं तो....। परंतु मेरा एक स्वभाव व संस्कार बन जाए। हम कैसे पतित विकारी पापी थे, परंतु बाबा ने हमें रिगार्ड दे देकर परिवर्तित कर दिया, इससे ही हमें ऊँचा बना दिया। अगर कोई अपमान करता है तो भी हम स्वमान में रहें।

निंदा हमारी जो करे मित्र हमारा सो..... इस भावना को चेक करना है कि मेरी स्टेज क्या कहती। हमें परिवर्तित वही कर सकते हैं। जो हमारी निंदा करने वाले हैं। क्योंकि वे हमारा ध्यान खिंचवा रहे हैं। तो असली हमारे मित्र वही हुए, जो निंदा करते हैं। और यह अच्छा ही है कि जो बात कान में पड़ती है, उसे स्वयं में चेक करके परिवर्तन कर लें।

(4) जो भी हमारा कर्म हो रहा है। वह भगवान के चौपड़े पर नोट होता जा रहा है, क्योंकि कर्म की गति बहुत गुह्य है। संगम युग श्रेष्ठ कर्म करने का युग है और भगवान के चौपड़े में नूँधने का समय चल रहा है, यह कभी न भूले। मुझे कमाई यहाँ से करके साथ ले जानी है।

समर्पण होने के बाद पुरुषार्थ की शुरुआत, जब तक समर्पण नहीं तब तक पुरुषार्थ नहीं (09-01-85)

(1) किसी के बारे में पता लगता है उसकी बोल और चाल से। हमारा बोल न सिर्फ मधुर हो पर रुहानी स्नेह से भरा हुआ हो। जैसा बोल होता है वैसा चलन होता जाता है। अपने बोल का प्रभाव अपनी चलन पर भी पड़ता है। दूसरे की चलन को भी सुधारने के लिए उस बोल का असर हो जाता है। किसी की चलन बिगड़ती है तो भी बोल से, सुधरती है तो भी बोल से। बाबा हमें इशारा देते तुम अपनी मन्सा पर ध्यान दो फिर बाबा पर ध्यान दो, तो कर्मणा अपने आप श्रेष्ठ होती जाएगी। मन्सा अगर बुरी (डिससर्विस) वाली है तो कर्मणा भी वैसी ही होगी। वह कभी भी छिप नहीं सकती। कभी-कभी यह भी माया आती है कि हम इतना पुरुषार्थ करते हैं, यह कोई

नजरों में छिपाने की कोशिश करे तो भी छिप नहीं सकता। अगर दिल से कोशिश (सर्विस) करता तो भी नहीं छिपता, अगर बुरा व्यवहार (डिससर्विस) कर लेता तो भी छिप नहीं सकता। मन्सा कहाँ जाएगी? वाचा में जरूर आयेगी। जैसी वाचा है वह कर्मणा में दिखाई देगी। दोनों आपस में बहुत गहरे हैं।

(2) कई कहते हैं -हम समर्पण हो गए फिर पुरुषार्थ क्यों करें? पुरुषार्थ की आवश्यकता ही क्या? परंतु पुरुषार्थ शुरू ही तब होता है जब समर्पण हुए। जब तक पुरुषार्थ नहीं वह भ्रम में है, इधर चलूँ या उधर। वह कोई निश्चय ही नहीं, पुरुषार्थ ही नहीं। जब अपने आप में और परमात्मा बाप में विश्वास बैठता है तब समर्पित (सरेन्डर) होते और समर्पित (सरेन्डर) होने के बाद कहते बाबा यह सब कुछ तेरा। तो सबसे पहला पुरुषार्थ क्या हुआ? मेरा-मेरा की जंजीर बाबा बाबा करके तोड़ दी। हम कपड़े चेंज नहीं करते लेकिन देह सहित जो भी लगाव है वह छोड़ देते हैं। जब तक वह नहीं छूटता तब तक समर्पित (सरेन्डर) नहीं। समर्पित (सरेन्डर) क्यों नहीं होते? जरूर कहीं न कहीं लगाव है, अपनी देह से या देह के संबंधों से या दुनिया के पदार्थों से। किसी का लगाव देह के संबंधियों से नहीं होगा तो पदार्थों से होगा। पदार्थों का आकर्षण बहुत है। कईयों को ज्ञान अच्छा लगता, धारणा भी अच्छी करते, सेवा भी कर लेते लेकिन पहले वाले कपड़े चेंज नहीं कर सकते। उनको कपड़ों से बहुत प्यार है। अंदर का त्याग हुआ है या नहीं वह भी स्पष्ट दिखाई पड़ता है। जिसका अंदर से त्याग हो जाता है वह बदल जाता है।

(3) कोई-कोई पूछते हैं, पुरानी दुनिया याद न आए उसके लिए क्या पुरुषार्थ है? हम कहती, तुम पुरानी दुनिया के पहनावे को चेंज कर दो। पहले जो कपड़े पहने थे, फैशन करते थे, उसे चेंज करो क्योंकि वह जिसने पहनाया उसकी याद जरूर आएगी। बाबा ने अपने आपका समर्पण करके फिर भी इतना पुरुषार्थ क्यों किया? वह अपने पुरुषार्थ से ब्रह्मा व श्रीकृष्ण बना। अपने आत्मा की उन्नति की। समर्पण के बाद फिर पता चलता है कि कहीं कोई मोह पैदा तो नहीं होता। मोह भी अनेक रास्तों से आता है–पति से छूटेगा तो बच्चों में जाएगा। पहले हम जिसके बच्चे थे उसमें मोह, फिर हमने जो बच्चे पैदा किए उनमें मोह। हम कन्या है तो भी माँ बाप में मोह। माँ बनी तो बच्चों में मोह। फिर पोत्रा धोत्रा *में मोह और कुछ नहीं तो कहेगा*-बहुत लवली बच्चा है। सदा देखो मुख से शिव बाबा-बाबा करता है। लेकिन स्वयं को शिव बाबा की याद नहीं आती, उसकी ही महिमा करता रहेगा। यह भी मोह की निशानी है। हरेक को बतायेंगे यह बहुत अच्छा है। ऐसे तो कई अच्छे हैं पर खास उसकी महिमा क्यों की जाती है। जरूर वह ज्यादा प्यारा लगता है। सबके सामने तो कहेंगे हमारा किसी में मोह नहीं, लोभ नहीं। लेकिन जब छोड़कर देखो तब पता पड़ता है। लाख को छोड़ देंगे लेकिन सिर्फ एक में ही मोह पड़ जाएगा। वह याद आता रहेगा। तो कुछ भी याद न आये, देह और देहधारी याद न आये, एक बाप दादा की याद रहे इसका ध्यान (अटेंशन) रखना पड़ता है।

(4) जब हमारे अंदर किसी की याद नहीं होगी तब हम बाप दादा की सेवा में हाजिर होंगे। अगर लौकिक की सेवा में हैं तो बाबा याद कैसे आयेगा। तो क्या लौकिक में न रहें? परंतु पूछो आनंद कहाँ है? लौकिक को बनाने की सेवा में है। अगर अलौकिक सेवा अच्छी चल रही है तो जीवन सफल है नहीं तो सामान्य जीवन (ऑर्डनरी लाइफ) है। अपने को पहले बाबा को समर्पण करो फिर बाबा अगर लौकिक सेवा कराता है तो हमें उसके लिए तैयार होना होगा। हमें उन्हें उठाना है यह नहीं सोचो। यह सोचो, हम कहाँ तक उठे हैं। हम उड़ते चलें तो वह स्वयं पीछे-पीछे आयेंगे। कौन कहता है तुम लौकिक की सेवा नहीं करो-परंतु उनकी जिम्मेवारी हमारे पर है क्या? हम समर्पण होते हैं सेवा के लिए। हम सेवा करते रहेंगे तो अपने आप लौकिक की भी सेवा हो जायेगी। उनके लिए ठहर नहीं जाना है। हम स्पेशल उनकी सेवा क्यों करें?

"हमारे अंदर सूक्ष्म है-कि हमें पूर्व जन्म का हिसाब-किताब चुकता करना है। हम पुराना चुकता करते जाएँ तो ज्ञान आता जाएगा कि यह मेरा नहीं है।"

मेरा पति, मेरी पत्नी... यह मेरापन नहीं छूटा तो सेवा नहीं कर सकेंगे।

(5) कई राय देते हैं- यह तो तुम्हारा फर्ज है- तुम्हें इन पर ध्यान देना चाहिए। परंतु अगर यही फर्ज हम पालन करते रहेंगे तो अनेक जन्मों का जो कर्ज है वह कब उतारेंगे। मेरा फर्ज वास्तव में क्या है? कर्जा उतारना या मर्ज को लेकर बैठ जाना। फर्ज कहता है अपना कर्ज पहले उतारो। कोई भी कर्ज लेता है तो किसके लिए? अपने बाल बच्चों, कुटुंब परिवार के लिए.... शादी मुरादी के लिए... उसमें कुछ झूठ कुछ चोरी... लेन-देन कितना कड़ा है। तो कर्ज का मर्ज उतारो और फ्री हो जाओ। जो आत्मा कर्ज से मुक्त हो फ्री हो जाती, वह उड़ने लगती है। लौकिक वाले भी कहते हैं यह तो उड़ने लग गया। वह फिर बहुत अच्छी सेवा कर सकते हैं। अगर हम उनके ही समान बैठे हैं, उनका क्या साथ दे रहे हैं? वह तो नौकर भी दे सकता है। जो नर्स या दूसरा भी कर सकता है, मैं उसमें अपना टाइम क्यों दूँ। यह कोई स्वार्थ भाव नहीं है परंतु बाबा हमें आध्यात्मिक ज्ञान (स्पिरिचुअल नॉलेज) देता है, हमें रूहानी सेवा सिखलाता है। अपनी खुद की वैल्यु खुद ही समझो, तो दूसरों को भी पता चलेगा कि इनकी वैल्यु क्या है, उन्हीं को टच होगा कि इनकी वैल्यु क्या है, इनसे कौन-सी सेवा लेनी चाहिए।

(6) बाबा ने हम बच्चों को कई बार कहा है-बच्ची यह तेरा काम नहीं है। तो हम अपने आपसे पूछते-मेरा काम क्या है? रूहानियत में रहना, हल्के होकर उड़ना, यही हमारा काम है। हमें सूक्ष्म उड़ता हुआ देख अनेक आत्माओं को स्वत: प्रेरणा मिलती रहेगी। पंछी पंछी को उड़ना कैसे सिखाता है? खुद उड़ता है। कई बार बाबा

कहता-बच्चे उड़ो-क्यों? ऐसे क्यों नहीं कहता एनीमल के माफिक चलते चलो। जो दूसरों के चलाने पर चलता वह देवदूत (एंजिल) कैसे बन सकेगा। अगर जैसे जो चलावे वैसे हम चले तो हमारी लाइफ एनीमल जैसी हुई। अपनी बुद्धि ही नहीं है। जैसे और चलावे वैसे चलें। वह हमारी बुद्धि को पकड़ कर जिस तरफ डायरेक्शन दे उस तरफ चलूँ तो क्या एंजिल बन सकेंगे। इसलिए बाबा हम बच्चों को श्रीमत देता, बच्चे श्रीमत पर चलो। श्रीमत ही हमारी पालना करती। हर कदम पर जो जितना श्रीमत का पालन करता है वही श्रेष्ठ पुरुषार्थी है। उनके मन-वचन-कर्म में श्रेष्ठता आती जाती है। वह कहीं रुकेगा नहीं। वह कभी पीछे नहीं देखेगा। दुःख दर्द उसे होता जो बार-बार पीछे मुड़कर देखता है। बीते हुए को बिता (पास्ट को पास्ट) कर सीधा चलना नहीं सीखा है इसलिए पुरानी दुनिया का दुःख दर्द महसूस होता है, सदा हर्षित नहीं रह सकता है। तो सीधे चलो, उड़ते चलो, पीछे नहीं देखो। पीछे देखेंगे तो दुःख की अनुभूति (फीलिंग) आयेगी, क्योंकि पीछे वाले सब संबंधी, सब संस्कार याद आयेंगे। तो समर्पण होना अर्थात् पीछे की सब बातें भूलना सीखिए। आप मरे मुए मर गई दुनिया। सारी दुनिया मरी हुई नजर आये.... यही है हमारा पुरुषार्थ। हम पुरुषार्थ करते-करते ऐसा महसूस करेंगे जैसे अपनी मंजिल के नजदीक पहुँच गये।

(7) वह हाल न हो-जो जंजीर बंधी नाव की होती है और हम समझें कि हमारी नाव बहुत आगे-आगे जा रही है। जब तक कर्म बंधन की जंजीरें नहीं टूटी हैं तब तक हम आगे जा नहीं सकते। उन्हें खास प्रयत्न कर तोड़ना भी नहीं है, लेकिन बाबा से जोड़ो तो वह अपने आप ही टूट जायेंगी। बस मेरे कर्म का हिस्सा (पार्ट) वहाँ से पूरा हो गया।। यही आवाज एक सेकेंड में समर्पण (सरेन्डर) करा देती। जब तक कहते, यहाँ बहुत से कर्म करना (पार्ट बजाना) है तो जंजीर बंधी हुई है। जब कहते मुझे तो भगवान के संग कर्म करना (पार्ट बजाना) है तो समर्पण (सरेन्डर) हो गये।

(8) भक्ति में कई कहते हैं—अपने-अपने 4 बच्चे हैं, इनकी ही प्यार से सेवा करो, यही तो ठाकुरों की सेवा है। परंतु सेवा किसको कहा जाता है यह समर्पण होने के बाद पता चलता है। जैसे बाबा सभी के सेवाधारी हैं वैसे मैं भी सब का सेवाधारी बनूँ। अच्छा....... ओमशांति।

सत्यता के आधार से मधुरता आती, मधुरता भी बहुत बड़ा गुण है (14-01-85)

(1) मधुरता और सब कुछ का बैराग। मधुरता से बैराग आता या बैराग से मधुरता? जो परचिंतन करने वाला होगा वह कभी मधुर भाषा बोल नहीं सकता। उसके

मुख से परचिंतन का जो टोन निकलता है उसमें मधुरता नहीं होती। इसलिए बाबा कहते कभी भी कानून (लॉ) अपने हाथ में नहीं उठाओ। ऊपर ईशारा दे दो। परंतु हम रिपोर्ट भी नहीं कर सकते। यह ख्याल रहे-दूसरों की बात अगर ऊपर देते हैं तो ऐसे दें जैसे अपनी दे रहे हैं। जैसे दूसरे की बात सुनाती हूँ ऐसे अपनी भी सुनाती, या अपनी सुनाने में देह अभिमान आता। जो अपनी स्पष्ट सुनाता-कोई बात छिपाता नहीं, वही दूसरे की सुनाए तब असर होगा। इसलिए सदा पहले अपनी कमजोरी, जो मेरे से हुआ हो वह बताऊँ। कई बार अपनी बात नहीं सुनाते, दूसरे की झट सुना देते- इसने ऐसा किया। तो ऐसी आत्मा जो बाबा के आगे, बड़ों के आगे स्पष्ट नहीं है, उसमें मधुरता, सरलता, सत्यता तीनों ही नहीं। तीनों का बहुत संबंध है। भाषा में मधुरता तब आयेगी जब सत्यता होगी। सत्यता से ही सरलता आयेगी।

(2) फूल में कोई टेस्ट नहीं होता, सिर्फ खुशबू होती है, परंतु मधुमक्खी में क्या शक्ति है जो फूल की सुगन्ध से मधु (शहद) बना देती। हम ऐसे फूल खायें तो मिठास का रस नहीं आयेगा। लेकिन मधु कहाँ से बना? फूल से। मधुमक्खी उसमें मधुरता ले आती है। ऐसे ही हम भी हरेक से खुशबू लेते रहें तो हमारे में भी मधुरता आती जायेगी। यह बाबा का बगीचा है, इसमें बाबा के फूलरूपी बच्चे रहते, हमारे अंदर हर आत्मा के प्रति ऐसी भावना बैठ जाए-जैसे मधुमक्खी कैसे भी फूल से मधुरता और मिठास खींच लेती है। मधु में मिठास भी है, दवाई भी है। ऐसी मधुरता हमारे में कैसे आये? बहुत काल की गुणग्राहक आत्मा मधुरता पैदा कर सकती है।

"भाषा में सरलता व मधुरता आयेगी सत्यता के आधार से। सत्यता इतनी हो कि उसमें अपना कुछ भी मिक्स न हो, उसमें अपना कोई भाव जुड़ा (एडीशन) न हो।"

कईयों की बात करने का ढंग ऐसा होता है, जो उसमें अपना मिर्च मसाला जरूर डालेंगे। जो सुनने वाला मनोरंजक (टेस्टी) समझ कर सुन ले या उसे सच (राइट) समझ ले।

(3) गन्द पर बैठने वाली मक्खी बीमारी फैलायेगी और फूल पर बैठने वाली मक्खी मधु देगी। मक्खी दोनों है एक कीचड़ पर बैठती है, दूसरी फूलों पर। तो यहाँ भी जो परचिंतन में जाता है वह है गन्द पर बैठने वाला और जो सबके गुण ग्रहण करता है वह है फूल पर बैठने वाला। गन्द पर बैठने वाला कभी संगठन में नहीं रह सकता और फूल पर बैठने वाली मक्खी संगठन में रहती है। जहाँ रानी देखी वहाँ सारा झुण्ड भाग जाता है। इसलिए फालो मदर फादर। जितना भी बनो। प्रभु पसंद बनो। जरा भी अपने मनपसंद नहीं। बाबा से भेंट बहुतकाल से होती जाए तब हमारी बात कोई माने।

(4) हम ज्ञान मार्ग में आकर सांसारिक आनंद (लोक पसंदी) छोड़ देते पर मनपसंद नहीं छोड़ते हैं। मनपसंदी भी छूट जाए तो हम एक प्रभु पसंदी बन सकते। इसी से हमारी चढ़ती कला होगी। जो प्रभु को पसंद है वह हमको पसंद है। पहले प्रभु, पीछे हम, फिर लोक। अज्ञान में पहले लोक, फिर खुद, फिर परमात्मा। लेकिन अभी चेंज हो गया। अभी हम लोगों की पसंद नहीं देखेंगे। पहले बाबा की पसंदी देखेंगे, जिससे हमारा परिवर्तन हो गया। फिर देखो, लोग कितना पसंद करते हैं।

(5) शुरू से लेकर जो भी ग्रुप निकले हैं हरेक समय में तीन पूर निकले। पहले पूर में भी फर्स्ट, सेकेंड और थर्ड हैं.... तो बाद में आने वालों से भी फस्ट, सेकेंड थर्ड हैं। पहला पूर फौरन वारी जायेगा। शमा पर परवाने फिदा। जैसे बाबा समर्पण ट्रस्टी और फिर मालिक। तो यह संस्कार पहले पूर में जन्म से मरने तक होंगे। वह जन्म ही ऐसी बेला में लेते-जो बाबा को पूरा-पूरा फालो करते। वह सदा विघ्न विनाशक होते। विघ्नों से डरिए नहीं। मैं विघ्न रूप न बनूँ, विघ्नों का कारण न बनूँ। जो विघ्नों का कारण बनता है वह है तीसरे पूर वाला। जो विघ्नों से घबरा जाते हैं वह हैं दूसरे पूर वाले। सच्चा पुरुषार्थी वह जो फर्स्ट पूर में आ जाए। फर्स्ट पूर वाले पुरुषार्थ नहीं करते लेकिन अपनी तकदीर को देख हर्षित होते। सेकेंड पूर वाले तकदीर के लिए तदबीर (पुरुषार्थ) करते रहते हैं और तीसरे पूर वाले कभी पुरुषार्थहीन बन जाते, कभी पुरुषार्थ वाले बन जाते। तो पुरुषार्थी की एक यह भी निशानी है-सदा अपनी तकदीर को देख हर्षित रहे। वाह मेरी तकदीर। किसी घड़ी भी हाय की आवाज निकली तो लगा मैं थर्ड पूर में चली गई। ऐसी कोई मिस्टेक न हो जाए जो हाय तकदीर कहना पड़े। सदा आवाज निकले- मैं कितनी भाग्यशाली हूँ। भाग्य को देख सदा भाग्य विधाता को याद कर हर्षित रहने वाला पहले पूर का बन जाता है। उसको देखकर हरेक का जी चाहता है मैं भी ऐसा भाग्य बनाऊँ। फर्स्ट पूर वाले किसी को नहीं देखते। सेकेंड पूर वाले दूसरों को देखकर चलते। फर्स्ट वाले कहते मेरे साथ बाबा है। सच्चा दिल है, इसीलिए साहब राजी हैं। किसी दूसरी तरफ ध्यान गया तो फर्स्ट पूर से निकल जाता। जैसे कोई फल का सीजन होता है तो पहला पहला जो फल निकलता वह पहले देवताओं को या बड़ों को सौंपते (ऑफर) करते हैं। तो हम भी संगमयुगी सीजन पर ऐसा फल वा मिसाल बनें जो बाबा को ऑफर हो। बाबा को हम ऑफर होते, बाबा सबको ऑफर करता, देखो यह मेरा फूल। बाबा अच्छा फूल उन्हें कहता- जिसका बुद्धियोग एक ज्ञान सूर्य और ज्ञान सागर से हो, उसके कान में और कोई बात सुनाई नहीं देती, सुनना है तो बाबा से, देखना है तो एक बाबा को। तीसरे पूर वाले- दूसरे की बात को सुनने का बहुत इनट्रेस्ट रखते, जब तक कोई बात नहीं सुनते तब तक नींद नहीं आती। कोई बात कान पर आई तो उसकी पूरी जाँच करेंगे। यह भी वेस्ट आफ टाईम है। जितना अपने को इन बातों से छुटकारा दिलाते उतना बाबा के नजदीक जाने का चांस मिलता है। जितना उसके नजदीक जाते उतना कट उतरती जाती। कट उतरती हुई है तो चुंबक

खींच लेता। जंग वाली सुई न तो सिलाई के काम आती, न इंजेक्शन का काम करती। इसको यूज करना और ही खतरा है। तो जंग लगी हुई सुई न भगवान के काम की, न मनुष्य के काम की। अच्छा!

दूसरी क्लास 15-01-85

(1) आजकल ब्राह्मणों को सबसे ज्यादा बीमारी कौन-सी लगती है? दिलशिकस्त होने की। दिलशिकस्त किसको कहा जाता है? जो दिलखुश मिठाई रोज खाता है वह कभी दिलशिकस्त नहीं होता। करनकरावनहार बाबा बैठा है, बाबा की गोद में हम बैठे हैं तो दिलशिकस्त क्यों हों। जिस पर माया की छाया पड़ती, गोद से निकलते वह दिलशिकस्त होते हैं। जिस पर बाबा की छत्रछाया है वह दिलशिकस्त नहीं होते।

(2) जो बात-बात में रूठते हैं वह दिलशिकस्त होते हैं। ज्ञानी आत्मा कभी रूठती नहीं। भगवान को ज्ञानी आत्मा वाले बच्चे प्रिय लगते हैं। अगर मैं बाबा का प्यारा बच्चा बनना चाहती हूँ तो कभी दिलशिकस्त न बनूँ, दिल साफ रखूँ, जिसका दिल साफ है वह दिलशिकस्त नहीं होता। जिसका शुभ चिंतन है वह दिलशिकस्त नहीं होता। शुभ चिंतन में रहने के लिए स्वचिंतन मदद करता है। शुभ चिंतन करते-करते अशुभ संकल्प आने की आदत मिट जाती है।

(3) हम सभी ने कंगन बांधा है स्व उन्नति के लिए, ईश्वरीय परिवार की उन्नति के लिए और विश्व उन्नति के लिए। हम जो भी काम करते उसमें यही लक्ष्य (एम) हैं। बाबा ने हमें विश्व में शांति फैलाने की जिम्मेवारी दी है, कोई पूछे तुम यह सेवा किस समय करते? तो हमारे पास इसका टाइम फिक्स है, कहेंगे हम 4 बजे उठते हैं, बीच-बीच में ट्रैफिक कंट्रोल करते हैं-इससे विश्व में शांति के वायब्रेशन फैलते हैं। मौन (साइलेंस) में रहने से एनर्जी जमा होती है। जहाँ बैठते वहाँ का वातावरण पावरफुल हो जाता है। जहाँ बैठेंगे उस आत्मा को भी उसका लाभ जरूर पहुँचेगा।

(4) बाबा की बाजार में बुद्धुओं का काम नहीं है। माया ऐसी है जो बुद्धू बना देती है। अपनी समझ निकाल देती है, कहेंगे फलाने ने ऐसा कहा। काम विकार का भी बहुत सूक्ष्म अंश है-जरा दिल छोटा हुआ तो भी काम का अंश हुआ। सूक्ष्म संकल्प भी आया तो भगवान भूल गया। भगवान भूला तो सजा खानी पड़ेगी। ईश्वरीय संतान को देव भी याद न आयें? अगर इंसान याद आया तो काम का अंश हुआ। अगर कोई बाबा को भूल, भूत की मत पर चला तो माया का भूत बन जाएँगे। इसलिए बहुत खबरदारी, होशियारी का समय है।

(5) जो हमेशा बाबा से साजन और सर्जन का संबंध पक्का रखते हैं उनकी बुद्धि कहीं भी जा नहीं सकती। साजन भी वही तो सर्जन भी हमारा वही। अच्छा-ओमशांति।

एकरस स्थिति बनाने के लिए वरदानों की स्मृति और खजाने का सिमरण (16-01-85)

एकरस स्थिति कैसे रहे? कई बाबा के बच्चे कहते हैं कभी तो बहुत सुखमय शांतिमय स्थिति का अनुभव होता और कभी अशांति की लहर आ जाती है। एकरस स्थिति नहीं रहती। उसके लिए क्या पुरुषार्थ करें? इसके लिए दो तीन बातों का सदा ध्यान रहे–

(1) वरदान भूमि पर वरदाता बाप ने जो भी वरदान दिये हैं–उन वरदानों से अपनी झोली भर लो और सदा उनकी स्मृति में रहो।

(2) सदा याद रहे-यह चढ़ती कला का समय है। गिरते-गिरते तो कांटों की पतित विकारी भ्रष्टाचारी दुनिया में पहुँच गये अब तो चढ़ना है। जिसको यह महसूस (रियलाइजेशन) होता है उसकी अवस्था कभी बिगड़ती नहीं। आज कलियुग में इंसान देव बनें, जो शैतान बन चुका है वह देव बनेगा–यह असंभव-सी बात लगती है। परंतु बाबा ने हम बच्चों को आइना दिया है कि हे इंसान तू ही देव बनेगा। जो विकारी बन चुका वही पावन पूज्य बनेगा। तुमको ही मैं पूज्य निर्विकारी बनाऊँगा। तो ऐसे बाबा के वरदान को सिमरण की शक्ति सदाकाल के लिए ऊँचा बना देगी। सिमरण करने की बहुत शक्ति चाहिए। जैसे खाना खाते तो उसको हजम करने की शक्ति चाहिए। जो खाना मिलता है उसे बहुत प्रेम से, शान्ति से खाओ।

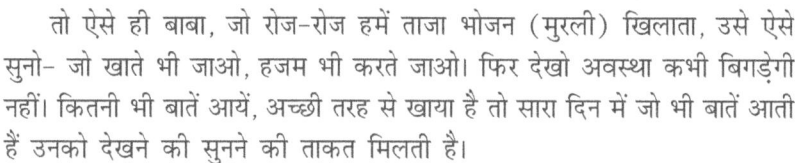

> "खाने के समय चिन्ता या फिकर या ईर्ष्या (जैलसी) न हो, नहीं तो खाना हजम नहीं होता। शरीर को लगता नहीं। खाना दवाई का भी काम करता है-जब बहुत प्रेम से खाते हैं।"

तो ऐसे ही बाबा, जो रोज-रोज हमें ताजा भोजन (मुरली) खिलाता, उसे ऐसे सुनो- जो खाते भी जाओ, हजम भी करते जाओ। फिर देखो अवस्था कभी बिगड़ेगी नहीं। कितनी भी बातें आयें, अच्छी तरह से खाया है तो सारा दिन में जो भी बातें आती हैं उनको देखने की सुनने की ताकत मिलती है।

(3) कई कहते हैं क्लास के समय तो अवस्था बहुत अच्छी लगती परंतु बाहर जाओ-तो खलास। कारण क्या? यहाँ संगठन की शक्ति है। क्लास से बाहर निकलें तो मित्र संबंधी, धन्धा आदि याद आ जाता है। स्टूडेन्ट लाइफ भूल जाती है। जैसे वह लौकिक काम-धन्धा (आक्यूपेशन) कभी नहीं भूलता- ऐसे में गाडली स्टूडेन्ट हूँ, यह

क्यों भूल जाता है। मैं स्टूडेन्ट हूँ, जब तक यह छाप नहीं लगी है तब तक एकरस अवस्था की छाप भी नहीं लग सकती। स्टडी ही हमारी लाइफ बना देती है। शरीर छोड़ने की घड़ी तक जो स्टूडेन्ट लाइफ समझ कर चलता है उसकी अवस्था अच्छी बन जाती है। जिसकी गृहस्थी नेचर है उसकी अवस्था कभी अच्छी नहीं बनती। गृहस्थी माने छोटी-मोटी बात की फीलिंग में आने वाला। चिंता में रहने वाला। गृहस्थी माने सिर्फ बाल-बच्चे वाला नहीं परंतु गृहस्थी वह जो बहुत सोचता है, जिसकी लाइफ कामचलाऊ जैसे चल रही है, सोचते हैं-बस चल रहा हूँ, इससे तो मर जाऊँ तो अच्छा. .. यह दुख के शब्द गृहस्थी लाइफ वालों के निकलते हैं। वह मरेंगे तो भी कहाँ जाएँगे? तंग होकर मरेंगे तो जहाँ भी जाएँगे वहाँ भी तंग करेंगे। जो तंग होकर शरीर छोड़ते हैं, ऐसे संस्कार से मरते हैं तो वहाँ भी यह संस्कार छोड़ नहीं सकते। शरीर से, देहधारियों से, स्वभाव से तंग हुए... वह तंग होने का संस्कार सुखी नहीं रहने देगा। इसलिए हम ब्राह्मणों में यह तंग होने का संस्कार नहीं होना चाहिए। अपने दिल को बहार में रखो।

(4) मधुबन को स्वर्ग क्यों कहा जाता है? क्योंकि यहाँ सब खुश रहते हैं, औरों का दिल खुश करते हैं। हरेक का यही लक्ष्य है-हम खुश रहें और सबको खुश करें। ऐसे भी कभी निराश न हो, जहाँ सब खुश रहें। ऐसे भी नहीं-विकारी दुनिया वाले कहें कि हमको खुश करो, इसमें खबरदार। मोह वश, विकार वश कोई दुखी होता है तो वह कोई दुख नहीं है। हम उनको विकार देकर खुश नहीं कर सकते। मैं सुख दूँ तो कौन-सा दूँ, यह भी समझना जरूरी है। सुख वह दो जिससे उस आत्मा में रूहानी शक्ति आ जाए। हम मोह वश, लोभ वश सुख नहीं दे सकते। वह भले कहे तुम हमें दुख दे रहे हो, लेकिन हम संसारी लोगों वाला सुख नहीं दे सकती। बोली, सुख तुम्हारे नसीब में तब हो, जब तुम ऐसे श्रेष्ठ कर्म करो।

(5) बाबा से बच्चा कोई कहे मैं खुश नहीं, तो क्या कहेंगे? किसी के पास धन हो और कहे, मैं तो कंगाल हूँ, माता-पिता हों और दिखाये मैं अनाथ हूँ... तो कहेंगे क्या इसका नसीब है। तो हमारे जो पीछे के (पास्ट) संस्कार हैं उनको अच्छी तरह से खत्म करें। वह संस्कार ही हमें दुख देते हैं। दुख कहीं से भी मिलता नहीं, परंतु दुख का वर्सा तो हमें 63 जन्मों से मिलता हुआ है, देह अभिमान वश 63 जन्म जो भी माता-पिता मिले उनसे दुख का ही वर्सा मिला है, जब तक वो हमने नहीं छोड़ा तब तक सुख की अनुभूति नहीं हो सकती। दुःख महसूस करना माना रावण का वर्सा याद है। रावण से मिला हुआ वर्सा घड़ी-घड़ी इमर्ज हो जाती, इसलिए छोटी-छोटी बात में दुख महसूस होता है। बात कुछ भी नहीं होगी, किसी ने कुछ भी नहीं कहा होगा-फिर भी कहेंगे-पता नहीं इसको देखने से ही मुझे दुख महसूस होता है। इनसे पहले तो मारें भी खाई हैं, गालियाँ भी खाई हैं, अभी कोई मारता भी नहीं, गाली भी

नहीं देता-फिर भी दुख महसूस करते। तो यह जैसे दुख लेने और देने की आदत पड़ी हुई है। दुख दे देते या ले लेते, यह सौदा करने की आदत छूट जाए, तो सदा सुखी हैं। कोई दुख दे रहा है-हम उसे क्यों लें।

(6) यह दुनिया है दुःख की सुपर मार्केट। यहाँ दुख मिलता ही है... लेकिन हम प्रामिस करें इस दुःख की बाजार से हमें दुख नहीं खरीदना है। सारे संसार में दुख देने वाले जहाँ-तहाँ खड़े हैं। जैसे बाजार में बुलाते हैं आओ... खरीद करो। ऐसे बुलायेंगे लेकिन हमें खरीदना ही नहीं, तो हम अपनी मस्ती में चलते जाएँ। अगर कहते-बुलाते हैं तो सुनना ही पड़ेगा... लेकिन तुम सुनते ही क्यों हो। अपने को अल्लाह समझो। अल्लाह कहीं भी खड़े नहीं होते, चलते जाएँगे। कहीं खड़ा होना, माना सोचना, देखना। अंदर गुप्त तपस्या हो- एक तुम्हीं से सुनूँ, तुम्हीं से बोलूँ....।

(7) जिन बच्चों की अवस्था नहीं बनती है-बाबा उन्हें कहता यह सच्चा भक्त नहीं है। जो सच्ची भक्त आत्मा होगी उसे भक्ति का फल मिल जाता है। फल है खुशी। अगर सच्ची खुशी नहीं तो वह पुराना भक्त नहीं। सच्ची भक्ति नहीं की है या सच्चे दिल से याद नहीं करते, या सेवा नहीं करते इसलिए खुशी गुम हो जाती है। जिनमें नम्रता भाव नहीं, जरा-सा अहंकार का अंश है, तो वह दुखी होता रहेगा। हमारी लापरवाही से ही खुशी गुम होती है। यह शिकायत (कम्पलेन) उसी की है जिसे ज्ञान खजाने की, परिवार की, संगठन की परवाह नहीं है। जो सर्व प्राप्तियों को देखता है वह कभी दुखी हो ही नहीं सकता।

(8) अपनी बुद्धि को भटकाना नहीं है। बहुत सहज मार्ग है-सदा यही समझो कि मैं बाबा का हूँ, और अपने दिमाग को भारी न करो। एक बात सदा याद रखो- बीती को याद न करो। इस बात को कोई ले करके अपने आपको ट्रायल करे तो अवस्था ऊँची हो जायेगी। घड़ी-घड़ी जो बीती बात याद आती है तो दुख होता है। भगवानुवाच, बच्चो बीती को याद न करो। भगवान ने जवाबदारी उठा ली। अगर बीती को याद करते तो न भगवान की न माया की। भगवान यही एक बात सुनकर दुःखों से मुक्त कर देता है। यही बात, बीती को याद न करो-याद रहे तो यह अमृतधारा का काम करती है। घड़ी-घड़ी जो बात याद आती है, दुख देती है, वह खत्म हो जाती।

(9) बाबा कहता-बच्चे यह ड्रामा बना बनाया है। तुम मेरे बनकर रहो। यह नहीं कहा कि तुम फालतू सोचते रहो। जो सोच-सोच कर ड्रामा को उल्टा बना देते तो भगवान भी क्या करे। भगवान को तो थैंक्स दो, उसने तो दुःख की दुनिया से निकाल दिया। सदा सुखी रहना है- तो यही पुरुषार्थ करो- परमत और मनमत, श्रीमत में मिक्स न हो। हमारे से क्या हुआ यह सुनना भी नहीं चाहता। तुम वर्णन भी नहीं करो। फिर देखो, ग्रहचारी कैसे हट जाती है। इतना है भगवान के महावाक्य में जादू का खेल।

(19-01-85)

ब्राह्मणों की भाषा में कोई-कोई आर्डनरी शब्द हो गये हैं- वह शब्द अब हम यूज न करें। कौन से शब्द हैं जो हमारी डिक्शनरी में नहीं होने चाहिए। उस पढ़ाई में भी डिक्शनरी चेंज होती है, हमारा भी ज्ञान योग धारणा सबको सहज लगे तो ऐसा वर्ड भी कोई न हो जिसको समझने में, प्रैक्टिकल करने में कठिन लगे। तो कौन से शब्द अभी हमारे मुख से नहीं निकलने चाहिए। (अभी तक कौन संपूर्ण बना है? माया तो अंत तक आयेगी, अभी मायाजीत कौन बना है, ड्रामा में होगा तो हो जायेगा। इसलिए क्या पुरुषार्थ करें) बाबा कहते–तूफान तो अंत तक आयेंगे, पता नहीं विनाश कब हो. ... सबसे निभाना तो है, लौकिक से भी निभाना तो पड़ेगा.... जो मिलेगा उसी में संतुष्ट हैं, आदि-आदि ऐसे शब्द अब हम ब्राह्मण यूज नहीं कर सकते। अच्छा–

अंतर्मुखता से अपनी संपूर्ण स्टेज को समीप लाओ (19-01-85)

(1) जो अंतर्मुखी होगा उसकी याद भी परिपक्व होगी और फिर जिसका ध्यान अंतर्मुखता पर है- उसमें दूसरे सब गुण स्वत: आते-जाते हैं। बाबा की सारी लाइफ हम सबने अंतर्मुखी देखी। एक मिनट भी बाहरमुखता में आओ तो सारा 'किचड़ा' बहुतकाल का इमर्ज हो जाता। 15 मिनट भी अंतर्मुखी होकर बैठो तो कमाई महसूस होती है। बाबा संपूर्ण कैसे बने? एक अंतर्मुखता से। बाबा को जरा भी बाहरमुखता अच्छी नहीं लगती। अंतर्मुखी आत्मा अंदर की गुप्त प्रैक्टिस करते-करते अंतर्ध्यान हो जाती। अंदर जो आत्मा ध्यान करती है वह संपूर्णता को जैसे खींच रही है। उसका पुराना हिसाब-किताब खत्म होता जाता। अंतर्मुखता या अंतर्ध्यान बनने से ही संपूर्णता समीप आयेगी। जब संगम पर ऐसी प्रैक्टिस होगी तब तो सतयुग में बैठे-बैठे जाएँगे।

(2) मुझ आत्मा ने 84 जन्म लिए हैं- उसके भी कई चिह्न हैं। कल्प पहले की स्मृति हमें बिल्कुल स्पष्ट है। जो बिछड़ी हुई आत्मा है, उसे फौरन ही मिलन की भासना आ जाती है। जैसे पुराने प्रीत वाले बिछड़े थे, अभी मिल गये। न सिर्फ आत्मा परमात्मा की प्रीत, लेकिन जिस बाबा

के संग 84 जन्म बोले हैं, उनके संग भी इतनी ही प्रीत है। भान आता है, हमारी पुरानी प्रीत है। जिसके साथ प्रीत होती है उसकी सब बातें अच्छी लगती हैं, वही याद आती रहती हैं, यह चिह्न है 84 जन्म लेने वाले के। अब हम बाबा को फालो कैसे करें, यह क्वेश्चन नहीं है, लेकिन कदम बाई कदम स्वत: फालो कर रहा है।

(3) आत्म अभिमानी बनने से प्यूरिटी पीस और लव भरता जाता है और जो पहली चीजें हैं वह निकलती जाती हैं। हमको बाबा से क्या मिलता है? एकदम शांति और प्यार (प्युरिटी पीस और लव)।

"जो लव के साथ पीस का अनुभव होता वह अकेला पीस से नहीं होता। जितनी हमारे में प्युरिटी है उतना हम पीस, लव खींच सकते हैं। मन में चंचलता छोड़ दी तो प्युरिटी का अनुभव होने लगा।"

मन शान्त होगा। प्युरिटी पीस से परमात्मा का जो प्यार है वह हमारे में भर आता है, जो गुप्त पुरुषार्थी है, वह अंतर्मुखता से अपनी स्थिति (स्टेज) ऐसी बना लेता है।

प्रश्न : माला में आने का पुरुषार्थ क्या है?

उत्तर– बाबा ने जो हम बच्चों के गले में ज्ञान की, गुणों की माला डाली है वह सदा हम पहने हुए रहें और कोई माला न पिरोंये। ज्ञान में आकर फालतू बातें सोचना मानो उल्टी माला फेरना है। ज्ञान सिमरण करते रहो तो सिमरण में आ जाएँगे। ज्ञान सिमरणी और सच्चे दिल की सेवा हो, पूरे ट्रस्टी होकर रहो तो अवस्था कभी डावांडोल हो ही नहीं सकती। मरना तेरी गली में, ऐसा जीवन बनाकर दिखाओ, न कि सिर्फ वायदा करो। तो ऐसी जब अंदर से बहुत काल की धारणा होगी, अटल विश्वास और अटूट स्नेह होगा, संपूर्ण त्यागी होंगे तो त्याग, समर्पण और ट्रस्टी बनने से माला में आ सकते हैं।

प्रश्न : सच्चा सेवाधारी कौन है?

उत्तर– जो सबको सुख दे, जिसमें किसी भी प्रकार की हिंसा का संस्कार, मन, वचन, कर्म में न हो। जरा भी गुस्से की बोलचाल रायल्टी खत्म कर देती है। राजयोगी माना रायल। रायल की बोलचाल सदा ही सुखदाई होती है। अंदर ज्ञान का मनन चलता रहे, कभी मूँझे नहीं, मौज में रहे। ऐसा मौज में रहने वाला सच्चा सेवाधारी है। कुछ भी हो जाए मूँझे नहीं, क्लीयर करा लो। ऐसा संग करो–जिससे क्लीयर राह मिले। अच्छा संग होता है, तो इशारा मिल जाता है इधर ना जाओ। सेवा तो हरेक करता है, मजदूर भी कितना काम कर ले लेकिन जो गुणवान हैं, गंभीर हैं, वह अपनी धारणा से सेवा करते, उनके एडवाइज की भी जरूरत होती है। आपने देखा होगा कि कोई अपने गुणों के आधार पर एडवाइज देकर भी इतना कमा लेता है, जो 8 घंटा काम करने वाला नहीं कमा सकता। इसलिए गुणवान बनो, यही सच्ची सेवा है। अच्छा–

धर्म ग्लानि के साथ-साथ लोगों को धर्म से ग्लानि (20-01-85)

(1) जो काम बाबा करते हैं वह कोई इंसान नहीं कर सकता, जिन देवों की हम पूजा करते आये हैं हम वह भी नहीं कर सकते। धर्म के नाम पर कितनी बिगड़ी हुई दुनिया है। दरअसल दुनिया सिर्फ विकारों से ही नहीं बिगड़ी है, बल्कि धर्मों में भी विकार घुस गये हैं। इसी कारण कहा जाता है, धर्म ग्लानि। वास्तव में लोगों को धर्म से ग्लानि आ गई है, कहते हैं कि हम कोई भी धर्म को नहीं मानते। कई लोग तो गॉड के बारे में भी सुनना नहीं चाहते। धर्मों के नाम पर विकारों ने अच्छा ही वार कर लिया है। धर्म जो सिखलाता है अगर वह नहीं करते तो जैसे हम धर्म की ग्लानि करते हैं। वास्तव में इंसान का धर्म क्या है? हमारा धर्म कोई हिन्दू या क्रिश्चियन नहीं, बल्कि हम तो बंधनों (बान्डेज) को, हदों को तोड़ना चाहते हैं। बंधन में रहना हमारा धर्म नहीं। वे लोग कहते हैं कि सब धर्मों को मिलकर एक होना चाहिए, परंतु वह ढंग नहीं आता। जो धर्म मतभेद के अभ्यासी हो गये हैं वह सब आपस में मिल जाएं-यह संभव (पासिबुल) नहीं। कितना भी पुरुषार्थ करें, लेक्चर करें, लेकिन कर नहीं सकते। एक बाबा ने ही हम सबको देह के धंधों से छुड़ाया। हर आत्मा को कहा कि मेरा स्वधर्म शान्त है। इसी स्वधर्म को पहचानने से एकता आ सकती है।

(2) बाबा ने कहा है कि विकारों को छोड़ो, भूतों को भगाओ। कोई रफ-टफ बोलने की आदत भी न हो। किसी को दुःख देना या लेना यह हमारा धर्म नहीं। बाबा कहता, तुम्हारे मुख से सदैव रतन निकलें पत्थर नहीं। नहीं तो बोल रूपी पत्थर ऐसा लगता जो किसीका दिमाग ही टूट जाता है। माया का तूफान कहाँ से आता है? किसी ने कुछ बोला तो लगा जैसे किसी ने गोली मार दी हो। वह गोली कभी हार्ट में लग जाती, कभी दिमाग में लग जाती। यही दो स्थान नाजुक हैं। दिमाग क्या-क्या सोचने लग पड़ता। इसलिए बहुत डीप पुरुषार्थ हो। इस पर ध्यान (अटेंशन) रखकर सरलता का स्वभाव नैचुरल बना लो। हमें सदैव ध्यान रखना चाहिए कि कभी भी हमारे मुख से ऐसा शब्द न निकले जो किसी को नाराज करने वाला हो। बाबा हम बच्चों को रोज यही पाठ पक्का कराते हैं कि हर आत्मा का अपना अनादि पार्ट है, हर श्वांस यह याद रहे तो हरेक का पार्ट देख-देख हर्ष होगा। वाह बाबा वाह, निकलता रहेगा। इतना बड़ा संगठन है, हरेक के विचार अपने-अपने हैं। हम सबको मिलकर चलना है। विवाद (डिबेट) करने की आदत नहीं होनी चाहिए। तुमने किया तो भी अच्छा, मैंने किया तो भी अच्छा। जो बाबा का बच्चा दिल से काम करता है वह अच्छा ही करता है। तू ऐसा करता है यह मुझे अच्छा नहीं लगता, यह हमारा टोन न हो। अगर हम यह कह देते कि यह काम अच्छा नहीं किया तो रिलेशन मजे का नहीं रहता।

(3) कई बार लोग पूछते हैं, क्या आप इतनी मातायें-बहनें मिलकर रहती हैं, कभी विचारों में टकराव नहीं होता? हम कहते, कभी नहीं। क्योंकि हम सबकी मत एक है, लाइन क्लीयर है तो दूर बैठे भी हम एक दूसरे की बात को समझ लेते हैं। हमारे सब कारोबार चलते हैं-लाइन क्लीयर के आधार पर। जैसे लाइन क्लीयर न हो तो डिब्बे पटरी से उतर जाएँगे- लाइन की चैकिंग ठीक तरह नहीं होती तो एक्सीडेंट हो जाते हैं। तो हमारी भले और कोई पुरुषार्थ न हो लेकिन अटेंशन रूप में लाइन क्लीयर हो। चैकिंग और लाइन क्लीयर होगी तो हम बाबा का हर कार्य सहज ही कर सकते हैं। हमारी एकता में इतनी शक्ति है जो कलियुग से सतयुग बन जाता। अनेकता से ही आज के विश्व की यह हालत हुई है। फूट पड़ गई है।

(4) अब एकता में आने के लिए आवश्यकता है मधुरता की। जितनी मधुर भाषा होगी, रूहानियत होगी और मन से स्पष्ट होंगे, उतना एकता में रह सकते हैं। यानि हरेक बाबा का बच्चा काम का है, कोई कील ठोकना भी जानता है तो वह भी काम का है। हरेक बच्चा यूजफुल है। सबकी अंगुली से यज्ञ का काम चलता है। इसलिए हरेक अपने आपको विशेष आत्मा समझें। हरेक में कोई न कोई विशेषता है। कोई ऐसा न समझे कि हम सेवा नहीं कर सकते हैं।

"कभी चेहरे पर दुख की लहर न आये, मुख से कड़ा शब्द न निकले, यह सेवा है। कभी कुवचन, खराब वचन, दुख देने वाला वचन नहीं बोलना है, तो यह सेवा भी कोई कम नहीं है।"

(5) हरेक की विशेषता अपनी है- हम किसी से भेंट नहीं कर सकते। हर एक आत्मा की वृद्धि अपनी है, बाबा सबको मिला है, ड्रामा में हरेक का पार्ट अपना है। जिसको ड्रामा में बाबा से संबंध जोड़ना है, जोड़ता है, हम सबके लिए शुभचिंतक हैं। जब सब बातों से दिमाग फ्री है, जो बाबा खिलाते वह हम खाते, जो पहनाते वह पहनते, तुम्हीं से खाऊँ, तुम्हीं से सुनूँ, तुम्हीं से मन की बात करूँ... यह भी बहुत बड़ी सेवा है।

 ## ईश्वरीय परिवार से स्नेह युक्त संबंध भी पास होने का आधार (21-01-85)

(1) पढ़ाई में फ्रैंड्स एक दूसरे को मदद करते हैं, ईश्वरीय परिवार में भी स्नेहयुक्त संबंध है तो वह संबंध हमें पढ़ाई में पास करा देगा? भले हमारे में इतनी

योग्यता (क्वालिफिकेशन) न हो, लेकिन स्नेह से रहना सीखे हैं तो भी बहुत कुछ पा सकते हैं। यह भी बड़ा सब्जेक्ट है। पढ़ाना-पढ़ना बड़ी बात नहीं, लेकिन पास कैसे होंगे? स्नेह युक्त संबंध से। आजकल उन स्कूलों में पास खातिरी होती है। कैसा भी स्टूडेन्ट होता है, थोड़ी रिश्वत मिली पास कर देंगे। परंतु यहाँ तो ऐसे चल नहीं सकता। फिर भी बाबा कभी-कभी पास खातिरी कर लेते हैं, क्यों? क्योंकि वह देखते हैं कि बच्चे का दिल साफ है। बुद्धि भले इतनी तेज नहीं है, लेकिन निश्चय को कभी तोड़ा नहीं है, हिला नहीं है। बहुत काल से सत्यता का व्यवहार रहा है।

"ईश्वरीय परिवार से स्नेह का रिकार्ड है तो बाबा उसे पास कर ही देंगे। यह रिश्वत वाली बात नहीं लेकिन बहुत काल की सत्यता के व्यवहार और स्नेह पास होने में मदद करता है।"

(2) पास सर्टीफिकेट और किन-किन बातों से प्राप्त होता है? कभी किसी को दु:ख नहीं दिया है—सिर्फ इतना ध्यान (अटेन्शन) रखा है तो भी पास हो सकते हैं। कभी कितने भी दुख देने वाले सामने आ जाएँ, लेकिन दुख का कांटा मुझ आत्मा को न लगे। जब पाँव को कांटा लगता है तो दर्द बहुत होता है। लगा पाँव को, दर्द होगा दिल में। आँखें बता देंगी क्या हुआ? कभी दुख का कांटा लगा—तो वह कैसे लगा? अपनी गफलत से। हम ऐसे नहीं कह सकते इसने लगाया। कांटे को तो नहीं कह सकते कि तू मुझे क्यों लगा, लेकिन गफलत से लगा, खून बहा, दर्द हुआ तो गफलत में रहा। जैसे बाबा कहते हैं—अगर चोट लगी, पाँव फिसला तो टोली बंद। ऐसे हमको किसी ने दुख दिया तो हम ऐसे नहीं कह सकते कि तुमने दुख क्यों दिया है, मैंने दु:ख महसूस किया तो यह दोष किसका? मेरा। फलाने ने मुझे दुख दिया। यह शब्द भी निकला तो बाबा क्या कहेंगे। बाबा कहेंगे तुम महारथी हो या बेबी बुद्धि हो। दु:ख देने वाला बेबी बुद्धि, दिल लेने वाला बुजुर्ग, गंभीर, सयाना। एक होते हैं दिल को दु:ख देने वाले, दूसरे हैं दिल लेने वाले। मैं किसमें हूँ? दु:ख महसूस करता या और ही उसका दिल ले लेता।

(3) त्याग माने वृत्ति से त्याग। त्याग वृत्ति वाले बुद्धि में कुछ भी रख नहीं सकते। सदा सोने जैसी साफ बुद्धि है तो प्रालब्ध श्रेष्ठ बनती जाती है। त्याग माने मेरा कुछ नहीं। मेरा संस्कार, मेरा स्वभाव.... यह हम कह नहीं सकते। जब बाबा हम तेरे हो गए तो बाबा के गुण मेरे हो जाएँ। इससे हमारे अवगुण निकलते जाएँगे। बाबा के गुण हमारे में समा जाएँगे। यही है त्याग का भाग्य, वह त्याग नहीं करते भाग्य पाते हैं। हरेक कहता है—बाबा मेरा है, हम बाबा के हैं, यही एक बात सदा स्मृति में रहे तो सदा रोशनी है अंधियारा मिट गया।

(4) बाबा ने हमारा भाग्य बनाकर हमारे हाथों पर दिया है। हमारे में भाग्य बनाने की अकल नहीं थी। कहते थे जो भाग्य में होगा, लेकिन अभी हम लोगों के यह शब्द नहीं हैं। जो पुरुषार्थ कर रहे हैं वह अपना भाग्य बना रहे हैं, बनता ही जा रहा है। कोई पूछे तुम क्या करते हो? बोलो–हम अपना भाग्य बना रहे हैं। मन-वचन और कर्म से जो भी हम सेवा करते हैं उससे हम हाथ खाली हैं, लेकिन हैं सारे विश्व के मालिक।

यही ब्रह्मा कुमारियों का पैसा होता है? नहीं। तभी तो लोग हैरान होते हैं कि पता नहीं इनको पैसा कहाँ से आता? यही वंडरफुल ब्रह्मा कुमारियों का पार्ट है। बिल्कुल खाली हैं, बाबा खजाने जो दे रहे हैं और वे अंदर में समा रहे हैं। अगर किसी के पास वह धन है तो यह ठहर नहीं सकता, जैसे एक म्यान में दो तलवारें नहीं ठहरतीं। इसलिए सब कुछ बाप हवाले कर खाली हाथ हो जाओ। अब संकल्प भी आता है कि पता नहीं विनाश कब आ जाए, हमको कौन संभालेगा। तो यह भी ममता है। इसीलिए कहते हैं कि ब्रह्मकुमार कुमारी माने इस संकल्प का भी त्याग। ब्र.कु. बनी तो कौन संभालेगा? बीमार पड़ेगी तो कौन देखेगा? कईयों को मन में यह संकल्प आता है। लेकिन मैं भगवान के पास हूँ यह सदा याद रहे.... संभालेगा हमारा बाप और कौन संभालेगा। इसलिए मरना तेरी गली में...... जिन्होंने बाबा को गले से लगा लिया वह मरेंगे जियेंगे एक बाबा की गली में और कहीं जा नहीं सकते।

अंतर्मुखी व्यर्थ संकल्पों की कम्पलेन से मुक्त हो सकता है। (23-01-85)

(1) सभी का एक बहुत पुराना प्रश्न है कि व्यर्थ संकल्पों पर कंट्रोल कैसे हो? बाबा कहते हैं–तुम्हें किस घड़ी फुर्सत मिलती है व्यर्थ संकल्प पैदा करने की। जो ईश्वरीय सेवा में बिजी हैं, जिन्होंने अपना तन-मन ईश्वरीय सेवा में समर्पण कर दिया, उनको व्यर्थ संकल्प नहीं आ सकते। सिर्फ धन दिया, लेकिन याद में रहने की मेहनत नहीं की तो भी व्यर्थ संकल्प आ सकता है। तन से खूब सेवा करो तो तंदुरुस्ती अच्छी हो जाएगी। जो यह नहीं करते वह अपने को कमजोर महसूस करते हैं। वह सोचते रहते हैं कि मेरे को यह बीमारी है। जैसा भी तन है, बाबा तेरे आगे है। बाबा उससे जो भी सेवा ले। तन से सेवा लेने के भी कई प्रकार हैं। भाग दौड़ नहीं कर सकते तो बैठने की सेवा करो, बिजी रहो तो व्यर्थ संकल्प नहीं आएगा। सेवा से बहुत बल मिलता है। जो भी सेवा करो जिस भी प्रकार की करो, कुछ करो।

(2) जिसके पास सपूत बच्चा बनने का लक्ष्य है वह अंतर्मुखी बहुत रहता है। जो अंतर्मुखी रहता–उसकी यह कम्पलेन नहीं कि व्यर्थ संकल्प बाहर मुखता, देह

अभिमान और ईर्ष्या ले आता है। वह अंदर जलता ही रहता है। जैलसी वाला अंदर जलता रहता है। कभी तेज स्वभाव वाला है या मुख से तेज बोलता है तो यह भी बाहरमुखता है। अंतर्मुखता से रूहानियत और मिठास आ जाती है। रूहानियत की कमी का कारण अंतर्मुखता नहीं है।

"अगर रूहानी सुख की अनुभूति है तो वह शक्ति पैदा करती है, दुख में शक्ति खत्म होती है। सुख में शक्ति पैदा होती है। खुशी जैसी खुराक नहीं तो सुख कहाँ से आए? सुख अंतर्मुखता से आता है।"

एक मिनट के लिए अंतर्मुखी बनकर देखो तो बहुत अच्छा अनुभव होता है। अंतर्मुखी बनकर याद में बैठते तो सेकंड में मूलवतनवासी बनने का अनुभव करते। अंतर्मुखता से हम लाइट हो जाते हैं। जब किसी भी बात में भारी हों तो अंतर्मुखता बन अपने को समझाकर हल्के हो जाओ।

(3) कोई भी व्यर्थ बात सुनी, कान में आई तो उसकी सोच चलने लगेगी, वर्णन हो जाएगा, फिर डिस्टर्ब होंगे और दूसरों को भी डिस्टर्ब कर देंगे। लाइफ में मजा ही नहीं दिखाई देगा। ऐसे कई प्रकार के चिंतन चलने लग पड़ेंगे। पैदा कहाँ से हुए? फालतू बात सुनने से। इसलिए बुरी बातें न सुनो (हियर नो ईविल)। फालतू बातें सुनने का बहुत अभ्यास पड़ गया है, उसके बगैर मजा ही नहीं आता। कोई सुनाएगा तो रुचिपूर्वक (इन्ट्रेस्ट से) सुनने के लिए बैठ जाएँगे। किसी की निंदा, किसी की स्तुति..... जिसमें ईर्ष्या द्वेष भरा हुआ रहता है.... फिर जो सुना उसका चिंतन चलेगा। ऐसा नहीं कि सुनने के बाद चिंतन न चले। सुनो और चिंतन न चले यह हो नहीं सकता। माथा ही भारी हो जाता है। इसलिए बाबा कहते हैं–सुनते हुए भी नहीं सुनो। जो बात सुनेंगे, पढ़ेंगे वह जरूर मुख से रिपीट होगी। कोई कहानी पढ़ ली, सुन ली तो वह भाषण में भी जरूर सुनायेंगे। हमको क्या जरूरत पड़ी है। हमको आधा घंटा ज्ञान की गहराई में जाने का टाइम मिलता है। हम दूसरी कहानियों में क्यों जाएँ। हम जानबूझकर मन को फालतू चिंतनों में ले जाते हैं। फिर कहते हैं हम स्वयं को कंट्रोल कैसे करें? इसलिए अंतर्मुखी होकर देखो–मेरे योग्य कौन से संकल्प हैं।

(4) राजयोगी बनने के लिए रमता योगी बनो, रमता योगी अर्थात् ज्ञान की बातों में सदा रमण करने वाला। राजयोगी मास्टर बन जाता। कोई भी बातों के अधीन नहीं होता। मुख से स्वामित्व (रायल्टी) की आवाज निकलती। रायल्टी की आवाज है धीमी, मीठी और अर्थ सहित, बगैर अर्थ हम क्यों बोलें। अनर्थ बोलना बहुत खराब

है अनर्थ बोलने वाले से सच्चाई-सफाई नजर नहीं आती। बोल अंतर्मुखता से बड़े शुद्ध होते जाते। संकल्प भी शुद्ध होते जाते। जितना अंतर्मुखी बनो उतना अवस्था अच्छी होती जाती। मान-शान का कूड़ा किचड़ा, फालतू संकल्प-विकल्प बाहरमुखता से आते। अंतर्मुखता से यह सब समाप्त हो जाते। अंतर्मुखता अर्थात् बाबा तेरे में छिपकर रहूँ, दुनिया की नजर मेरे पर न पड़े।

ड्रामा के ज्ञान (नॉलेज) से सहन शक्ति आती, सहन शक्ति वाला सदा प्रसन्नचित रहता है (28-01-85)

(1) इस लाइफ में जो भी समस्यायें आती हैं, मन में प्रश्न (क्वेश्चन) उठते हैं उन सबका जवाब रोज बाबा मुरली में दे देता है। जवाब मिलने से आत्मा प्रसन्नचित्त हो जाती है। मैं सदा प्रसन्नचित्त हूँ, माना संतुष्ट हूँ। संतुष्ट तभी रह सकते, जब सहनशील हैं। कोई भी बात सामने आती है उसका सामना करने के लिए वास्तविक अभिनय (ड्रामा) को सामने रखो। सहन तब करना पड़ता जब ड्रामा को नहीं जानते, बाबा को साथी नहीं बनाते। जब सर्वशक्तिवान बाप बैठा है तो हम क्यों कहते- कि मुझमें सहन शक्ति है तो हम सहयोगी बन सकते हैं। कोई कहता मुझमें सहन शक्ति नहीं है तो बेसमझ हुआ ना। जो हर बात को छोटा करता वह समझदार है। अपनी बात हो या दूसरे की बात हो-जैसे कुछ हुआ ही नहीं, उसका प्रभाव (इफेक्ट)ही नहीं।

(2) जिनके पास पूर्ण ज्ञाता (परफेक्ट) बनने की लगन है, वह कोई भी कमी (डिफेक्ट)अपने पास नहीं रहने देंगे। जब कमी (डिफेक्ट) निकल जाती तो प्रभाव (इफैक्ट) भी नहीं आता। प्रभाव (इफैक्ट) तब आता है जब सहन शक्ति नहीं है। सहन शक्ति न होने के कारण दूसरों का दोष निकालते हैं। जो खुद के दोष समझकर उसे खत्म कर देता है उसमें सहन शक्ति आ जाती है। सहन करते-करते सहन शक्ति नहीं आती। लेकिन कोई भी कमी नहीं है, लापरवाही से यह न कहें, थोड़ी कमी भी पुरुषार्थ में विघ्न रूप बन जाती है। अभी ज्ञान योग, सेवा सबका सहारा है, उस सहारे के आधार पर कमियों को निकालते जाओ। अब कमी निकली तो सदा के लिए समाप्त हो जायेगी।

(3) ज्ञान मार्ग में जो हमारी जाति वाला नहीं वह ठहर नहीं सकता। जब हम हंस बन गये तो बगुलों का संग छूट गया। हंस का काम है मोती चुगना। ऐसे नहीं कह सकते कि बगुलों के संग रहना पड़ता। यह कमजोरी हमारी है। हमारे संग से वह हंस बन जाएँ। उसके संग का रंग मेरे पर नहीं चढ़ना चाहिए। हमें सत्य बाप का संग इसीलिए मिला है कि माया का रंग उतर जाए।

(4) परखने की शक्ति न होने के कारण सहन करना पड़ता है। जितना बुद्धिवान बनते जाते उतना सहनशील बनते जाते हैं। जो सहन करना जानता वह गंभीर हो जाता है।

> "गंभीरता हमको सहने की शक्ति सिखलाती है। सज्जन लोग (रॉयल) गंभीर होते हैं। वह अंदर ही अंदर गुप्त पुरुषार्थ से सहन शक्ति धारण करने (समाने) की शक्ति को पा लेते हैं।"

उनकी दिल बहादुर हो जाती, कभी दिल छोटी नहीं होती। कभी आँखों से आँसू नहीं आ सकते। जो अपने को बेसहारा समझते हैं उनको रोना आता। बाबा कहते, बच्चे तुम्हें आँसू नहीं आने चाहिए-आज खुशी के आँसू आयेंगे तो कल गम के भी आ सकते हैं। इसलिए आँसू नहीं बहाना है। पहले बाबा मिला तो प्रेम के आँसू आते थे। अभी बाबा कहता, तुम प्रेम के सागर के बच्चे प्रेम के दाता बन गये, अभी प्रेम के भी आँसू नहीं बहाने हैं। अभी प्रेम स्वरूप बनकर दिखाओ। सदा के लिए प्रेम स्वरूप, ज्ञान स्वरूप, शान्ति स्वरूप बनकर रहो तो सहन करने की शक्ति आ जायेगी। मैंने इतना सहन किया। यह अक्षर नहीं निकलेगा। तुमने क्या सहन किया- जो बात हुई वह पास हो गई, या जो हो रही है वह ठीक हो जायेगी। सहन की तो बात ही नहीं। किसीको मार पड़ती, कोई गालियाँ देता, तो यह भी अपनी कमजोरी है। किसी की हिम्मत ही क्यों होती जो हमारे पर हाथ उठाये। हममें इतनी ज्ञान की शक्ति हो जो किसी की हिम्मत ही न हो। अपनी कमजोरी जो होती है उसका ही सब फायदा लेते हैं।

(5) बाबा ने हमें इतना सारा जो ज्ञान दिया है- वह स्वमान में रहने के लिए। तुम अपने स्वमान में रहो तो किसी की हिम्मत नहीं जो आँख उठाकर देखे। तुम दासी नहीं हो, लक्ष्मी हो, लक्ष्मी स्वरूप में रहो तो आपकी पूजा करेंगे, न कि गाली देंगे। साधारण (आर्डनरी) माता व कन्या से देवी बन गई तो उसका निरादर कौन कर सकता है? समझो किसी के साथ हमारा पुराना संबंध है- वह असुर है, हम देवता बनते.... तो बुद्धि में रहे कि मुझ आत्मा को तो उड़ना है-न कि लोभ मोह के पिंजड़े में फंसना है। जो करना है वह अब कर लो, टाइम नहीं गंवाओ, क्योंकि ऐसा टाइम फिर नहीं आयेगा। समय सफल करो तो शक्ति है, समय गंवाते तो कमजोरी आती, सिरदर्द हो जाता। मनुष्य की बुद्धि या तो होती है चमड़ी में या दमड़ी में। दोनों को अब छोड़ना पड़े। रूप-रुपया, चमड़ी-दमड़ी-इनसे बुद्धि निकालो। तन से तुम जितनी सेवा करो-तो तन अर्थात् चमड़ी से बुद्धि निकलती जायेगी। धन को जितना सफल करो तो जमा होता जायेगा। तन-मन-धन सफल कर लिया तो अंत में बाबा ही सामने आयेगा। जहाँ हक लगता है उसे सफल करो यह बुद्धिमान का काम है।

दूसरी क्लास 06-02-85

प्रश्न : ज्ञान मार्ग में किस शक्ति की पहले जरूरत है?

उत्तर– सहन शक्ति की। सहन करने वाला सामना कर सकता है। सामना करना- इसके भी दो अर्थ है। जो बात सामने आती है-उसका सामना करना सरल (इजी) लगता है। यानी हमको कुछ भी नया नहीं (नथिंग न्यू) लगता है। सामना करना पड़ेगा तो युद्ध चलेगी। जो बात सामने आई तो मैं क्या करूँ? यह तो कुछ भी नया नहीं (नथिंग न्यू)। कोई बड़ी बात नहीं है। ड्रामा के हर राज का पता है कल्प पहले मुआफिक हो रहा है। उसके लिए कोई शस्त्र उठाना नहीं है। मुँह से कुछ बोलना नहीं है। शान्त रहना माना सामना करना। बात सामने आई तो हम शांत रहें। मेरी शान परेशान होने में नहीं है। थोड़ी भी परेशानी आई तो कहेंगे इसे सामना करना पड़ता है। मेरा शान मेरी मन की स्थिति (पोजीशन) कहती है-सबका भला हो। हाथ, हमें माँगना नहीं, देना सिखाता है। जो सदा दाता रहे हैं वह कभी भिखारी नहीं बन सकते। कोई भी बात सामने आती है तो धीरज, गंभीरता से सह (समा) लेंगे।

सदा नशा रहे-हम भगवान के हाथ में, भगवान हमारे हाथ में। हम भगवान की भुजाएं हैं। बाबा कहता- बच्चे तुम मेरी भुजाएं हों। परंतु भुजाएं वह बनते जो पहले धीरज और शांति का अवतार बनते हैं। वैसे भी कहते हैं कि **धीरज का फल मीठा होता है। कच्चा फल खाने वाला धीरज नहीं रखता। धीरज रखने वाले को फल मीठा मिलता, उसमें स्वाद आ जाता। सामना करना हो तो धीरज धरो, तो सामने वाला दृश्य बदल जाएगा। धीरज में इतनी शक्ति है कि सामने का दृश्य बदल (चेंज) जाता है।** यह भी नहीं कहेंगे कि यह सहन करने वाला दृश्य है, नहीं। कुछ नहीं है, धीरज वही रख सकता जिसके अंदर नशा है- मैं किसका हूँ। मेरी जिम्मेवारी (रेसपान्सिबिल्टी) किसके ऊपर है। धीरज उसके पास है-जिसने बहुत काल अच्छे कर्म करके अपना सब कुछ जमा कर लिया है। जो बाबा ने किया कराया है वही शक्ति उसे चलाती है।

सयाना वह जिसका गुप्त बैंक बैलेंस अच्छा हो। मन-वचन-कर्म से भगवान के घर में जमा हो, जिसका जमा होगा उसको चिंता नहीं होगी। बाबा का बनकर रहने से शक्ति जमा होती है और कुछ न देखो-बस सेवा करते चलो। नेकी कर दरिया में डाल। दरिया में जो चीज चली गई वह दिखाई नहीं पड़ती, देखने की कोई जरूरत भी नहीं। उसको वापस इमर्ज भी न करो-मैंने यह किया। गुप्त योगी गुप्त ज्ञानी, गुप्त दानी बनो।

ज्ञान का सिर्फ मुख से ही वर्णन न हो, बल्कि चलन से भी दिखाई पड़े। जो गुप्त ज्ञान को प्रयोग (यूज) करते-उनका किसी देहधारी की तरफ आकर्षण नहीं होता। उसकी बुद्धि को देहधारी खींच नहीं सकते, गुप्त योगी बच्चे-खींच जाते। हर हालत

में मुझे अपने योग की स्टेज, याद की शक्ति मजबूत बनानी है। गुप्त दानी बनना है। जो करना है अभी कर लें, कल किसने देखा। गुप्त ज्ञान का भी रस लो। ज्ञान अटपटा, चटपटा, खटपटा है, इसको समझने वाला बुद्धिवान चाहिए। जो चटपटे ज्ञान के टेस्ट को जानते वह खिटपिट में नहीं आते। यह रसीला ज्ञानी सीधा नहीं है परंतु बहुत गुह्य है। एक-एक बात में बड़ा रस भरा हुआ है। जो गुप्त ज्ञान बनता है उसको कभी ज्ञान का घमंड भी न हो, कि मैंने अच्छा ज्ञान दिया, हमारे सेंटर पर यह है.... भाषा ऐसी बोलो जो बाबा ने सिखाई है। मुख से घड़ी-घड़ी बाबा बाबा निकले। हम बाबा के खिलौने हैं, बाबा हम खिलौनों को देख खुश होता है। यही संगम की लाइफ में मजा है। जो इस मजे में रहते उन्हें माया अपना खिलौना बनाकर नचा नहीं सकती। जो बाबा के खिलौने बन जाते वह माया के हाथ में नहीं आते।

राजयोगी वह जो न कभी कनफ्यूज हो, न अपसेट हो, न डिस्टर्ब हो (04-02-85)

(1) राजयोगी वह जो सदा खुशराजी है। जब संगमयुग पर खड़े हो जाते हैं तो पुरुषार्थ की रफ्तार अपने आप आराम देने वाली हो जाती है। जिसका पुरुषार्थ ठीक नहीं होगा वह अपने को आराम में महसूस नहीं करेगा। जो कनफ्यूज रहते उनकी नींद जैसे गायब (फिट) हो जाती। कनफ्यूज होना माना छोटी-मोटी बात में भयभीत (मूँझ) जाना। जो घड़ी-घड़ी मूँझता है वह मौज में नहीं रहता। तुम मौजों के जमाने में मूँझते क्यों हो। जब सीजन है मौज मनाने की तो मूँझे क्यों। मूँझता वह है जो डल बुद्धि है। वह एक बात 10 बारी पूछेगा। कईयों की लाइफ ही मूँझने और पूछने में गई है। वैसे भी लाइट नीचे ऊपर होती तो मूँझ होती। कोई समय फ्यूज उड़ जाता तो अंधेरा हो जाता। तो कम से कम फ्यूज ठीक करने की तो अकल चाहिए। अकलमंद कभी भ्रमित (कनफ्यूज) नहीं होता। बेअकल भ्रमित (कनफ्यूज) होता है। छोटी-छोटी बातों में भयभीत (मूँझना) होना माना बेअकल। अकलमंद जो है वह कभी किसी बात में व्याकुल नहीं होता। अकल को, इलम को अमल में लाने वाला अकलमंद होता है। जो घड़ी-घड़ी अपने रास्ते पर मूँझता है, कनफ्यूज होता है वह टाइम बर्बाद (वेस्ट) करता है। उनके साथ जो रहने वाले होते उनका भी टाइम बर्बाद (वेस्ट)। कनफ्यूज होने का जो संस्कार है उससे लगता है जैसे कुछ समझा ही नहीं, पढ़ा ही नहीं। जो पढ़ाई को अमल में लाते उनकी बुद्धि समझदार, होशियार होती जाती।

(2) अपसेट होना- जो अपनी अवस्था को जमाना नहीं जानता वह घड़ी-घड़ी डावाँडोल (अपसेट) होता है। बाबा ने मुझे इशारा दिया -बच्चे तुम मेरे होकर रहो, दूसरी बातों को न देखो न सुनो। ऐसे फरमान को पालन करने वाला डावाँडोल

(अपसेट) नहीं होता। अपने मन की स्थिति (अवस्था) घड़ी-घड़ी नीचे ऊपर नहीं करते। दुनिया कुछ भी कहे तुम अपनी अवस्था को अचल-अडोल बनाने का पुरुषार्थ करो। जिसको अपनी अवस्था बनाने की लगन है उसके सामने जो भी दृश्य (सीन) आये वह खेल अनुभव होगा, परंतु खेल भी वही समझ सकता जिसको बहुत काल से साक्षी रहने की प्रैक्टिस हो। नहीं तो उस सीन को देखते दुख या परेशानी महसूस होगी। खेल समझने वाला खुद न्यारा रहेगा। बहुतकाल से न्यारे रहने की प्रैक्टिस है तो जो कुछ सामने आता उसे समझकर अपने को न्यारा कर देता। अगर किसी भी बात के विस्तार में न जाओ, तो अपसेट नहीं होंगे। विस्तार में जाने वाला कभी शांति में बीजरूप अवस्था का रस नहीं ले सकता है। जो छोटी-छोटी बात में अपसेट होता है उसकी कितनी ऊर्जा (एनर्जी) वेस्ट होती है। दूसरों का दोष निकालते लेकिन खुद अपसेट हो जाते। दोष किसी का नहीं, दोष मेरा है जो मैं अपसेट हो जाती। जो अपने को दोषी बनाता वह कभी अपसेट नहीं होता, जो दूसरों का दोष निकालता है वह अपसेट होता है।

(3) बाधित (डिस्टर्व) होना-क्या करूँ फलाना, मुझे बाधित (डिस्टर्व) होने के संस्कार मिलनसार बनने नहीं देते हैं।

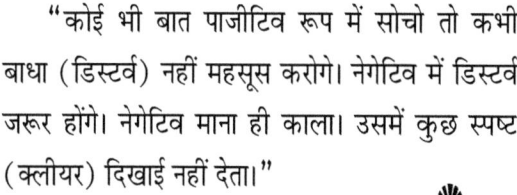

"कोई भी बात पाजीटिव रूप में सोचो तो कभी बाधा (डिस्टर्व) नहीं महसूस करोगे। नेगेटिव में डिस्टर्व जरूर होंगे। नेगेटिव माना ही काला। उसमें कुछ स्पष्ट (क्लीयर) दिखाई नहीं देता।"

कोई भी बात नेगेटिव बोलो -तो मन में ग्लानि पैदा हो जाती, सबके अवगुण ही दिखाई देते। कोई गुणवान नजर ही नहीं आता। ऐसी माया आती-कहेंगे एक यही मेरे लिए अच्छा है, बाकी कोई में गुण नहीं है। एक ही गुणवान दिखाई पड़ता, एक ही ज्ञानी दिखाई पड़ता, बाकी सबसे ग्लानि आ जाती। जब आत्मा इस तरह से देखने, सोचने वाली बन जाती तो परिवार के स्नेह से दूर हो जाती। बाबा से भी दूर हो जाती। इसलिए बाबा कहते तुम्हारे पर बाप की दया दृष्टि है तो अपनी दिव्य दृष्टि और दिव्य बुद्धि को खोलकर रखो। इन आँखों की दृष्टि को भी दिव्य बना लो। सोचने वाली बुद्धि को भी दिव्य बना लो, क्योंकि तुम्हारे पर बाप की दयादृष्टि है।

(4) बाबा की हमारे ऊपर सदा ही दयादृष्टि है तो हम कभी भ्रमित (कनफ्यूज) नहीं होंगे, बाधित (डिस्टर्व) नहीं होंगे, डावाँडोल (अपसेट) नहीं होंगे, उससे पार चले जाओ। हम डिस्टर्व क्यों हों? रास्ता क्लीयर है-घर जाना है तो मुझे जाने का है। जिसको घर जाने की चिंता लगी पड़ी है वह यहाँ देखते भी नहीं देखते। यही धुन (तात लात) रहती है कि अब घर जाना है।

(5) मुझे बाबा याद है या बाबा का घर याद है? बाबा को याद करो तो देह के संबंध भूल जाते हैं, क्योंकि सर्व संबंधों की सेक्रीन बाबा है। बाबा की याद से देह का, संबंधियों का, संस्कारों का त्याग होता है। बाबा की याद में चुंबक है। पहले दिल के हजार टुकड़े हो गये थे, अनेक की याद थी। अब मुझ आत्मा को एक बाबा की याद है। उनका भी कल्याण हो ही जायेगा। मैं अपना कल्याण करूँ। और बाबा के घर की याद- इस दुनिया से किनारा करा देती है। मंझधार में पाँव टिकता नहीं। संकल्प, विकल्प नहीं, घर की खींच 5 तत्त्वों से पार ले जाती है। बाबा सामने बैठा है, फिर घर को क्यों याद करें। सामने बैठने से नशा चढ़ता है, खुशी है परंतु विकर्म, विनाश तब होंगे जब घर को याद करेंगे, क्योंकि घर की याद कर्मातीत बनाती है। यहाँ बैठे याद करो तो श्रेष्ठ कर्म करने की प्रेरणा मिलती है। घर की याद में मंथन भी नहीं चलता। शांत हो जाते। शांतिधाम की जो शांति है वह सारी दुनिया की सुधबुध को खत्म कर देती है। इस दुनिया में क्या हो रहा है हमको पता नहीं है।

(6) कई हैं जिन्हें कहानी सुनने सुनाने में बहुत मजा आता है। सारी बातें अपनी बुद्धि में रखना चाहते हैं। लेकिन कुछ भी हो हमको क्या करना है, सब बातों से अपने को फारिक करके एक पिता की याद में सदा लगे रहें। यह काम दुनिया नहीं कर सकती। हमें अपनी अवस्था को परिपक्व बनाना है। हमें मरने का दुख नहीं होता लेकिन किसी प्रिय (अनन्य) की जब अवस्था खराब होती तो उसमें दुख होता। परंतु कर क्या सकते हैं। संगमयुग पर हम लोगों के लिए फीलिंग आने वाली कोई बात नहीं, लेकिन अंदर में यही आता-बाबा इसको ठीक करो। यह वायुमंडल खराब करते। शरीर का त्याग बड़ी बात नहीं है, लेकिन हमारी अवस्था की ऊँचाई- निचाई न हो। राजऋषि लाइफ का मजा जो है वह हम भी लें, दूसरे भी लें। किसी भी प्रकार की अधीनता न हो। तो यह लाइफ अतिइन्द्रिय सुख देने वाली है। ऐसी लाइफ ही औरों को लाइट हाउस का काम देती है। इससे बड़ी और कोई चीज नहीं।

(7) आज किसी के गुण स्वीकार करेंगे तो कल अवगुण भी स्वीकार कर लेंगे। अवस्था अभी वह चाहिए-कुछ भी न देखो। आप में गुण हैं तो आप अपनी सेवा करो। गुण से भी लगाव (अटैचमेंट) हो जाता है। गुण की भी महिमा करने लग पड़ेंगे, बाबा जैसा गुण किसी में भी नहीं है। बस बाबा के गुण हमारे में आ जाएँ। कितनी भी अच्छी आत्मा है, बाबा जैसे गुण तो उसमें नहीं हैं। अभी तो हमारे में ईश्वरीय गुण चाहिए। बस अपने को गुण-अवगुण से पार ईश्वरीय गुणों को धारण करने की चितवना (चिन्ता) लगी रहे। जो इस चितवना में रहते वह न तो कभी बाधित (डिस्टर्ब) होते, न डावाँडोल (अपसेट) होते, न भ्रमित (कनफ्यूज) होते। अपनी स्टेज पर हर आत्मा पार्ट बजा रही है।

(8) कर्म करते अपनी अवस्था (स्टेज) को देखो, फिर शांत हो जाओ। बाबा के घर में बैठ जाओ। वहाँ कोई कर्म नहीं, दुख सुख नहीं। बीजरूप बनने से समेटने

की शक्ति आ जाएगी। सार को समझ करके चलते चलो तो विस्तार में नहीं जाएँगे, सदा उड़ते रहेंगे। कहीं रुकेंगे नहीं, अटकेंगे नहीं- तो यह भी बाबा की हमारे पर दया है।

दूसरी क्लास

(1) हरेक आत्मा का पार्ट अपना है, अगर हम उसमें संशोधन (करेक्शन)करते तो यह भी समय की बर्बादी (टाइम वेस्ट) होती। इसलिए सदा ध्यान रहे मुझे क्या करना है। बाबा बैठा है सिखाने वाला। या समय अनुसार हरेक सीख रहे हैं। अब मुझे क्या-क्या करना है, करना तो जरूर है, कर्म संन्यासी नहीं हैं, श्रेष्ठ कर्म करने से ही श्रेष्ठ उपलब्धि मिलेगी। जैसा बीज बोएंगे वैसा फल खाएंगे। बीज बोने वाला सारा फल नहीं खाता। उससे अनेक खाते। सबसे अच्छा, नि:स्वार्थी प्रेम भरा काम किसका? माली का। क्योंकि उसकी मेहनत से अनेक को फल मिलता है। अगर एक माली सुस्ती करता तो अनेक को फल नहीं मिल सकता। तो सारा अटेंशन बीज बोना है। बोएंगे तो खाएंगे।

(2) अतिइन्द्रिय सुख के झूले में झूलना है तो फालो फादर। हमने मम्मा बाबा को देखा-पढ़ाते भी है, शिक्षा भी देते है, पालना भी देते है... लेकिन फिर देखो अपनी धुन में। कुछ भी नीचे-ऊपर हुआ तो कहेगे अच्छा बच्चे, समय आयेगा तो सब ठीक हो जाएगा। निश्चय है, विजय हुई पड़ी है, इसमें कोई डाउट नहीं। मुझे कर्मातीत होना है, सम्मान सहित उत्तीर्ण (पास विद आनर) होना है। इस पर पूरा ध्यान। शांत में रहना, प्रेम में रहना, सरलता से रहना, यही गतिविधि (सर्विस) है। जिस घड़ी जो हुक्म। बाबा को ड्रामा को कहो- जो हुक्म तो इससे व्यस्त (बिजी) भी रहेंगे और स्वतंत्र (फ्री) भी रहेंगे।

सच्ची साधना क्या है? याद की साधना आत्मा को पवित्र बनाती है (05-02-85)

(1) जिन आत्माओं ने साधना की है, उनकी हड्डियाँ साधना से मजबूत हो गई हैं, ज्ञान रगों में चला गया है। खुशी तो जन्म लेते ही हमारा जन्मसिद्ध अधिकार (बर्थ राइट) हो गई। निश्चय अटल अडोल हो गया है। साधना करने वाले को ज्यादा मेहनत नहीं करनी पड़ती। उसको यह ख्याल नहीं आता कि मेहनत तो करता हूँ पता नहीं सफलता होगी या नहीं। बाबा में वा ड्रामा में कभी भी विश्वास कम नहीं होता। क्योंकि संगमयुग ही हमें याद दिलाता है कि आत्मा परमात्मा का कितना अनादि-अविनाशी गहरा संबंध है। तो साधना माने संबंध मजबूत। बाबा से संबंध मजबूत होने से जो

कूड़ा-किचड़ा है वह भस्म हो जाता है। कूड़े-किचड़े को भस्म करो तो आत्मा का छुटकारा हो, नहीं तो कभी न कभी भस्मासुर बन जाएंगे। विकारों के कूड़े-किचड़े को भस्म नहीं किया तो दुनिया में अकासुर-बकासुर बहुत खड़े हैं, संगदोष लग जाएगा। संगदोष मति को मार देता है। अपना विवेक खत्म कर देता है। कितना भी ज्ञानी आत्मा हो पर संगदोष बुद्धि को खत्म कर देता है। इसलिए सबसे अच्छी साधना है-अपने को बड़ों की नजरों में रखना। साधना में यह भंग कभी न पड़े, जो हम बाबा की नजर से वा परिवार की नजर से दूर हो जाएँ। सच्ची साधना वह है जो अंत तक कायम रहे।

(2) हमेशा ख्याल रखो-मेरी अंतिम अवस्था कैसी होगी। जब बीते हुए समय (पास्ट) का कूड़ा-किचड़ा मेरे पास नहीं तो अंतिम अवस्था मेरे सामने आती रहेगी। अगर पास्ट खत्म नहीं तो अंतिम अवस्था बहुत दूर है, उनको मंजिल दूर लगेगी-बीच-बीच में विघ्न नीचे उतारते रहेंगे। वर्तमान (प्रजेन्ट) की यह घड़ियाँ हमारे लिए हीरे जैसी अमूल्य हैं। वह व्यर्थ सोच (वेस्ट थाट्स) में गँवाते तो भविष्य क्या होगा। समझो- मेरे को अंशमात्र भी बुरा ख्याल आता है तो फौरन धक्का आता, यह विकल्प चला तो मेरी अंतिम गति क्या होगी। कोई भी प्रकार की चलायमानी, डोलायमानी होगी तो मेरी गति क्या होगी। साधना वाले न तो वेस्ट की तरफ चलायमान होते न डोलायमान होते। कोई भी सामने आ जाए, डोलायमानी न हो।

(3) साधना में चाहिए त्याग वृत्ति। जैसे भक्ति में कहते हैं, शरीर क्या है? गंद बदबू का पुतला। शरीर है ही छी-छी, चमड़ी ने इसको ढक दिया, दूसरा कपड़ों ने। तो साधना करने वाले पहले तो अंदर से महसूस करते कि यह शरीर क्या है। मनुष्य मरता है तो कोई एक मिनट भी उसे रखना नहीं चाहता। जितना दिन रखा है- तो डर लगता है। तो प्यार किसको करते। जब आत्मा है तब प्यार है। इसलिए बाबा कहते- आत्म अभिमानी बनो। आत्मा को भी हम प्यार नहीं करते, महत्त्व (रिगार्ड) देते हैं। आजकल प्यार शब्द ही डर्टी हो गया है। कई बार प्यार शब्द में बहुत-सी बातें मिक्स हो जाती हैं। मनुष्य समझते हैं लव के बगैर दुनिया क्या है। लव के बगैर हम जिंदा कैसे रहेंगे। बाबा ने हमारी जिस्मानी लव की दृष्टि, वृत्ति बोलचाल साधना से खत्म कर दिया। अंदर से आता वह दृष्टि, वृत्ति शूद्रों की है। ब्राह्मणों की नहीं हो सकती। यह हमारी याद की साधना आत्मा को पवित्र बनाती है। जितना आत्मा पवित्र रहती उतना बाबा के दिल में उसके लिए महत्त्व (रिगार्ड) है। जरा भी किसी आत्मा से लगाव (अटैचमेंट) है तो बाबा के दिल में उसके लिए प्यार नहीं, बाबा

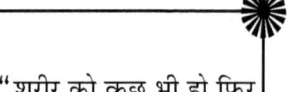

"शरीर को कुछ भी हो फिर भी शक्ल को सीरियस नहीं बनाओ। दर्शनीय मूर्त बनने के लिए गम्भीर, सयाना बन मुस्कुराना सीखो।"

कहते इसको सामने से हटाओ, बांस आती है। वह आत्मा भगवान के दिल से हट जाती। भगवान के दिल में वही बैठता है जिसका एक बाबा से सच्चा स्नेह है।

(4) बाबा ने कई बार हम बच्चों को मौन व्रत में रहने की प्रेरणा दी है- क्योंकि इससे बहुत फायदे हैं। बोलना ऐसी चीज है जिसमें बहुत बातें मिक्स हो जाती हैं। न बोलो तो अंतर्मुखी रहता।

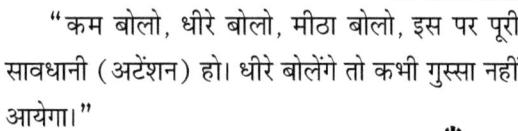

"कम बोलो, धीरे बोलो, मीठा बोलो, इस पर पूरी सावधानी (अटेंशन) हो। धीरे बोलेंगे तो कभी गुस्सा नहीं आयेगा।"

कम बोलेंगे तो जरूरी बात ही बोलेंगे नहीं तो शांत, मीठा बोलना है तो कुछ भी हो जाए-आप कडुवा बोलो मैं मीठा बोलूँ। मुख से मीठा बोल क्यों नहीं निकलता? जरूर जरा-सी भी ग्लानि होगी, कोई बात होगी तो मीठा बोल नहीं निकल सकता। इसलिए किसी भी आत्मा के प्रति मन में ग्लानि न हो। कल्याण के भाव से बात करो। कम बोलो, धीरे बोलो, सारा दिन भले यज्ञ की सेवा करो- परंतु खुशी से, प्यार से करो। साथ-साथ याद का चार्ट भी ठीक हो तो यह साधना कर्मयोगी की लाइन में बहुत अधिक मार्क्स देगी। क्योंकि जो बिजी नहीं रहते, लेजी रहते हैं उनके पास माया बहुत आती है। बिजी रहने से फुर्सत नहीं रहती दूसरा कुछ सोचने की या उल्टा कर्म करने की।

(5) कोई-कोई पूछते हैं आपकी अवस्था ऐसी कैसे बनी? वास्तव में अवस्था बनाने से बनती है। यूँ ही नहीं बनी। शिव बाबा ने भी बाबा की अवस्था बनाकर नहीं दी। मम्मा बाबा-दीदी दादी सबने अपनी अवस्था स्वयं बनाई है। जब उन्होंने बनाई तो हम भी बना सकते हैं। यज्ञ में हमारा क्या काम है, अपनी अवस्था को बनाना। और कोई काम नहीं। जितना-जितना अवस्था बनती जाती उतना दुनिया से दूर होते जाते, नई दुनिया नजरों में आती जाती। हमने बाबा के पास बैठकर क्या किया, अधर्म का नाश। पहले अपने अंदर के अधर्म का नाश, फिर सत धर्म की स्थापना। घड़ी-घड़ी हर बात में सत धर्म क्या है? सत कर्म क्या है? इसकी गहराई में जाओ। जब भी कोई उल्टे-सुल्टे ख्यालात आयें तो पूछो अपने आपसे कि हम बाबा के पास क्यों आये हैं? जो खाने पीने के लिए, आराम के लिए आये हैं... उनका ध्यान अपनी अवस्था पर नहीं। हम बाबा के पास इसलिए नहीं आये। हम आये हैं साधना करने के लिए। नई दुनिया की नींव (फाउन्डेशन) स्थापित करना हमारा धर्म कर्म है।

(6) जब नींव (फाउन्डेशन) मजबूत हो जाती तो बिल्डिंग तैयार करने में इतनी मेहनत नहीं लगती। हमारा फाउन्डेशन है प्युरिटी, इसी के आधार पर ही आत्मकेंद्रित (सोलकानसेस) रहने का अभ्यास होगा। ऐसे कोई आत्म अभिमानी बनें, (impossible)।

तो सच्ची साधना करने वाला योगी वह जो कूट-कूट कर अपना फाउन्डेशन मजबूत बनाये। अंदर से यह फाउन्डेशन मजबूत है तो छोटी-मोटी बातें हिला नहीं सकतीं। हम कोई भी बात में दूसरे किसी का दोष नहीं दे सकते। हमारे सामने कोई परीक्षा आई तो यह मेरे योग की कमी है। बातों को सोचो तो बातें हजार आएँगी। हमको योगयुक्त, ज्ञान-युक्त रहना है। सेवा में 'हाँ जी' करते रहना है। तो सदा ख्याल रहे- हमको क्या करना है? जो बड़े कहते हैं उसमें हमारा कल्याण है। बाबा कहे-तू कुएँ में डूब जा. ... तो भी संकल्प न आये। निश्चय का पता चल जाता है। बाबा ने कहा तो जवाबदार बाबा है। बाप कैसे कह सकता, बच्चा डूब जा। लेकिन इससे निश्चय का पता चलता है। तो साधना माने- सदा याद रहे मेरा बाबा कल्याणकारी। जो भी होता है उसमें कल्याण है। कुछ भी सीन आये उसमें कल्याण है। भिन्न-भिन्न प्रकार की साधनाओं के सब्जेक्ट को अपनी बुद्धि में रखना है। अगर किसी भी सब्जेक्ट में कमजोरी है तो यही समय है उसे भरने का।

(7) त्याग तो सच्चा त्याग। कोई-कोई की बुद्धि ऐसी भ्रष्ट हो जाती है कि जो चीज एक बार यज्ञ में दे देते उसे फिर वापस लेने का संकल्प करते। उसकी कितनी बुरी गति होगी। तपस्या भी ऐसी हो- जो कुछ भी हो जाए हमें तो बाबा तेरे घर संपूर्ण बनकर आना है। सेवा भी निःस्वार्थ भाव से मानशान से परे होकर करनी है। जिस घड़ी जो सेवा मिले वह बहुत प्यार से करनी है। अभिमान तो छूट गया। तो बाबा ने हमारे लिए त्याग, तपस्या, सेवा भाव यज्ञ में सिखलाई है। तन-मन सब कुछ सफल हो रहा है। त्याग का प्रत्यक्षफल खुशी अंदर भरती जाती है। निरंतर योगी बनना है तो कर स्वाहा। यह यज्ञ ही हमें 21 जन्मों की बादशाही देता है। मन इच्छित फल देता है। अपनी इच्छाएँ, ममताएं सब मरी पड़ी हैं। तो साधना में देखो-हमारी इच्छाएँ मरी पड़ी हैं। सच्चे तपस्वी बनना है, सच्ची साधना करनी है तो नष्टोमोहा अनासक्त वृत्ति वाले बनो। यही है प्रैक्टिकल साधना का स्वरूप।

प्रश्न : निर्णय शक्ति को तेज बनाने का साधन क्या है?

उत्तर– निर्णय शक्ति को तेज बनाने का साधन निम्नलिखित हैं–

- अमृत वेले याद का विशेष अभ्यास करने से निर्णय शक्ति तेज होगी। उसमे टचिंग आयेगी।
- जो एकाग्रचित एकांत में रहने वाले हैं उनकी निर्णय शक्ति तेज होगी।
- जिनमें हर बात स्पष्ट सुनने और बोलने का ढंग है उनकी निर्णय शक्ति ठोस होगी। कोई गोलमाल करते, आधा घंटा उसी में गंवा देते, मतलब ही समझ में नहीं आता। समझते हैं यह बात करने की कला है, लेकिन यह कला तो बला बना देती। ईश्वर की तरफ स्पष्ट रहने से, सच्चाई से कलाएं मिलती हैं। सच एक सेकेंड में बोला जाता है। बात को बदलकर बोलते हैं तो निर्णय शक्ति नहीं आ सकती। अच्छा–ओमशान्ति।

खुशी गुम होने का कारण है-किसी भी विनाशी वस्तु या व्यक्ति से लगाव (15-02-85)

(1) ज्ञान माने खुशी। बाबा हमें खुशी देता, सेवा (सर्विस) खुशी देती, संगठन खुशी देता- फिर उदासी क्यों आती है? उदासी का कारण क्या? उदासी यह दिखाती है कि कोई न कोई तरफ बुद्धि का लगाव है। वह कोई व्यक्ति हो या वैभव हो। विनाशी कोई भी वस्तु या देहधारी से आंतरिक गुप्त लगाव है, इसलिए उदासी आती है। कुछ प्राप्ति की इच्छा है, वह प्राप्त नहीं होती तो खुशी गुम हो जाती है। जो सदा हर्षित रहते, ड्रामा पर अडोल रहते, अपने को भाग्यवान समझ बाप के गुण गाते रहते-सदा हर बात में सबसे आगे (लाइट) रहते-अपने आपको एक सेकेंड में मोल्ड कर लेते-यह सब निशानियाँ उन्हें संपूर्णता के समीप ले जाती हैं। अगर किसी भी कारण से हम रुके या किसी ने हमको रोक लिया तो हम संपूर्णता से बहुत दूर चले जाते हैं। फिर कहेंगे कि ऊँची मंजिल है। सयाना वह जो न कहीं रुके न किसी को रोके। सदा ध्यान रहे-किसी के रास्ते में रुकावट का रूप न बन जाना। बाबा के कोई-कोई बच्चे हैं-जिनका यह विशेष गुण है कि मैं सदा सहयोगी बनूँ। मददगार बनूँ। रोकूँ नहीं। उसने भले और कुछ पुरुषार्थ नहीं किया, मुरली भी नहीं सुनी, योग भी नहीं लगाया लेकिन सदा मददगार रहा, सदा यह भी ध्यान रखा तो बहुत आगे जा सकते हैं।

(2) सबसे बड़ा गुण है-सबका उमंग, उत्साह बढ़ाना। अंगुली सबकी है लेकिन वह अंगुलियाँ नाचें कैसे? अंगुलियों को नचाने के लिए उमंग, उत्साह बढ़ाना बहुत जरूरी है। तो प्रेरणा देना, उमंग उत्साह दिलाना, यह बड़ा भारी गुण है। यह भी संपूर्ण बनने की क्वालिटी है। किसी के गुण, अवगुण, कमी को न देख अपनी शुभ प्रेरणा देते जाओ। जो बड़ी दिल वाली दिव्यता संपन्न स्नेही आत्माएं होती हैं, वह सबको प्रेरणा देती हैं। भक्तिमार्ग में भी कहते हैं कि हमें कोई प्रेरित कर रहा है, हमसे कोई करा रहा है। तो हमें भी कौन प्रेरित कर रहा है? भगवान प्रेरित कर रहा है। अंदर से आवाज आती- मुझे यह करना है। बाबा प्रेरणा देता-बच्चे दिव्यगुण धारण करो। अपना पुरुषार्थ करो। बाबा कहता है- यह करो, तो दिव्यता आ जाती। जो अपने में कमी है, देहअभिमान के संस्कार हैं वह अंदर ही अंदर खत्म हो जाते।

(3) जो सदा स्वदर्शन चक्र फिराते हैं उनका दिल खुश रहता। दिलखुश हैं तो संपूर्णता के नजदीक हैं। दिलशिकस्त हैं तो संपूर्णता से दूर हैं। अपने लक्ष्य को सदा स्मृति में रखो। जान चली जाए लेकिन प्रतिज्ञा को न छोड़ो। जहाँ तक शरीर में साँस है प्रतिज्ञा न छूटे। बाबा से क्या प्रतिज्ञा की है? बाबा हम आपके बने हैं, संपूर्ण बनकर दिखाएंगे। सारा दिन अपने-आपसे पूछो- मुझ आत्मा को क्या चाहिए। हम आत्मा पहले

तो देह से न्यारी हो गई, फिर देह के संबंधों से भी न्यारी हुई, फिर अब क्या चाहिए? डिटैच रहने के अभ्यास से आत्मा का अंधकार निकलता जाता है और वह प्रकाशमय बनती जाती है। उस प्रकाश में पुराने विकारी संस्कार भस्म होते जाते। आत्मा स्वच्छ बनती जाती। ऐसी आत्मा मूलवतन में जाकर फिर जब सृष्टि पर आती तो उसके आते ही (जन्म लेते ही) प्रकाश हो जाता। वह प्रकाश यहाँ से भरा। प्रकाश स्वरूप हैं, सदा हल्के हैं तो देवदूत (एंजिल) रूप में उड़ते हैं। मनुष्य रूप का भान नहीं रहता। उड़ने की जो महसूसता है वह भगवान के बिल्कुल पास है, 5 तत्त्वों की प्रकृति की दुनिया से दूर ले जाती है। प्रकृति के तत्त्वों से परे चले जाओ, यह तत्त्व भारी बना देते हैं। प्रकृति के तत्त्वों में तमो प्रधानता भरी हुई है, इसलिए दिमाग भारी हो जाता है। इनसे पार चले जाओ तो हल्के हो जाएंगे। जब हल्के हो जाते तब महसूस होता- मैं शक्ति स्वरूप आत्मा हूँ। वह शक्ति कहाँ से आई, सर्वशक्तिवान से। तो सदा गुप्त अंदर यही पुरुषार्थ चलता रहे कि मैं प्रकाशमय आत्मा हूँ, न मेरी देह है, न कोई देहधारी है। उस स्टेज में कोई संकल्प नहीं। आत्मा फ्री है। परमात्मा के लव में लीन है। इस अवस्था का सुख अभी नहीं लिया तो फिर कभी नहीं ले सकते।

(4) हमें दूसरी आत्माओं को संदेश (मैसेज) भी देना है, यह तो हमारा कर्तव्य है परंतु फिर मैसेज देने से हम संपूर्ण नहीं बनेंगे। मैसेज देने वाले की अवस्था (स्टेज) फरिश्ता स्वरूप हो। फरिश्ता स्वरूप होकर मैसेज दो। हमारा फरिश्ता स्वरूप उसके पीछे घूमता रहे। जब जादूमंत्र वाले अपना रूमाल घुमाकर अपना बना लेते- तो क्या हम किसी को पर्चा देकर के अपना नहीं बना सकते। परंतु उसके लिए अपना फरिश्ता स्वरूप चाहिए। हमारे अक्षर उनको भूल सकते हैं लेकिन हमारा स्वरूप उन्हें भूल नहीं सकता। उस स्वरूप से शब्द मिलें तो वह कानों में गूँजते रहेंगे।

(5) मनुष्य काल से डरता है, क्योंकि पाप किए हुए हैं। पुण्य किए हुए हैं तो भी मरूँ। निर्भय कौन आत्मा हो सकती? जो अशरीरी रहने का अभ्यास करे, जिसकी किसी के साथ दुश्मनी नहीं। कोई कितना भी दुश्मन बने लेकिन हमारे अंदर मित्रता भाव हो। कोई कहते हैं- फलाना तो हमारे सामने पड़ता, इसका कारण क्या? जब हम अपने आत्म सम्मान (सेल्फ रिस्पेक्ट) में अपनी उच्च अवस्था (हाई स्टेज) में नहीं रहते हैं तब कोई सामने पड़ता। तुम अपनी रूहानियत में रहो तो कोई की हिम्मत नहीं जो आँख दिखाए या हाथ चलाए। कोई स्वामी राजनेता या धर्म नेता है.... तो उसके शिष्य या सेक्रेट्री की हिम्मत नहीं जो उसके सामने पड़े। तो हमारे में भी उतनी ही वह अवस्था (स्टेज) आती जाएगी जितना कि वह नशा सूक्ष्म होगा। उतना अन्य आत्माओं को सामना करने की हिम्मत नहीं होगी। जिसको संपूर्ण बनने का लक्ष्य है वह कभी भी कानून (ला) के विरुद्ध काम नहीं करते। अगर हम ईश्वरीय कायदों के अनुसार चलने वाली आत्मा हैं तो हमारे सामने कोई पड़ नहीं सकता। इसलिए सदा सावधान (अटेंशन) रहें। मुझे क्या करना है। पहले शरीर से अलग हो जाओ फिर शरीर

में आकर पूछो-मुझे क्या करना है। अगर शरीर से अलग होने का अभ्यास नहीं होगा- तो ईश्वरीय कार्य में अपने संस्कार मिक्स हो जाएंगे। मधुबन में हरेक महसूस करता- यह ईश्वरीय कार्य है, कोई भी अपनी मनमत नहीं चलाता, इससे उनमें दिव्यता आ जाती। दिव्यता, यूनिटी, प्युअर लव का प्रभाव, हल्के रहने का प्रभाव अन्य आत्माओं को देते जा रहे हैं।

(6) स्वदर्शन चक्र फिराओ, संपूर्णता को सामने रखो- तो कमियाँ खत्म होती जाएंगी। संगमयुग पर अपना जीवन खुशी से पास नहीं करेंगे तो कब करेंगे। सारे चक्र में खुशी का खजाना है तो अब लूटो। संगम पर जो खुशी की खुराक मिलती है वह लेते रहो। बिना जुड़े (डिटैच) रहकर सेवा करो। गिनती नहीं करो, मैंने इतना किया, इतना मैं करता हूँ यह संकल्प भी मध्यम क्वालिटी का है। कनिष्ठ क्वालिटी वाले दूसरों को देखते कहेंगे और लोग क्या करते हैं जो मैं करूँ। इसलिए अपने संस्कार ऊँचे बनाओ, श्रेष्ठ बनाओ, बड़े दिल वाले बनो। प्यार भरे (लवफुल) दिल वाले बनो। यह रायल्टी जो है वह हमको संपूर्णता में मदद करती है।

(7) जो स्वामित्व (रायल्टी) और सत्यता के संस्कार बाबा भर रहा है वह हमारी चलन से दिखाई दें। विकारों के संस्कार जो पहले स्वतंत्र (फ्रीडम) होती जाए, उनका प्रभाव न हो। एक भगवान का मुझ आत्मा पर प्रभाव हो।

> "सदा याद रखो-मेरा भाग्य किसने बनाया। भगवान ने हमारा भाग्य बनाया है, यह भी स्मृति में रहे तो व्यर्थ संकल्पों से छुटकारा हो जाएगा।"

माया बहुत विचार लाती है, नींद वाली स्थिति में ला देती है। रफटफ बोल चाल, विचार माया की तरफ खींच लेते हैं। इसलिए संगमयुग पर जो लाटरी मिली है- उसे यूज करते रहो। बाबा की तरफ बुद्धि खिंची हुई रहे, बाबा की बातों में रस बैठता जाए तो सूक्ष्म वतन के नजदीक जाते स्थूलवतन के झंझटों से दूर हो जाएंगे। अच्छा-ओमशांति।

दूसरी क्लास

हम ब्राह्मणों के लिए नियमों का बंधन भी बहुत प्यारा है। अमृत वेले से रात्रि तक और कुछ भी पुरुषार्थ न करो सिर्फ नियमों का पालन करो। सवेरे उठना है-योग लगे न लगे नियम का पालन करो। तो यह नियम की पालना ही हमको शक्तिशाली बना देती है। मुरली समझ में आये न आये मुरली सुन लो। सुनते-सुनते मास्टर नालेजफुल

लवफुल बन जाएँगे। यह कमाल है मुरली की। सिर्फ सुनते रहो। यही लक्ष्य हो जहाँ जीना है वहाँ सुनते रहना है या सुनाते रहना है। सुनने के बाद सुनाना भी है। मुख से बोलो तो और भी बुद्धि में ज्यादा बैठता है। सुना हुआ भूल सकता, सुनाया हुआ नहीं भूल सकता। आँखों से देखा, कानों से सुना, मुख से निश्चय बुद्धि होकर सुनाया- इसी आधार पर बाबा के बने हैं, अंधविश्वास से नहीं बने हैं। बाबा मैं तेरा हूँ यह अनुभव से कहा है। उनका बनने से सुख मिला है या सुख मिलने से उनके बने हैं। जो खुशी से उनका बन जाता है उनको खुदाई की मस्ती चढ़ जाती है। खुशी से उनका नहीं बनते तो हर बात मुश्किल लगती है। जो अपने दिल से बने हैं, किसी के बोल से नहीं बने, उनको हर बात सहज लगती है।

बुद्धिवान वह जो न दुख दे न दुख ले, कम बुद्धिवाला दुख देता, दुख महसूस करता (16-02-85)

(1) भगवान जो पढ़ाता है उस पर सावधानीपूर्वक (अटेंशन) ध्यान दो तो बुद्धिवान बन जाएंगे। कैसी भी बुद्धि वाले भगवान की पढ़ाई पढ़ते-पढ़ते होशियार हो जाते हैं। जो बातें बाबा सुनाता है उन्हें सोचो, मनन करो, चिंतन करो तो बुद्धिवान कभी किसी को न दुख देता न दुख लेता। बाबा ने कहा, बच्चे तुम्हें किसी को भी दुख नहीं देना है। अभिमानी नहीं रहना है, तो जो दुख नहीं देता वह बुद्धिवान हो गया। जो दुख देता या दुख लेता वह कम बुद्धि वाला है। अभिमान से दूर रहो तो कहीं से भी दुख नहीं मिल सकता। अगर मिलेगा भी तो तुम स्वीकार नहीं करोगे। देह अभिमान में दुख आता, देहीअभिमानी बनो तो दुख, कोसों दूर भाग जाता। इसके लिए सहज पुरुषार्थ है- देखते हुए भी न देखो। लेकिन कैसे? आँख तो बंद नहीं करेंगे। जब महसूस (रियलाइज) किया यह छी-छी दुनिया है तो इसको क्या देखेंगे। जब पवित्रता का पता चल गया तो अपवित्र चीजों से ग्लानि आ गई। आँखों के सामने वह चीजें आएंगी तो भी जैसे आँखें बंद हैं। जब समझ लिया यह भूतों की दुनिया है तो भूतों से हमारा क्या प्यार। जिसका भूतों से प्यार है वह कम बुद्धि वाले हैं। बुद्धिवान उनसे प्यार नहीं कर सकते।

(2) भगवान शिक्षा देता- टाक नो ईविल, सी नो ईविल... बुरे (ईविल) संकल्प अगर आते हैं तो वह राक्षस हुआ। जो ईविल बातें देखता, सोचता वह देवता कैसे बनेगा? जो स्वदर्शन चक्र फिराना जानता है वह परदर्शन कभी नहीं करता। परदर्शन में क्या होता, जिसका दर्शन करते उसके जैसा चेहरा (फेस) बन जाता। कभी किसी देहधारी की याद आई तो जैसा फेस उसका होगा वैसा ही फेस अपना बन जाएगा। जिसके फेस को सामने रखो, ऐसा फेस अपना बनता जाता है। जिसकी याद में रहो-

वही उसके फेश में पड़ता। माशूक आँखों में आ गया तो आँखें बंद हों चाहे खुली हों, वही याद है। नैचुरल आत्मा का यह संस्कार बना हुआ है। जहाँ भी होंगे– जो अपना है वह भी फीचर में आ जाता है। तो हमारे भी फेश से, जिस माता-पिता के बच्चे हैं, जिस देश के रहने वाले हैं, वह सबको दिखाई दे। स्वधर्म हमारा शान्ति है, वह भी हमारे फीचर्स में आ गया है। जो हम सतकर्म कर रहे हैं वह भी हमारे फीचर्स में आते जा रहे हैं।

(3) कम बुद्धि वाला वह जो बहाना दे। समझदार वह जो कभी भी बहाना न दे। जो समय देख अपने को परवाना समझ फिदा हो गया वह समझदार है। जो पूछता है, देखता है, सोचता है वह कम बुद्धि वाला है। आज का जमाना नहीं है- पूछने, देखने में समय गंवाने का। बुद्धिवान वह जिन्होंने अपने सर्व संबंध एक बाबा से जोड़ दिए। जो हमको अपना बहुत प्यारा समझते थे वह अब हमारे नहीं हैं। जो सोचते हैं मैं कैसे उन्हें छोड़ूँ वह हैं कम बुद्धि वाले। हम छोड़ते नहीं लेकिन पार्ट ही पूरा हो गया है। हर आत्मा का पार्ट अपना है, एक का न मिले, दूसरे से यह बात दिमाग में अच्छी तरह आ जाए, तो दिमाग होशियार हो जाए। जितनी बुद्धि होशियार होती जाती है उतनी विकारी बंधनों से फ्री होती जाती है। नहीं तो अलग (डिटैच) नहीं हो सकते।

(4) कम बुद्धि वाला नए सिरे से कर्मबंधन जोड़ता है। जो ड्रामा को, बाबा को, खुद को नहीं जानता, जान बूझकर कर्मबंधन में फंसता है, उसे कहा जाता मूर्ख बुद्धि। सयाना वह जो कर्म बंधन काटता जाए। जितना कर्मबंधन जुटता है तो आत्मा मकड़ी की जाल में फंसती जाती है।

"मकड़ी की आदत है, खुद ही जाल बनाती है और खुद ही फंसती है, उसे कोई फंसाता नहीं है। अपनी जाल पैदा करके खुद ही अंदर-अंदर फंस जाती। जब समझ आ गई तो अपने को फंसाने की आदत छोड़ दो।"

अपने को आत्मा समझ फंसने से छूट जाओ। कम बुद्धि वाले छूटते भी फंस जाते हैं। छूटकर फिर फंस जाते। तो हमेशा बाबा चेतावनी (वारनिंग) देता- समय थोड़ा है। परंतु जो बाबा की भी सुनी अनसुनी करता--उसे क्या करेंगे, वह है भैंस बुद्धि। अगर दुनिया के चलाने पर चलता, जैसे दुनिया चलावे वैसे चलता तो वह कौन? रावण के सिर का ताज। (गधाबुद्धि)। भगवान श्रृंगार करे और वह मिट्टी में पड़े तो क्या कहेंगे। जिनकी बुद्धि अंधविश्वास में फंसी पड़ी है, बाप की बातें बुद्धि में बैठती ही नहीं, वह हुए पत्थर बुद्धि। और जो कोई विकार में फंसा हुआ है, लोभ ऐसा है जो चना मुट्ठी भी छोड़ता नहीं, मोह ऐसा है जो बच्चे को लटकाए फिरता, गुस्सा ऐसा है जो गुर्र-गुर्र करता रहता, वह कौन? बंदर बुद्धि। अब बाबा ने हमारी बुद्धि को चेंज किया।

हमारी बुद्धि बाबा की बातें सुनते-सुनते चेंज हो जाती। बाबा हम बच्चों को अमृत वेले उठाकर अमृत के प्याला पिला-पिला कर कितना श्रृंगार करता। सुबह से लेकर रात्रि तक देखो-कोई भी माँ बाप, टीचर गुरु इतनी संभाल बच्चों की नहीं करते। टीचर पढ़ाकर अपने घर चला जाएगा। माँ बाप बच्चों को स्कूल भेज देंगे। गुरु मंत्र देकर पूरा कर देगा। परंतु यह हमारा मात पिता, टीचर गुरु सारा दिन संभाल करते। जिससे हमारी आत्मा सतो प्रधान बन जाए। आत्मा बुद्धिहीन से बुद्धिवान बन जाए तो हमारी बुद्धि को दिव्य बनाने वाला बुद्धिवानों का बुद्धि एक बाप है। वह हमें एंजिल बनने के पहले ब्राह्मण बनाता। ब्राह्मण वह जो ब्रह्मचर्य में रहे। ब्रह्मा भोजन खाए। कथा सुनाए। औरों की सगाई कराए। हमारा धंधा ही यह है।

(5) ब्राह्मण वह जो हर कार्य आनेस्टी से करें। कोई भी धोखेबाजी का संस्कार न हो। धोखा देना, धोखे में आना, कम बुद्धि वाला है। जो अपना स्वार्थ देखता, दूसरे का गला काटता वह कम बुद्धि वाला है। ब्राह्मण माने सच्चा और रहमदिल। सब का कल्याण सोचने वाला। तो जब हम सदा के लिए सर्व कल्याण करने वाले बन जाते तब एंजिल वा देवता बन सकते हैं। देवता बनना है तो पहले ब्राह्मण बन जाओ। ब्राह्मण बनते-बनते एंजिल बन जाएंगे। अपनी अच्छी बुद्धि (श्रीमत) हमको एंजिल बना देती है। परमत और दुनिया की मत से फ्री हो गए तो कभी परेशानी (डिफीकल्टी) नहीं आती। कभी परेशान नहीं होते। हमारे सामने कभी समस्या (प्राबलम) नहीं आ सकती। समझ के आधार से इतना विश्वास हो गया है।

प्रश्न : इस मार्ग में मूँझता कौन है?

उत्तर– (1) जिसको बाबा में विश्वास नहीं है।

(2) जो ड्रामा पर चलना नहीं जानता वही मूँझता है। जब हमारा जिम्मेवार बाबा है, तो हमें मूँझने की कोई आवश्यकता नहीं। अगर आपस में एक दूसरे से फ्रैन्डली रिश्ता हो तो कभी भी मूँझेंगे नहीं। परंतु देहीअभिमानी रहने वाला ही फ्रैन्डली रिश्ता रख सकता है। देह अभिमान वाला न अपनी उन्नति कर सकता है न दूसरों की कर सकता है। हम एक क्लास के स्टूडेन्ट हैं, एक यात्रा के राही हैं, हम सब युद्ध के मैदान में योद्धा (वारियर्स) हैं, संगठन है तो हिम्मत आ जाती है। इतना बड़ा त्याग, इतनी बड़ी सेवा किस आधार से करते? संगठन के आधार से। आपस में काम्पिटीशन का संस्कार कभी फायदा भी करता है तो कभी नुकसान भी कर देता है। दूसरों को धोखा देकर आगे बढ़ना, यह खराब है, लेकिन दूसरा उन्नति को पा रहा है, तो मैं भी पा लूँ। शुभ रूप से अपनी भी उन्नति करे और दूसरे को भी मदद करे, तो यह कोई काम्पिटीशन नहीं। यह आगे जा रहा है तो मैं भी जाऊँ-परंतु इसका पुरुषार्थ इतना है मेरा तो कुछ भी नहीं है, ऐसा सोचकर दुखी होना, यह ठीक नहीं। उसे देखकर खुद में उमंग आ जाए कि मैं भी आगे जाऊँ– एक दूसरे की उन्नति को देख अपनी उन्नति करने के उमंग उत्साह में रहते हैं तो इससे भी पुरुषार्थ में बल मिलता है।

(3) मधुवन में आकर क्या-क्या सीखना होता है? मधुवन में खास सीखना होता है -सफाई और सच्चाई। सच्चाई क्या होती है मधुबन से इसकी प्रेरणा मिलती है। मधुबन आइना है, यहाँ वास्तविकता (रियलाइजेशन) दिखती है। मधुबन शीशमहल है। शीशमहल में अपनी कमी स्पष्ट दिखाई पड़ती है। यहाँ कोई कहता नहीं कि तुम्हारे में यह कमी है, लेकिन वह कमी स्वयँ ही महसूस (रियलाइज) हो जाती। ऐसा यह शीशमहल है जिसमें हमारा दाग दिखाई पड़ता है। दूसरा, यह ऐसा शीशा है जो दाग को मिटा भी देता है। सिर्फ महसूसता ही नहीं होती लेकिन ऐसा जादू हो जाता जो मधुबन की शक्ति दाग को मिटा देती। मधुबन में आते हैं सर्वशक्तिवान बाबा की शक्ति को पाने के लिए। शक्ति का खजाना लेने के लिए। जो खजाना समय प्रति समय काम आता रहता है। जिसको मास्टर सर्वशक्तिवान बनना है, अपने में शक्ति भरनी है, वह कभी अलबेला नहीं बन सकता। वह तो सबकी दुआओं से भरपूर रहता है।

वृत्ति को अनासक्त बनाओ तो प्रकृति दासी हो जायेगी (06-04-85)

(1) मायाजीत प्रकृतिजीत बनने की निशानी है—अनासक्त वृत्ति और नष्टोमोहा। हमेशा अनासक्त वृत्ति और नष्टोमोहा बनने का लक्ष्य रखो। सदा याद रखें, मुझ आत्मा को अशरीरी बनने का अभ्यास करना है, क्योंकि शरीर को छोड़कर जाना है। शरीर से न्यारा भी रहना है और मास्टर होकर कर्मइन्द्रियों द्वारा कर्म भी करना है। हम आत्मा ऐसी लायक बन जाऊँ जो मुझ आत्मा को यह इच्छा न हो-मैं यह खाऊँ, यह पहनूँ। खान-पान, बोल-चाल सब शाही (रॉयल) होना चाहिए। रॉयल खुद नहीं मांगता उनको जरूरत से ज्यादा मिलता रहता है। तो प्रकृतिजीत का पुरुषार्थ करने से प्रकृति दासी बन जाती है। सच्ची दासी वह, जिसे कहना न पड़े कि तुम हमारा यह काम करो, लेकिन अपने आप करती रहे। प्रकृति दासी के रूप में हमारी सेवा तब करेगी जब हम संगमयुग पर अनासक्त वृत्ति रखेंगे। वृत्ति को अनासक्त बनाने के लिए अंदर गुप्त चेकिंग करो।

(2) चार्ट अच्छा तब रहेगा-जब स्थिति इच्छा मात्रम् अविद्या हो। कभी यह ख्याल न आये-फलानी चीज इसके पास है, हमारे पास नहीं है। यह ख्याल आना माना अनरायल। जो स्कालरशिप लेने चाहते हैं-उनके मैनर्स बहुत अच्छे होते हैं। पढ़ाई में बहुत मेधावी होते हैं, उन्हें गवर्नमेंट स्वयं खर्चा देती, वह फीस नहीं देते। परंतु देती उनको जिनके नंबर पढ़ाई में आगे हैं, मैनर्स अच्छे हैं। पढ़ाई, मैनर्स, ईश्वरीय परिवार से स्नेह, गुप्त रेस करता रहे तो आगे जा सकता है। रेस करो लेकिन रीस नहीं। रेस करने से सुंदर घोड़े बन जाएंगे। मालिक का शो करेंगे। रेस में घोड़े मालिक का शो

करते हैं। मालिक देखता है- मेरा घोड़ा कितना रेस में फास्ट जा रहा है। दौड़ता घोड़ा है, खुशी मालिक को होती है। दौड़ अच्छी उनकी होती जो सदा मालिक को सामने रखता। हम बाबा के बच्चे इस राजस्व अश्वमेघ यज्ञ में स्वाहा हुए हैं। स्वाहा हुआ घोड़ा सेवा बहुत अच्छी करता है। स्वराज्य लेने के लिए पहले स्वाहा हो जाओ। हम राजाई प्राप्त करने के लिए स्वाहा हुए। स्वाहा होने से डिटैच हो जाएंगे। फिर मालिक अपना समझ कर पालन करता। फिर वह शक्ति सेवा में हर पल काम में आती है।

(3) बाबा की मदद उन बच्चों को है जो देवी गुण मूर्त हैं, अशरीरी रहने के अभ्यासी हैं। ईश्वरीय परिवार के स्नेही हैं। सदा सोल कानसेस रहने की धुन (तात लात) है, ड्रामा पर अचल अडोल हैं। कितना भी कोई हिलाए हिलते नहीं। राम के साथ सच्चा प्यार है, निर्माणचित हैं। कभी उनकी कंपलेन नहीं। सदा संतुष्ट हैं। यज्ञ की सेवा में सदा एकदम सही (एक्यूरेट) हैं। सर्वज्ञाता (आलराउन्डर) हैं, कभी यह ख्याल नहीं आता कि यह मेरे से नहीं होता। करनकरावनहार बाबा को वह जानते हैं। बाबा ने अनपढ़ों को पढ़ाया। पढ़े हुए जो थे- उन्हें कहा, तुम सब कुछ भूल जाओ। जो पढ़ाई पढ़ी, डिग्री पास की वह भूल जाओ। जो भूलने में होशियार हैं वह अभूल बनते हैं। बीते हुए (पास्ट) को भूल जाओ, पुराने देह के संबंधी, स्वभाव संस्कार सब खत्म।

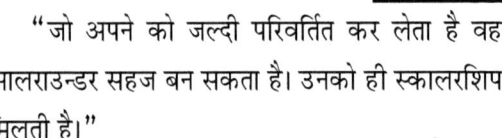

"जो अपने को जल्दी परिवर्तित कर लेता है वह आलराउन्डर सहज बन सकता है। उनको ही स्कालरशिप मिलती है।"

(4) कभी भी संदेहास्पद (कनफ्यूज) वा बाधित (डिस्टर्व) न हों। कनफ्यूज होने में समय बहुत वेस्ट जाता है। नाजुक जो होते हैं वे कनफ्यूज जल्दी होते हैं और डिस्टर्व भी होते हैं। वास्तविकता (रीयल्टी) को समझ लो तो परखने की शक्ति आ जाती है। रीयल्टी उनके पास है जो रायल है, संगठन (यूनिटी) में रहने वाले हैं। रायल्टी, रीयल्टी की शक्ति यूनिटी पैदा कर देती है।

(5) लगाव उनका होता है जिनका स्वभाव नाजुक है, बेसहारा महसूस करते हैं। परमात्मा सहारा है यह याद नहीं रहता। नाजुक स्वभाव से लगाव हो जाता है। स्वभाव में सरलता, गंभीरता की बहुत जरूरत है। जो बात है उसे स्वयं में समा लो। शिव बाबा की याद करो। जो समझ में नहीं आता, वह समझ जाएंगे, बाबा समझा देगा। लेकिन इंसान का आधार लेने की इच्छा ही लगाव पैदा कर देती है। लगाव सूक्ष्म संकल्प में पहले आता- कोई तो चाहिए, किस से बात करूँ। तो लगाव नाजुक स्वभाव से पैदा होता है। जो मजबूत होते हैं उनको किसी की भी परवाह नहीं, फिर लगाव से पैदा होता है तनाव। तनाव अर्थात् खींचातान। तनाव में रहने वाले संतुष्ट कभी नहीं रहते।

हीरे मोती

तनाव शांति से, आराम से बाबा को याद करने नहीं देता। लगाव के स्वभाव से तनाव पैदा हो गया, तो सदा आत्मा युद्ध करती रहती है, मौज का अनुभव नहीं कर सकती। मूँझते रहेंगे। कनफ्यूज होने का स्वभाव (नेचर) बड़ा धोखा देता है। खींचतान पैदा करता है। वह नेचर हमारी न हो। खुशी का जमाना है तो मूँझे क्यों। सबसे बड़ी भूल है व्यर्थ सुनना या सुनाना। उसको सोचते हैं तो भी मूँझते हैं। जो खुद ही सोचता रहता वह मूँझा रहता। मूँझने में समय नहीं गंवाना है। बाबा की याद से शक्तिशाली बनकर हर बात को पास करने का अभ्यासी बन जाना है।

(6) होशियार ड्राइवर वह- जिसे चक्का फिराना ठीक रीति से आये, जहाँ ब्रेक लगाने की जरूरत है वहाँ ब्रेक लगा दे। अगर ब्रेक लगाना नहीं आता, वा हैन्डिल ठीक नहीं फिराता तो एक्सीडेंट हो जाता। तो होशियार ड्राइवर बनो अर्थात् स्वदर्शन चक्र ठीक रीति से फिराओ। फिर कुछ भी हो जाए तो सेकेंड में ब्रेक लगा दो, यही सुरक्षा (सेफ्टी) का साधन है। मूँझो या घबराओ नहीं, ब्रेक लगा दो। अगर दूसरी गाड़ी को आगे जाना है, तो उसको जाने दो। तुम एक सेकेंड ठहर जाओ, उसे रास्ता दे दो। आगे पीछे की लाइट का ख्याल रखो, नहीं तो पुलिस पकड़ लेगी। हमारे आगे की लाइट है बाबा। बाबा सब रास्ता क्लीयर दिखाता जा रहा है। हमारे पीछे भी बहुत हैं, इसलिए पीछे की लाइट भी जरूरी है। मेरी लापरवाही होगी तो पीछे वाले रुक जाएंगे। अगर एक गफलत करता, तो जितने भी गाड़ी में बैठे हैं सबका एक्सीडेंट हो जाता। तो होशियार ड्राइवर वह जिसकी दृष्टि मंजिल की ओर रहे, स्ट्रेट बुद्धियोग-टाइम पर मंजिल तक पहुँचने का ख्याल हो। साक्षी हो सामने देखने का अभ्यास हो। पहुँच जाएंगे नहीं, लेकिन टाइम पर पहुँचना है। समय को अच्छी तरह जानना, खुद में विश्वास रखना, बाबा को साक्षी बनाना, अनेक के निमित्त समझ कर चलना- तभी समय पर मंजिल तक पहुँचेंगे। परंतु माया ऐसी चूही है- जो पता नहीं कहाँ से आ जाती, पहले खुद से ही विश्वास निकाल देती है। दूसरे कहेंगे आप तो बहुत अच्छे हो, वह कहेंगे नहीं, मैं तो अच्छा नहीं हूँ। पूछो क्या कमी है, कहेंगे वह तो पता नहीं, पर मैं अच्छा नहीं हूँ। यह जैसे पक्का कर लेते हैं फिर उसका क्या इलाज है। सेल्फ रिस्पेक्ट नहीं है। इसका इलाज यह है- अपने आपको पहचानो, बाबा को पहचानो। प्यारे बनकर हीरो बन जाओ। बिन्दु लगाना सीख जाओ। एक दूसरे से गुण उठाओ जो आप में विशेषता है उसे सेवा में लगा दो। दूसरे में कोई विशेषता है तो उनसे सेवा लेने का चांस लो। जैसे दीदी हमारी विशेषताओं को देख सेवा ले लेती हैं। खुद में तो विशेषता है ही लेकिन दूसरों की विशेषताओं को जान उनको सहयोगी साथी बनाना, यह भी विशेषता है। इससे हम बहुत स्नेही, सहयोगी बन जाते हैं। जब हम कुछ करते हैं तो विश्वास बैठता है। किया ही नहीं तो सेल्फ रिस्पेक्ट नहीं रहता, करो तो अपने में विश्वास बैठे।

कोई-कोई हैं जिनकी विशेषताएं पहले दिखाई नहीं देतीं, लेकिन जब प्रैक्टिकल करते हैं, कोई हड्डी-हड्डी देकर प्रेम से अच्छा सेंटर बनाकर दिखाते, तो कहा जाता

तुम तो बहुत लायक हो। तो जो सेवा मिली है, उसे खुशी-खुशी दिल जान से करो तो खुद भी विश्वास बैठेगा, दूसरों का भी आप में विश्वास बैठेगा। बाबा के घर में जो भी आए उसकी ज्ञान से अच्छी सेवा करो। उसको अच्छी तरह से संग का रंग लगाओ, उसका रंग बदल दो। बाबा ने भी हमें किचड़े के डिब्बे से निकाल बदल (चेंज) दिया है। फिर हमारी विशेषताओं को जान सेवा में साथी बनाया है।

(7) हम बच्चों को पक्का निश्चय है- विजय हुई पड़ी है। निश्चय बुद्धि की विजय ही है। अपनी बुद्धि को निश्चय वाला बनाओ। कभी भी डाउट पैदा नहीं होता, कैसी भी माया आ जाए संशय नहीं आता, वह स्कालरशिप लेने का अधिकारी बन जाता है। कराने वाला बाबा ड्रामा की एक्यूरेट नूँध है, मैं बाबा का साथी हूँ, संशय क्यों आये। बाबा करा रहा है, सफलता हमारे साथ है। आदि से लेकर आज तक सफलता होती आ रही है और निश्चय है होती ही रहेगी।

(8) हमारा दिल कोमल नहीं होना चाहिए। कोमल दिल वाले सहनशील नहीं होते। गुलाब के फूल की तरह खुशबू देने वाले बन जाओ। कांटों के साथ रहते भी कांटों को नहीं देखो। कांटे नीचे मैं ऊपर हूँ। सबका ध्यान फूल पर जाता है, कोई यह नहीं कहता, इसके नीचे कांटे क्यों। नीचे भले कांटे हैं, फूल तो खिला हुआ है। मोर बहुत अच्छा लेकिन टांगों को जब देखता तो अफसोस होता। नृत्य (डाँस) खत्म हो जाता तब रोना आ जाता। इसलिए नीचे नहीं देखो। पवित्र बनो, पंछी बनो। अच्छा–

वाणी का महत्त्व : गुस्से के बोल कायर बनाते, बहादुर नहीं (30-10-85)

(1) हम सबने इतनी तैयारी की है जो निर्वाणधाम की खींच हो। वाणी से परे रहना है। अगर वाणी में आना है तो वाणी से परे ले जाने के लिए। वाणी कितने प्रकार की होती है। एक है-मुख की वाणी। मुख से वाणी जब बोलते हैं तो जो मन में होता है वह मुख पर आता है। मन में संसारी बातें रखो तो वह मुख में आएगी, मन में ईश्वर की बातें रखो तो वह मुख पर आएगी। मन में गम की बातें रखो तो वह मुख में आएगी, मन में खुशी की बातें रखो तो वह मुख पर आएगी। वही वाणी किसी को दुख देती किसी को सुख देती। वही वाणी सुख-दुख से पार ले जाती, वही वाणी सुख का संबंध जोड़ देती। वही वाणी संबंध को तोड़ भी देती। तो इसलिए आजकल संसार में भी जिसे आकाशवाणी कहते वह कितना काम करती। बटन दबाओ, दुनिया भर की न्यूज सुना देती। जहाँ की न्यूज सुनना चाहो वह सुनने को मिलेगी। आजकल दुनिया वालों को इस दुनिया की न्यूज सुनने का बहुत शौक है। और हम लोगों को कौन-सी न्यूज

सुनने का शौक है? हम यह चाहते हैं वह न्यूज सुनें जिसमें संसार का भला समाया हो। हम वाणी भी वह सुनने चाहते जिसमें शांति और शीतलता का अनुभव हो, बोलने भी वही चाहते हैं जिससे औरों को भी और खुद को भी शांति का अनुभव हो। आनंद का अनुभव हो।

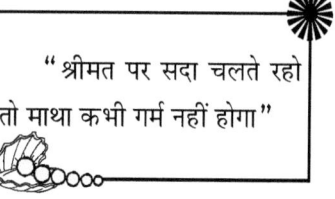
"श्रीमत पर सदा चलते रहो तो माथा कभी गर्म नहीं होगा"

यह इतनी न्यारी-प्यारी भगवान की सिखाई बातें हैं, जो बोलते आनंद में आ जावें। दिल करता है सुनते रहें, बोलते रहें और संसारी बातें सुनते थक जाते। यह सुनते-बोलते थकावट दूर हो जाती, क्योंकि उन्नति वाली बातें हैं। शक्ति देने वाली, समझ देने वाली, प्रेम बाँटने वाली बातें हैं। सत्य बातें क्या होती हैं वह परखने की शक्ति देने वाली बातें हैं, जजमेंट पावर बढ़ाने वाली बातें हैं। किसी बात का सामना करना हो तो रास्ता सहज दिखाई पड़ता। अपने की कमजोरी नहीं महसूस होती। क्रोधी मनुष्य क्या होता है? बहादुर या कायर? क्रोधी उस घड़ी बहादुरी दिखाता है लेकिन अंदर धक-धक करता रहता है। हाथ काँपते, मुख काँपता, वह शांति से काम लेना नहीं चाहता, गुस्से से लेता है और काम बिगड़ जाता है। सयाना वह जो शांति से काम लेकर दिखाए। हम किसी को कहते क्रोध को जीतो, तो जवाब मिलता क्रोध के बगैर काम कैसे चलेगा। बच्चे कैसे सीधे होंगे, क्रोध से सारे संसार को जला रहे हैं। सबको दुखी कर रहे हैं। घर को नर्क बना रहे हैं। बच्चों को अपने से दूर कर रहे हैं। पति पत्नी के संबंध को तोड़ रहे हैं। लेकिन बहादुर बन क्रोध को जीत लो। "क्रोध कोई बहादुरी दिखाने के लिए नहीं है, क्रोध कायर करता है। जो मीठा नहीं बोल सकता उसमें प्रेम से व्यवहार करने की शक्ति नहीं होती।" कमजोर होने के कारण गुस्से में आ जाता है फिर पश्चाताप करता है। गुस्सा करके काम बिगाड़ लिया, फिर समझ जाएँ कि जिससे गुस्सा करेंगे कम से कम 6 मास उसे याद रहेगा। भूल करके माफी माँग लें, लेकिन जब भी वह सामने आएगा तो संकल्प उठेगा इसमें तो बहुत गुस्सा है। गुस्सा कभी भी मत किया करो, एक बार भी किया तो अपना रिकार्ड खराब कर लिया। ज्ञानी का पहला परिवर्तन तभी कहा जाएगा जब उसकी भाषा में मधुरता और स्नेह आ जाए। कई बार अचानक अंदर में जो भरा होता वह गुस्से के रूप में बाहर निकल आता है। कोई अगर किचड़े का मंथन करे तो क्या निकलेगा? दूध के क्रीम का मंथन करो तो मक्खन निकलेगा, गंदगी का मंथन करेंगे तो क्या निकलेगा? एकदम बम फट जाएगा। अंदर में जो भरा हुआ है वह कभी न कभी निकल आएगा। जब कोई चांस मिलेगा तब निकाल देंगे। इसलिए ज्ञान माने वाणी में आने से पहले सोचो, ये बोल मेरे बोलने लायक हैं। ज्ञान मार्ग यह भी कहता, तुम जो सोचते हो वो सोचने लायक है। जब हमें कर्म और भाग्य का पता चल चुका है।

"हरेक का भाग्य और कर्म अपना-अपना है। हमारी ड्यूटी क्या है? हमारी ड्यूटी है सबसे अच्छा व्यवहार करना, दूसरा कैसे व्यवहार करता, ये देखना मेरी ड्यूटी नहीं।"

नाउम्मीदवार को उम्मीदवार बनाना मेरी ड्यूटी है। अंत तक प्रीत निभाना मेरी ड्यूटी है। नि:स्वार्थ भावना से सबसे प्रेम से व्यवहार करना मेरी ड्यूटी है। तो देखो, मैंने अपनी ड्यूटी बजाई या दूसरे को देखा। हम अपनी ड्यूटी दैवीगुण संपन्न बन करके बजाते रहें, हम कोई भी अवगुण अपने में न रखें, तब दूसरों के अवगुण को निकालने की सेवा कर सकते हैं। दूसरों के अवगुणों को देख अपनी ड्यूटी न छोड़ो। अपने अवगुण मिटाकर गुणवान बन अपनी ड्यूटी बजाओ।

(2) बाबा की शिक्षा बार-बार मिलती है—बच्चे, देह अभिमान को छोड़ स्वमान में स्थित हो जाओ। स्वमान में स्थित हो नम्रता भावना से स्वमान को जान निंदा-स्तुति में समान रहने से स्थिति एकरस रह सकती है। अगर कोई मेरी निंदा करता है-मेरे को कहाँ लगी, अगर मेरे को मान देता है तो मैंने इतना काम किया ही कहाँ है, जो मान को स्वीकार करूँ। ना मान के भूखे हैं, ना निंदा में दुखी होते हैं। तो अपनी स्थिति को मान-अपमान में समान रखना है। स्वमान में रहना ही अभिमान से मुक्त होने की निशानी है। अपने को अभिमान से मुक्त करना हो तो देहअभिमान से मुक्त रहो। मैं कौन हूँ और किसकी संतान हूँ, यह स्थिति हमेशा याद (जमाकर) रखो। बोलो मत। नेचुरल है, जो जिस कुल (परिवार) का होता है बाहर से भले अपने को साधारण बना ले, लेकिन छिपता नहीं है। कुदरती उनके नयन-चैन बतायेंगे जरूर। कोई अंदर से ऊँच कुल का नहीं है, बाहर से कितना भी शो करे, परंतु छिप नहीं सकता। क्योंकि कर्म की रेखाएँ ना सिर्फ हाथों में हैं बल्कि उनके नयन चैन भी बताते हैं, यह कुदरत की गुप्त दार्शनिकता (फिलासफी) है। जो एक हाथों पर रेखा के रूप में आती, दूसरा मस्तक पर आती, तीसरा नयनों पर आती है और चलन से दिखाई पड़ती है। किसी के गुण व अवगुण वाणी, कर्म और नयनों से दिखाई देते हैं।

(3) इंसान जो कर्म करता है उनमें एक होता है—अपने शरीर निर्वाह अर्थ, दूसरा होता है— कुटुम्ब परिवार अर्थ। तीसरा कर्म करता है—दुनिया को दिखाने के लिए। अपने आप से पूछो, ईश्वर अर्थ मैंने कितना कार्य किया। ईश्वर ने हम बच्चों को समझ दी है—बच्चे, शरीर निर्वाह अर्थ, कुटुम्ब परिवार अर्थ, दुनिया को दिखाने अर्थ तो हरेक व्यक्ति कार्य करता है, लेकिन तुम्हें क्या करना है? अगर शरीर निर्वाह अर्थ भी कार्य करते हो तो शरीर को ईश्वर अर्थ अर्पण करके फिर कर्म करो-दुनिया को दिखाने के लिए नहीं करते हैं। कुटुम्ब परिवार में हरेक अपना-अपना कर्म कर अपना-अपना भाग्य

बनाता है, खुद करें खुद अपना भाग्य बनाएँ। हमें उसकी चिंता नहीं करनी है। हम ईश्वर अर्थ अपना कर्म ऐसा करते रहें तो उसका हिस्सा कुटुम्ब परिवार को मिलेगा। अगर कुटुम्ब परिवार के लिए करेंगे तो वह ईश्वर को नहीं मिलेगा। अपने शरीर को खिलाने-पिलाने अर्थ करेंगे तो वह भी ईश्वर को नहीं मिलेगा। इसलिए हर कर्म ईश्वर अर्थ करते जाओ। इसलिए स्वार्थ को छोड़ ईश्वर अर्थ बन जाओ। स्वयं के प्रति या मित्र संबंधी के प्रति नहीं।

(4) भक्ति मार्ग में ईश्वर से बड़ी मांगनी करते, मेरे बच्चे को बड़ी आयु देना, पति को सद्बुद्धि देना...। लिस्ट लंबी लेकर पाँच, दस पैसा ईश्वर के आगे चढ़ा देते। लेकिन हम क्या करेंगे। हम कभी ऐसे नहीं कहेंगे कि हमारे पति के लिए कुछ करो, बच्चों के लिए कुछ करो, वह तो अपना कर्म के अनुसार पाएगा, इसमें भगवान क्या करेगा। इसलिए परमात्मा बाप की याद में रहकर हर कर्म करते चलो तो उसका फल बड़ा ऊँचा, बड़ा सुखदायी है। भगवान को खुश करने का कितना अच्छा साधन है। दुनिया को खुश करने के लिए सारा जीवन बरबाद कर लो, तो भी खुश नहीं होंगे। भगवान थोड़े में खुश हो जाते। तुम अच्छी तरह से सबेरे-सबेरे एक घंटा भी याद करो तो वह खुश। सारे दिन के लिए स्वयं को भी खुशी मिल जाती। अगर संसारी मनुष्यों को याद करते तो खुशी के बजाय दुख मिल जाता। इसलिए वह भूल जाएँ तो बहुत अच्छा है।

(5) कर्म करो तो ईश्वर अर्थ करो। उसमें पश्चाताप नहीं करना पड़ेगा, खुशी ही खुशी है। कोई पाप काम किया तो मन दुखता है, किसी के लिए मैंने किया, इसका परिणाम (रिजल्ट) क्या मिला? कर्म, अकर्म, विकर्म की गति को ध्यान में रखना है। कर्मधारा बगैर कोई रह नहीं सकता। आँख खोलना, बंद करना भी कर्म है। परंतु आँख जब खोली तो नजर से क्या देखा? अगर नजर में कुदृष्टि है तो विकर्म हो गया। आँख कोई विकर्म करने वाली नहीं है। लेकिन वृत्ति में बुराई है तो आँख ने विकर्म कर लिया। मुख का काम है बोलना, मुख से गाली बोली तो विकर्म कर लिया, अच्छी वाणी बोली तो-सुकर्म कर लिया। प्रेम की दृष्टि से, रहम की दृष्टि से किसी को देखा तो सुकर्म किया। पाँव से सत्संग में जाओ तो सुकर्म, सिनेमा में जाओ तो विकर्म। इसलिए पाप की तरफ जाने का रास्ता बंद करो।

सच्चे ब्राह्मण वह जो स्वच्छ, पवित्र और पावन हैं (तीनों में अन्तर) (08-12-85)

(1) सबसे भाग्यशाली (लकी) वह हैं जो सेकेंड में मौन (साइलेन्स) हो सकते हैं। जो अंतर्मुखी रहने के अभ्यासी हैं वह सदा सुखी हैं। बाहर मुखी-कभी सुखी तो

कभी दुखी लेकिन अंतर्मुखी दुख-सुख में भी साक्षी होकर खेल को देखते हैं। जिसे साक्षी रहने का अभ्यास है वह एक तरफ बाप को याद करता, दूसरी तरफ खेल को साक्षी होकर देखता। पार्ट भी साक्षी होकर बजाता, लिप्त होकर नहीं। इंसान को एक होता है काम धंधा, दूसरा होता है संबंध संपर्क। तो काम धंधे में अनासक्त रहे और संबंध संपर्क में अलग (डिटैच) रहे। तब बुद्धि सदा पवित्र रह सकती है। कमल फूल समान न्यारा है तो लेप-छेप कीचड़ का नहीं लग सकता। नीचे कितना भी कीचड़ हो लेकिन कीचड़ में रहते न्यारा। बाबा ने हमें उस कीचड़ रूपी गंदगी से निकाल लिया। हमें स्मृति आ गई कि हम कितने स्वच्छ और पवित्र थे। स्वच्छ, पवित्र और पावन-इन तीनों में फर्क है या नहीं? जैसे गंदा, पापी और पतित तीन शब्द हैं। पहले गंदगी से बाहर निकले तो स्वच्छ हो गए। स्वच्छ बनने के बाद पवित्र बन जाते। जब पवित्र होते तो पावन हो जाते। जब गंदे होते तो पाप होता है, पाप करते तो पतित हो जाते। गंदगी की तरफ बुद्धि की कींच है इसलिए पाप करता है। अभी हम स्वच्छ, पवित्र और पावन बन रहे हैं। ब्राह्मण पहले स्वच्छता सीखते हैं। हर चीज साधारण (सिम्पुल) भी हो और स्वच्छ भी हो। कोई बढ़िया चीज हो लेकिन स्वच्छ न हो तो अच्छी नहीं लगती। स्वच्छ पानी का गिलास अच्छा है या अस्वच्छ शरबत का गिलास अच्छा? हम किसी के पास शरबत का गिलास नहीं लेते लेकिन स्वच्छ पानी का गिलास ले लेते हैं। तो हमें पहले स्वच्छता के लिए ज्ञान अमृत चाहिए और कुछ नहीं चाहिए।

"ज्ञान अमृत हमको शुद्ध बनाता है। पवित्र बनने की प्रेरणा देता है। किचड़े से निकाल देता है। मन-वचन-कर्म बदल जाता है।"

ज्ञान से सारी सफाई हो जाती है। इसलिए हम ज्ञान को कहते हैं ज्ञान अमृत, ज्ञान तलवार, ज्ञान भोजन.... ज्ञान अमृत धारा भी है। सब दुखों की एक दवा। ज्ञान माने समझ। समझ से ही इंसान बदलता है। पहले स्वच्छ, पवित्र फिर पावन बनते हैं।

(2) अपनी स्थिति (स्टेज) को देखो, पहले क्या थे। पास्ट लाइफ को देखो फिर प्रजेन्ट को देखो। अगर उस लाइफ का जरा-सा ख्याल भी करते तो सोचो, क्या गति होगी? पास्ट वाले ठहरे हैं फिर से विकर्म कराने के लिए। जो मरे हुए थे, कब्रदाखिल थे वह भी पूछने लगते हैं। प्यार करने लगते हैं। अगर संकल्प आया-कि यहाँ तो युद्ध करते-करते थक गए हैं। यहाँ तो कितने बंधन हैं, यह नहीं खाना है, यह नहीं पहनना है, यहाँ नहीं जाना है..... इस बंधन से तो अच्छा कि वहाँ चले जाएँ। वहाँ फ्रीडम मिलती है। ऐसे संकल्प आते ही पास्ट वाले खींच लेते। ज्ञान से चले जाने का कारण क्या हुआ? बंधन महसूस करते हैं। भगवान का बनकर जो सुख देखा वह भूल गए। फिर कहेंगे, क्या करें शक्ति नहीं है। फलाने के साथ वायदा कर लिया। अभी उनको

कैसे छोड़ें। फिर कई प्रकार के माया के बंधन शुरू हो जाते। ईश्वर के बंधन खींच लेते। अगर उन बंधनों में किसी को फिर से जाना है तो भले जाओ लेकिन पहले थोड़ा सोच लो कि क्या गति होगी। इमर्ज करो-दुनिया की क्या गति है। वापस वह संकल्प भी आते तो महापाप।

(3) आजकल कईयों को बहुत जल्दी घर की याद आ जाती है। हम लोगों को, मरने की घड़ी तक पहुँच गए तो भी घर की याद नहीं आयी। बाबा से वायदा है मरना तेरी गली में.... माया टेस्ट तो करेगी। विकराल रूप धारण करेगी। लेकिन हम माया से डरने वाले नहीं। एक बाबा, दूसरी मुरली, तीसरी परिवार, चौथी धारणा–

जिन्होंने इन चार बातों को साथ रखा है उन्होंने माया की सत्यानाश कर दी, उनके आगे माया की चाल चल नहीं सकती। अगर बाबा को याद नहीं कर सकते तो परिवार प्यार कर लेता। परिवार से कभी रूठ जाते तो मुरली में ऐसी पाइट मिल जाती जो माया भाग जाती। अगर मुरली से बोर हो जाते तो धारणा ऐसी अच्छी लगती है जो छोड़ नहीं सकते। चारों ही हमें पकड़कर बैठे हैं। परिवार में कभी किसी के प्रति ईर्ष्या द्वेष भी आता, लेकिन प्यार इतना है जो वह जाने नहीं देता। ईश्वरीय परिवार की उम्मीदें स्नेह अपनी ओर खींच लेता है।

(4) कई बार देखा है-ऐसे पेशेन्ट होते हैं जो कभी ठीक होने वाले नहीं, लेकिन साँस आ रही है तो अपने आप शरीर तब तक प्राण नहीं छोड़ता, जब तक किसी भी धर्म में इंजेक्शन देकर उसको नहीं मारेंगे। यह भी पाप समझते हैं। ऐसे ही ज्ञान मार्ग में जब तक थोड़ा भी कोई बाबा को याद कराता है, हम उसे जीने देंगे, मदद करते रहेंगे। हम उसे ऐसा कोई इंजेक्शन लगाकर मारने की कोशिश नहीं कर सकते। यह बड़ा पाप हो जाएगा। डॉक्टर की पेशेन्ट के पीछे कितनी एनर्जी खत्म होती है, परिवार को कितनी संभाल करनी पड़ती, उसके पीछे कितना परेशान होना पड़ता, लेकिन मार नहीं सकता। तो हम भी कोशिश करते रहें, थोड़ी भी साँस है तो छोड़ न दें। कभी यह शब्द न निकले कि यहाँ से चला जाए तो अच्छा है। बाहर का खराब संग उसे और ही खत्म कर देगा, इसलिए कभी उम्मीद नहीं छोड़नी है। अपने में भी उम्मीद रखनी और दूसरों में भी उम्मीदें रखते चलना है। हमारा पुरुषार्थ ही यह है कि न स्वयं में कभी नाउम्मीद बनें ना दूसरों में। सेवा में भी कभी नाउम्मीद नहीं बनना है। कोई सुने न सुने, धारणा करे न करे, लेकिन तुम सुनाते चलो। सेंटर पर आएगा, सुनेगा तो शक्ति आएगी। सेंटर हैं तो पतितों को पावन बनाने के लिए। सेंटर पर पतित ही आएँगे। मधुबन के लिए कायदा है। यहाँ पतित नहीं आ सकते। तुम पतितों को बाबा की पहचान दे पावन बनाकर लाओ। सेंटर है ज्ञान स्नान कराने के लिए। गंगा के तट पर जो भी आएगा थोड़ी भी डुबकी लगाकर पावन बनेगा। तो बाबा के घर आने के लिए पहले पावन जरूर बनना पड़ेगा।

(5) हम ब्राह्मणों को स्वच्छता बहुत प्रिय है। जहाँ भी हम बैठेंगे तो पहले स्थान को साफ करेंगे। शराब, बीड़ी पीने वालों से, प्याज, लहसुन खाने वालों से हमें बांस आती है। हम उनके साथ से भी किनारा करेंगे। जो स्वच्छ हैं उनके साथ संगठन में बैठकर शुद्ध संकल्पों से वातावरण शुद्ध करते। जिसे खराब संकल्प आते हैं उससे भी बांस आती है। जो सच्चे योगी हैं उनसे पवित्रता की खुशबू आती है। अगर अंदर की शुद्धि नहीं है, शुद्ध संकल्प नहीं हैं तो भी बांस आती है। शुद्ध संकल्प हमारे हृदय को शुद्ध बना देते हैं। स्थूल स्वच्छता तो ठीक है लेकिन मन में भी कोई किचड़ा न हो। मन में जरा भी किचड़ा पट्टी है तो कमजोर कर देती है। कमजोरी पर माया का जल्दी असर हो जाता है। अगर मन में शुद्ध संकल्प चलते हैं तो पावरफुल बन जाते, फिर कोई बात का प्रहार (अटैक) हो नहीं सकता। कोई भी प्रकार का अटैक हुआ-हार्ट का अटैक हुआ, मलेरिया का अटैक हुआ... तो अटैक परवश बना देगा। चलते-चलते अचानक अटैक न आ जाए-इससे अपने को संभालो। जो अपने को थोड़ा भी कमजोर समझते हैं वह ठंडी-गर्मी से अपनी संभाल रखें। ममत्व भी न हो लेकिन संभाल भी पूरी हो। दोनों का बैलेन्स। बीमार होकर दूसरों को भी दुखी करे और खुद भी हो, इससे तो संभाल करनी अच्छी। जीना है तो अच्छी तरह से जियो। ज्ञान में भी अच्छी तरह से संभाल करनी है। नहीं तो मन्सा पर बहुत जल्दी अटैक होता है। आज बहुत अच्छा चलता, कल कोई अटैक हुआ तो खत्म। कोई बिरला ही है जिसका माइंड सदा हेल्दी है।

(6) अभी हम गोल्डन जुबली मनायेंगे-यह गोल्डन जुबली किसकी है? जो ज्ञान में आने के बाद कभी भी विघ्न रूप नहीं बने हैं, अच्छी तरह से चले हैं। बहुत शिक्षा, सावधानी नहीं देनी पड़ी है। कभी उनसे अशुद्ध वायब्रेशन नहीं आया है। कभी किसी पर बोझ होकर नहीं रहे हैं। बहुत मीठे, शीतल, शक्ति स्वरूप आत्मा होकर रहे हैं। पास्ट को पास्ट किया है। अशरीरी बनने के अभ्यासी हैं। ड्रामा पर अडोल हैं, व्यर्थ चिंतन नहीं करते। ऐसे ब्राह्मणों की यह गोल्डन जुबली है। हमें फालतू ख्यालात नहीं चलाने हैं-यह ऐसा क्यों करता, इसे ऐसा नहीं करना चाहिए, यह सोचना भी फालतू ख्याल है। कोई भी पूछ करता है, अपनी समझ से करता है, मैं उसका चिंतन क्यों करूँ। हर पुरुषार्थी आत्मा गंभीरतापूर्वक सोचे-मेरा सोच क्या चलता है? मैं क्या करती हूँ? सच्चा पार्ट देखे कि मुझे क्या करना है। मैं जो करती हूँ उसे सब देख रहे हैं। तुम अच्छा काम करते चलो, तेरे बहाने सर्व का भला।

(7) बाबा से पूरा प्यार वही ले सकता-जिसको न्यारे बनने का ढंग आता है। न्यारे ही बाप के प्यारे बनते हैं। न्यारे रहो तो लिंक जुटी रहेगी। अपनी बुद्धि को स्वच्छ रखो तो साहेब साथी है। उसकी मदद मिलती रहेगी। बाबा की मदद से हम चलते आ रहे हैं, चलते चलेंगे। कोई खतरे वाली बात ही नहीं। इतना समय आराम से चलते आए हैं। अंत में भी क्या होगा। हम बाबा के पास आराम से पहुँच जाएँगे।

छोटेपन की ईर्ष्या और जवानी की ईर्ष्या (10-12-85)

(1) ज्ञान मार्ग में हरेक अपनी-अपनी बुद्धि के अनुसार चल रहे हैं-ऐसा नहीं कि मैं जो चाहती हूँ वही दूसरे करें। अगर हमारी चाहना अनुसार वह नहीं चलते तो मैं उनसे नाराज हो जाऊँ। नाराज होना हम ब्राह्मणों का स्वामित्व (रायल्टी) नहीं। जो नाराज होते हैं वह अपना स्वामित्व (रायल्टी) मिस करते हैं। वह स्वमान में खड़े नहीं हो सकते। हमारे सब नियम एकदम सही (एक्यूरेट) बने हुए हैं, सबको ज्ञान मिला है-जिसको जितनी कमाई करनी है, करे, हम दूसरों की चिंता नहीं कर सकते। मैं किसी के पुरुषार्थ की कमी को देख स्वयं नीचे न आ पाऊँ। मेरी लगन कम न हो जाए। सदा इसमें खबरदार। कोई हैं जो बहुत रमणीक बन जाते, कोई फिर सीरियस बन जाते। यह दोनों ही नहीं चाहिए। संगमयुग, हमारा मिलन मनाने का समय है, अकेला न हंसना अच्छा लगता, न रोना ही शोभा देता। कोई नाराज होते हैं तो हो जाएँगे। खाना भी छोड़ देंगे। यह बड़ी माया है। ऐसे रूठने वाले के हाथ का पकाया हुआ खाना भी कभी नहीं खाना चाहिए। नहीं तो अपने भी वैसे ही संस्कार बन जाएँगे।

(2) ब्राह्मणों में ईर्ष्या भी कई प्रकार से आती है। एक है छोटेपन की ईर्ष्या। जैसे छोटे बच्चे को ईर्ष्या होती-इसको यह खिलौना मिला, मुझे भी मिले। एक होते हैं हमको यह मिलना चाहिए, दूसरे फिर उदारचित हो जाते, अपना शान दिखाकर उसे दे देते।

> "माया किसी भी घड़ी इस रूप में भी आ सकती है। फलाने को यह मिला, मुझे नहीं.... लेकिन जो मांगता है उसकी हार हो जाती और जो उदारचित बन जाता उसकी जीत हो जाती।"

त्याग वाला जीत जाता और जो माँग लेता वह हार में आ जाता। यह है छोटे बच्चों की ईर्ष्या। बड़ों की ईर्ष्या फिर इससे भी सूक्ष्म है-वह न करते हैं न करने देते हैं। कोई अच्छा कर रहा है तो करने नहीं देंगे। जो करते हैं उनकी कमजोरी (वीकनेस) निकालेंगे। सारा दिन वही धंधा। खुद भी नहीं करेंगे दूसरे को भी विघ्न डालेंगे। सयाना वह, जो दूसरों को आगे बढ़ता देख खुश हो न कि ईर्ष्या करे। जो कोई-जिस भी प्रकार की सेवा करता है, आप बड़े दिल से आगे बढ़ाओ।

कुछ तो कर रहा है। प्रेम से ड्यूटी तो बजा रहा है। ईर्ष्या का संस्कार न हो। आज के संसार में ईर्ष्या (जैलसी) से कोई छूटा नहीं है। लेकिन मुझे विश्वास है, मैं अपने

> "हीरे समान बनना है तो औरों को देखने में टाइम नहीं गंवाओं। स्वयं को और बाबा को ही देखो।"

कर्म से अपना भाग्य खाती हूँ। दूसरों के भाग्य में मैं आँख नहीं रखती। जो अपना कर्म करके रखे, अपने भाग्य में विश्वास रखता, दूसरों में आँख नहीं रखता, उसमें जैलसी का संस्कार नहीं होता है। अगर तुमसे कोई जैलसी करे तो क्या करोगी? दूसरा, मेरे से किस बात में जैलसी करेगा। उसे जो चाहिए वह मेरे से ले ले। मैं शुभ संकल्प से सेवा करूँगी। कोई कुछ चाहता है तो उसे उदारचरित बनकर दे दो। कोई किसी की जगह छीन नहीं सकता। हरेक अपने पुरुषार्थ से अपनी रिजर्वेशन अपने आप ही करा रहा है। अगर दूसरा उसकी रिजर्वेशन सीट पर बैठ जाएगा तो अपने आप ही पकड़ा जाएगा। आप अपनी सीट पर बैठो। अपनी घोट तो नशा चढ़े। हरेक अपनी करे। किसी के पास कोई कमी है तो उस पर तरस आनी चाहिए। ऐसे नहीं कि अच्छा हुआ यह गिरा। यह गलत है। कल मेरी भी घड़ी आ सकती है। मेरे लिए ऐसा कोई कहे तो? मैं किसी के लिए भी अशुभ न बोलूँ। कोई आगे बढ़ता है, बड़ी खुशी। एक का भला होता है तो 10 का ऑटोमेटिक होता है। जो ओछे गुणों (चीप क्वालिटी) वाले होते हैं उनके संस्कार ही जैलसी के होते। जो अपने कर्म, भाग्य को मानने वाले हैं वह किसी की जुत्ती में पाँव नहीं डालते। शाही (रॉयल) संस्कार की नेचर इन बातों से छुड़ा देती है। सेवा में जैलसी नहीं होनी चाहिए। बड़े जो कहते हैं वह मानो। उसमें भला कितना है, वह देखो। विश्वास रखो-बड़े हमसे ज्यादा अनुभवी हैं।

(3) हमारा काम है हर प्रकार से बुद्धि से समर्पण होकर रहना। फालतू ख्यालातों से खाली रहो तो बड़ा मजा है। मेरा भविष्य मेरे हाथ में है। मन सदा साफ रखो। मन की बात छिपाओ मत। कई हैं जो मन की बात छिपाते बहुत हैं फिर जब आग लगने लगती है तब पता पड़ता है। जो बात है, जैसी है, वह सच्चे दिल से सुनाओ। गलती बताने से कभी डरो नहीं। अगर कोई गलती बताता है तो उसे फौरन मानो। गलती हरेक से हो सकती है। उसे सुधारने का लक्ष्य पक्का हो। ऐसे नहीं, यह तो मेरे पर कलंक लगाया गया। अपने आप बोलें-मेरे से यह गलती हुई। ऐसी आत्मा सबको प्यारी लगती है। वह कभी भी बाबा से दूर नहीं हो सकती। अगर सच नहीं बताते हैं तो कईयों के अनुमान उठते हैं, फिर वह वायुमंडल को बहुत खराब करते हैं। अगर इस आत्मा का सीधा कनेक्शन है। बड़ों के आगे साफ हैं तो बड़े अनुमान लगाने वालों का मुँह बंद कर सकते हैं।

कोई भगवान का बच्चा बनकर ठगी करे तो वह 9 लाख से भी गया। 9 लाख प्रजा भक्त क्वालिटी वाली भाग्यवान तो होगी। बीच में कोई को ठोकर तो नहीं लगाई।

यह जो छिपाने की, ठगी करने की आदत है, यह हमको कहाँ ले जाएगी यह सोचो। बाबा कहता–बच्चे सच बोलो, माया कहती–इसमें हर्जा ही क्या है। सच बोलेंगे तो और ही मुसीबत। सच बोलना, सच्चा व्यवहार करना यह किसी के ही नसीब में होता। बाबा के बच्चे धारणा यह रखें कि मुझे सच बोलना है। देह अभिमान ही झूठ बुलवाता है।

(4) विचार सागर मंथन वही कर सकता है, जो अंतर्मुखी है। ज्ञान की गहराई में जाने का अभ्यासी है। अंदर और कोई बात न हो तो कुदरती ज्ञान गहरा चला जाता। जिसके अंदर मन में दूसरी बातें घूमती हैं वह ज्ञान की गहराई में जा नहीं सकते। जिनके मन में दूसरी बातें हैं वह संगठन से किनारा करेंगे। सब बातों में ध्यान हटाते (अवाइड करते) रहेंगे।

ज्ञान को भी अवाइड कर देंगे। जिसके मन में कोई खिटखिट नहीं है वह तो ज्ञानी जीवन को धन्य समझते हैं। हमें अवाइड किस बात को करना है? जो मेरे काम की नहीं। ज्ञान को, संगठन को अवाइड नहीं करो। जिसका स्वचिंतन चलता है, जिसके अंदर विश्व उन्नति की भावना है उसके विचार बहुत अच्छे चलते हैं।

(5) कोई-कोई देह अभिमान के वश ज्ञान को गोल-मोल करके सुनाते हैं। उनमें बुद्धि का अहंकार दिखाई देता है। वह अपनी बुद्धि का नशा दिखाते हैं। ज्ञान को अभिमान में नहीं लाओ। कईयों के सुनाने में अभिमान दिखाई देता है। इसको विचार सागर मंथन नहीं कहा जाता। शिव बाबा जो सुना रहा है उस विचार सागर मंथन को ही सुनना है। अपनी मिक्स नहीं करनी है। इससे निर अहंकारीपन दिखाई देता है। विचार सागर मंथन का भी नशा चढ़े।

दूसरी क्लास

(1) वैश्य और शूद्रपने के संस्कारों को अब समाप्त करो। कई सोचते हैं मैं यह कमाऊँ फिर यज्ञ में लगाऊँ। लाटरी की टिकट खरीद करूँ फिर बाबा की सेवा में मदद करूँ। यह सोचना ही गलत है। इस प्रकार के संस्कारों को बदली (चेंज) करो। किस तरह से पैसा कमाऊँ यह है वैश्यपने के संस्कार। ब्राह्मण यह नहीं सोच सकते। जो है उसे सफल कैसे करूँ, यह है ब्राह्मणों का संस्कार। जो अपनी हर श्वास सफल करने का पुरुषार्थ करते हैं वह बड़ी कमाई करते हैं। हर श्वास में बाबा की याद है तो आयु बढ़, रही श्वास-श्वास में बड़ा सुख महसूस होगा। दुख की श्वास न निकले। स्मृति में रहने वाली आत्मा दुख की आवाज नहीं निकाल सकती।

(2) हमारे पास पैसा नहीं है, हम यज्ञ में नहीं दे सकते, लेकिन कई आत्माओं को मेरे द्वारा यज्ञ सेवा की प्रेरणा मिले। हमारे पास और कुछ नहीं है, श्वास है तो वह

भी सेवा करे। हर संकल्प में सेवा समाई हो। बाबा गरीब निवाज है-जो सच्चे दिल से सेवा करते हैं वह छिपे नहीं रह सकते। कुछ के पास तो धन इतना जमा है जो ब्याज से जीवन चलाते हैं, लेकिन यज्ञ में खर्च करने के लिए सोचते हैं। पूछते रहते हैं-कुछ जरूरत है? करते कुछ नहीं। वह वैश्य व्यापारी हैं। यह संस्कार आगे बढ़ने नहीं देते। उनको पता ही नहीं यह ईश्वर का घर दाता का दर है। बाबा ने मांगना बंद करा दिया।

(3) जिनको ईश्वरीय सेवा की आदत पड़ी है वह कुछ और बात सोच नहीं सकता। वह सेवा को बाबा की तरफ से गिफ्ट समझता। किसी के कारण वह अपने गिफ्ट को छोड़ नहीं सकता। कभी-कभी इस लाइफ में बंधन महसूस होता, समझते हैं यह तो मेरे पर आर्डर चलाता है। यह भी माया ही होती है। ईश्वरीय कानून (ला) और विवेक क्या कहता है, जो भी बात सामने आए, एक मिनट शांति में बैठो-जहाँ विवेक मना करता (खाता) है वह मत करो। बाबा की यज्ञ सेवा का आधार ही संगठन (यूनिटी) है। नि:स्वार्थ भावना है। एक ने कही दूसरे ने मानी। यहाँ कोई मान-शान के लिए, डिग्री के लिए सेवा नहीं करते। टाइटिल लेने के लिए नहीं करते। सेवा की वृद्धि का साधन है-यूनिटी और प्यार। नाजुकपने के संस्कार न हों। किसी ने कुछ कहा, नींद ही उड़ (फिट) गई। लेकिन वह बात तुमको लगी कहाँ। सबके लिए कल्याण भावना हो। हरेक की अपनी बुद्धि है। मैं उन जैसा क्यों बनूँ। हमें अधीर्य नहीं होना है। कोई को ज्ञान योग में रुचि (इन्ट्रेस्ट) है, कोई को नहीं। कोई कर्मणा सेवा ही कर सकते। मैं उसमें नाराज क्यों हूँ। इससे अपना रिलेशन बिगड़ जाता है। अच्छा।

हमारी मन्सा पावन बनी है तो उसका सबूत है कर्म में दैवीगुणों का साक्षात्कार हो
(26-01-86)

(1) कोई भी आत्मा कर्मसंन्यासी बन नहीं सकती। जिस घड़ी आत्मा देह का त्याग करती है, वह थोड़ी-सी घड़ी कर्म संन्यास की होती, लेकिन जब गर्भजेल चली जाती तो कर्म भोगना शुरू हो जाती। गर्भ जेल भी कर्म संन्यास नहीं है। आत्मा कर्म के हिसाब-किताब के बंधन में बँधी हुई है। सतयुग में कर्म संबंध है, कलियुग में कर्म बंधन सिर्फ एक सेकेंड जब शरीर त्याग करती उस घड़ी कुछ नहीं करती। बाकी इस संगमयुग पर हम आत्मा कर्म करते कर्मातीत बनने का, विकर्माजीत बनने का पुरुषार्थ करते हैं। कर्म संन्यासी कहलाने वाले कर्मातीत कैसे बनेंगे। भगवानुवाच कर्मधारा से कोई बच नहीं सकता।

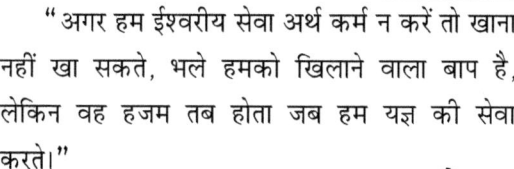

"अगर हम ईश्वरीय सेवा अर्थ कर्म न करें तो खाना नहीं खा सकते, भले हमको खिलाने वाला बाप है, लेकिन वह हजम तब होता जब हम यज्ञ की सेवा करते।"

जो यज्ञ सेवा न करे सिर्फ खाता रहे, तो अच्छा नहीं लगेगा। जितना खाते हैं उससे 100 गुणा सेवा करनी है। बाबा के घर में मन्सा-वाचा-कर्मणा तीनों की सेवा करो। केवल एक बार नहीं। अगर मन्सा पवित्र बनी है तो कर्म में दिखाओ, क्योंकि कर्मों से ही हमारे दैवीगुणों का साक्षात्कार होता है। तन-मन-धन, मन्सा-वाचा-कर्मणा.... सेवा करना एक बाबा ही सिखाता है। दुनिया में भले कोई अपने को महादानी कहलाए लेकिन वह 10 प्रतिशत दान करेगा तो 90 प्रतिशत अपने प्रति लगाएगा। लेकिन बाबा सेकेंड-सेकेंड श्वास का हिसाब लेता। हम कोई वेतन के लिए सेवा नहीं करते। भाग्यवश जितना करते हैं उतना खुशी होती है। अगर हम कर्म संन्यास करें तो कर्मातीत कैसे बनेंगे। हमें तो खूब कर्म करना है। कोई कहते, हमें तो कर्मणा सेवा अच्छी नहीं लगती, हम तो मन्सा करते, लेकिन उसकी हड्डियाँ सुस्त हो जाएँगी। वह बीमार पड़ जाएगा। अगर कुछ नहीं करता तो बेकार से बेगार भली। इसलिए कोई न कोई सेवा जरूर करो। हरेक को कर्मणा सेवा जरूर करनी है। वाचा भी करो-तो प्रेम से ज्ञान के दो शब्द बोलो। हमें सेवा करनी है, कर्म करना है लेकिन ऐसा कर्म हो जिससे हम कर्मातीत व विकर्माजीत बनें। ऐसे कर्म करें जो किए हुए विकर्म श्रेष्ठ कर्मों के आधार से खत्म हो जाएँ। हम सिर्फ योग से कर्मातीत नहीं बनेंगे, लेकिन श्रेष्ठ कर्मों की शक्ति से हमारे बीते हुए (पास्ट) विकर्म खत्म होते जाते। कर्म का कनेक्शन संस्कार से है। संस्कार बनते ही हैं कर्म से। सतयुग में इतने सब वैभव कहाँ से आएँगे, आत्मा सतो प्रधान कैसे बनेगी? अभी के कर्मों से। संगमयुग पर जो कर्म हमने किए हैं वही कर्म, कर्मक्षेत्र पर सतयुग ले आते हैं। कर्म क्षेत्र में सत्य यह है कि जैसा बीज बोओगे वैसा फल खाओगे।

(2) ज्ञान है दिन, भक्ति है रात। दिन कैसे आया? ज्ञान से बुद्धि जब अंधविश्वास से निकली, ज्ञान सूर्य उदय हुआ, आत्मा को रोशनी आ गई। दूसरों की ज्योति जगाई। ज्योति जगाते-जगाते सतयुग आ गया, सृष्टि सतो प्रधान हो गई। ज्ञान से आत्मा की ज्योति जगी, आत्मा पावन बनने लगी। मैं वही कल्प पहले वाली आत्मा हूँ, यह स्मृति हमारे से श्रेष्ठ कर्म कराती है। यह स्मृति हमको पावन बनने की प्रेरणा देती है, पवित्र कर्म करना सिखाती है। बाबा का बच्चा बने हैं तो ऐसा कर्म करें जो कर्म से हमारी प्रालब्ध श्रेष्ठ बनती जाए। प्रालब्ध कहाँ से आएगी? हमारे पुरुषार्थ से। जो अब कर रहे हैं वह कल्प-कल्प की नूंध बना रहे हैं। अभी का संबंध सारे कल्प के साथ है। अगर

अब यह घड़ी गंवा रहे हैं तो गंवाने के संस्कार भर रहे हैं। हमें पुजारी से पूज्य बनने की समझ मिली है, पूज्यनीय बनने के लिए गायन योग्य बनना है। अभी अपनी पूजा नहीं करानी है। ऐसे कर्म करने हैं जो सब गुणगान करें। कर्म में इतने गुण हों जो हरेक के मुख से अपने आप निकले, गुणों का गायन हो। बाबा के एक-एक कर्म को हम चरित्र कहते हैं। बाबा के चरित्र हमारी नजरों के सामने घूमते हैं। उन चरित्रों से विचित्र बाप की सुंदर लीला को याद करते तो आत्मा ऊँची उठ जाती है। तो एक-एक चरित्र गायन योग्य हो गया, भागवत में आ गया। तो गायन योग्य बनने के लिए पहले माननीय योग्य बनो। सबके अंदर आपके लिए सम्मान की भावना हो। मेरे को सब माने, यह नहीं लेकिन सबका दिल माने-कि इसका निश्चय अटल है, कर्म बड़ा अच्छा है। इसमें त्यागवृत्ति है, इसमें अंतर्मुखता का गुण है। मेरा मन क्या मानता है। मेरे को क्या अच्छा लगता है? मुझे वह अच्छा लगता जो बाबा को अच्छा लगता। सदा कहो बाबा को, जो उन्हें अच्छा लगता वह मुझे करना है। वही करते-करते हम अच्छे बन जाते। जो अच्छे बनते वह सबको प्रिय लगते हैं।

(3) गंभीरतापूर्वक पुरुषार्थ करने वाली आत्मा पहले माननीय योग्य बनने के लिए अंतर्मुखी बन जाती। सेवा में मैं और मेरेपन का त्याग हो। निःस्वार्थ भाव से शुद्ध सेवा हो। आपका काम है निमित्त मात्र समझकर सेवा करना। ट्रस्टीपन में पूरे मार्क्स लेना। कर्म हरेक करता है लेकिन गायन ईमानदार का होता है, वफादार का होता है। मान उनको मिलेगा जो संरक्षक (ट्रस्टी) होकर औरों को सुख देते होंगे। जिनके कर्म में सच्चाई होती है उन्हीं के प्रति मान होता है। कर्म में किसी घड़ी बेईमानी का संस्कार न हो। माननीय के बाद अपने आप (आटोमेटिक) हर कर्म गायन योग्य होगा। हर कर्म सबके दिल पर छाप लगाने वाला होगा। वही श्रेष्ठ आत्मा के रूप में सबकी नजर में आने के कारण फिर पूज्यनीय लायक बन जाता है। ऐसा बनने के लिए मुख्य बात ध्यान पर रहती कि हमारे बोल का कर्म साधारण न हो। रूहानियत दिन-प्रतिदिन बढ़ती जाए। उसकी कमी न हो। कोई है जो सेवा भी करते, योग भी करते, लेकिन स्वयं को खाली-खाली महसूस करते हैं। गाड़ी में अगर पेट्रोल न हो-और उसे चलाओ तो क्या होगा। धक्का देने वाले भी थक जाएँगे। कहाँ तक धक्का देकर चलायेंगे। वह कभी मंजिल तक नहीं पहुँचा सकते। हाँ, सर्विस स्टेशन तक पहुँचा देंगे। मधुबन तक पहुँचा देंगे। लेकिन वह अपना टाइम वेस्ट नहीं करेंगे। धक्का देने वाला कितना समय मदद करेगा। सर्विस स्टेशन तक पहुँचाया फिर कहेगा, इसकी किस्मत। इसलिए कर्म की गहराई में जाओ, वैरागी मत बनो। सेवा को छोड़ो नहीं, उदास मत हो। कर्म में गुण भरो। जो इच्छाएँ, ममताएँ हैं उनको मारो, इच्छावश कर्म करने से सफलता न देख दुख होता है। इसलिए इच्छा ममता के वश कर्म नहीं करो।

(4) सदा यह स्मृति रखो कि स्वयं भगवान हमको अपने हाथों से खिलाकर, पिलाकर पूज्यनीय बना रहा है। भक्ति में हमने इतने प्यार से भगवान को नहीं खिलाया

होगा, जितना प्यार से वह हमको खिलाता है। हमको कितने प्यार से सुबह-सुबह पढ़ाकर वह लायक बना रहा है। कदम-कदम पर श्रीमत दे रहा है। जिससे बच्चे कहीं पर मत या मनमत पर चलकर धोखे में न आ जाएँ। हमें पूज्यनीय बनाने के लिए भगवान हमारे पीछे पड़ा है। हम कहाँ-कहाँ चले गए, फिर भी उसने हमें नहीं छोड़ा।

(5) कहा जाता-"कर्म बड़े बलवान हैं।" श्रेष्ठ कर्म ही सर्वशक्तिवान बाप से संबंध जुटा रहे हैं। कर्म अगर नीचे-ऊपर होता है तो संबंध टूट जाता है। परमात्मा से अच्छा संबंध है तो उसकी सिफ्तें आ जाती हैं। वह कभी यह नहीं कहता-मैं यह कहता हूँ। देह अभिमान वाला गिनती करता रहता, लेकिन देही अभिमानी कहता, मैंने कुछ नहीं किया, मेरे से बाबा ने कराया। वह सदा याद रखता बाबा ने मेरे से कराया, मैंने कुछ नहीं किया। बाबा देखता है, यह भगवान भरोसे चल रहा है तो हर हालत में, हर बात में उसका मददगार बन जाता है। अगर कोई कहता, मैं करता हूँ तो बाबा भी कहता-अच्छा, तू कर, देख लूँगा। मैं मैं करने वाले को बाबा कहता, अच्छा करो, धक्का खाकर फिर लौटकर आएगा। विघ्न आया, फलाना आया। मैंने किया, इसलिए विघ्न आया। कोई हार खाकर आए तो बाबा क्या करेगा। मलहम पट्टी तो कर देगा, लेकिन गिनती किसमें करेगा? बाबा जानता है-घायल हुआ है लेकिन जाएगा कहाँ, फिर भी हॉस्पीटल तो यहीं है। कर्म वह करो जो बाबा संग साथ हो। फीलिंग आए, बाबा हमारे साथ हैं।

गोल्डन जुबली में दादी जी द्वारा सुनाये हुए गोल्डन महावाक्य (10-02-86)

(1) हम सभी सुनहरे सुंदर विचारों से सुंदर नई दुनिया बनाने के निमित्त हैं। स्वर्ण दुनिया बनाने वाले-जब अपना साथी सर्व शक्तिवान है तो क्या रोकेगा आँधी और तूफान.... परंतु इस जीवन के साथी हरेक ने एक नहीं अनेक बना रखे हैं, लेकिन यह देह और देह के नातों के साथी अल्पकाल के साथी हैं। अविनाशी आत्मा का अविनाशी साथी सर्वशक्तिवान बाप है, उस साथी को अगर साथी बना लो तो माया की जो भी उलझनें हैं वह खत्म हो जाएँगी। माया मूर्छित हो जाएगी। परंतु उस साथी का पहले तो यथार्थ परिचय चाहिए और साथ-साथ उस पर अटूट निश्चय चाहिए। वह साथी हमारा खिवैय्या भी है जो हमारी नैय्या को इस कलियुग से उस पार सतयुग में ले जाने वाला है। हम सब जानते हैं कि यह दुनिया है ही आसुरी वृत्तियों वाली, कलयुगी तमो प्रधान। और वह दुनिया है सतयुगी सुनहरी सतोप्रधान। इस तरफ है सबकी आसुरी वृत्तियाँ, आसुरी सम्प्रदाय। उस तरफ है दैवी सम्प्रदाय अर्थात् देवी

वृत्तियों वाले। इसलिए वृत्ति को ही हमें परिवर्तित करना है। वृत्ति परिवर्तन से ही दृष्टि परिवर्तन होगी। वृत्तियों से अथवा थाट्स से यह सारा संसार बना है।

(2) लोग कहते हैं—हे राम जी, संसार बना नहीं है। हम कहते, संसार तो अनादि-अविनाशी है, सामने देख रहे हैं। परंतु यह आसुरी वृत्तियाँ हमारे दैवी सतयुगी दुनिया में नहीं हैं। आसुरी वृत्तियों का संसार नहीं है, इसलिए कहते हैं संसार बना नहीं है। हम आत्माओं की आदि-अनादि स्थिति सतोप्रधान थी, तब यह आसुरी संस्कारों का संसार नहीं था। संस्कारों का यह संसार अभी है। देवताई दुनिया में यह आसुरी संस्कार नहीं थे। लक्ष्मी नारायण के यह संस्कार हैं..... यह भाषा उस संसार की नहीं यह इस संसार की भाषा है। अभी इस भाषा को बदली करो तो पत्थर युग, सोना युग बन जाएगा। कहा जाता—पत्थर से पारस।

"लोहा पारस से लगे तो सोना हो जाता। शिवबाबा हैं पारसनाथ। हरेक अगर अपनी देह के धर्म में स्थित हुई बुद्धि से योग जोड़ लें तो यह पत्थर बुद्धि, आसुरी बुद्धि, पारसनाथ की प्रीत से, लगन से पारस बन जाएगी।"

जिसके लिए श्रीमत है, भगवानुवाच है मनमनाभव। मन और बुद्धि का योग मेरे से जोड़ो। मामेकम्—एक की ही श्रीमत का पालन करो तो तुम श्रेष्ठ से श्रेष्ठ बनोगे और दूसरों को भी बनाओगे। जब हमारा संकल्प श्रेष्ठ होगा, वाचा भी श्रेष्ठ निकलेगी और कर्म भी श्रेष्ठ होगा तो यह संसार भी श्रेष्ठाचारी बन ही जाएगा और भ्रष्ट आचरण समाप्त हो जाएँगे।

(3) बाबा ने हमें कर्म, अकर्म और विकर्म की गुह्य गति समझाई है। इस समय हर मानव का कर्म विकर्म है, सतयुग में हर मानव का कर्म अकर्म है। इसलिए अब कर्म विकर्म से परे कर्मातीत बनना है। यह कर्मातीत बनने की बड़ी गुह्य विधि है। इस समय मनुष्य का हर कर्म विकर्म हो रहा है, इसलिए वह हर कदम पर हर प्रकार से कर्म का भोग, भोग रहा है। इसी कारण सारी दुनिया चिंतित है। चिंताओं की चिता पर हरेक चिंताग्रस्त, दु:खी और अशांत हो गया है। आज के संसार में अनेकानेक प्रकार के दुख हैं। इसका कारण क्या? यह अनेक जन्मों के पाप कर्मों का भोग है, अब इन अनेक जन्मों के पाप कर्मों को चुक्तू करना है। कर्म का भोग कोई प्राकृतिक आपदाओं द्वारा, कर्म भोग (बीमारियों) द्वारा, वैर विरोध द्वारा हरेक भोग रहा है। अब हमें इन भोगों से बचना है, अभोक्ता होना है तो इन कर्म, विकर्म पर विजय पानी है, तब हमारा विकर्माजीत संवत् नई दुनिया का शुरू होगा। तो इस सदी में ऐसा बनना है जो नई दुनिया की वन-वन वन संवत् शुरू हो। अब वह दुनिया सामने आने वाली है, इसलिए हम कहते, श्रीकृष्ण आ रहा है। वह दिन दूर नहीं है। लेकिन उसके लिए हमें क्या

करना है, हमें उसी बाप के साथ अपना बुद्धियोग जोड़ना है। उसकी छोटी विधि बाबा हमें बार-बार सुनाता। वह चार शब्द जो हरेक यूज करता है-मैं मेरा, तू तेरा...... पहली गलती-अहम् अपनी देह को समझा है। अहम् के अहम ने ही सारी दुनिया में घोटाला मचाया है। कहा जाता वहम की कोई दवा नहीं, लेकिन बाबा उसकी दवा देता-तू अहम् देह नहीं यह वहम निकालो। इसलिए यह मैं मैं के बकरीपन को समाप्त करो। इस 'मैं' और 'मेरे' को टर्न करो। मेरा नहीं तेरा। मैं तेरा। फिर कहो तू मेरा। इस मेरे-मेरे, मैं-मैं ने कामनायें-वामनायें सब पैदा की हैं। अब सबकी चाबी है मैं तेरा, ओ बाबा तू मेरा। बस इसी विधि से प्रीत बुद्धि हो जाएंगे। और विकर्मों का विनाश हो जाएगा। तब सारे विश्व में सच्ची शांति स्थापन हो जाएंगी। वृत्तियाँ बदल जाएगी और वृत्ति बदलने से सुंदर विचार हो जाएँगे। फिर हम उस सुनहरी दुनिया में चलेंगे अथवा उस दुनिया को ही यहाँ लायेंगे।

(4) बाबा अनपढ़ी कन्याओं, माताओं को दूसरा कोई मंत्र नहीं पढ़ाता। प्रह्लाद ने एक शब्द पढ़ा-अलफ। बाबा भी कहते 'अल्फ' पढ़ो तो सब पढ़ लेंगे। 'अल्फ' है बाबा। 'बे' मैं आत्मा तेरी। बस इतना पढ़ लिया तो सृष्टि चक्र का ज्ञान (नालेज) आ जाएगा। जिसने एक को पढ़ा उसने जग को पढ़ा। एक को नहीं पढ़ा तो कुछ नहीं पढ़ा। लोग कितनी बड़ी-बड़ी डिग्रियाँ लेते हैं, लेकिन सबकी अशांति की डिकरी निकली हुई है। कोई नहीं है जो कहे मेरी डिग्री बाबा जीरो पर है। बिंदु आत्मा जीरो, परमात्मा बाप जीरो। जिसकी डिग्री यह जीरो है वही हीरो है। जीरो डिग्री नहीं तो उसकी डिकरी निकल जाती। उसको अनेक चिन्तायें हैं। फुर्सत ही नहीं, मैं कहती-जब यह शरीर कफन पर जाएगा तब कहना वेट करो, वेट करो। मैं-मैं छोड़ो तो दिमाग पर जो चिंताओं की वेट (बोझ) है उससे हल्के बनो। उसको कहते हैं प्रवृत्ति में रहते संरक्षक (ट्रस्टी) होकर रहना। इस शरीर के भी ट्रस्टी। कोई कहे मेरा राज्य, मेरी अमेरिका, मेरी रसिया. ... हमें हंसी आती, अरे तेरा राज्य कितना दिन। किसी का भी अमर राज्य नहीं। आज प्रेजीडेंट है, कल कहाँ होगा... यह कल किसने देखा है। यह सब जानते हैं कि कल इस शरीर से अलविदा होना ही है। राम हो या रावण। सिकंदर हो या पौरस, कोई भी हो। किसी को भी यह शरीर साथ नहीं ले जाना है। तो हे इंसान, तू क्यों करते इस देह का नाज, जब घड़ी आएगी तो तेरा शरीर भी नहीं देगा साथ। जिस पर रखता तू इतना नाज, वह भी नहीं रहेगा तेरे साथ। जब वही साथ रहने वाला नहीं तो तू किसी का नाज क्यों करते हो। क्यों नहीं संरक्षक (ट्रस्टी) बन जाते। अमानती बन जाओ। जो करो-सब बाबा तेरा। तो बाबा तुम्हें बल देगा, शक्तियाँ देगा और सदा अपनी स्थिति को कमल फूल समान प्रवृत्ति में न्यारा रख सकेंगे। अगर प्रवृत्ति में प्यारा रहना है तो उसकी विधि है सदा न्यारे रहो। जो न्यारा रहता उसे दुनिया प्यार करती। प्रवृत्ति की प्यार से सेवा करो नफरत से नहीं। हर कार्य प्यार से करो लेकिन न्यारे ट्रस्टी बन कर रहो। उसकी विधि अविनाशी साथी को पहचानो और सब कुछ उसके हवाले कर दो।

जो कल करना है उसके बदले आज करो। जो अब करता उसको सब कुछ मिलता। जो कल पर छोड़ता उसे कुछ नहीं मिलता।

(5) हम भगवान के बच्चे, हमें उसके दिल को जीतना है। दिल जीतना है तो दिल से कहो ओ बाबा, मैं तेरा। जो देवों का देव, पतियों का पति है उसको समर्पण हो जाओ। प्रीत बुद्धि बनो तो विजय हुई पड़ी है। यही सहज सरल योग बाबा ने हमें सिखलाया है। तू मेरा, मैं तेरा.... इसी महामंत्र से अपनी वृत्ति बनाओ तो सबसे प्रीत रहेगी। यह सब उनके बच्चे हैं फिर वैर विरोध समाप्त हो जाएगा। जो एक से प्रीत रखता उसे सब प्यार करते। प्रभु का जो प्यारा बनता वह परिवार का प्यारा, विश्व का प्यारा बन जाता। अगर प्यार पाना चाहते हो तो प्रभु के प्यारे बन जाओ। इस प्रीत में भले पागल बनो। दुनिया का पागलपना छोड़ दो। यह प्रीत ऐसी प्यारी चीज है जो दुनिया की सब चीजें समाप्त हो जाती हैं। ऐसे जो एक से प्रीत रखते, निश्चयबुद्धि बनते, उसे सच्चा साथी बनाते, वह सच्ची सोने की पारस दुनिया के अधिकारी बनते हैं।

ईश्वरीय स्नेह की शक्ति बहुत बड़ी शक्ति है, वह हमें सम्पूर्ण और संपन्न बना ही देगी-सिर्फ स्नेही बनो (18-02-86)

(1) जो मुरली सुनता, मुरली पर मनन-चिंतन करता वह सहज ही मनमनाभव हो सकता है। हमें बाप और वर्से को याद करना है-लेकिन पहले बाप को याद करें या वर्से को, बच्चों को होती है लालच। बाप कुछ दे नहीं तो ऐसे याद करेंगे क्या? हम सब भक्ति मार्ग के गिरे हुए लालची हैं। द्वापर से इतनी भक्ति क्यों की? भगवान से मिलने की इच्छा किए। समझते हैं दान पुण्य करेंगे तो भगवान वापस (रिटर्न) देगा। अभी हम बाबा को याद करते हैं, हमको बादशाही चाहिए। अगर बादशाही का नशा नहीं है तो सुखी बन जाते, वर्से को साथ-साथ याद करो तो याद स्नेहयुक्त बन जाती है।

(2) हम सबका जन्म स्नेह से हुआ है। याद करने की मेहनत तो पीछे की। पहले स्नेह से पैदा हुए। बाबा के स्नेह की पालना ने बड़ा किया है। ईश्वरीय स्नेह की पालना ने बड़ा किया है। ईश्वरीय स्नेह की शक्ति ही हमको चला रही है। ज्ञान की शक्ति के साथ-साथ ईश्वरीय स्नेह की शक्ति, उनके सर्व संबंधों के स्नेह की शक्ति हमें सहज ही उपराम कर देती है। अगर स्नेह की शक्ति नहीं तो घड़ी-घड़ी देह अभिमान में आ जाते। बाबा के स्नेह की शक्ति देह अभिमान छुड़ा देती है। बाबा के स्नेह में खो जाओ तो देह अभिमान खलास हो जाता है। तो बाबा से स्नेह की बादशाही लो।

(3) स्नेह की माला तो बनी पड़ी है, तो हरेक अपने आपसे पूछे-मैं स्नेह की माला में पिरोया हुआ मोती हूँ। ईश्वरीय स्नेह की शक्ति में पिरोया हुआ मोती कैसा

होगा? उनको कोई भी अन्य बातों से प्रीत नहीं होगी। खींच नहीं होगा, इच्छा नहीं होगी। तो पहले मैं परमात्मा बाप के गले में ईश्वरीय स्नेह की माला का मणका बन जाऊँ। जिसको ईश्वरीय स्नेह मिला हुआ है, रस बैठा हुआ है वह अंदर ही अंदर अति इंद्रिय सुख के झूले में झूलता है। ईश्वरीय स्नेह बड़ी भारी खुराक है। उसे अविनाशी खुशी की टेस्ट का पता है। अगर हमारे पास ईश्वरीय स्नेह की शक्ति है तो वह हमें भरपूर शक्ति संपन्न बना देगी। स्नेह की शक्ति कम है तो कमियाँ रह जाएंगी। कई हैं जो रूखे हैं, ईश्वर के स्नेह का पता नहीं है। अगर इस स्नेह की शक्ति से अपने को भरपूर कर लो तो आत्मा प्रेम स्वरूप, आनंद स्वरूप बन जाएगी। आत्मा में सर्व ईश्वरीय गुण व विशेषताएँ आ जाएँगी। बाप की जो विशेषताएँ हैं वह सदा ध्यान पर रखो। जिससे प्यार होता, स्नेह होता उसकी विशेषताएँ ध्यान पर रहती हैं। बाप की विशेषताएँ ही हमारे लिए बड़ी भारी प्रापर्टी हैं। बाप की विशेषताओं को मन ही मन में जितना वर्णन करते चलो उतना अंतर्मुखता के आधार से संपन्न बनना सहज होता जाता। आत्मा पर जो ग्रहण है वह हटता जाता है।

(4) किसी पर भी जब कोई ग्रहण बैठता है तो आँखों के आगे पर्दा आ जाता है। उसकी बुद्धि में कुछ बैठता नहीं। इस पर्दे को हटाने की युक्ति है-ज्ञान दान दो। गुणों का, संग का, ज्ञान का दान देते चलो तो अपना ग्रहण हटता जाता है और बृहस्पति की दशा बैठती जाती है। ग्रहण जब बैठता है तो चारों तरफ से नुकसान होता है। दशा बैठती तो बाप का भी प्यार मिलता, ईश्वरीय स्नेह से भी फायदा मिलता। जहाँ हाथ डालो सोना ही सोना।

(5) ग्रहचारी और दशा का भी ज्ञान चाहिए। हम ज्योतिषी हैं ना। हमारे पर किसी भी प्रकार की ग्रहचारी है तो उसे दूर करने का तरीका-गुप्त दान महापुण्य। दिखावा (शो) नहीं। हमारी सेवा, हमारा पुरुषार्थ औरों के ध्यान पर आवे-यह अंदर ख्याल न हो। दिखावे की तस्वीर (शोई पिक्चर) नहीं बनो। निष्काम योगी बनो। कोई प्रकार की कामना न हो।

> "अंदर में यही मुख्य साधना हो-कि हमारे कल्याण के साथ सबका भला हो। आत्मा के संस्कारों में एक ही आवाज हो कि सबका भला हो।"

जब सारी सृष्टि तमोप्रधान है, प्रकृति तमोप्रधान है, तब बाबा ने हम बच्चों में यह संस्कार डाला है। और कुछ नहीं सोचो, सबका भला सोचो। सबका भला करने की शक्ति सर्वशक्तिवान बाबा से अब हमको मिलती है। सबका भला वही सोच सकते जो स्व उन्नति में लगे रहते हैं। स्व स्थिति को मजबूत बनाने के लिए जिसका अटेन्शन है उसके द्वारा ऑटोमेटिक सबका भला होता है। वह मुख से कहे न कहे।

(6) भटकी हुई आत्माओं का भी भला करने की शक्ति हो। भटकी हुई आत्मा हमें न भटका दे। सबसे डिफीकल्ट सर्विस वह है। प्रकृति योगबल से सतोप्रधान बनेगी। लेकिन भूत प्रेतों की सेवा बड़ी डिफीकल्ट है। उसके लिए पावरफुल स्थिति चाहिए। जरा भी रिंचक मात्र भी कोई बुरे (ईविल) संस्कार का फोर्स हमारे ऊपर न हो। अगर कुछ भी असर मेरी बुद्धि पर स्पर्श हुआ तो मेरे में वह शक्ति नहीं आएगी। हम फेल हैं। अगर बहुतकाल से परमात्मा बाप के साथ सच्चे स्नेह की शक्ति होगी तो उन आत्माओं का भला होगा। किसी के नामरूप पर ध्यान न जाए, बलिहारी बाबा की। बाबा ने जो पढ़ाया है वह हमारे से दिखाई पड़े। पढ़ाई लाइफ से दिखाई पड़े तो और बातों में ध्यान जाएगा नहीं। न जाल में फंसो न छुड़ाना पड़े। यह है ईश्वरीय स्नेह की पढ़ाई, स्व उन्नति की शक्ति, जितनी वह शक्ति इकट्ठी की है उतना अपने आप (आटोमेटिकली) सेवा होती जाएगी। सबके मुख से बाबा-बाबा निकले। बाबा की पढ़ाई को देख, बाबा द्वारा जो जीवन मिला है उसको देख, योगी वायब्रेशन को देख अन्य आत्माओं को गुप्त शक्ति मिलती जाएँगी। हमको जितना घर याद आएगा-सबको घर की खींच होती जाएगी। जितना हम उड़ती कला में होंगे, दूसरों को उड़ने के पंख मिलते जाएँगे। वह भी तब होता है जब बुद्धि सदा बेहद सेवा में हो। सेवा बहुत बड़ी चीज है, फल इच्छा रहित हो। जो सीजन है बीज डाल दो। फल अपने आप निकलेगा। यह सेवा की सीजन है, व्यर्थ न चली जाए। बाबा को देख सेवा करते चलो। और किसी को न देखो। जहाँ बाबा कदम रखायेगा वहाँ सेवा है। कभी यह संकल्प न आए कि यहाँ मेरी क्या सेवा है। फलानी जगह अच्छी सेवा होगी, यह भी व्यर्थ संकल्प है। जैसे तुम्हीं से खाऊँ.... वैसे जहाँ बैठूँ वहाँ सेवा है। बुद्धि बाबा से लगी हो। बाकी जहाँ बैठूँ वहाँ बाबा की याद दिलाने की सेवा है। उसमें स्थान का सवाल (क्वेश्चन) नहीं। बुद्धि को सदा ऊँची स्थिति में रखने की आदत (हैबिट) होनी चाहिए। मोटी बुद्धि वाले मोटे रूप से सोचते हैं। तो सदा के लिए आदत पड़ जाती है मोटे रूप से सोचने की। महीन बुद्धि वाले शाही (रॉयल) होते हैं, उनके याद की गति (स्पीड), सेवा की गति (स्पीड) अपने आप तेज हो जाती है। अंदर कोई रुकावट आए, रुकते नहीं हैं।

(7) पहले अपने आपको स्नेह की माला में पिरोया हुआ देखो, फिर लगन ऐसी हो जो संपन्न बनने की माला में आ जाओ। सच्चा स्नेह और सच्चाई बाबा हमारे में भर देगा। सच्चाई अंदर आई तो सब गुण स्वत: आ जाएँगे। मिक्सचर बुद्धि न हो। उसमें चाहिए संकल्पों की चेकिंग। जो बाबा ने दिया है वह देते जाओ। याद और सेवा दोनों हमारे जीवन को बहुत ऊँचा बनाने वाले हैं। जितना याद करते जाओ तो बाबा के साथ समीपता का अनुभव पड़ जाए। समीपता है तो सेफ है। याद से अपने आपको बाप के समीप लाने की लगन हो। जिससे हम वायरलेस बनेंगे। बाबा की समीपता हमारे किचड़े को भस्म कर देती है। विकर्म विनाश हो जाते हैं। विकल्प आने की आदत छूट जाती

है। नजदीक आते, समस्याएँ खत्म हो जाती हैं। समीपता में इतनी शक्ति है जो भारी सिर हल्का हो जाता। चेहरा खिल जाता। जिन्होंने समीपता की शक्ति पाई है, जिन्हें इसका अनुभव है उनके द्वारा स्वतः सेवा होती जाएगी। वह योजना (प्लान) नहीं बनाते, सोचते कि मुझे यह सेवा करनी है। ड्रामा प्लान अनुसार एक्यूरेट जहाँ, जिस घड़ी जरूरत होगी बाबा की सेवा कराने की..... वह होती रहेगी। हमारा काम है बाबा को अपना साथी बनाना और बाबा के साथ रहना।

कल्याणकारी बनने के लिए मास्टर भोलानाथ बनना है (20-02-86)

(1) बाप के गले का हार बनने के लिए कभी भी माया से हार न हो। बाबा ने कहा अब हर आत्मा को ज्ञान की पराकाष्ठा से काली रूप बनना है। क्योंकि जब काली रूप बनेंगे तब विकर्म विनाश होंगे। जो प्रभु के गले का हार बनना चाहते वह कभी माया से हार न खाएँ। ईश्वर के चरणों में आना, माना माया से मुक्त होना है। जो माया से फ्री होना चाहते वह परमात्मा बाप के आगे समर्पित (सरेन्डर) हो जाते। सरेन्डर होना माना कदम-कदम बाप की श्रीमत पर चलना है। श्रीमत पर चलने से माया पर जीत हो जाती और भगवान के गले का हार बन जाते। शूरवीर वह जो समस्याओं का सामना करने वाला हो, घबराने वाला नहीं। शूरवीर यह नहीं कहता-समस्या क्यों आई। समस्या आती है हमारी शक्ति को देखने के लिए। डरता वह जो कम पढ़ता, ध्यान (अटेन्शन) नहीं देता। जो पढ़ाई में ध्यान (अटेन्शन) देता, रैगुलर है, टीचर से भी प्यार है, तो वह पढ़ाई व परीक्षा से डरता नहीं। खुशी-खुशी से उसे पार कर आगे बढ़ जाता है।

(2) बाबा ने कहा-एक दिन का बच्चा भी जो यहाँ बैठा है उसकी गोल्डन जुबली है। क्योकि बेगमपुर के बादशाहों की गोल्डन जुबली है। जिनका सारा गम भगवान ने ले लिया, जो जरा भी गम महसूस नहीं करते-चिंताओं से, फिकरों से मुक्त हैं, सुख-शांति के भंडार से भरपूर हैं, जीवन में हैं लेकिन जीवन मुक्त हैं-उनकी यह गोल्डन जुबली है। हम भोलानाथ के बच्चे हैं, वह हमारा बाप है। ऐसा भोलानाथ है जो हमारी सब पुरानी बातें भुला देता है। वह ऐसे नहीं कहता, तुम तो ऐसे हो। जैसे भी हो, वैसे हो मेरे हो, स्वीकार कर लेता है एक सेकेण्ड में। हम कई बार सोचते, भगवान को भोलानाथ क्यों कहा जाता है? देखते हैं-जिस घड़ी बाबा के आगे आते हैं, बाबा इतनी शक्ति देता, इतना प्यार देता, जो हमारी सब बातें एक घड़ी में भुला देता है। आदि स्वरूप की स्मृति दिला देता है।

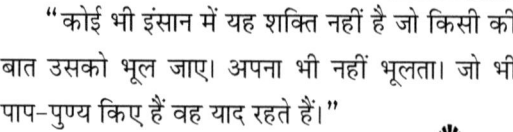

"कोई भी इंसान में यह शक्ति नहीं है जो किसी की बात उसको भूल जाए। अपना भी नहीं भूलता। जो भी पाप-पुण्य किए हैं वह याद रहते हैं।"

लेकिन बाबा कहता भूल जा। तो हमें मास्टर भोलानाथ बनने का ही बड़ा गुप्त पुरुषार्थ करना है। अगर भोलानाथ न बने तो मास्टर कल्याणकारी नहीं बन सकते। बाप सबका कल्याणकारी तभी बना जब भोलानाथ है। तो हमें भी उसे पहचान मास्टर बनना है।

(3) हमारे मन में हर सेकेंड जो भी विचार (थाट्स) चलते हैं वह गोल्डन हों। सर्व के कल्याण वाले हों। इस साल सबकी गोल्डन जुबली है, खूब मनाओ। परीक्षा कुछ नहीं है। परीक्षा शब्द निकाल दो। बाबा को सामने रखो। उन जैसा बनना है, बस। हम उसके बच्चे हैं, उनके समान बनेंगे जरूर। बाप समान बनने की सहज युक्ति-हनुमान मिसल अपनी बुद्धि बाप के आगे सरेन्डर कर दो। अपनी बुद्धि को मत चलाओ। शांत शीतल रखो। तो अंदर में नम्रता भावना पैदा होती जाएगी। अहंकार निकलता आएगा। बाप निरअहंकारी हैं तो हम भी बाप के समान बनें। बाप क्षमा का सागर है। वह धर्मराज के हिसाब से हमारे सामने आइना देता है। जो किया है वह हिसाब-किताब चुक्तू करना पड़ेगा। बाबा कहता-मेरे तरफ से तुम मेरे हो, मैं क्षमा करता हूँ। घबराने की बात नहीं है। बीते हुए (पास्ट) को मैं क्षमा कर देता हूँ परंतु वर्तमान (प्रजेन्ट) में अच्छा करो। वर्तमान में ध्यानावस्थित (प्रजेन्ट अटेन्शन) हैं तो भविष्य (फ्यूचर) अच्छा हो जाता है। हिसाब-किताब की मशीनरी बड़ी गहरी है। प्रजेन्ट अटेन्शन है तो यह कहने की जरूरत नहीं कि भगवान क्षमा करो। वह प्यार में सब कुछ क्षमा कर देता है। सिर्फ महसूस करने की शक्ति होनी चाहिए। महसूस किया तो भाग्य विधाता अंदर से क्षमा कर देता है। हम हल्के हो जाते, फिर मूँझ नहीं होती। हमारे अंदर से यह आवाज नहीं निकलनी चाहिए-कि हमारे अंदर मूँझ है। सदा अडोलता की आवाज हो। हनुमान का ही गायन है अचल अडोल। महावीर भगवान की श्रीमत पर चलने वाला। ह्रदय में सिवाय राम के और कोई नहीं। कोई छाती खोलकर देखे-तो अंदर से दुख-दर्द नहीं निकलेगा। राम निकलेगा। वह यह नहीं कहता-यह परीक्षा है, दूसरी कुछ आवाज निकलती ही नहीं। क्योंकि उसने सेवा की जिम्मेवारी उठा ली, साथी बन गया। वह कभी साथ नहीं माँगता, लेकिन सदा उसका साथी है। सोचो-मेरा साथी कौन। तो अंदर से शक्ति आती है। शूरवीर बनना है तो कभी ऐसी रचना पैदा न करो जो तुम्हें काटे या नींद उड़ा (फिटा) दे। संकल्प छोटा-सा होता है लेकिन नींद उड़ा देता है। नींद फिटाते हैं खटमल और जूँ। तीसरा मच्छर।

हीरे मोती

चौथा-आँखों में चिच्चढ़ पड़ जाती तो भी नींद फिट जाती। इतना दर्द होता बात मत पूछो। चिच्चढ़ का संग बहुत लगता है। पता भी नहीं पड़ता। कोई खराब दृष्टि से देखता तो दर्द होता है। यह चिच्चढ़ काटते हैं, दुःखी करते हैं। हैं सब किचड़े की पैदाइश। जहाँ सफाई होगी वहाँ खटमल मच्छर नहीं होंगे। जहाँ मन की सफाई, ईश्वर से सच्चाई होगी वहाँ यह सब चीजें खत्म हो जाएँगी। इसलिए भोलानाथ को और कुछ नहीं चाहिए-तुम सच्चे बनो तो व्यर्थ रचना से छूट जाएँगे। तरीका एक ही है दिल साफ। मतलब की याद न हो। एक है साधारण याद, दूसरी है शक्तिशाली याद। साधारण याद आना फायदे के लिए है। शक्तिशाली याद बहुत काम करती, तीनों कालों में काम करती है। अपने दिमाग (माइंड) को एकाग्र करके अच्छी तरह याद करो तो बुद्धि की चंचलता बंद हो जाएगी। बुद्धि कहीं खींचेगी नहीं। इस याद के लिए बुद्धि की लगन, लगाव एक तरफ हो। किसी भी व्यक्ति के गुणों पर आशिक न हो जाओ। किसी पर भी मेरा आधार न हो। अंदर ही अंदर आत्मा समझे, एक तेरा सहारा। सतगुरु तेरी ओट। यह ट्रक पर लिखते हैं, लेकिन यह हमारे मस्तक पर सदा लिखा हो-एक तेरा सहारा। तो मिल गया, लेकिन खबरदार रहना है-कुछ भी हो जाए, धरती-आसमान सब एक हो जाएं परंतु हमारे दिल का सहारा छूट न जाए। क्योंकि उससे ही हमारा नसीब बनता है। मेरी प्रीत में कोई कितनी भी रुकावटें डाले, लेकिन प्रीत न टूटे। अपनी प्रीत को देखते चलो, दुनिया की समस्याओं को मत देखो। प्रीत को देखो। पांडवों की ओर गोप गोपियों की प्रीत का गायन है। मजा है गोप गोपी बनने में। गोप गोपियों की प्रीत है मुरली के साथ। इतना जो त्याग के संस्कार पैदा होते हैं वह मुरली से। वृत्ति शुद्ध, पावन बनती है मुरली से।

दूसरी क्लास

सबसे हमारी मित्रता हो। सब एक पिता के बच्चे हैं, यह हमारा संबंध है। मित्रता भाव की लगन ही हमको पावन बनाती है। सदा अंदर रहे कि सबसे हमारी मित्रता हो। शत्रुता भाव का अंशमात्र भी पतित अशुद्ध संस्कार है। परमात्मा जब हमारा मित्र बना है तब मित्रता भावना को देख हम फिदा हुए हैं। **दुनिया में सब एक दूसरे के शत्रु हैं-देह अभिमान में लाने वाले, विकारों में लाने वाले, बुराइयों में लाने वाले। एक बाबा ही प्राण दान देने वाला सच्चा मित्र है,** जो सच्ची बात सुनाकर मित्रता भावना से गिरे हुए को ऊपर उठाता है। दुनिया में न ऐसा कोई संबंधी है न मित्र है जो गिरे हुए को ऊपर उठाए। कोई गिरेगा तो नुक्स निकालेंगे-इस कारण से गिरा होगा। भगवान ने हमारा कोई नुक्स नहीं देखा। हमने देह अभिमान में आकर,

विकारों में फंसकर उसका दिया हुआ सारा राज्य भाग गंवा दिया, फिर भी वह कहता-बच्चे, अब इन सबसे किनारा करके अपना राज्य भाग ले लो। तो ऐसा मित्र कौन हो सकता जो हम गंवायें और वह दे। तो यह संस्कार हमारे में आ जाएँ। जितनी मित्रता बाबा ने हमारे साथ की है, ऐसी मित्रता भावना सर्व आत्माओं के प्रति हो। अगर जी चाहता है हम बाबा समान बनें तो लिस्ट बनाओ किन-किन बातों में समान बनना है। वह लिस्ट सामने होगी तो बचपन छूटता जाएगा। बचपन माना अलबेलापन। जवानी माना जोश, माया से युद्ध, तेरा मेरा, ईर्ष्या (जैलसी) के संस्कार, छोटी बात को बढ़ा देना.... यह जवानी के संस्कार हैं। बुजुर्ग सयाना गंभीर, धीर्यवत बाप समान है। सबके लिए कल्याण की भावना सदा सोचने वाला ही बाप समान है। कर्त्तापन का भान जरा भी न रहे, यह बाबा समान है। मैं करता हूँ, मैंने किया, यह देह अभिमान न हो।

लाइट रहने से अधीनता छूट जाती है, लाइट रहो तो फरिश्ता से देवता बन जाएँगे (22-02-86)

(1) बाप देता है वर्सा। रावण देता है श्राप। रावण के श्राप से गरीब कंगाल, मोहताज बन गए। वर्सा फिर ऐसा मिला है जो धनवान भी बने, साथ-साथ इतना मिला है जो दानी-महादानी भी बन गए। मोहताजी छूट गई। मोहताजी माने अधीनता। मैं किसी के भी अधीन न रहूँ। घड़ी-घड़ी अपने को समझाना होता है-हल्की हो जाओ। अधीनता छोड़ दो। कितनी भी बातें आ जाएँ, तू ख्याल मत कर। दिन-रात यह स्मृति रहे कि हमको लाइट बनना है, क्योंकि भारीपन बहुत थकाता है। जो हल्का होता उसमें अथकपन का गुण सहज दिखाई देता है। जो लाइट रहता है-वह उड़ता भी है और उड़ा भी सकता है। वह खुशी में नाच भी सकता, नचा भी सकता। वह सदा अपने स्वमान में भी रह सकता, क्योंकि किसी के अधीन नहीं है। लाइट रहने से अधीनता छूट जाती।

(2) कईयों का विश्वास बाबा में बहुत है, लेकिन आत्मविश्वास नहीं है, क्यों? क्योंकि लाइट नहीं हैं। हल्कापन नहीं है। बाबा में विश्वास है कि वह सर्वशक्तिवान बाबा है, अलौकिक जीवन देने वाला बाबा है। लेकिन अपनी वैल्यु का इतना पता नहीं चलता। अपनी वैल्यु का पता कैसे चले। बाबा ने हमें कौड़ी से हीरे-जैसा बनाया है। कहाँ कौड़ी कहाँ हीरा.... स्वमान में स्थित होते जाओ तो लाइफ कीमती (वैल्युबुल) लगती है। हर श्वास, हर संकल्प वैल्युबुल है, तो वैल्युबुल लाइफ बनती जाती। कितनी बातें हैं जो हल्की रहने नहीं देतीं। भारीपन की बहुत लंबी लिस्ट है। अपनी देह के साथ जिन आत्माओं का भी संबंध है, पुराना है या अभी का है..... वह हिसाब-किताब भारी कर देता है। हल्कापन महसूस नहीं होता। अपनी कोई नेचर है, अपना कोई स्वभाव

है-जिस स्वभाव के मैं वश हूँ तो न मैं हल्की न दूसरी हल्की। मैंने अपने स्वभाव को समझ-सोचकर उससे मुक्त होने का अभ्यास नहीं किया, ध्यान नहीं दिया तो अन्य आत्माएँ भी मेरे स्वभाव के वश भारी रहती हैं। आज के समय अनुसार हम सबको अपने स्वभाव से मुक्त हो करके हल्का रहना है, ताकि सब मेरे से हल्के हो जाएँ। लोक पसंद बनने के लिए ध्यान रखना है। कोई-कोई पुराना संस्कार भी बहुत भारी करता है। उनसे भी हल्के हो जाओ। सदा यह संकल्प मजबूत होता जाए-कि मैं लाइट बनूँ। ज्ञान की रोशनी मिली है लाइट बनने के लिए। हमारा अंतिम स्वरूप है ही लाइट, फरिश्ता।

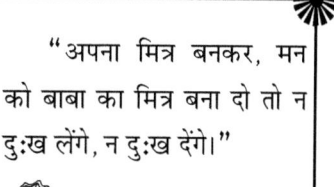

"अपना मित्र बनकर, मन को बाबा का मित्र बना दो तो न दुःख लेंगे, न दुःख देंगे।"

(3) बाबा ने कहा, "हम फरिश्ता सो देवता"-यह मंत्र सदा याद रखो। पहले ब्राह्मण सो देवता, अब पक्का कराया फरिश्ता सो देवता। फरिश्तापन की अनुभूति करने का सुख बड़ा न्यारा है। जैसे पहले गोप गोपियों का अतिइंद्रिय सुख अनुभव किया है, वह दिन बहुत अच्छे पास किए। अब बेहद की सेवा अर्थ, बेहद की बादशाही लेने वाले बच्चों को बाबा कहता-फरिश्ता सो देवता बनकर रहो। ब्राह्मण सो देवता नम्बरवार हो जाएँगे। देवता भी नम्बरवार होंगे। फरिश्ता स्वरूप में नम्बर नहीं होता। नम्बर तब आता-जब किसी के स्वभाव संस्कार, पुरुषार्थ धारणा, सेवा को देखते हैं। जो इन सब बातों में एकदम सही (एक्यूरेट) है वह फरिश्ता सो देवता बन जाएँ। उसमें नम्बर नहीं। फरिश्ता के बाद जल्दी देवता बन जाते। फरिश्ता बन गए तो धर्मराज पुरी भी पास हुई, सब हिसाब-किताब चुक्तू हुआ। थोड़ा समय शांतिधाम में वेट कर फिर देवता बन जाएँगे।

(4) फरिश्ता बनने के लिए लाइट रहने का फुल अटेन्शन। हिसाब-किताब से मुक्त रहने का पूरा पुरुषार्थ। क्योंकि अगर मेरे पर किसी के स्वभाव संस्कार का असर होता है, भारीपन आता है, तो जब तक भारीपन है तब तक बाडी कानसेस है। उसी प्रकार चिंतन है, वर्णन है। अभी बाबा हम बच्चों से जो पुरुषार्थ कराना चाहते हैं उसी अनुसार हम दूसरी कोई बात को न देखें, पुरुषार्थ में लग जाएँ, सबका संबंध, लेन-देन बाबा के साथ जुटाएँ। बीच में हम निमित्त एजेंट हैं, हमारे साथ किसी का संबंध न जुट जाए, इसका ध्यान रखें, क्योंकि एंजिल का आपस में संबंध नहीं है। तो देह के संबंधों से न्यारा बनने की प्रैक्टिस, न्यारेपन की शक्ति, देह के संबंधों से कोई रिश्ता नहीं, सब बाबा के बच्चे हैं। मेरा किसी के साथ भी कोई प्रकार का मोटे रूप में संबंध (रिलेशन) नहीं। सूक्ष्म है-आत्मा भाई-भाई, यह चेकिंग करनी चाहिए।

(5) हमारे द्वारा दुनिया वालों को वायब्रेशन तब आयेंगे जब हमें मिनट-मिनट वैल्यु का पता होगा।

> "हमारा मिनट-मिनट शांतिपूर्ण (पीसफुल) रहेगा तो दूसरों को पीसफुल बनने में मदद मिलेगी। कभी भी कोई मिनट हमारा अशांति वाला न हो।"

क्योंकि बाबा ने कहा-तुम पीस मेकर हो। पीस स्थापन करने वाले हो। शांति फैलाने वाले हो, तुम कभी अशांत हो नहीं सकते। हम मधुबन की भट्ठी में आते ही हैं साफ होने के लिए। कपड़ों की जब भट्ठी चढ़ाई जाती है तो उस भट्ठी की गर्माइस मैल निचोड़ लेती है। यहाँ भी जब भट्ठी में पड़ते हैं तो चेहरे चमक जाते हैं। अंदर से सफाई हो जाती है। दूसरी भट्ठी चढ़ती है ईंटों की। जब तक उस भट्ठे में ईंट पककर लाल नहीं हुई तब तक काम की नहीं, मजबूत नहीं। भट्ठे में पड़ने से रंग-रूप बदल जाता है, पक्की हो जाती है। एक ईंट की भट्ठी नहीं चढ़ाई जाती, भट्ठा चढ़ाया जाता। तो यह भी संगठित योग की भट्ठी का प्रोग्राम है-जिससे आत्मा पक्की हो जाए। ज्ञान की भट्ठी नहीं कहेंगे। ज्ञान की रूह-रूहान होती। लेन-देन होती, जिससे बुद्धि साफ (क्लीयर) होती है। कई बातें जो समझ में नहीं आतीं वह रूह-रूहान करने से साफ (क्लीयर) हो जाती हैं।

(6) बाबा कहते हैं-कई बच्चों की बुद्धि में जैसे सुराख है, चलते-चलते अनेक प्रकार के संदेह (डाउट) पैदा हो जाते। यहाँ भी भेद भाव है, गरीब साहूकार को देखा जाता है। सुनी-सुनाई बातों पर विश्वास कर लेते, फिर चेहरे से वह चमक कम होती जाती। ज्ञान सुनाते तो अच्छा नहीं लगता। तो बाबा कहता-बच्चे, इसकी बुद्धि में सुराख हो गया है। ज्ञान बह गया है। मटके में छोटा-सा सुराख हो जाए-तो क्या होगा। वह ज्ञान सुनाना चाहेगा तो भी नहीं सुना सकेगा। मुख से रतन निकलेंगे ही नहीं। जो यहाँ ज्ञान रत्नों से खेलना नहीं जानता वह सतयुग में हीरे-जवाहरातों से कैसे खेलेगा? अगर सुराख हो गया तो मटका खाली हो जाएगा। सुबह-सुबह उठकर अपना मटका साफ करो फिर यहाँ बैठो। कल वाला बासी पानी लेकर नहीं बैठो। रोज जितना मटके को धोओ, तो पानी चमकता है, पीने में मजा आता है तो बुद्धि को सदा ही साफ रखो। ऐसा स्वच्छ बनो, जो दूसरे का दिल हो मैं भी एक ग्लास पानी पी लूँ। अंदर ही अंदर अपने को लाइट बनाते जाओ। जो बात बीत गई समाप्त (फिनिस)। अब क्या करने का है। जरा भी भारीपन नहीं। कभी किसी को जब भारी देखते तो हम कहते-इसका श्वास व्यर्थ जा रहा है। मेरे पर कोई बोझा नहीं, बाबा चला रहा है, यह भी एक धारणा रहा है। हमको सिर्फ हाँ जी, कहना है। मम्मा हमेशा कहती थीं, हुक्मी हुक्म चलाए रहा, हम उसके हुक्म से चल रहे हैं। उसके हुक्म से चलते-चलते आखिर परिणाम (रिजल्ट) क्या हुआ, फरिश्ते बन गए। अभी थोड़ा समय ईश्वर के आदेश (ऑर्डर) में रहो, उसके हुक्म पर चलो.... तो उसका रिजल्ट होगा, हमारे ऊपर कोई मनुष्य आत्मा

आर्डर चला नहीं सकती। एक दो को सम्मान (रिस्पेक्ट) देना है लेकिन आदेश (आर्डर) नहीं। रिस्पेक्ट देने का संस्कार भी हमें लाइट बनाता है। फरिश्ता बनने की लगन हमें सतयुग में ले आएगी। इसमें कोई संदेह (डाउट) नहीं। ब्राह्मण बने हैं फरिश्ता बनने के लिए न कि युद्ध में समय गंवाने के लिए। जब तक क्षत्रिय संस्कार है, तो फरिश्तापन दूर है। युद्ध में श्वास संकल्प न जाए यह ध्यान रखना है।

(7) हमें सिर्फ शिक्षक नहीं लेकिन सर्व का रक्षक बनना है। बाबा ने हमारे प्राणों की रक्षा की है। माता-पिता हमेशा बच्चों के रक्षक होते हैं, टीचर शिक्षक है, माता-पिता रक्षक हैं। अगर माता-पिता हमारी रक्षा न करते तो आज हम यहाँ नहीं होते। हम उनकी रक्षा के नीचे चल रहे हैं। हमारा भविष्य क्या है? हम सबके रक्षक हैं, मांगते नहीं हैं–सबकी रक्षा हो। बाबा की शिक्षाओं ने हमारी रक्षा की है, ऐसे ही वह संस्कार हमारे में भर गए जो हम सारे जहान के सिर्फ शिक्षक नहीं बनते पर रक्षक हैं। हम सब बातों में दुनिया से न्यारे बाबा के प्यारे हो गए। सबके प्राण अच्छी तरह से सुख से निकलें यही हमारी इच्छा है।

शुद्ध संकल्पों में रमण करने वाला ही सच्चा सेवाधारी है (02-03-86)

(1) एक है स्थूल कर्मबंधन, दूसरा है सूक्ष्म बंधन। ज्ञान में आने से स्थूल कर्मबंधन का पता चलता है, उनसे मुक्त होने की इच्छा पैदा होती है। कर्मबंधनों से मुक्त होने के लिए-बाबा से स्नेह युक्त संबंध हो, योगयुक्त रहें, हर कर्म पर अटेन्शन हो, धारणाओं पर फुल अटेन्शन हो, कर्मबंधनों की जंजीरों को महसूस (रियलाइज) कर फिर से उनमें न बंध जाएं, इसका भी ध्यान (अटेन्शन) हो तो फ्री होते जाते। एक तो अपनी देह के कर्मबंधन हैं, जो देह द्वारा किए हैं। फिर देह के संबंधियों के साथ किए हैं। अब हरेक अपने आप से पूछे, मैं कितना फ्री हो गया हूँ, कोई कर्मबंधन खींचता तो नहीं है। जितना फ्री होते जाते उतना खुशी का पारा चढ़ता जाता। फिर बाहर का हिसाब-किताब हमारी खुशी को खत्म नहीं करता। वह भी चुक्तू होता जाता है।

(2) सूक्ष्म बंधन भी अनेक प्रकार के हैं, जो साधारण और व्यर्थ संकल्पों के बंधन में बंधे हुए हैं। आदत पड़ी हुई है, पता नहीं चलता कि यह साधारण या व्यर्थ संकल्प हैं। उनसे फ्री होने के लिए डीप पुरुषार्थ चाहिए। इसमें परचिंतन को छोड़ना पड़ेगा। संकल्पों का सूक्ष्म बंधन बहुत कड़ा है। समझते हैं यह श्रेष्ठ विचार हैं लेकिन होते व्यर्थ हैं। फिर अपनी रचना रचकर खुद दु:खी होते हैं। जब बीते हुए (पास्ट) के अनेक विकारी हिसाब-किताब को चुक्तू किया–फिर क्या जरूरत पड़ी है ऐसी रचना रचकर अपने को दु:खी करने की।

"श्रेष्ठ संकल्प से बहुत ऊँची कमाई है। स्व उन्नति के साथ सर्व की उन्नति में श्रेष्ठ संकल्प मदद करते हैं।"

कल्याण भावना मजबूत होती जाती है। जिस घड़ी व्यर्थ या साधारण संकल्प हैं उस घड़ी अपने आप से पूछो मैं क्या कर रहा हूँ। मेरी आदत क्या बन रही है। जैसे हर इंसान आदत से मजबूर है। ऐसे हमें श्रेष्ठ संकल्पों में रमण करने की, उसी संकल्प में रहने की आदत पड़ जाए तो व्यर्थ की आदत मजबूर न करे। अपने से पूछना होता व्यर्थ संकल्प आते कहाँ से हैं? श्रेष्ठ संकल्प आएँगे बाबा की याद से। आत्म अभिमानी रहने से। फिर यह संगमयुग की सुहावनी घड़ियाँ बहुत अच्छी तरह से पास होती हैं। नयनों में बाबा समाया हुआ रहता है। दूसरा कोई संकल्प पैदा नहीं होता। इस दुनिया में रहते भी इस दुनिया से दूर। श्रेष्ठ संकल्प पैदा करते-करते बड़ा आनंद आता है। तो कौन ऐसी आत्मा होगी जो गिरती कला की तरफ जाएगी।

(3) हम सदा स्टेज पर हैं, पर्दे के पीछे छिप नहीं सकते। जो अंदर है वह बाहर है। जो संकल्प होता वो चलन से दिखाई देता। साधारण संकल्प है तो चलन भी साधारण हो जाएगी। जिसका अपने संस्कारों पर फुल अटेन्शन है उसके संकल्प भी श्रेष्ठ और शुद्ध चलते हैं। अपने से पूछना होता कि ऐसे संकल्प पैदा होने का कारण क्या है। मेरी ड्यूटी क्या है। मुझे क्या करने का है। अपने को हल्का छोड़ते तो व्यर्थ संकल्प चलते हैं। पूरा ध्यान है तो व्यर्थ आ नहीं सकता। थोड़ा सा परचिंतन शुरू किया तो व्यर्थ संकल्पों की लाइन शुरू हो जाती। किसी के लिए भी कुछ सोचना, यह हमारी जिम्मेवारी नहीं। हमारी जिम्मेवारी है सबके लिए शुभ सोचो। मेरे से बड़े हैं, यह रिगार्ड है, वह रिगार्ड कभी न छूटे, कुछ भी हो जाए। जिस घड़ी कमी नजर आती रिगार्ड छूटता है। अपने समान है तो ईर्ष्या-व्यर्थ संकल्प ले आती है। फिर आँखों में रोना जल्दी आ जाता। आंसू बहता उसको है, जिसे व्यर्थ संकल्प चलते। मेरी आँख से आँसू न आए-अनुमति (एलाउ) नहीं। यह रोने की कमजोरी कहाँ से आई-ईर्ष्या ने बुद्धि खत्म कर दी, क्योंकि सहन नहीं कर सकते। किसी को अपने से आगे बढ़ता हुआ देख नहीं सकते। फिट जाती। संकल्प चलता रहेगा। रोना आता रहेगा। मैं कोई काम की नहीं, मेरा भविष्य पता नहीं क्या होगा। इससे तो ज्ञान में न चलती वह अच्छा था। अब कहाँ जाऊँ..... यह संकल्प शुरू हुए तो ठीक नहीं, पवित्र बनाकर रखो तो खुद के श्रेष्ठ संकल्प चलेंगे। सेवा करनी है तो श्रेष्ठ संकल्प चलाने की आदत रखो। तो खुद की सेवा, साथियों की सेवा स्वतः होती रहेगी। जो बाबा के घर आएँगे उनकी सेवा वायुमंडल से स्वतः हो जाएगी। कई सेंटर पर आते बहुत हैं, लेकिन भाग जाते हैं.... कारण क्या है? उनको भगाता कौन है? मधुबन से आने का जी नहीं करता, यहाँ

बिठाता कौन है? वायुमंडल। शुद्ध वायुमंडल, प्रेम-प्यार बिठाता है, उमंग हुल्लास बिठाता है। तो सेंटर से भगाता कौन है? हमारे मन की लड़ाई भगाती है। अगर हमारा मन सदा शीतल, शांत हो तो अनुभव करके देखो-कोई भी आत्मा ऐसी बैठ जाएगी जो जाने का नाम ही नहीं लेगी। सेवाधारी, वह जो सदा शुद्ध संकल्प में रमण करे। अपने को योग्य न समझना, यह भी कमजोरी है। भेंट चलती है, फलानी मेरे से अच्छी हैं, मैं उनसे कम हूँ। लेकिन बाबा ने तो हरेक को नम्बर वन हो जाने का अधिकार दिया है, किसी को मना नहीं है, जितना जा सको जाओ। अगर दूसरा कोई आगे जाता है-तो हम खुश रहें। उसे धक्का देकर आगे न जाएँ। यह गिरे तो मैं आगे जाऊँ, यह व्यर्थ संकल्प है। किसी को ईश्वरीय सेवा में आगे बढ़ता देख हमें खुश होना चाहिए।

(4) बीमारी भी बहुत सेवा कराती है। बीमार पड़ने से ही मैं मन्सा सेवा सीखी हूँ। कई कहते हैं-बीमारी आती है तो उस समय शरीर से न्यारे कैसे बनें। हम कहते बीमारी में शरीर से न्यारे होने का बहुत मजा है। बीमारी में शरीर से न्यारे होने की प्रैक्टिस ने ही व्यर्थ संकल्प से फ्री कर दिया। शरीर किसी भी स्थिति (कंडीशन) में हो, आत्मा बाबा की सेवा में हाजिर हो। आत्मा अंत:वाहक शरीर धारण करके उड़ रही है। जिसको वह सेवा करने का आनंद है उसको व्यर्थ संकल्प, साधारण संकल्प आता ही नहीं। जरूरी नहीं है हम विदेश में जाएँ तो सेवा है। सदा स्वदेशी रहें तो सेवा है। सबको बाबा के घर चलने का संदेश देना है। शांति का संदेश मुख से नहीं देंगे, श्रेष्ठ संकल्पों की शक्ति ही शांति का संदेश देगी। श्रेष्ठ संकल्पों की शक्ति ऐसी महसूस होती जैसे यह तो भगवान की शक्ति है। श्रेष्ठ संकल्पों की शक्ति का सार क्या है? अंदर अभ्यास हो कि यह तो बाबा की शक्ति है। श्रेष्ठ संकल्पों की शक्ति व्यर्थ और साधारण से आजाद कर देती है। यह आजादी सदा अपने को खुशनसीब अनुभव कराती है। बाबा हमेशा कहते, अपने को खुशनसीब समझो। विकारी कर्मबंधनों से तो फ्री हुए, अब फालतू संकल्पों से भी फ्री हो जाओ।

(5) बाबा की हम बच्चों से क्या इच्छा है। बच्चे मेरे से भी आगे जाएँ। न सिर्फ बाप समान बनें। बाबा हम बच्चों को सिर पर बिठाकर, नयनों पर बिठाकर ले जाता है। सेवा हमको एक्टिव, आलराउंडर, अलर्ट बनाती है। कभी अपने ऊपर कोई प्रेशर नहीं रखो। सेवा नहीं होगी तो फालतू संकल्प चलेंगे। विकारी कर्मबंधन खींच लेंगे। सेवा हमको उनसे फ्री कर रही है। श्रेष्ठ कर्म करने से एक्टिव बन रहे हैं। पुरुषार्थ में चुस्त बन रहे हैं। नहीं तो सुस्ती का घेराव हो जाता है। तो सेवा को प्रेशर नहीं समझो। जबरदस्ती नहीं है। सेवा दुआएँ देती है। बाबा करा रहा है। जिसमें जो कला है, विशेषता है-वह सेवा में काम आ रही है। शुक्रिया बाबा तेरा.... आत्मा का कोई गुण भगवान ने तो स्वीकार किया। उस एक गुण को भी स्वीकार कर उसने हमें गुणवान बना दिया। सेवा में सबके साथ स्नेह युक्त संबंध में आने का मौका (चांस) मिलता है। ईश्वरीय स्नेह क्या होता है, उसकी महसूसता आती है। उसकी कमी है तो सेवा में महसूसता

नहीं है। मधुरता, धैर्यता का सेवा से पता चलता है। सेवा से अपनी अचल-अडोल स्थिति का पता चलता है-जल्दी मान-अपमान, निंदा स्तुति में, हलचल में आ जाएँ यह भी सेवा से पता चलता है। तो अंदर अपनी याद को बढ़ाते चलो और खुशी-खुशी सेवा करते चलो। संगमयुग पर जितनी सेवा करनी चाहो उतनी कर लो। बेहद सेवा है। कर्मणा सेवा भी अनेक आत्माओं की दुआएँ दिलाने वाली है। बाबा कहते ज्यादा न बोलो, पात्र देखकर बोलो। मुख से रतन निकालने की आदत हो। अंदर गुप्त प्रैक्टिस भी हो बोलने की, यह भी जरूरी है। अंदर से तैयार हैं तो चांस मिलने पर सुना सकते हैं। मन्सा से भी आत्मा बाबा के आगे सदा हाजिर रहे, जो बाबा सेवा ले। मन्सा किसी बात में कहीं व्यस्त (इंगेज) न हो। जो बाबा खींच न सके। तो मन्सा-वाचा-कर्मणा तीनों में अटेन्शन। अच्छा......

विचारों के परिवर्तन से विवेक खुलता है, आत्मा अनुभवी बनती जाती है विचार, विवेक और अनुभव (11-03-86)

(1) तीन बातें ब्राह्मणों के सदा साथ हैं। (क) विचार (ख) विवेक और अनुभव। कोई भी प्रश्न (क्वेश्चन) उठता है तो विचार चलता है। फिर विवेक क्या कहता और अनुभव क्या कहता। हर समय हरेक के पास यह तीन बातें सदा साथ हैं। विचारों में दिन-प्रतिदिन परिवर्तन आता जाता है। विवेक खुलता जा रहा है। जितनी विचारधारा ऊँची होती जाती उतना खुद में विश्वास बढ़ता है। बाबा में निश्चय होता है। ज्ञान मार्ग सहज लगता है। मंजिल भले ऊँची है लेकिन चढ़ना सरल (इजी) लगता है। जब तीनों कालों का ज्ञान आ गया तो ज्ञान से चढ़ना सहज लगता। एक बाबा की याद दूसरी सब बातें समाप्त कर देती। नजर ऊपर चली जाती है। आत्मा अपने आपको अशरीरी समझ कर्मइन्द्रिय जीत, मायाजीत और प्रकृतिजीत का अनुभव कर लेती है। आदि में क्या थे, मध्य में क्या हुआ फिर अंत में क्या गति हुई..... इसका पूरा आइना बाबा ने दे दिया है। पता चला परमात्मा से दूर होने के कारण देह अभिमानी बने, रावण ने वार कर दिया। अब रावण पर जीत पाने के लिए पहले चाहिए कर्मइन्द्रियों पर जीत। बाबा की याद अच्छी तब रहे-जब यह कर्मइन्द्रियाँ श्रेष्ठ कर्म करने लग पड़ें, क्योंकि इन कर्मइन्द्रियों द्वारा बहुत विकर्म किए हैं। इनसे अब कोई विकर्म न हो। कर्मइंद्रियों की जीत माने यह नहीं कि कर्म के सिवाय ऐसे ही बैठ जाएँ। लेकिन इनसे कोई विकर्म न हो। न कान द्वारा न मुख द्वारा.... जो बात काम की नहीं है वह नहीं सुनो। इन आँखों से मत देखो।

(2) कोई-कोई प्रश्न पूछते हैं, एक परिवार में 4 लोग रहते-एक को टेलिविजन अच्छा लगता, दूसरे को नहीं। अब क्या करें। एक खोलकर बैठ जाए, दूसरा नाराज हो. .... खोलेंगे तो कब बंद नहीं करेंगे, यह भी तो कर्म इन्द्रियाँ धोखा देने वाली हुईं। जीत नहीं हुई। सयाने वह जो एक दूसरे की उन्नति की सोचें। मैं अगर अपनी उन्नति नहीं कर सकती तो दूसरे को उन्नति करने में मदद करूँ। किसी को कोई बात अच्छी नहीं लगती है तो मैं न करूँ। किसी के पीछे परचिंतन में अपना टाइम बर्बाद (वेस्ट) न करूँ। कभी कोई फालतू किताबें, कहानी की किताबें न पढ़ो। बेफिकर बादशाह रहने के लिए हमको कर्मातीत बनता है, संपूर्ण स्थिति (स्टेज) को पाना है। स्व उन्नति के साथ अन्य की उन्नति कैसे हो, वातावरण शुद्ध कैसे करें..... जिससे दूसरों के भी व्यर्थ चिंतन बंद हो जाएँ। ऐसी सेवा की उन्नति जो करने वाले हैं उनको फालतू सुनने-पढ़ने का टाइम ही कहाँ। इसलिए बाबा कहते, संग की भी संभाल करो, ऐसे का संग न करो, जो उसका रंग लग जाए। सत बाप का संग हमको अशरीरी बनाता है, सर्वगुण संपन्न बनाता है। सर्व कमियाँ खत्म कर देता। ऐसे संग के रंग में मैं रहूँ, ऐसा संग अपने हमजिन्स को दूँ। क्योंकि जब कर्मइन्द्रियों पर जीत हो तो मायाजीत बनें। किसी को माया के तूफान क्यों आते? सहनशीलता की कमी क्यों हैं? ईर्ष्याभाव क्यों है? क्योंकि कर्मइन्द्रियों पर जीत नहीं है। फालतू चिंतन करते, फालतू सुनते-बोलते तो सहनशीलता नहीं रहती। फिर माया छुई-मुई बना देती है। मुर्दा बना देती है। तो माया कहाँ से आती? कर्म इन्द्रियों ने धोखा दिया तो माया आ गई। कर्मइन्द्रियों पर जीत हासिल कर, बेफिकर बादशाह बनो। सारा दिन चेक करो-मेरी दृष्टि में रूहानियत कहाँ तक आई है। हरेक को आत्मा के रूप में देखो। देह को मत देखो। देह देखेंगे तो उनका स्वभाव संस्कार दिखाई पड़ेगा। इसलिए आत्मा को देखो तो दृष्टि में प्रेम पैदा होगा। ख्याल करो-विवेक क्या कहता है। मैं किसी का शरीर देखती तो उसका भाव, स्वभाव सब याद आ जाता। आत्मा देखो तो सब बदल जाता। दृष्टि पावन हो जाती। सर्व के कल्याण करने की भावना वृत्ति, दृष्टि में मजबूत हो जाती। दृष्टि बदलने से सृष्टि बदल जाती।

(3) मनगढ़ंत बातें सोचने की बहुत बड़ी माया है। बात बहुत छोटी होगी उसको बड़ा बना देंगे। उसने उसको यह कहा होगा, इसलिए ऐसा हुआ होगा.... ऐसे जानबूझकर माया के तूफान लाकर स्वयं को हैरान करते हैं। तो मनगढ़ंत बातें बड़ा दुःखी करती हैं खुद को भी करतीं। जिस कारण बाबा कहते-तुम अपने को रूप वसंत समझो। जिसको देखो तो वह नजर से निहाल हो जाए।

"मुख से ऐसे वचन बोलो-ज्ञान वर्णन करो जो बाबा से संबंध जुट जाए। जब आत्मा दिल से कहती है-बाबा। तो उस घड़ी रूहानियत का अनुभव होता है।"

देह का भाव खत्म हो जाता है। जिसे बाबा का सत्य परिचय है, बाबा में विश्वास है..... उसके लिए दुनिया की कोई भी बात दु:खी नहीं करती। दुनिया में कुछ भी हो. ... विवेक कहता, उसके सामने बाबा होगा, जब बाबा सामने है.... तो मिरुआ मौत मलूका शिकार.... समझते हैं यह तो होना ही है। उनसे पहले हमें बाप से वर्सा लेना है। विनाश कब आएगा यह कभी नहीं सोचो। विनाश आने के पहले संगमयुग पर बेफिकर रहने की बादशाही ले लो। यह बादशाही गई तो वह भी गंवा देंगे।

(4) विचार, विवेक और अनुभव कहता है कि जिसको बादशाही का नशा चढ़ा हुआ है उसे कभी गम का असर हो नहीं सकता। वो कर्मइन्द्रिय जीत, मायाजीत और प्रकृतिजीत है। बाबा बादशाही का नशा चढ़ाता है, लेकिन उतारता कौन है? कभी कोई कर्मइन्द्रिय की चंचलता है, माया का धोखा है, संग का रंग है.... उसकी चपेट में आते तो नशा उतर जाता। गप-शप करने की आदत पड़ी, फालतू बातें सुनने-सुनाने की आदत पड़ी तो वह अवस्था रह नहीं सकती। जरा-सा फालतू बातों में आना माना अवस्था को डगमग करना। इसलिए बाबा कहते, खबरदार। अपने ऊपर ध्यान देकर देखो-कभी कोई कर्मइन्द्रिय धोखा तो नहीं देती है। किसी के धोखे में तो नहीं आते। किसी के भाव-स्वभाव देखने का भी असर हो जाता है। स्वभाव दूसरे का, भारी हम होते, फिर लाइफ इतनी खुश नहीं दिखाई देती। सर्विस का उमंग उत्साह नहीं रहता। कारण? भाव-स्वभाव का असर हो जाता, बाबा भूल जाता। पूछो तो भारी-भारी। इसलिए विचार सदा श्रेष्ठ हो तो विवेक कहता है, तुमको मर्यादा अनुसार चलना है। उल्टे विचार चलते तो विवेक को धक्का लगता है। फिर कहेंगे, पता नहीं मुझे अंदर क्या होता...... गहराई में जाओ तो पता चलता है। विवेकवान फौरन खोज लेता मेरे अंदर क्या है। किसी की बात अंदर बैठ जाती, किसके संग का असर हो जाता..... छोटा-सा कांटा भी चुभता बहुत है। किसको दु:ख देकर भी सॉरी नहीं कहते। मेरी भूल है, जो यह नहीं कहते। फिर विवेक को धक्का लगता है। बाहर से कोई कितना भी छिपाए लेकिन अंदर विवेक को धक्का लगता रहेगा। एक बार ईश्वर के दिल से गिरे तो चढ़ नहीं सकते। दुनिया के सब संबंधी धोखा देने वाले हैं, एक परमात्मा बाप सदा सुख देने वाला है। परंतु अगर हमने कोई गफलत की तो दुनिया वालों को मना लेंगे, भगवान को मना नहीं सकते। बड़ा मुश्किल है। इसलिए अगर संपूर्ण बनने का लक्ष्य है तो सारा समय उसी लगन में रहना है। संपूर्ण बनने के पहले कर्मातीत बनना है। कोई भी कर्मबंधन मुझे न खींचे।

(5) बीते हुए (पास्ट) कर्मों के खाते (एकाउंट) को पूरा (क्लीयर) करो न कि खोलते (क्रियेट) जाओ। बीते हुए (पास्ट) कर्मों के खाते को चुक्तू करने की लगन हो। कोई नया खोलना (क्रियेट) नहीं है। अनुभव, विवेक, विचार कहता कि जो नए सिरे से कर्म क्रियेट करता उसकी क्या गति होगी। वह कर्मातीत कैसे बनेगा। इसलिए पुराने सब हिसाब-किताब चुक्तू करने की लगन हो। सेवा करो कर्मातीत बनने

के लिए न कि कर्मबंधन में फंसने के लिए। ईश्वरीय सेवा हमको बंधन मुक्त बनाती है। सेवा से जो दुआएँ मिलती हैं वह बाबा को याद करने में मदद करती हैं। किसी के प्रति अगर चिंतन चलता है तो भी कर्मबंधन बनता है। किसी पर प्रभावित हैं तो बंधन क्रियेट हो जाता। अगर घृणा है तो भी ऐसे संकल्प पैदा होते। इसलिए अपने को सदा साफ (क्लीयर) रखो। कर्मातीत स्टेज को सदा सामने रखो-फ्री बर्ड ही लाइट हाउस बन सकते, अर्थात् स्वतंत्र होकर ही प्रकाश फैलाया जा सकता है। कर्मातीत स्टेज को सामने रखकर सेवा में हाजिर रहो तो ईर्ष्या, द्वेष, मान-अपमान की फीलिंग से परे रह सकेंगे। तो अपने आपको कर्मातीत बनाओ। सब बातों से अपने को मुक्त करते जाओ तो संपूर्ण बन ही जाएँगे।

सारे ज्ञान का सार है–मनमनाभव, मन भगवान में लगा दो तो तन और धन उसके पीछे-पीछे लग ही जाएगा (16-03-86)

(1) हम सबने पाप और पुण्य कर्मों को समझा है। बाप ने हमें पुण्य कर्म करने की शक्ति दी है। कोई भी इंसान पाप करने के लिए यह नहीं कहता कल करेंगे, पुण्य करने के लिए कहेगा कल कर लेंगे। बाबा हमें पुण्य करने के संस्कार डालता.... मन-वचन और कर्म से खबरदार करता। मन अगर पुण्य कर्म सोचने का आदी बन जाए तो वचन और कर्म भी ऐसा ही होगा। जिसको जो आदत होगी, जुआ खेलने की, शराब पीने की.... तो पहले मन में संकल्प आएगा, फिर बुद्धि उस तरफ खींचेगी। रह नहीं सकेगा। इंसान का मन ऐसा शक्तिशाली (पावरफुल) है–वह जो चाहे करता है। अच्छा करे, बुरा करे, किसी की भी सुनने वाला नहीं है। भगवान की भी तब सुनता है जब मन की इच्छा हुई है, तेरा बनकर श्रेष्ठ कर्म करके श्रेष्ठ प्रालब्ध पाऊँ। बाबा हमें और कुछ नहीं कहता-सिर्फ यही कहता–बच्चे, मनमनाभव। मन को मेरे में लगा दो। जहाँ हमारा मन होगा वहाँ हमारा तन और धन होगा। क्योंकि पहले तन और धन में हमारा मन लगा हुआ था। मन ही बाप के पास आ गया तो तन और धन कहाँ जाएगा। इसलिए बाबा कहते–सारे ज्ञान का सार है, "मनमनाभव"।

(2) ज्ञान का विस्तार बहुत है–बाबा ने रचता और रचना का ज्ञान विस्तार से दिया है। रचता रचना के ज्ञान से ही तीसरा नेत्र खुलता है। रचता और रचना के ज्ञान को समझने के लिए दिव्य बुद्धि चाहिए, साधारण (आर्डनरी) बुद्धि उसे समझ नहीं सकती। ईश्वर को देखने के लिए दिव्य नेत्र चाहिए। इसलिए पहले बाप, जो है जैसा है उसको अच्छी तरह से जानो। जानने से बुद्धि दिव्य बनेगी। पहचानने से शक्तिशाली बनेगी। परमात्मा को पहचानना, माने उसके गुण कर्त्तव्य से फायदा लेना।

(3) शिव बाबा से सब प्रकार के संबंध कैसे रखें? क्या कभी उसको पिता के रूप में देखें, कभी सखा के रूप में? हमको नम्बरवार नहीं मिले हैं। धक से एक ईश्वर (आलमाइटी) सर्व संबंधों का सैक्रीन मिल गया। इतना उस बीज स्वरूप बाप में शक्ति है जो देह के संबंधों का रस लेने वाली आत्मा को कहता है–तुम आत्मा एक मेरे से सब संबंध जोड़ ले तो मुझे एक से बेहद का इलाही सुख तुम्हें मिल जाएगा। देहधारियों से अल्पकाल का सुख मिला-यह इलाही सुख अल्ला से मिलता है। परमात्मा बाप कौन-सा सुख देता? यहाँ धन पदार्थ की तो बात ही नहीं। जिसको यह सुख मिला वह वहाँ के सुखों को याद ही नहीं करता। क्योंकि रावण देता ही है दुःख, शरीर को खोलकर देखो अंदर क्या है। और हर आत्मा का स्वार्थ का साथी है। सदा देह अभिमान में फंसी हुई आत्मा, परमात्मा की याद से दूर करने वाली आत्मा.... वह हमें सुख क्या देगी। इस शरीर से न्यारा रहने के लिए बहुत अभ्यास (प्रैक्टिस) चाहिए। इससे इतना लाइट रहो, जो बाप समान बन बाप से मिली हुई शक्तियाँ दूसरों को दे सको। यह शरीर इस समय अच्छा इसीलिए लगता, क्योंकि बाबा को याद करने में, कमाई में, अनेक आत्माओं की सेवा करने में मदद दे रहा है–इसलिए इसे संरक्षक (ट्रस्टी) होकर संभालते हैं। यह शरीर हमको देवता बनने में साथ देता है।

(4) एक बाबा में बुद्धि लगाओ और उससे शक्ति खींच लो, जैसे डॉक्टर को इंजेक्शन लगाना होगा तो पहले सुई अच्छी तरह साफ करेगा...... फिर उसमें दवाई भरेगा। तो हमें भी बाबा की शक्ति खींचने के लिए पहले सुई को साफ कर बुद्धि लगाना है। बाबा ने हमें इंजेक्शन लगा-लगाकर दुःख खींच लिए। बाबा-सर्जन भी है, तन, मन के सब रोग दूर कर देता। मन का कोई भी रोग हो तो उसे सर्जन के रूप में याद करो। बाबा हमारा फेमिली डॉक्टर है। वह सदा हमारे साथ रहता। माँ-बाप, साजन-सर्जन, सब रूप से एक साथ मुझ आत्मा के साथ वह पार्ट बजाता है। ऐसे जो याद के अभ्यासी हैं उनका योग लगा ही है। उनके अंदर से यह नहीं निकलेगा कि योग बड़ा मुश्किल है।

(5) स्वयं में मौन (साइलेन्स) की शक्ति भरने के लिए आवाज से परे रहने का अभ्यास हो। जो आत्मा शरीर से न्यारा रहने की, घर को याद करने को प्रैक्टिस करती है, उसमें मौन (साइलेन्स) की शक्ति स्वतः भर जाती है। आवाज में आने से शक्ति खर्च होती-मौन (साइलेन्स) में शक्ति जमा होती है। याद में रहकर ज्ञान दान दो तो मौन (साइलेन्स) की शक्ति बढ़ती जाएगी। विकर्माजीत बनते जाएँगे।

"मौन (साइलेन्स) की शक्ति कर्मइन्द्रिय जीत बना देती है। कर्मइन्द्रियाँ अपने आप शीतल, शांत हो जातीं।"

योगी शीतल काया वाले। उनके शरीर के अंग-अंग शीतल, खुशबू वाले हो जाते। भोगी से बदबू आती, योगी से खुशबू आती। जिनकी कर्मइन्द्रियाँ चंचल होतीं आँखें धोखा देने वाली होतीं, जो मन से बीमार हैं-उनसे बांस आती। बीमारियों के कीटाणु (जर्म्स) मेरे को न लग जाएँ-उससे संभलना है।

(6) बाबा हमें खुशबूदार फूल बनाता है। हम खुशबूदार फूल हैं, दिखावटी तस्वीर (शोई पिक्चर) नहीं। थोड़ा करके कोई शो दिखाता तो बाबा को अच्छा नहीं लगता, जो सदा शीतल, गुप्त, सबको सुख देने वाले हैं वह बाबा की अंदर से दुआएँ पाते हैं। भाग्यशाली वह जो भगवान के दुआओं के भंडार से अपना भंडारा भरपूर करता हो। उसके घर से हम खाते हैं, पलते हैं और उसकी दुआओं से अपना भंडारा भरपूर करते हैं। तन, धन में जो मन लगा हुआ है वहाँ से निकालो तो तन भी साथ देगा, धन भी जरूरी होगा तो मिलेगा। लेकिन मन बाप में लगाओ। तन को तन्दुरुस्त कैसे बनाऊँ यह नहीं सोचो। धन कैसे लाऊँ यह नहीं सोचो। बाप में मन लगा दो तो जो जरूरी है वह स्वत: मिल जाएगा। नहीं तो लोभ आ जाएगा। बाबा हमारी संभाल करता-बच्चों में कभी लोभ न आ जाए। जितना सफल होगा उतना ही आएगा। बाबा सफल कराने आया है, न कि इकट्ठा कराने। तन भी सफल, मन भी सफल, धन भी सफल। आत्मा तन, मन, धन से पुण्य करना सीख गई। यह है बाबा के पहचान की कमाल।

क्लास

कभी भी पुरुषार्थ में ढीलापन आया तो खतरा है। प्रीत बुद्धि विजयन्ती। हर हालत में, हर बात में प्रीत से विजय होगी। अंदर से संकल्प शाही (रॉयल) हो। बाप के साथ अटूट स्नेह हो। सदा अपने को हर्षित रखने की दृढ़ता हो। मुझे सदा न्यारा रहना है। उपराम रहना है। कार्य व्यवहार बढ़ता जाता, कर्मातीत अवस्था के नजदीक आते जाते। कार्य को जितना बढ़ाओ बढ़ेगा... लेकिन कर्मातीत अवस्था की दौड़ी भी लगानी है। शरीर किस स्मृति में छूटे यह सदा ख्याल रखना है।

कार्य में योगयुक्त और लाइट रहो। कार्य व्यवहार में आते न्यारेपन की स्टेज हो। क्योंकि पता है, अपना समय संकल्प में क्यों वेस्ट करूँ। कार्य व्यवहार संबंध यह नहीं कहता कि तू अपना समय वेस्ट करो। समय सफल करना है। याद अडोल रहे। कार्य में न्यारा और सबसे प्यारा रहो। लेवता (लेने वाले) नहीं बनो। तुम बिजनेस करने वाले नहीं हो। दाता कभी यह नहीं कहता तुम इतना दोगे तो इतना दूँगा। नहीं। दाता, वरदाता, भाग्य विधाता बन जाओ, सेलफिस नहीं। स्वार्थ तब हो जब हमको अपने लिए कुछ चाहिए। सेवा अर्थ हैं तो स्वार्थ भावना खत्म हो जाती है। लौकिक में भी हैं तो ईश्वरीय सेवा अर्थ हैं। किसी बात में भी चिंतन नहीं करना चाहिए। जो स्वयं को सेवा अर्थ

समझते हैं वह अपना समय संकल्प सफल करते। तन भी ठीक न हो, धन भी न हो, लेकिन समय और संकल्प तो है..... कभी आवेश न आए, चेहरे पर उदासी न आए, श्रेष्ठ संकल्प में समय सफल होता रहे। चेहरे (फेश) से शीलता का अनुभव दूसरों को होता रहे..... तो यह भी बहुत बड़ी सेवा है। हाथ खाली है, यहाँ से जाना है। सर्वशक्तिवान बाबा से शक्ति लेनी है। सदा बाबा का भंडारा भरपूर है, जो बाबा के भंडारे में आए उसके काल कंटक दूर हो जाएँ।

योग से विकर्म विनाश हुए हैं–उसका प्रमाण है संस्कार स्वभाव में परिवर्तन (16-03-86)

(1) हम सबका सबसे नम्बर वन शत्रु है देह अभिमान। स्थिति को नीचे गिराने वाला, ऊपर-नीचे (अप-डाउन) करने वाला है ही देह अभिमान। इसलिए बाबा कहते देही अभिमानी बनने का पुरुषार्थ करो। यही मेहनत है। हरेक जितनी रुचि से यह मेहनत करेंगे उतनी कमाई है। अगर स्वयं को कमाई का या फायदे का अनुभव है तो रुचि बनी रहेगी। कई हैं जो योग बहुत लगाते हैं लेकिन योग से विकर्मों का खाता भस्म हुआ है या नहीं, उसका प्रमाण क्या। कई प्रकार के बंधन सामने आते हैं। हम कैसे समझें कि कर्म का खाता चुक्तू हो रहा है और हम ऊपर जा रहे हैं। इसकी अनुभूति स्वयं को साफ (क्लीयर) चाहिए। उसका दर्पण है स्व के संस्कार। जितना अपने पुराने संस्कार परिवर्तित होते जाते, वह परिवर्तन ही सबूत है।

> "अगर कोई संस्कार या स्वभाव मिटता नहीं तो योग की कमी है। योग ऐसी शक्ति है जो इन स्वभाव संस्कारों को मिटा देती है।"

मनुष्य स्वभाव के वश है। "योगी स्वभाव के वश है, यह नहीं कहा जाता। प्रकृति की नेचर अलग बात है। स्वभाव ईश्वरीय भाषा नहीं है। आसुरी भाषण स्वभाव देह अभिमान का कारण है। दिव्यगुण देही अभिमानी की सिद्धि है। कर्मों के खाते का रूप हैं, संस्कार। कर्म के खाते से जो संस्कार बनता, वही स्वभाव बन जाता। बाबा हमें दिव्यगुणों की मूर्ति बनाता है, दिव्य कर्म और दिव्य गुण पिछले कर्मों के खाते को भस्म करने की विधि हैं।

(2) ज्ञान माने अहम् को मिटाना। अज्ञान में हर पल हर कदम अहम् आता। अहम् से वहम पैदा होता। यह है ही अज्ञान। ज्ञानी में भी अहम् रहता है। अहम् को खत्म

करने की सहज विधि है, सदा कहो बाबा बाबा, बाबा की पढ़ाई, श्रीमत, बाबा की शक्ति, बाबा से प्यार..... किसी देहधारी से थोड़ी भी संग न हो। अल्प समय का संग भी विकर्म बन जाएगा। अगर कोई कहते–मैं ज्ञान का अच्छा मनन कर सकती, अच्छा सुना सकती..... तो यह भी अहम् का अंश है। इससे सिद्ध है, अभी तक योग से विकर्म विनाश नहीं हुए हैं। अहम् का विकर्म अभी तक है। बाबा की श्रीमत में कोई भी प्रकार से मनमत मिक्स होती तो यह मनमत मिक्स करना भी सिद्ध करता है कि मेरा हिसाब बन रहा है। बाबा कहते, तुमको सदा सर्विस पर तत्पर रहना है। तो कहते मैं तो दिन-रात बाबा की अथक सेवा पर ही तत्पर हूँ। मुझे बाबा की सर्विस बगैर कुछ सूझता नहीं। परंतु सर्विस में जो निरअहंकारीपन का गुण चाहिए वह कहाँ तक है। निरअहंकारी बनना, यह बहुत बड़ी सबजेक्ट है-जो सारी धारणाओं का आधार है। मम्मा की हर पल पहली धारणा थी निरअहंकारी। जीवन की प्युरिटी माँ है तो निरअहंकारीपन बाप है। सभी गुणों की जननी पवित्रता है तो सभी गुणों का पिता निरअहंकारीपन है। बाबा ने हम बच्चों को निरअहंकारी बनने की दार्शनिकता (फिलासफी) दिखाई है। कहा जाता निर्माण बनो तो निर्माण कर सकेंगे। सबका दिल जीतने का आधार है बाबा की निर्माणता। बाबा है अथार्टी, लेकिन जितनी बड़ी अथार्टी उतना निरअहंकारी। जितना-जितना निर्माण बनेंगे उतना-उतना सर्व की दिलों के प्यारे बनेंगे। स्नेह पैदा होगा निर्माणता से। निर्माण वाला सदा दूसरों के लिए शुभ सोचेगा। निरअहंकारीपन है मीठा फल। समझो-मैं किसी सेंटर की इंचार्ज हूँ, किसी ड्यूटी की इंचार्ज हूँ। एक है कि मेरे मुझे निमित्त सेवा है, एक है मैं इंचार्ज हूँ, यह सोच ही दुश्मन है। स्थिति में गिरावट आने का कारण है स्वयं को इंचार्ज समझना। मेरी जवाबदेही है, मुझे इतने धंधे को देखना है, यह है अहंकार। परंतु यह मेरे निमित्त ड्यूटी है-यह है ईश्वरीय भाषा। बाप के समानता की गद्दी लेनी है तो उसका सहज साधन है-स्वयं को निमित्त समझो। निमित्त समझना ही निरअहंकारी बनना है। हम सबका हैड एक है। मैं हैड हूँ, यह समझा तो हैडक हो जाए। मैं हैड ही नहीं इसलिए हैडक होती नहीं। किसी भी प्रकार से अपने में हैडक नहीं रखो। उसकी विधि है स्वयं को निमित्त समझो। इससे हर एक्टिविटी, हर कर्म बहुत सरल, सीधे हो जाते। बुद्धि हमेशा साधारण (सिम्पुल) रहती। विचार ऊँचे हो जाते। मैं साधारण हूँ तो सिम्पुल रहूँ-फिर देखो कितने ऊँचे ख्यालात चलते हैं।

(3) इस ज्ञान में अष्टशक्तियों का वरदान बाबा से हरेक को मिला है। जब हम अपनी अथार्टी में रहते हैं तो सब शक्तियाँ आटोमेटिक स्वयं के पास आती हैं। बाबा कहा, माना शक्तियाँ आईं। कभी कोई कहता, मेरे में सहनशक्ति कम है, माना योग कम है। जब ड्रामा की नालेज है, तो सहनशक्ति कम क्यों। हरेक के पार्ट की, हरेक के संस्कार की नालेज है। जब स्वयं की अथार्टी को, स्वयं की सीट को छोड़ देते हैं तो छोटी-मोटी बात में दिल छोटा उदास हो जाता। दिल में उथल-पुथल होती रहती।

क्वेश्चन चलते रहते। यह सब कारण है सहनशक्ति की कमी। सहनशक्ति का आधार है निर्णय शक्ति। निर्णय शक्ति न होने का कारण सामना करने की शक्ति नहीं.... परंतु मूल शक्ति को साथ रखो तो सभी शक्तियाँ मेरे साथ हैं। एक भी शक्ति कम होगी तो मुझे नीचे ले आएगी। एक बात, मेरे 63 जन्मों के खाते एकदम क्लीयर हों। पास्ट के हों न अब के खाते बनें। ध्यानावस्थित (अटेन्शन) होने से स्वभाव संस्कार से अहम्-वहम सब खत्म हो जाता है। मीठा बाबा है, और हम वरदाता बाप के वरदानी बच्चे हैं। बाबा हमें वरदान देता है और हम कहें—मेरे में यह शक्ति नहीं है। तो क्या बाबा ने वरदान गलत दिया है। छोटी-छोटी बात में आवेश आ जाता, मूँझ जाते। अधीर्य हो जाते। उस टाइम अपनी शक्ति कहाँ चली जाती। शक्तियाँ हैं ही बाबा के वरदान। वरदानों से ही हम बाप समान बनते हैं। वरदान छोड़ देंगे तो समान भी नहीं बनेंगे। समान नहीं तो बैलेन्स नहीं। एकरस स्थिति नहीं। फिर अप-डाउन होते रहेंगे। फिर कर्मातीत कब बनेंगे। इसलिए बाबा के यह बोल सदा याद रखो—कि यह युद्ध का समय नहीं है। यह विजय का समय है। संगम पर हम हैं ही विजयी। अच्छा।

माया को शत्रु जान परमात्मा को मित्र बनाएँ अपने ऊपर मैत्री कृपा करो (01-01-87)

ज्ञान मार्ग में बाबा ने हम बच्चों को सबसे अच्छी बात कौन-सी सिखाई है? एक अपना मित्र आप बनो, दूसरा बाबा को अपना मित्र बनाओ, तीसरा सर्व आत्माओं के प्रति मित्र बनो। माया को अपना शत्रु समझो, बाप को अपना मित्र बनाओ, यही है अपने ऊपर कृपा। जो यह समझता है वह अपना मित्र बनता है। जो अपने ऊपर कृपा करते हैं वही सबसे मित्रता जोड़कर एक-दो को मदद करते, यानी कृपा कर सकते हैं। तो पहले चाहिए खुद के लिए मित्रता, जरा भी कोई ऐसा संकल्प, कर्म या आदत न हो जो मेरा शत्रु बने।

> "किसी के संस्कार शत्रु बन जाते, कोई का स्वभाव या आदत ऐसी होती जो शत्रु बन जाती। अब अपने व उन शत्रुओं पर जीत हासिल करो।"

हरेक को अपना मित्र बनाना है—यह भी एक आर्ट है। मित्र बनाया जाता है प्यार से, डंडे या गुस्से से नहीं। नाराजगी से नहीं। तो पहले अपना मित्र बनो, अपने आपको समझो। फिर बाबा भी समझाता तो खुद को और अच्छा समझते। कई बार बाबा बहुत

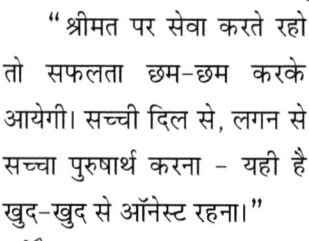

अच्छा समझाता लेकिन फिर भी कई बच्चे नहीं समझते, कारण क्या? वो अपना मित्र नहीं है। दोस्ती बनती है एक दूसरे को समझने से। दुश्मनी होती है एक दूसरे को न समझने से। खुद को भी समझो, बाबा को भी समझो तो दुनिया को समझ जाएँगे। बाबा इतना समझदार बनाता, जो खुद को समझने लगे हैं। जितना जो खुद को समझता जाता, उतना वह बाबा के नजदीक आता जाता। जो बाबा के नजदीक आता वह समझदार होता जाता। बेसमझी का दबाव खत्म होता जाता। बाबा मुरली सुनाकर कहता-बच्चे समझा। क्या समझा? खुद को समझा, बाबा को समझा। बाबा की हरेक बात को समझा। जो समझदार हैं उन्हें ड्रामा की हर सीन जो सामने आती वह बड़ी अच्छी लगती। कोई मूँझने वाली पूछने वाली बात नहीं। मनुष्य आत्माओं के साथ कैसे रहना चाहिए समझ में आ गया। मन में किसी के प्रति वैर भाव नहीं। लौकिक के साथ कैसे चलना है वह भी समझ लिया। निभाने के लिए उनसे प्यार, असली प्यार बाबा के साथ। आगे असली प्यार देहधारियों से था, इसलिए उसे अटैचमेंट कहा जाता, जिससे नकली होना चाहिए उससे असली था, जिससे असली होना चाहिए उससे नकली था। बैठेंगे याद में बाप की, और याद आएगी देहधारियों की, अति सूक्ष्म अनेक जन्मों के बने हुए संस्कारों के कारण, देह के संबंधों में फंसे हुए होने के कारण जुड़ाव (अटैचमेंट) है। इसलिए उनकी याद आती है। अब चाहिए समझ।

> "श्रीमत पर सेवा करते रहो तो सफलता छम-छम करके आयेगी। सच्ची दिल से, लगन से सच्चा पुरुषार्थ करना - यही है खुद-खुद से ऑनेस्ट रहना।"

एक बाबा से संबंध जोड़ना है न कि कोई देहधारी से। देहधारी से संबंध रखना संबंध नहीं, बंधन है। इसलिए अपना मित्र आप बनकर उन बंधनों को काटते चलो। बाबा से संबंध जोड़ो, क्योंकि कर्मातीत बनना है। जिसको कर्मातीत बनने का लक्ष्य है वह देहधारी से संबंध नहीं रख सकता। वह संबंध, बंधन बन जाता है। फिर बंधन से छूटने के लिए मेहनत करनी पड़ती। पहले ही मेहनत करके खत्म कर दो। नए सिरे से संबंध जोड़ा माना उसमें बंधन मिक्स है। जिसके साथ संबंध जोड़ते उसके अधीन (अंडर) रहना पड़ता। एक-दूसरे की बात माननी पड़े। इसलिए रूहानी संबंध जोड़ो, आपस में रूहानी मित्रता का संबंध हो, जिस्मानी न हो। जहाँ लगाव (अटैचमेन्ट) है वहाँ सुख चैन, आराम नहीं। अगर सुख चैन से बाबा को याद करके आराम में रहना है तो लगाव (अटैचमेन्ट) को खत्म करना पड़ेगा। एक बाबा के सिवाय किसी की भी याद न आए। सर्विस के लिए भी किसी आत्मा की याद न आए। ऐसे नहीं कि इस आत्मा की हमने सर्विस की..... उसकी याद आती रहे। जिसकी सर्विस की वह भी बाबा को याद करे न कि मेरे को। याद में रहकर उसको बाबा की याद दिलाने

के लिए हमारा संबंध है, मैं बाबा को याद करती रहूँ, वह भी बाबा को याद करे। सर्व आत्माओं के संपर्क (कनेक्शन) में आते हमारे अंदर मित्रता भावना यही हो-जैसे मैं बाबा की याद में रहती ऐसे हर आत्मा जो संपर्क में आए वह बाबा को याद करे, उसका लगाव (अटैचमेन्ट) जहाँ हो खत्म हो जाए। बाबा कहते इस (ब्रह्मा) को भी याद न करो। शिव बाबा को याद करो। लेकिन जिसके द्वारा कहा-जिसने कहा उन दोनों को हम जानते हैं। जो बाप दादा दोनों को जानकर याद करते उनके विकर्म विनाश होते। जैसे यह कर्मातीत बना, संपूर्ण बना ऐसे हमें भी बनना है। दोनों को सामने रखो तो इजी हो जाता। बनाने वाले को सामने रखो तो शक्ति आ जाती। सहज हो जाता। सबके साथ रहते, सबको प्यार देते, सदा न्यारे रहने की प्रैक्टिस हो। बात करते, चलते फिरते न्यारा, खाते पीते न्यारा। यज्ञ का मालिक समझते भी न्यारा। यज्ञ शिव बाबा का है, खा रहे हैं ब्रह्मा भोजन। ज्ञान शिवबाबा का मुख ब्रह्मा बाबा का। दोनों बाप को अच्छी तरह समझो-यही-अति-इन्द्रिय सुख दिलाने वाला सुख है। दोनों को सामने रखो तो सब तरफ से नष्टोमोहा स्मृतिलब्धा हो जाएँगे। सारी गीता का सार यह है तेरी स्मृति मुझ आत्मा में समाई हुई हो। सब तरफ से मोह नष्ट हो जाए। सयाना समझदार वह जो अंदर ही अंदर पुरुषार्थ करके मोह को नष्ट करता जाए। 18 वें अध्याय में नष्टोमोहा हुआ, क्यों? पहले कहा काम को जीत। यह तुम्हारा महाशत्रु है। राखी बांध ली, काम को जीत लिया, ब्रह्मा मुख वंशावली हो गए। काम को जीतने में देरी नहीं लगी। क्रोध, आवेश छोड़ने में थोड़ा टाइम लगा। क्रोध में एक तो हाथ चलता दूसरा चेहरा लाल हो जाता। तीसरा अंदर ही अंदर बदला लेने का ख्याल चलता। ईर्ष्या वश, अभिमान वश क्रोध आ जाता। काम क्रोध को आर्डर देने वाला है अभिमान। जब तक देह अभिमान को नहीं मारा है तब तक दृष्टि वृत्ति खराब होती है। तो काम शत्रु या क्रोध शत्रु को मारने के लिए देह अभिमान को मार। फिर स्नेह की शक्ति सहन करने की शक्ति आ जाएगी। मेरा कोई दुश्मन नहीं। कोई कुछ कहता भी है तो हम बेबी नहीं हैं, बुजुर्ग हैं। जवानों को गुस्सा जल्दी आता, हमें तो अब बुजुर्ग बनना है, छोटी-छोटी बातों को बड़ा नहीं करना है। बड़ी को छोटी करना है। कभी बुरी भावना (बैड फीलिंग) न आए। ईर्ष्या वश छोटी बात बड़ी नहीं करो। सब भगवान के घर खुश रहें। मैं भगवान का बच्चा हूँ। यह भी भगवान का बच्चा है। सबको स्नेह की सौगात (प्रजेन्ट) देते रहो। हर समय हर सेकंड श्वास में स्मृति लब्धा रहने की लगन हो।

बाबा सिखलाता है तुम कहीं भी रहो-सिर्फ अपना मित्र बनकर रहो, बाबा मित्र को साथ रखो। रूहानियत की शक्ति बाबा के साथ संबंध बहुत पक्का रखती है। सदा यह समझो बहुत प्यारे ते प्यारा, मीठे से मीठा वह मेरा फ्रैन्ड है। उसके सहारे से, साथ से मैं सदा निर्भय रह सकती। मेरा साथी कौन। यह निश्चय उनको होगा जिसे रूहानियत में रहने का रस होगा। कहीं बुद्धि अटकी-लटकी न हो। अटकी होगी तो तोड़ना पड़ेगा। लटकी होगी तो खींचना पड़ेगा। दुखी होते रहेंगे। अगर मैं जान बूझकर

अपने लिए पहाड़ बना रही हूँ तो वह पहाड़ टूटना मुश्किल हो जाता। अटैचमेन्ट दुख का पहाड़ बनाती है, जान-बूझकर कांटा लगता रहेगा। रास्ते चलने में अटैचमेंट का कांटा रास्ता रोकता रहेगा। मंजिल दूर दिखाई देगी। इसलिए राई को ही खत्म कर दो, पहाड़ बनने न दो। प्यादा वह जो राई को पहाड़ बनाए, महारथी पहाड़ को राई बना देता है। याद की शक्ति से राई भी खत्म हो जाती है। प्यादा क्वालिटी-आवेश या बुरी भावना (बैडफीलिंग) बस बात को बढ़ा-चढ़ाकर राई से पहाड़ बना देता। शिक्षा को भी धारण नहीं कर सकता। उसको भी उल्टा रूप दे देता। ईश्वरीय परिवार के नजदीक आने के बजाय दूर चला जाता। जिसका किसी मनुष्य आत्मा के साथ संबंध होता उसे बाप भी प्यारा नहीं लगता। उसके दो बुरे अक्षर भी उसको अच्छे लगेंगे। भगवान का अच्छा नहीं लगेगा। समझदार वह जो इस बात को समझे। इंसान से अटैचमेंट रखना माना हैवान से रखना। उसकी बुद्धि हैवानी हो जाएगी। भगवान ने सबको 24 कैरेट वाली बुद्धि दी है, अब उससे जो जैसा जेवर बनाकर पहने। मनुष्य अपनी बुद्धि कूड़े-किचड़े वाली बना देते तो भगवान क्या करे। गोल्डन एज में आने लायक बनना है तो योग अग्नि से कूड़े किचड़े को भस्म कर 24 कैरेट वाला सोना बन जाओ। टीचर रूप में बाबा ने जो शिक्षाएँ दी हैं वह सदा याद रहें। माँ के रूप में उसकी गोद में बैठ जाओ तो अशरीरी बन जाएँगे।

बाबा ने जो मर्यादायें सिखलाई हैं उसकी वैल्यु को जानो। वही नैचुरल फायदा देने वाली हैं। अपने को खुद के कल्याण के लिए बहुत उत्साहित (स्ट्रिक्ट) रहना चाहिए। लूज कभी न हों। जरा भी लूजपना नुकसानकारक है। लूज होने से लगाव (अटैचमेंट) शुरू होता। सीधे रहो, सूधे रहो। कभी मर्यादा का उल्लंघन न करो। मन के संकल्पों को शक्तिशाली (पावरफुल) बनाओ। अपने को किसी के अधीन न बनाओ। कोई मेरा साथी कभी रह नहीं सकता। न मैं किसी का साथी बन सकती न मेरा कोई बन सकता। कोई कह नहीं सकता मैं तुम्हारे बगैर रह नहीं सकती। मैं जिसके सहारे चलती वह भी उसके सहारे चले। इसलिए अटैचमेंट का खात्मा करो। हम अपने भाग्य का खाते, दूसरा भगवान खिलाता, अपने भाग्य और भगवान को देखो। कर्म का हिसाब-किताब किसी से भी न बनाओ। संपूर्ण बनना है तो सब गठरी उतार विजयी बनकर जाओ। अच्छा-ओमशांति।

 **देह दान तो छूटे ग्रहण, ज्ञान दान देने के पहले विकारों का दान बाप को दो (03-01-87)**

बोलने के पहले एक मिनट मौन (साइलेन्स) बहुत अच्छा लगता है। बाबा को याद करना है, बाबा की बातें करनी हैं। बाबा के साथ जाना है, उसके लिए अपने

आपको ऐसा लायक बनाना है। जो कुछ बोलना है, बाबा की बातें बोलनी हैं। सर्विस का शौक तभी रहता जब देही अभिमानी स्थिति अच्छी रहती। जी चाहता है जिसने मेरी ऐसी लाइफ बनाई, ऐसी लाइफ सबकी बनें। इंसानी नेचर में रहम भावना बहुत अच्छी रहती है। देह अभिमान रहम भावना रहने नहीं देता। आत्म अभिमानी स्थिति से रहम भावना बहुत बढ़ती है। देह अभिमान है तो दातापन के संस्कार नहीं बन सकते। सर्विस का शौक उन्हें रहता जो रहमदिल हैं, जो चीज मेरे पास है वह औरों को मिले। फिर और चिंताओं-ममताओं से बुद्धि छूट जाती। मन्सा-वाचा-कर्मणा, यही ख्याल रहता कि औरों को भी सुख मिले। जिसके पास होगा उसको ही यह संकल्प आएगा कि औरों को मिले। खुशी होती है–मुझे बाबा दे रहा है और मेरे द्वारा किसी को मिल रहा है। मिलता जाए और देते जाओ। कईयों को अनुभव होगा–जैसे-जैसे ज्ञान दान देते चलो उतना खुशी होती।

"ज्ञान दान तब होगा जब पहले विकारों का दान देंगे। विकारों का दान भगवान् को दे दो, फिर ज्ञान दान जो भगवान से मिलता वह औरों को दो।"

भगवान विकार लेकर क्या करेगा। भस्म कर देगा। भस्म ऐसा करेगा जो हम वापस नहीं ले सकेंगे। इसलिए अंदर से यह ख्याल रहे, जो कमियाँ हैं, विकार हैं वह दो तो छूटे ग्रहण। बृहस्पति की दशा बैठे तब ज्ञान दान का शौक होगा। जब तक ग्रहण लगा है तब तक दान करने की इच्छा नहीं होती। उसको यही चिंता रहती, मेरे आगे जो कठिनाई (डिफीकल्टी) है, समस्याएँ हैं, वह कैसे दूर हों। जो कमियाँ हैं, विकार हैं पहले वह बाबा के हवाले कर दो तो ग्रहण छूटे। बहुत काल का बहुत कड़ा ग्रहण बैठा हुआ है। उससे छुटकारा पाने के लिए दान दो। फिर बुद्धियोग बाप से लगाओ तो आत्मा स्वच्छ होती जाएगी। अंदर जो पापों का बोझा चढ़ा हुआ है वह भी उतर जाएगा। आत्मा अपने को हल्का, स्वच्छ महसूस करेगी। जैसे भक्ति में सवेरे-सवेरे स्नान करने का महत्त्व है, ऐसे ज्ञानमार्ग में अमृतवेले के योग का महत्त्व है। दिन में अटेन्शन रख सकते कि कोई पाप न हो। बाकी बीते हुए (पास्ट) के पाप नाश करने के लिए रात्रि का जागरण चाहिए। पावन बनेंगे अमृतवेले की याद से। दिन भर में हमारे से कोई पाप कर्म न हो। कोई अशुद्ध संकल्प भी न आए, क्योंकि हम यात्रा पर हैं। संगमयुग पर हमारी यह यात्रा है, कहाँ जा रहे हैं, बाबा के पास। उसके बाद हमको स्वर्ग में जाना है।

यात्रा पर रहना माना पाप से बचकर रहना। किसी देहधारी से संबंध या लगाव न हो। होगा तो यात्रा पर जा रहे हैं यह महसूसता नहीं होगी। जब जा रहे हैं तो दिल कहता है कि भले और भी आएँ। यात्रा पर जाने के लिए औरों को आफर किया जाता,

लगाव तोड़कर (डिटैच) जा रहे हैं। जो कुछ भी था उसे समेट कर हल्का होकर जा रहे हैं। औरों को भी प्रेरणा मिलती कैसे समेट कर जा रहे हैं। अकेले-अकेले खाली होकर जा रहे हैं, उड़ते जा रहे हैं। हम उड़ते हैं तो दूसरों को भी पंख मिलते हैं। अपना संग (कंपनी) देकर कीड़े को रंग लगा दो। जिसको शौक होता वह ऐसी सेवा बहुत करते। भूँ-भूँ करके आपसमान बनाओ। भूँ-भूँ करके उसका रंग चेन्ज कर लो। विचारा लायक तो बन जाए। उसमें शुद्धता का अनुभव हो। वह जीवन कितना खराब है उसको महसूस (रियलाइज) तो कराओ। ऐसी सेवा का शौक हो। यह सेवा भाषण करने से नहीं होती। यह है हड्डी सुख देने की सेवा। किसी की लाइफ को चेन्ज कर देना। ऐसे नहीं मेरे पीछे कोई लटक जाए। भ्रमरी क्या करती। उड़ना सिखाती। भूँ-भूँ कर पंख दे देती। तो शौक हो, मैं भी उड़ती रहूँ और दूसरों को भी ज्ञान योग के पंख मिल जाएँ। अंदर से अपनी उन्नति की चिंता लगी हो। दूसरा किसी को भी आप समान बनाने का पूरा ख्याल हो। बृहस्पति की दशा बैठी, माना दानी बना। हम हल्के हुए तो दान मिल रहा है। दान देते चलो तो बढ़ता जाए। तुम्हारे अंदर कोई भी संशय (डाउट) न हो। सर्विस निश्चय को मजबूत बनाती है। एक अपने में विचार सागर मंथन करके, दूसरा सर्विस करके, तीसरा परिवार से गुणग्राही दृष्टि से मजबूत बनो। ध्यान (अटेन्शन) रखो, कौन-सी ग्रहचारी है जो देहीअभिमानी स्थिति से हटा देती है। किसी के भाव स्वभाव की ग्रहचारी न हो। देह की बीमारी आई है, उतर जाएगी। उसे बार-बार सोच कर पक्का न करो। फालतू सोचना भी ग्रहचारी है। आई है चली जाएगी। जो फालतू सोचते हैं उन्हें शौक नहीं रह सकता। फालतू सोचते तो लगता, यह टाइम वेस्ट करते हैं। इन पर ग्रहचारी आई है। जिस पर जो ग्रहचारी है, याद की शक्ति से, बाबा की मदद से हटाओ। अपने आप से पूछो–मैं किस प्रकार का फूल हूँ–खुशबूदार भी हों, शोभावान भी हों। बाबा के बगीचे की खुशबू फैलाने वाले भी हों। शोभा बढ़ाने वाले भी हों। शोभा वह बढ़ाते जो मुरझाते नहीं। जो दूसरों को भी ज्ञान की खुशबू देकर, हर्षित बना देते। सदा खिले हुए रहना, मुरझाना नहीं यह सेवा है। हम चैतन्य फूल हैं, हमारे में कोई विकार की बदबू न हो। खुशबू हो। लेकिन कोई-कोई फूल की खुशबू भी ऐसी होती जो सिर में दर्द करती। कोई तेज लगती। कोई सिरदर्द उतारने वाली होती। इतनी मीठी खुशबू हो, जो शीतलता का अनुभव कराये। दिमाग को ठंडेपन का अनुभव, खुशी का अनुभव हो। बाहर से शो न हो। अंदर की रूहानियत भरी खुशबू हो। रूहानियत में रहकर दूसरों को रूहानी खुशी का अनुभव कराओ। यह सहज सेवा है। बोलने से भी अच्छा है, न बोलकर सेवा करना। इससे बहुत अच्छी सेवा होती।

बाबा से हमको शांति की प्रवाह (करेन्ट) मिलती है। साकार में दिल कहता, मैं बाबा के बाजू बैठी रहूँ। बहुत अच्छी करेन्ट मिलती। बहुत आनंद आता। अंदर अपनी नेचर में संस्कार बना दो, बाबा से संबंध इतना जुटा हो तो करेन्ट मिलती रहे, जिससे अशरीरी होते जाएँ। अंतर्मुखता का किसी को पता चले कितना रस है तो यहाँ रहते

हुए भी जैसे है ही नहीं। पास्ट की बातें कुछ सोचने की जरूरत नहीं, क्योंकि अंतर्मुखी रहने से बाबा और बाबा का ज्ञान उसके सिवाय और कुछ इमर्ज ही नहीं होता। बहिर्मुखता की हजारों-लाखों बातों को खत्म करना मुश्किल हो जाता। अंतर्मुखता से कुछ इमर्ज ही नहीं होता। ज्ञान के लिए ज्यादा सोचने व बोलने की जरूरत नहीं है। अंतर्मुखता से उसकी शक्ति पैदा होती जाती। अंत में सारे ज्ञान योग का सार रहेगा कि शिव बाबा ने ज्ञान दिया-हम बन गए शक्ति। ज्ञान दो, शक्ति न दो तो फीका-फीका लगता। ज्ञान के साथ-साथ शक्ति देते चलो। वह शक्ति रस वाली होती, फीकी नहीं होती। ज्ञान सुनो और अंदर ही अंदर उसका सुख लो। एक कान से सुन दूसरे से निकालो नहीं। बुद्धि इतनी लगन वाली सात्विक हो जो ज्ञान सुनते-सुनते अंदर ही अंदर रस लेते जाओ। बाबा-जितना सुनाता उतना मीठा लगता, टेस्ट आ जाता और उनसे विषय-विकारी ख्यालात खत्म हो जाता। ज्ञान मीठा भी है, शक्तिशाली (पावरफुल) भी है, मेडिसिन का काम भी करता है। सब प्रकार के रोग दूर करने वाली अमृतधारा है। ऐसा जो अनुभव करता उसे ज्ञान दान करने का बहुत शौक रहता। उसमें कभी लापरवाही, आलस्यपन (लेजीनेस) नहीं आ सकती। जो सेवा के लिए अपने आप आफर करते, बाबा उन्हें आफरीन देता, बाबा हुज्जत रखता तुम यहाँ जाओ। उसके पास माल खजाना तैयार है। वह अंदर नहीं सोचता, पता नहीं सफलता होगी या नहीं। कई कहते हैं-फलानी अभ्यास (ट्रायल) पर हैं। यह ट्रायल शब्द भी पहले नहीं था। अभी अपने आप में शक है, बाबा में निश्चय नहीं है, सेवा में कितना बल है, यह पता नहीं है, इसलिए कहते यह ट्रायल पर हैं। जिसके पास कोशिश शब्द है उनमें कशिश हो नहीं सकती। हमारे अंदर इतनी लगन हो जो कोई वैभव या व्यक्ति खींच न सके। जिसके पास इतना माल खजाना है वह कभी ऐसे नहीं कहेंगे कि कोशिश करेंगे या ट्राई करेंगे। यह शब्द हैं प्यादे के। महारथी समझते हैं यह रथ है बाबा की सेवा अर्थ। इस घोड़े को बाबा कहीं भी भेजें, जाएँगे तो भी सेवा, बैठे हैं तो भी सेवा। बाबा जहाँ बिठायें, वहाँ सेवा।

सब चिंताओं से मुक्त होना है तो ड्रामा के राज को जानो। सेकेण्ड में ड्रामा के राजों को जान योगयुक्त हो सकते हैं। भावी, भाग्य और भगवान तीनों को जब पता चल गया तो चिंता हो नहीं सकती। ड्रामा की भावी बनी हुई है। भावी टाले नाहि टले.... कोई कितना भी हटाने की कोशिश करें, हो नहीं सकता। क्योंकि कर्म के हिसाब-किताब से बनी हुई भावी है। हर आत्मा का हिसाब-किताब अपना है। हर जन्म का हिसाब-किताब अपना है। अब समझ में आया कि यह अंतिम जन्म है। फ्री होने की घड़ियाँ सामने दिखाई देतीं। बाबा आया है हमें रावण की जेल से निकालने के लिए। माया ने जेल में डाला है, कर्मबंधन की जंजीरों में फंसे हुए हैं। बाबा कहता-अब पुराना हिसाब-किताब चुक्तू कर मेरे पास आ जाओ। पुराना चुक्तू होता तो खुशी होती, हल्कापन महसूस होता। दिन-प्रतिदिन ड्रामा की नालेज से भी हल्के होते जाते। जिसकी बुद्धि में ड्रामा की नालेज ठीक तरह से नहीं है उन्हें चिंता, फिकरात होती।

जिसको चिंता फिकरात है माना ड्रामा को नहीं समझा। जो चाहे कि मैं चिंताओं से मुक्त हो जाऊँ वह सेकेंड में हो सकता है-चिंता ताकी कीजिए जो अनहोनी होय.... .. ड्रामा मेरी माँ हैं, शिवबाबा हमारा बाप है। हुक्म करने वाला वह है, चलाने वाली माँ है, हम हैं बीच में। माँ बाप के बीच में हम बच्चे हैं, उसमें हलचल होती नहीं, जो ड्रामा, जो उसको मंजूर है हम खुश हैं, क्योंकि अंदर में यह पक्का है हमें श्रीमत पर चलना है। हुक्म बाप का। तो ड्रामा के ज्ञान को घोट-घोट कर निश्चयबुद्धि ऐसा बनो जो सदा हर्षित रहने की प्रकृति (नेचर) हो जाए। अच्छा-ओमशांति।

ज्ञान सोप से बुद्धि को स्वच्छ बनाओ तो बाप से प्रीत जुटे (05-01-87)

जिनकी बाप से प्रीत हैं उनके कौन से चिह्न हैं, उनसे फायदे कितने हैं। प्रीत किसके साथ? एक बाप के साथ प्रीत बुद्धि विजयन्ती। कम प्रीत तो कम पद। जिसको ऊँच पद पाना हो, पास विद आनर होना हो वह और कुछ न करें सिर्फ बाप से अच्छा प्रीत जोड़ें। बुद्धि को स्वच्छ बना करके ज्ञान मिला है। बुद्धि को स्वच्छ बनाने के अर्थ में ज्ञान को साबुन (सोप) कहा जाता। कितनी भी मैली बुद्धि है, लक्ष्य बहुत अच्छा सोप है। जिसका लक्ष्य ऊँचा है, अच्छा है उसकी आत्मा जल्दी साफ हो जाती है। आत्मा जितनी अच्छी साफ होती है उतनी उसकी प्रीत बाबा से जुटती जाती है। बुद्धि में लक्ष्य (एम) हो, मैं स्वच्छ सतोप्रधान आत्मा बनूँ। जिसके सामने विनाशकाल रहता उसकी प्रीत बुद्धि स्वतः हो जाती। जितनी प्रीत बुद्धि उतना अंदर-अतिइन्द्रिय सुख है। क्योंकि ईश्वरीय नशा है, हम हैं अल्लाह लोग। अल्लाह कहो, गाड कहो तो आँखें ऊपर चली जातीं। पहले बुद्धि जाती फिर आँखें जातीं। हमारी बुद्धि अल्लाह के तरफ है तो आँखें भी उधर रहतीं। फिर चेहरे पर झलक और कार्य-कलाप (एक्टिविटी) में फलक दिखाई देता। रूहानी झलक ईश्वरीय स्मृति दिलाती है। अंदर से स्मृति पक्की है तो उसके नैन चैन बतलाते हैं। प्रीत बुद्धि वाले के अंदर बाप के चरित्र और बाप का ज्ञान बुद्धि में घूमता है।

"जिसकी प्रीत बाबा से है उसके अंदर सिवाय बाबा के चरित्र, बाबा के ज्ञान के और कुछ आ नहीं सकता। और कुछ आया माना प्रीत नहीं, बेमुख है। बेमुख को कभी भी अंदर ईश्वरीय सुख का अनुभव नहीं होगा।"

एक होते हैं गुरूमुख, दूसरे होते हैं बेमुख। गुरूमुख जो होते उनकी बुद्धि सदा सतगुरू की तरफ होती, जो सतगुरू की मत। क्योंकि मुख उस तरफ है, इसलिए उसकी मत बहुत प्यारी लगती। हम हैं बाप के सम्मुख। वही हमारा बाप, टीचर सतगुरू है, हम मुख की संतान हैं, सम्मुख बैठकर सुन रहे हैं। बाबा हमारे सामने, हम बाबा के सामने। जिसके साथ प्रीत है वही सामने दिखाई पड़ता। प्रीत सेकेण्ड में अपनी तरफ खींच लेती है। बाप के साथ प्रीत है तो बाप नजरों में आता, मनुष्यों के साथ प्रीत है तो वह नजर आते। प्रीत उनसे जुटती जिसमें भावना होती। हमारी सिर्फ भावना नहीं, समझ और निश्चय भी है। समझ कहती प्रीत किससे रखो। भावना है, क्योंकि प्राप्ति है। बगैर प्राप्ति के भावना बैठ नहीं सकती। समझ कहती, मनुष्यों को याद करेंगे तो क्या गति होगी। परमात्मा के साथ प्रीत जोड़ेंगे तो क्या प्राप्ति होगी। समझ से जो प्रीत जुटी उससे हुई प्राप्ति। प्राप्ति ने भावना बिठा दी। वह भावना कोई तोड़ नहीं सकता। कर्मइन्द्रियों को जीतने की, व्यर्थ संकल्पों को जीतने की शक्ति मिली है इससे हमारी भावना पक्की हो गई है। हमारी भावना समझ से हैं इसलिए निश्चय पक्का हो गया। संशय उसको है जो बेसमझ है, पूरी प्राप्ति नहीं है। निश्चय के आधार से अपनी हर बात में विजय देखते हैं निश्चय में नालेज भी आ गई। दाता भी सामने हैं, जो दिया है वह भी सामने हैं। उससे जो प्राप्ति है उससे लाइफ है, जिसने दिया है वह कभी भूल नहीं सकता। अगर भूलता है तो हार है, हार है माना बेमुख है। बाप के सम्मुख है तो जीत है। हार क्यों हुई? क्योंकि निश्चय की कमी है। निश्चय कम क्यों हुआ? समझ की कमी है। जो मिला है वह भूल गया है। बाबा ने हमें समझ दी कि यह विष है, यह अमृत है। तो बुद्धि में विष-अमृत इकट्ठा रह नहीं सकते। गुरूमुख बनना है तो मनमुख की बातें छोड़ देनी है। मनमुख वाले बेमुख हो जाते। नास्तिक जो हैं वह बेमुख हैं, उनका संग बहुत खराब है। गुरूमुख, जिसके मन में सतगुरू परमात्मा की बातें हैं। जिसकी नजरों में एक परमात्मा है। जिसके अंदर यह इच्छा है कि सर्व संबंध तेरे साथ रखूँ। तुम्हीं से खाऊँ, तुम्हीं से बैठूँ। तुम्हीं संग खाऊँ माना तेरा ही खाऊँ। जो तुम सुनाते वही सुनूँ। जो मुझे मन की बात करनी है तेरे से ही करूँ। बाबा से बात करेंगे तो मन हल्का हो जाएगा। आगे के लिए क्या करना है? बाबा बता देगा। यह भी समझ चाहिए।

जो बाप दादा दोनों को अच्छी तरह से जानने वाले हैं वह बाबा का शिक्षाओं को पालन करने वाले अति निर्विकारी हैं। वह निरअहंकारी हैं, वही निराकारी स्थिति का अनुभव कर सकते। निरअहंकारी माना कितना भी कार्य व्यवहार करते कराते, करनकरावनहार बाप की याद रहे। यह याद निरअहंकारी बनाती। जिसके द्वारा बाप हमको पढ़ाकर लायक बनाता-उसकी याद हमें निर्विकारी बनाती। निराकार की याद अशरीरी बनाती। सच्ची प्रीत रखने वाले से निर्विकारीपन की खुशबू बहुत आती है। अगर कोई निराकारी स्थिति बनाए, निर्विकारी न रहे तो पवित्रता की झलक नहीं आ सकती। निराकारी के साथ निर्विकारी, निरअहंकारी है तो उसकी आँख कहीं डूब नहीं

सकती। अंदर ललक रहती, गुप्त नशा रहता। जो पाया है उसकी आपस में लेन-देन करते। ऐसे नहीं कि गुरू ने मंत्र दिया है तो किसी को सुनाना ही नहीं है। हमें जो बाबा ने दिया है वह सबको देने के लिए है। हम देश-विदेश में देने जाते हैं। गुप्त दान है, गुप्त प्राप्ति है। जो बाबा के बच्चे खोज में हैं वह मेरे बहन भाई हैं। उन्हें भी बाप की वर्सा मिले। रहना यह भी सेवा है इसके लिए कौन-सी साधना चाहिए? एक बाबा के सदा गुण गाओ। बाबा जो सेवा सामने दे रहा है–हाँ जी का पाठ हो तो सदा मुस्कुराते रहेंगे। अंदर बाबा के गुण गाओ, मुख पर बाबा की बातें सुनो सुनाओ। ईश्वर की बातें हमें सदा हर्षित रहना सिखाती हैं। सदा हर्षित रहना है तो और कोई बात मन में न रखो। ऐसे नहीं एक आए दूसरे को भगाये, यह भी समय नष्ट (टाईम वेस्ट) हो जाता। जो बात फालतू है, जिससे हमारा कोई संबंध (कनेक्शन) नहीं, वह मेरे पास आ नहीं सकती। हम इतने स्ट्रिक्ट रहें, जो काम की बात नहीं वह मेरे सामने आ नहीं सकती। अपनी ड्यूटी को समझो-मेरा काम कौन-सा है। माया आती तब है जब मैं ढीली-ढाली लूज हूँ। मैं अपनी ड्यूटी नहीं समझती। हमें ड्यूटी मिली है सतोप्रधान बनकर औरों को भी सतोप्रधान बनाने की। वह छोड़कर दूसरी बातों में जाती–इसका मतलब मुझे अपने कार्य का, ड्यूटी का पता नहीं है। यह पाठ पक्का करो–तुम्हीं से सुनूँ। दूसरा कुछ सुनाई ही नहीं देता। कान में दूसरी बात जा ही नहीं सकती। जो मेरे काम की नहीं, वह सुनना माना फालतू अपनी अवस्था को नीचे-ऊपर करना। फालतू बातें सुनने से भोगना शुरू हो जाती। उसका चिंतन चलना ही भोगना है। वह अपने आपसे भी दुखी, जिससे बात करेंगे वह भी दुखी। यह भोगना बहुत कड़ी है। जो फालतू बात कान में आई, उसे सोचा... चिंतन चला, यह भोगना बहुत कड़ी है। इसलिए बाबा सदा तुम्हारे से सुनूँ, मेरे को सीधे (डायरेक्ट) कोई न कहे। कई बार मेरे प्रति किसी ने क्या बोला–वह भी सुनने की इच्छा होती। कोई ने निंदा भी की, तो वह निंदा भी सुनने की इच्छा होती। यहाँ-वहाँ से जाँच करते–फलाना मेरे लिए क्या बोलता। वह मैं सुनूँ। भला यह ख्यालात जिस आत्मा के चलते, जिसका संस्कार, स्वभाव ऐसा होता वह आत्मा ईश्वर चिंतन कर सकती है? समझो मैंने पूछताछ (इनक्वायरी) की, फलाने ने मेरी निंदा की, जिसके साथ की उससे पूछेंगे फलाने ने क्या-क्या बोला.... कहेंगे आप बताओ हमें दुख (माइंड) नहीं होगा। फिर मन में अंदर हलचल होगी। नींद उड़ (फिट) जाएगी। फिर अंदर ही अंदर उसके अवगुणों की लिस्ट तैयार करना शुरू। फिर उसको सुनायेंगे.... वह तो ऐसा है। ऐसी आत्मा परमात्मा से प्रीत कैसे जोड़ सकती। ऐसे धंधे से अपने को छुड़ाओ। जो इस धंधे में फंसे हैं उनकी मौत। जो इससे छूटे वह जीवनमुक्ति पद की प्राप्ति बड़ी सुंदर है। संगमयुग पर हमारी यह लाइफ फालतू बातों से मुक्त रहे। यही है संगमयुग की जीवनमुक्ति। ऐसे फ्री होकर बाबा के गुण गाते रहो। फालतू बातें सुनना-सुनाना महाजाल है। समझदार इसमें नहीं आता। बाबा देख रहा है। छिपकर कोई बात करता माना दाल में काला है। ज्ञान की बात छिपकर नहीं की

जाती। ज्ञान की बातें एक दूसरे की उन्नति के लिए होतीं–उसमें डरने की क्या बात है। ऐसे प्रीत बुद्धि वाले की कभी हार हो नहीं सकती। बाबा जी पास हैं, क्योंकि ड्रामा की हर सीन वह न्यारा होकर देखता है। वह कभी किसी की लेप-झेप में नहीं आता। न्यारा रहता है इसलिए सदा पास है। अच्छा।

हम एक्टर हैं हमें शांत होकर बैठना भी नहीं है। हमारा माइंड एक्टिव रहे और साइलेन्स में भी रहे। एक्टिव माइंड ही साइलेन्स की शक्ति खींच सकता है। किसी में अटका-लटका हुआ माइंड साइलेन्स खींच नहीं सकता। वह बाबा को याद कर नहीं सकता। तो बाबा की याद से, ड्रामा की नालेज से जहाँ अटके-लटके हो वहाँ से फ्री हो जाओ। कहीं भी बुद्धि लटकी न हो, कितनी भी माया आए, कोई मुझे अटक न हो। जरा भी अटक आना माना ड्रामा भूल जाना। कोई माया की छाया पड़ी माना बाबा याद नहीं था। सदा ही अपने आपको ड्रामा की नालेज और बाबा की छत्रछाया से सुरक्षित (सेफ) रखो। मेरे सिर पर बाबा बैठा है, मेरे पर कोई छाया नहीं पड़ सकती। समझदार लोग गर्मी, बरसात से बचने के लिए अपने पास छतरी रखते हैं। ऐसी छत्रछाया सदा मेरे सिर पर हो। निरंतर योगी होकर रहने का अटेन्शन हो। ड्रामा की नालेज समझकर अचल-अडोल बनो। बाबा की याद से याद, प्यार, शक्ति और दुआएँ लेते चलो। दुआएँ माँगने से नहीं मिलतीं, सच्ची याद के आधार से मिलती हैं। सुपात्र होकर, आज्ञाकारी, वफादार होकर रहने से मिलती हैं। अच्छा। ओमशांति।

मन्सा-वाचा-कर्मणा तीनों से एक साथ सेवा करो तो थकावट नहीं होगी (07-01-87)

(1) मधुबन से हरेक अपने साथ याद और सौगत लेकर जा रहा है। याद सदा अव्यभिचारी, सच्ची-सच्ची याद की शक्ति लेकर जा रहे हैं, साथ-साथ बाबा के वरदानों की सौगात लेकर जा रहे हैं। बाबा के वरदान की स्मृति एकदम शक्ति और प्रेम संपन्न बना देती है। बाबा के वरदान की स्मृति बाबा की उम्मीदें पूर्ण करने के लिए हिम्मतवान बना देती है। बाबा के वरदान की स्मृति आज्ञाकारी, वफादार फरमानवरदार बनने में सदा साथ देती है। यह वरदान की याद, सौगात सदा साथ रहे। कभी-कभी अपने से पुरुषार्थ नहीं होता, वरदान की स्मृति पुरुषार्थ में बहुत मदद करती है। बाबा हम बच्चों को कहता है–मेरे महारथी बच्चे, यह स्मृति में आते ही संकल्प-वचन और कर्म, जो महारथी के गुण हैं कैसे बुद्धि में आ जाता। महारथी का काम है बाप को फालो करना। हम सो, सो हम का राज सदा स्मृति में रखना। सदा स्मृति रहे कि मैं वह आत्मा हूँ जो सूर्यवंशी, चंद्रवंशी राज्य स्थापन करने के निमित्त

हूँ। इस यज्ञ में मुझ आत्मा का पार्ट यज्ञ रचता बाप के साथ है। इस यज्ञ में एक तो हमें पुरानी सब बातें स्वाहा करनी है और दूसरा, यज्ञ में सेवा कर भाग्य बनाना है। यह यज्ञ ही मनइच्छित फल देने वाला है। मनइच्छित फल है, मैं सो देवता बनूँ। शिवबाबा ने यज्ञ रचा, यज्ञ में हम कैसे अपना तन-मन-धन, मन्सा-वाचा-कर्मणा से भाग्य बनाएँ। तन-मन-धन समर्पण करते, मन्सा-वाचा-कर्मणा सेवा करते। समर्पण करने से मेरा-मेरा छूट जाता। निष्कामी, निर्मोही बन जाते। सब यज्ञ में सफल हो जाता। तो उसकी खुशी अंदर आ जाती। जब समर्पण होने की इच्छा पैदा होती है तब ही त्याग भावना आ जाती। पहले त्याग भावना हो तब समर्पण हो सके। अगर कोई चीज में ममत्व होगा तो समर्पण होने में धक-धक होगी। अंदर से त्याग हो, ज्ञानी आत्मा जानती है–मुझे तपस्वी मूर्त बनना है इसलिए त्याग जरूरी है। समर्पण होने से आत्मा स्वच्छ साफ ऐसी हो जाती जो सदा निश्चित रहने की बादशाही तुरंत मिल जाती है।

संगम पर पुराना सब कुछ समर्पण किया है तो 21 जन्म के लिए उसका फल पाएँगे। बाबा ने यज्ञ रचा, उसमें हम सब समर्पण हुए, अब प्रालब्ध बनाने के लिए कहता मन्सा-वाचा-कर्मणा सेवा करो। यह बात भी समर्पण करके जाओ-कि मैं तो थक गई हूँ। बहुत ज्यादा (टूमच) काम है-यह सोचने से भी थकावट हो जाती है। चेहरा ही बताता है–जैसे बीमार हैं। यह थकावट की बीमारी छोड़ दो। संगमयुग पर 21 जन्मों की बादशाही लेने के लिए यह कर्म कर रहे हो। कर्मातीत बनने के लिए कर्मइन्द्रियों से श्रेष्ठ कर्म कर रहे हो। विकर्माजीत बनेंगे तो ऐसी बादशाही मिलेगी। जिस कर्मइन्द्रियों से इतने विकर्म किए हुए हैं उनसे श्रेष्ठ कर्म करो तब ऐसे विकर्माजीत बनेंगे। सेवा खुशी-खुशी करो। जो मन्सा-वाचा-कर्मणा तीनों काम करते वह कभी थकते नहीं। इसलिए संतुलन (बैलेन्स) रखो। कोई है, जो कर्मणा करते तो वाचा के लिए कहते, टाइम नहीं मिलता। लेकिन मन्सा अच्छी है तो वाचा भी अच्छी रहती। जिसको वाचा अच्छी सुनने-सुनाने की आदत है उसकी मन्सा भी श्रेष्ठ रहती।

> "जो बोलो, सोच समझकर बोलो। मुख से जो निकले वह मूल्यवान (वैल्युबुल) हो। दूसरे को समझ देने वाला सही रास्ता (राइट पाथ) बताने वाला हो।"

सही-गलत (राइट रांग) की रोशनी देने वाला बोल हो। यह उसी का हो सकता जिसका मन एक्टिव हो, याद में अच्छा हो। मन को ऊँचा बनाने की, अच्छा सोचने की आदत डालो। सदैव पॉजिटिव सोचो। नेगेटिव न सुनो, न सोचो। नेगेटिव को पॉजिटिव बनाने की कला (आर्ट) सीखो। उसको गुण का रूप दो। मन्सा को इतना सुधार कर रखो, जो हमारी मन्सा से दूसरों की शुद्धता के वायब्रेशन मिले।

(2) किसी को दृष्टि बैठकर देना—इसकी भी आवश्यकता नहीं। कोई-कोई कहते हैं फलानी बहन दृष्टि दे, पहले तो अपने से पूछो—मेरी दृष्टि में दिन-रात क्या है। दृष्टि से सारे दिन का व्यवहार दिखाई देता। दृष्टि देते समय भले चेहरा चमक रहा है परंतु सारे दिन जो व्यवहार रहा वह दृष्टि से दिखाई पड़ता। पहले अपनी दिव्य बुद्धि से दृष्टि को दिव्य बनाओ तब दृष्टि देने से दिव्य दर्शन करा सकेंगे। सारा दिन अपने कर्म से, चरित्र से, बोल से, संकल्पों से दिन भर एक दूसरे की मदद (हेल्प) करो। कभी निराश होते तो भी दृष्टि से दिखाई पड़ता। किसी के साथ नाराजगी है तो वह भी चेहरे से दिखाई देता। तो फिर दृष्टि क्या देंगे। इसलिए पहले हरेक अपनी दृष्टि को पावन, दिव्य, निर्दोष बनाओ। बाबा को अपनी नजरों में बिठाओ, बाकी कोई बात नजर में न रहे। न लोभ वश न काम वश..... जब इतनी नजर साफ हो, कहीं भी नजर न जाए तब नजर दूसरों को निहाल करने वाली होगी। पहले अपना दिल खोलकर पूछो, निहाल हूँ या बेहाल हूँ। सदा जीत हुई पड़ी हो। विजयी की दृष्टि सबके लिए सुखकारी हो जाती। कभी हम हार में न रहें, अपने में डाउट न रहे। यहाँ तो ठीक हैं, वहाँ जाकर ऊपर-नीचे न हो जाएँ-यह संकल्प भी कमजोरी का है। अगर हमारी बुद्धि दुनियावी बातों से उपराम है तो अवस्था ऊपर-नीचे हो नहीं सकती। जिसको रिटर्न देने का ख्याल है वह यहाँ के मिले हुए खजाने को भूल नहीं सकता। अपनी स्व उन्नति की लगन है तो कभी भूल नहीं सकते। कोई सिर्फ मुख से वादा (प्रामिस) करते, कोई अंदर से विश्वास के साथ प्रामिस करते।

अपने में विश्वास करने की आदत डालो। आत्मविश्वास उसको होता जिसका भगवान में, ड्रामा में विश्वास है। क्योंकि ड्रामा आश्चर्यजनक (वन्डरफुल) है, उसमें हमारा पार्ट है। सच्चा-सच्चा पार्ट बजाने के लिए हमको सिर्फ स्वच्छ साफ बनना है। शुद्धता (प्युरिटी) से प्रेम है, सदा शांतिपूर्ण (पीसफुल) रहना है। जो प्युरिटी से प्रेम रखता, पीसफुल बनना चाहता वह ज्ञानपूर्ण (नालेजफुल) है। समझ से प्युरिटी को पालन किया है न कि बाबा के कहने से या परिवार को देखकर। उसे प्युरिटी की वैल्यु का पता है कि इनसे हम कितना ऊँचे बनते हैं। जरा प्युरिटी कम है तो डाउट हो जाता है। बाबा ने नीच को ऊँच बनाया है प्युरिटी की शक्ति देकर। जिन्हें प्युरिटी की शक्ति का पता है वही ऊँच बनते हैं। लोग कहते हैं, हम आपके पास शांति लेने आए हैं, लेकिन शांति तब मिलेगी जब पवित्र बनेंगे। पवित्र नहीं तो शांति नहीं। जो मृत्युलोक वाले मनुष्य से जरा भी लगाव (अटैचमेंट) रखता उसकी बुद्धि पत्थर बन जाती। अर्थात् वह शापित हो जाती है। फिर दिमाग में ज्ञान बैठता नहीं, योग लगता नहीं, क्योंकि बुद्धि पत्थर है। अगर मेरी बुद्धि और कहीं है, ईश्वर के साथ नहीं है, माना असुर के साथ है तो क्या हाल होगा। ईश्वर से योग लग नहीं सकेगा।

(3) बाबा का बनकर रावण माया को खत्म करना है। रावण को वही जीत सकता जिसका राम से प्यार है। हृदय में राम है। हनुमान महावीर के अंदर यही है कि मैं बाप को कैसे प्रत्यक्ष करूँ। मेरे अंदर कौन है, तू उसे देख। वह बाप को प्रत्यक्ष

> "बाबा समान बनना हो तो क्षमा करना सीखो। किसी के लिए भी घृणा व वैर न हो।"

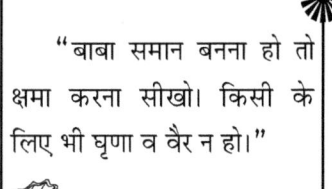

करेगा। कभी यह नहीं कहेगा, हम थक गए। बाबा के मुख से कभी नहीं सुना–कि बच्ची, मैं थक गया हूँ। भले कैसे भी बच्चे थे–बाबा ने हरेक से मेहनत की। पतित को पावन बनाने वाला, सबकी थकान दूर करने वाला बाबा है। माया ने थका दिया था-विकारी बने, थक गए। बाबा के पास आए हैं, विश्राम लेने। थके हुए हैं माना पुराने हिसाब-किताब कड़े हैं, बाबा के पास आते तो बाबा उसे गोद ले लेते। बच्चे थक कर आए हैं तो बाबा उसे प्यार करता। बाबा का प्यार लेकर देखो। बाबा कहे बच्ची, मैं तुम्हारे पाँव दबाता हूँ. ... यही तो गायन है, द्रोपदी के पाँव दबाये। सच्ची लगन रखो तो बाबा सूक्ष्म में पाँव दबाकर अच्छी मालिश करके सदा के लिए थकान दूर कर देगा। जितना करो उतना थोड़ा है, जो गिनती करते वह थकते हैं। जितना बाबा को याद करेंगे बाबा के यज्ञ की सेवा करेंगे तो मुक्ति-जीवनमुक्ति पद पायेंगे। मुक्ति-जीवनमुक्ति पद पाना हो तो थकने की बीमारी खत्म करके जाओ।

(4) सदा खुशी, नशे और आनंद में रहो। खुशी होती है प्राप्ति से। नशा होता है जब कोई चीज अपनी हो जाती है और आनंद आता है जब वो सदा के लिए हमारी हो जाती। बाबा मिला खुशी हुई, नशा चढ़ा सचमुच मैं उनकी हो गई। बाबा के महावाक्यों को मनन-चिंतन करके श्रीमत का पालन करते-करते आज हमारी आत्मा परमानंद स्वरूप है। तो ज्ञान से खुशी आई। योगयुक्त बनते जाओ तो नशा चढ़ जाएगा। फिर ज्ञान, योग, धारणा और सेवा में संपन्न स्वरूप देख आनंद की अनुभूति होती है। जब तक चारों में संपन्न नहीं हैं तो आनंद नहीं आता है। आनंद किसी को आता, किसी को नहीं, इसका कारण क्या है? जरूर उसे पूरा नशा चढ़ा हुआ नहीं है। इतनी खुशी नहीं है। खुशी भी इतनी क्यों नहीं, क्योंकि बीते हुए (पास्ट) के विकर्मों का विनाश करने की लगन कम है। कोई भी विकर्म अब न हो, यह ध्यान (अटेन्शन) कम है। ज्ञान मिला है तो खुशी हुई। अब ज्ञान अर्थात् समझ कहती-बाबा को याद कर विकर्माजीत बनो। अंतर्मुखी होकर अपने आपसे पूछो, ज्ञान क्या कहता है? ज्ञान कहता है–इस पुरानी दुनिया को भूल जाओ। दुनिया में बैठो, लेकिन भूली हुई दिखाई दे। आँखों से कुछ और देखे लेकिन बुद्धि कहीं और लटकी हुई हो। मनुष्यों की एक आदत है, जहाँ आँखें जातीं वहाँ बुद्धि चली जाती, लेकिन हम इन आँखों से जो देख रहे हैं वहाँ से बुद्धियोग तोड़ते, जो नहीं देख रहे हैं उनसे जोड़ते। बैठे पुरानी दुनिया में हैं, नजरों में नई दुनिया है। बैठे हैं कर्मबंधन वाले अनेक जन्मों के हिसाब-किताब वाले शरीर में और याद करते हैं अशरीरी कर्मातीत शरीर को। जिसे लोग मुश्किल समझते बाबा ने उसे सहज करके दिखाया। हमारे लिए कोई बात मुश्किल नहीं। अच्छा-ओमशांति।

कर्मों की गुह्य गति को जानने वाले ही बेहद की बादशाही लेने के अधिकारी बन सकते हैं (09-01-87)

(1) बाबा ने कहा मुख्य धर्म शास्त्र हैं, चार। देवी, देवता धर्म का शास्त्र है गीता, गीता में है ज्ञान, हम सभी के अपने आपमें देखे ज्ञान का सार क्या है? सार को अगर देखें तो, एक बाबा दूसरा, मैं कौन? तीसरा, ड्रामा अच्छी तरह (एक्यूरेट) समझा हो, चौथा, घर की याद हो, पाँचवाँ, सच्ची सेवा किसको कहा जाता है वह अच्छी तरह से समझा हुआ हो। इन सब बातों में मदद करती है कर्म फिलासफी। बाबा ने जो कर्मों का ज्ञान दिया है, अगर वह अच्छी तरह से बुद्धि में हो तो बाबा से संबंध अच्छा जुटा रहता है। पुराने हिसाब-किताब चुक्तू हो जाते, भविष्य अच्छा बन जाता। सारे ज्ञान का सार कर्म फिलासफी में आ जाता है। कर्म का ज्ञान बुद्धि में आने से विकर्म क्या है, सुकर्म क्या है, अकर्म क्या है-यह रोशनी आ जाती है। इस विनाशी दुनिया से बेहद का संन्यास हो जाता है। कर्म की दार्शनिकता (फिलासफी) बेहद को संन्यासी बना देती है। एक तरफ बेहद के संन्यासी, दूसरी तरफ बेहद की बादशाही प्राप्त कराने वाली कर्म फिलासफी। बेहद की बादशाही लेनी हो तो कर्मों की गुह्य गति को अच्छी तरह जानो। बाबा राजयोग सिखाता ही है बेहद की बादशाही देने के लिए। बेहद की बादशाही तब मिलती है, जब बेहद का संन्यास है। वैराग्य से संन्यास नहीं है, समझ से संन्यास है। एक होता है वैराग्य से संन्यास, दूसरा है समझ से संन्यास। जो एक बार हुआ उस तरफ फिर से बुद्धि कभी नहीं जाती। दिल से संन्यास किया है। जो काम दिल से किया जाता, दबाव (प्रेशर) से नहीं वह बहुत अच्छा होता। अपना कल्याण समझकर संन्यास किया है तो वह सच्चा संन्यास है। जो हठयोगी संन्यासी हैं उसमें कोई-कोई के लिए कहते यह सच्चा संन्यासी हैं। सच्चा संन्यासी, संन्यास करके साधना शुरू करता, उसकी बुद्धि घड़ी-घड़ी बाहर नहीं जाती। जिन चीजों को छोड़ा उस तरफ बुद्धि नहीं जाती। तो अपने आपसे पूछो, हम सच्चे संन्यासी हैं। सच्चा संन्यासी ऊँचे से ऊँचे भगवान को देखता, बाकी सब विनाशी है। उनके द्वारा है अल्पकाल क्षणभंगुर सुख की प्राप्ति। बाबा द्वारा है सदाकाल की प्राप्ति।

(2) बाबा ने हम बच्चों को प्राण दान दिया है, रावण ने प्राण घोट दिए। बाबा ने हमको मृत्यु पर विजय पाने के लिए अमर रहने के लिए प्राण दान दिया है। विनाश होगा या इस शरीर का त्याग करेंगे तो हमारी स्थिति कैसी होगी? जैसे भौतिक जगत के उस पार (ट्रान्स) में कोई संदेश जाता तो तकलीफ नहीं होती, मरने वाले को तकलीफ होती। आँख बंद की और बाबा के पास चले गए। यह अभ्यास हमारा सतयुग-त्रेता तक रहेगा। जैसे सर्प एक खाल छोड़ देता.....पुरानी उतार कर नई ले लेता।

सदा ही हम साकार में बाबा को देखते थे, बूढ़े शरीर में होते सदा नयनों में, चलन में श्रीकृष्ण दिखाई देता था, क्योंकि यह नया रूप धारण करने वाला है। बाबा बूढ़ा है यह अनुभव (फील) नहीं होता था। एक तरफ शिवबाबा की आत्मा, दूसरी तरफ श्रीकृष्ण की आत्मा। ब्रह्मा, शिव और कृष्ण तीनों को इकट्ठा देखते तो बड़ा मजा आता। ब्रह्मा मेरा बाबा है, गोद में लिया, पढ़ाया, बहुत कुछ सिखाया...... जब शिवबाबा इसमें बैठा है तो बात मत पूछो। दिल कहता, इसमें समाई रहूँ, पूरा वर्सा बाबा से ले लूँ। फिर उसमें श्रीकृष्ण देखती तो दिल कहता जन्म-जन्मांतर तेरे साथ रहूँ। तीनों ही एक दूसरे से प्यारे लगते हैं। जो आदि सनातन देवी देवता धर्म की आत्माएँ हैं वे श्रीकृष्ण, ब्रह्मा और शिव तीनों को अच्छी तरह पहचान लेती हैं। शिवबाबा बनाने वाला, इनके द्वारा बनाया और क्या बना रहा है? सर्वगुण संपन्न....... कृष्ण को याद करना माना सर्वगुण संपन्न बनना। प्रथम राजकुमार (फर्स्ट प्रिन्स) है सतयुग का।

"श्रीकृष्ण की सूरत सामने आते ही हमको संपूर्ण बनने की प्रेरणा मिलती है। शिवबाबा के सामने आते ही बीजरूप अशरीरी बनने की प्रेरणा मिलती है।"

ब्रह्मा बाबा के सामने आने से पक्का ब्राह्मण बनने की प्रेरणा मिलती है। अपने से हरेक पूछे, मैं पक्का ब्राह्मण हूँ? ब्राह्मण उसको कहा जाता जिसके अंदर एक ही लगन है-एक सत्य नारायण की कथा करूँ, जैसे बाबा ने की। दूसरा, आत्मा की परमात्मा से लगन जोड़ूँ, न कि अपने से जोड़ूँ। हर आत्मा की लगन एक परमात्मा पिता से। तीसरा-सच्चा ब्राह्मण वह जो शिवबाबा के भंडारे से खाए। ब्राह्मण कहाँ से खाते? शिवबाबा के भंडारे से। शिवबाबा को सरेन्डर कर दिया। शिवबाबा देने वाला दाता है, उनको देना है, उनसे लेना है। ब्राह्मणों का हिसाब-किताब शिवबाबा के साथ है, लेन-देन का हिसाब जब शिवबाबा से पक्का हो जाता तब बुद्धियोग एक बाप के साथ होता। इतने ऊँचे पूज्य पुजारी बनने के अधिकारी बन जाते। ब्राह्मण बनूँ तो कैसा बनूँ? ब्रह्मा बाबा जैसा बनूँ, ट्रस्टी रहूँ, त्यागी रहूँ, निरअहंकारी रहूँ। जहाँ बाबा बिठाए वहाँ बैठूँ, जैसे चलाए वैसे चलूँ। सदा बाप का नाम रोशन करने की लगन में रहूँ।

(3) कईयों में देह अभिमान है, क्योंकि अंदर कई प्रकार की आशाएँ-इच्छाएँ हैं। ब्राह्मण आत्मा को कोई इच्छा नहीं होती। कर्मातीत बनना है-यही इच्छा है। कर्मबंधन तोड़ने की इच्छा है, जोड़ने की नहीं। क्योंकि इस पुरानी दुनिया का कर्मबंधन अच्छा नहीं लगता। वह अपने तरफ पुल करता (खींचता) तो डर लगता, कहाँ जाएँगे। जिसको कर्मबंधन नहीं खींचता वह निर्भय है। बाबा हमको निर्भय बनाने आया है। कोई कर्मबंधन न खींचे। बाबा शरीर छोड़ने की विधि ऐसी सिखला रहा है, ऐसी विधि तब

सीख सकते जब कोई हमें खींच (पुल) नहीं सकता-न व्यक्ति न वैभव। हम अपने अच्छे श्रेष्ठ कर्म से अपना भाग्य बनाना सीखें। किसी पर निर्भर (डिपैन्ड) न रहें। सेवा भले करें, परंतु सेवा के फल की इच्छा न रखें। जो सेवा का फल हो उसे फौरन स्वीकार करते वह सच्चे सेवाधारी नहीं। कहीं पर भी कोई जाता, मुफ्त में किसी का खाता, उसकी सेवा नहीं करता, जो आया जैसा आया खा लिया... वह ब्राह्मण नहीं, लोभी है। हम बिना सेवा किए किसी का खा नहीं सकते। अगर हमारे पास खाने को नहीं होगा तो बाबा वतन में बुलाकर खिला देगा। परंतु हमें किसी मनुष्य आत्मा की याद नहीं आनी चाहिए। कहाँ से खाएँगे, कौन खिलायेगा, यह ख्याल कभी न आए। बाबा वतन में बुलाकर अपने आप खिला देगा। कैसा भी समय आए, यह ख्याल न आए मैं कहाँ से खाऊँगा। बाबा खिलायेगा, मैं श्रेष्ठ कर्म करूँ, अपना अच्छा भाग्य बनाऊँ यह मेरा कर्त्तव्य है। कर्म से भाग्य बनता है, अच्छा कर्म करने की लगन हो। हम कर्मसंन्यासी नहीं, कर्मयोगी हैं। जितना जो सच्चा कर्मयोगी बनता, उतना वही सच्चा राजयोगी दिखाई पड़ता। राजयोग कर्मयोग से दिखाई पड़ता। सच्चा-सच्चा ज्ञान जो बाबा ने दिया है वह कर्म बताता है। कर्म से पता चलता इसमें ज्ञान कितना है, योग कैसा है, इसके गुण कैसे हैं। सबके साथ व्यवहार कैसा है। कर्म हमारे श्रेष्ठ हों तो हमारा भाग्य बहुत ऊँचा है। भाग्य विधाता बाप का हाथ हमारे सिर पर हैं। जिस बाप ने हमको इतने अच्छे कर्म सिखाए, उन कर्मों से हम अपना भाग्य बनाते। हमारे कर्मों में आध्यात्मिकता (स्प्रीचुअल्टी) हो। कर्म स्थूल हैं, स्प्रीचुअल्टी सूक्ष्म है। हम पैसा कमाने के लिए कर्म नहीं करते, किसी का भाग्य बनाने के लिए करते हैं।

दूसरी क्लास

बाबा कहते–तुम महारथी योद्धे हो, घोड़ेसवार नहीं। महारथी माना रथ पर सवार। महारथी माना सदा सुजाग, माया आवे फिर कहें यह क्या हुआ। नहीं। हथियार सदा उसके हाथ में हैं। वह कभी घबराता नहीं। आई है तो चली जाएगी, मैं तो होशियार हूँ। मेरा साथी भगवान है, यह विश्वास हो। सेवा में हर प्रकार से तैयार (आलराउण्ड एवररेडी) हो। सदा सावधान (अलर्ट) हो। कभी-कभी स्वभाव संस्कार का टक्कर एकदम अलर्ट रहने नहीं देता, सुस्त बना देता है। अंदर नाउम्मीद बना देता है। फिर दलदल में फंस जाते हैं। बाबा हमेशा कहते-माया किसी को टांग से पकड़ती, किसी को कान से पकड़ती, किसी को नाक से..... पता नहीं चलता, माया कहाँ से पकड़ती। कान से कोई बात सुनी तो फौरन बुद्धि उस तरफ चली जाएगी। अरे, भगवान ने जो सुनाया वह कान से निकल गई और माया का आवाज अंदर बैठ गया। नाक से ऐसे पकड़ती–जो जहाँ से इतना प्यार मिलता वहाँ सब ऐसे लगते जैसे मेरा कोई नहीं। यह

भी अच्छा नहीं। आँखें खुली हैं, सबको अच्छी दृष्टि से देखने के लिए....... फिर कोई अच्छा क्यों नहीं लगता। मधुमक्खी का काम है, सबसे खुशबू लेते जाना। फूलों के बगीचे से खुशबू लेते जाओ और संगठन की शक्ति से मधु (शहद) बना दो। अकेली मक्खी मधु नहीं बना सकती। संगठन की शक्ति चाहिए। अपने मन को देखो–मन किस तरफ खींचता है। कोई गंदी चीज की तरफ, फालतू गपशप की तरफ तो बुद्धि नहीं जाती। किसी की बुराईयों की तरफ तो नहीं जाती। संभालो अपने मन को। बाबा हमको देवता बनाने आया है, उसके लिए पहले मन में जो बातें हैं उसे निकालो। विशुद्ध (प्योर) आत्मा बनकर भगवान के आगे मन को समर्पण कर दो। जो मन में होगा, वह वचन में आएगा। जो वचन में होगा वह कर्म में आएगा। इसलिए बाबा कहते–बच्चे, कर्म से संभलना। अब कहता है संकल्प से संभलना। पहले बाबा हल्का छोड़ देते थे, अब बाबा संकल्प तक सावधान करते। छोटी बातें अंदर घुस गईं तो तपस्वी मूर्त नहीं बन सकते। हमारे वायब्रेशन इतने पावरफुल हों जो दूसरों के विकल्प भी शांत हो जाएँ। अच्छा।

ब्रह्मचर्य का पालन करने वाले ही ब्रह्मा के महावाक्य सुना सकते हैं (11-01-87)

पहले ओम फिर शांति, क्योंकि स्वधर्म है शांति। स्वधर्म की स्मृति में, बाबा की याद में शांति है। पहले शांति शुरू हुई स्वधर्म में टिकने से, फिर जब बाबा को याद किया तो शांति सुख से भरपूर हो गई। अशांति आती है देह अभिमान से, आत्म अभिमानी बनते तो शांति आ जाती। भगवान हमारे दुख हर्ता तो सुख स्वतः आ जाता। कलियुग में अल्पकाल के दुख-सुख का कारण हमारे कर्मों का फल है। विकारी बंधनों का दुख भी हमारे कर्मों का हिसाब है। काम, क्रोध आदि सब दुख के जन्म देने वाले (क्रियेटर) हैं। जहाँ से दुख मिलता है अब वह रास्ता बंद हो गया। शांति तभी आई है-जब महसूस (रियलाइज) किया कि आत्मा विकारी बंधनों में फंसने के कारण दुखी होती है तो उससे छुटकारा मिल गया। पहले आत्मा दुख, अशांति से भरपूर थी, कभी एक सेकेण्ड भी सुख-चैन व शांति से बैठकर भगवान को याद नहीं कर सकते थे, सुख-शांति, पवित्रता संपन्न राज्य भाग्य सब गंवा बैठे। 5 विकारों के बड़े डाकुओं ने हमें लूट लिया। बड़ी गलती यह हुई जो हमने उन्हें अपना मित्र समझ लिया। वो लूटते रहे हम अधंकार में सोये रहे। अब मुझ सोई हुई आत्मा को बाबा ने जगाया है, अब जागे हैं तब स्मृति आई है। कई हैं जो अभी तक पूरे नहीं जागे हैं। अगर पूरे जागे हुए हों तो माया कभी फिर से वार नहीं कर सकती है। बाबा ने पुराने

हिसाब-किताब की जेल से छुड़ाकर भविष्य के लिए श्रेष्ठ कर्म करने की समझ दी है, तो अब हमारे संकल्प, वचन और कर्म कैसे होने चाहिए। समझदार वह जो पूरा सोच-समझकर कार्य करे। क्या मेरे सोचने योग्य बात है, पहले सोचो, समझो, इस बात से क्या-क्या नुकसान होता है, क्या-क्या फायदा होता है—हमें अब वह कार्य करना है जो श्रेष्ठ कर्म हो, अर्थात् मुझे देख। कर्म करके पछताना यह मूर्खता का काम है। बाप के समान मास्टर दुख हर्ता सुखदाता बनो। अगर हमको बाप समान बनना है तो पहले बाबा को देखो (सी फादर)। बाबा को देखने से बहुत कुछ सीखने को मिलता है। औरों को सिखलाने की युक्ति आती है। हरेक सोचे, मैं सारा दिन किसी को देखती हूँ। मेरी दृष्टि काम वश तो नहीं जाती। क्रोध वश गुस्सा तो नहीं आता। लोभ वश कोई चीज पाने की इच्छा, ठगी, चोरी तो नहीं होती। काम-काला मुँह कर देता, सुंदर बनने नहीं देता। क्रोधी का चेहरा ही नाराजगी का। जिसमें मोह होगा वही याद आता रहेगा। अहंकार भी कम नहीं। ज्ञानी, योगी का महावैरी है, सेवा में भी वैरी है। मैंने यह किया, मेरे करने का कदर कहाँ। उसे कोई भी प्रकार के सहयोग का तुरंत फल चाहिए। मान का भूखा..... अहंकारी, जरा भी अपमान सहन नहीं कर सकता। ज्ञान कहता है, निंदा स्तुति में समान रहो। दृष्टि वृत्ति, सोच, समझ सबसे पूछो ज्ञान क्या कहता है। आपस में हमारा व्यवहार कैसा होना चाहिए। जो सिर्फ ज्ञान का वर्णन करते, जीवन में लाने का ख्याल नहीं करते उन्हें अहंकार आता है। सुनाने के पहले देखो-मैंने कहाँ तक धारण किया है। धारण करने वाला ज्ञानी आत्मा वाला बच्चा बाबा को प्रिय है। मैं बच्चा बनकर फिर ज्ञान सुनाऊँ। हमारे कर्म या गुण, ज्ञान का वर्णन करें। गुणों से पता चलता है ज्ञान क्या है।

"जिसमें ज्ञान है उसमें कोई कमजोरी हो नहीं सकती। सदा रहम भावना रहती है। रहम और तरस में भी फर्क है।"

फालतू मोह वश बहुत तरस खाते हैं। एक दूसरे के प्रति स्नेह भरी, समझयुक्त रहने की भावना हो। सबके प्रति एक जैसी भावना हो। किसी एक की मुझे फिकर लगी रहे, दूसरे की न रहे.... नहीं। सबके लिए रहे। अभी आत्मा को ज्ञान मिला है, ज्ञान से संबंध जोड़ा है। पहले अशरीरी हो जाओ, देह से न्यारे हो जाओ फिर बाप को याद करो।

कई बार अपने शरीर में दर्द (पेन) होता, तो उससे अलग (डिटैच) होना सहज होता परंतु कुटुम्ब परिवार में किसी को पेन होता उसे सहन करना मुश्किल हो जाता। उससे डिटैच नहीं हो पाते। तो अपने को देखो-शरीर के दर्द से अलग (डिटैच) होना सरल (इजी) है या कुटुम्ब परिवार में किसी प्रकार का कोई को कोई दर्द (पेन)

है, दुख है, बीमारी है, धन की कमी या समस्या है.... तो कौन-सा दुख ज्यादा दर्द (पेन) करने वाला है? कुटुम्ब परिवार का पेन बड़ा भारी पेन है वह शांतिपूर्ण (पीसफुल) बनने नहीं देता। अभी इस दुख से अपने को कैसे न्यारा करें। पहले देह के संबंधियों को भूलो फिर अपनी देह को भूलो, तब बाबा याद आएगा। तीन सीढ़ी हैं–पहले देह के संबंधी..... जब तक वो नहीं भूले हैं तब तक आत्मा अभिमानी बन याद करना मुश्किल है। इसलिए भगवानुवाच–सबको भूल जा, मार। जिन्होंने तुम्हारे लिए बहुत कुछ किया है, उनको भी भूल जा। यह सब विकारी संबंध हैं। मैं ब्राह्मण हूँ। इस स्मृति से भिन्न-भिन्न संस्कार, स्वभाव को जीत सकते हो। जो बाबा खिलाए-पिलाए... ब्राह्मण बने बगैर आत्मा शरीर से न्यारी होकर बाप को याद नहीं कर सकती। ब्राह्मण लाइफ बड़ी पवित्र लाइफ है.... पवित्र लाइफ में ही ईश्वर की याद आती है। ब्राह्मण अर्थात् शुद्ध आहारी। शुद्ध अन्न उसको कहा जाता जो बाबा की याद में बनाया जाए और याद में खाया जाए। कोई कहते फलानी चीज मुझे अच्छी नहीं लगती..... यह कहना भी गलत है। शुद्ध ब्राह्मण के हाथ का पकाया हुआ जो मेरे सामने आता है.... उसे प्यार से स्वीकार करो। बनाने वाला भी ख्याल रखे कि बड़ा अच्छा भोजन योगयुक्त बनाए। भोग लगाने वाला भी उसी विधि से बाबा को स्वीकार कराए, फिर सब अच्छा लगता है। कईयों को अन्न बहुत अच्छा मिलता, फिर भी वृत्ति-दृष्टि पावन नहीं रहती तो यह उसका पुरुषार्थ है। अटेन्शन की कमी है। हमें इस ब्राह्मण जीवन में ब्रह्मचर्य के महत्त्व का पता होना चाहिए। ब्रह्मचर्य सुखदेव बना देता है। आत्म स्मृति में रहने का पुरुषार्थ वह करता जो ब्रह्मचर्य के महत्त्व को जानता है। अगर कोई पूरा ब्रह्मचर्य का पालन नहीं करता तो ब्रह्मा के महाकाव्य सुना नहीं सकता, यह ज्ञान का कायदा है। कई बच्चे बाबा का नाम रोशन करने वाले हैं, कई हैं जो बदनाम करते हैं। अगर किसी बात में संशय आया कि यहाँ यह बात क्यों, तो वह नाम बदनाम करने के निमित्त बन जाते। संगदोष से भी अपनी बहुत संभाल करनी चाहिए। इतना मीठा भी न बनो जो चीटियाँ चट कर जाएँ। ज्ञानी योगी पर भी कई प्रकार के घेराव आ जाते हैं। निश्चय को हिलाने वाले अनेक बनेंगे, लेकिन अचल-अडोल रहने वाला कभी हिल नहीं सकता। वह अपनी सेवा में व्यस्त है। दिल को कभी दुखी करता ही नहीं। कई बहुत संवेदनशील (सेंसटिव) नेचर वाले हैं जो बुरे अनुभव (बैड फीलिंग) की चपेट में आ जाते हैं। कोई कहेगा–यहाँ तो पैसे वालों को ही पूछा जाता... फलाने को ही पूछा जाता, उसे यह भूल जाता कि बाबा गरीब निवाज है..... कई प्रकार के आवाज कान में आते तो बाबा के महाकाव्य भूल जाते हैं। हाथी तो बड़ा मस्त..... परंतु कान में चींटी पड़ी तो बेहोश। यहाँ तो बाबा कहते–आश्चर्य की कोई बात नहीं है, अपने कान की संभाल करो। सब कर्मइन्द्रियों में कभी न कभी धोखा देने वाले हैं कान। जिस बात से मेरा काम नहीं है, वह बात मेरे कान में न आए। कईयों को इधर-उधर के समाचार सुनने में बड़ी रुचि होती है, जो यज्ञ में बैठे हैं उन्हें पता ही नहीं, बाहर सब

कुछ पता है। अच्छी बातें नहीं सुनी, और-और बातें अंदर में बैठ गईं। यह भी बड़ी माया है, इससे संभाल करो। बोलचाल बहुत मीठा, सुंदर, ईर्ष्या-द्वेष से दूर वाला होना चाहिए। अगर मैं कोई बात सुनना नहीं चाहती तो दूसरे की हिम्मत नहीं जो मुझे सुनाए। बड़े-बड़े महारथी इस प्रकार की बातों से बेहोश हो जाते हैं। फिर वह पूछताछ (इनक्वायरी) होती–किसने कहा, क्यों कहा। तो पता चलता बात चींटी जितनी...... लेकिन बेहोश कर गई। इसलिए बाबा कहते–सारा दिन ज्ञान सागर में डुबकी लगाते रहो। कर्मइन्द्रियों से पावन कर्म हों। जिन कर्मइन्द्रियों से पतित काम किया है, उन्हें पावन बनाने के लिए श्रेष्ठ कर्म करो। वह ऐसे योग लगाने से पावन नहीं बन जाएगी। कभी यह नहीं सोचो कि यह काम करेंगे तो दर्द पड़ेगा, बल्कि न करने से दर्द पड़ेगा। सिरदर्द भी फालतू सोच चलाने से होता है। सेवा से दर्द नहीं पड़ता। यज्ञ सेवा जितनी करो, सिर्फ अपने लिए नहीं करो, सबके लिए अच्छा करो। तेरे लिए बाबा करेगा। देह अभिमान को तोड़ने के लिए बाबा ने यज्ञ सेवा दी है। आप जितना प्यार से सेवा करो उतनी खुशी जमा होती है। अभी-अभी प्रत्यक्ष खुशी मिलती है। खराब संकल्प कमजोर बना देते हैं। जिन्होंने अपने को व्यर्थ और बुरे संकल्पों से छुड़ा लिया है वह बहुत भाग्यशाली हैं। समझदार वह जो अपनी कर्मइन्द्रियों को जीते...... उसका मन सदा ही प्रभु मिलन की मौज मनाता है। जो अब प्रभु मिलन मनाते हैं वही देव पद पाते हैं। भले सेवा करो–लेकिन मन प्रभु मिलन में मगन हो। ऐसे नहीं सेवा करो जो अंदर ही अंदर अपने को डिस्टर्व करते रहो। मान-शान की बीमारी लगाते रहो। ऐसी सेवा करो जिससे तन-मन निरोगी बन जाए। चार गाली किसी ने दी..... मुझे कहाँ लगी। सहनशील बनो। सबसे अच्छी मित्रता का भाव रखो। हमारा काम है दुश्मन को भी मित्र बनाकर रखना। यह प्यार से चलने की आदत ही हमको सतयुगी देव बनाती है। तो अथक सेवाधारी, सच्चे सेवाधारी, संपूर्ण बनने का लक्ष्य तीनों ही बातें ध्यान में रखो।

 ## पूजनीय बनना है तो प्रवृत्ति में रहते पक्के ब्राह्मण बनो गीता पाठशाला के निमित्त भाई-बहिनों के साथ (14-01-87)

(1) हम सब पतित पावन बाबा के पास आए हैं, पावन बनकर स्वर्गवासी बनने के लिए। स्वर्गवासी वह बनता जो पहले ब्राह्मण बनता, सो देवता बनने की लगन में रहता। ब्राह्मण लोग गृहस्थियों को देवताओं की पूजा करने नहीं देते हैं। हैं ब्राह्मण भी गृहस्थ ही परंतु वे खुद को देवताओं की पूजा करने का अधिकारी समझते। गृहस्थियों को देवताओं की मूर्ति छूने भी नहीं देते। परंतु बड़े भाग्यशाली आप-हम हैं जो बाबा ने गृहस्थियों को ब्राह्मण बनाया सो देवता बनाने के लिए। गृहस्थी माना प्रवृत्ति में रहने

वाले। इस समय गृहस्थी शब्द नर्कवासी हो गया है। अब हमने गृहस्थी छोड़ दी, माना प्रवृत्ति में रहते जो विकारी गृहस्थ हो गए थे वह बदलकर पवित्र प्रवृत्ति वाले बन गए। पूज्यनीय लायक बन गए। पूज्यनीय वही बनता जो प्रवृत्ति में रहते पक्का ब्राह्मण है। ब्राह्मण वह जिसकी भाषा, खान-पान, रहन-सहन शुद्ध हो और हर बात में रूहानियत हो। खान-पान, स्नान पानी की शुद्धि स्थूल, अंदर रूहानियत की शुद्धि, दोनों जब आपस में मिलती तो अपने आपको ऐसा महसूस करते जैसे भगवान के समीप हूँ। मैं भगवान नहीं हूँ। वह हमारा बाप करनकरावनहार है। हम ज्ञान सागर का ज्ञान सुन रहे हैं ब्रह्मा मुख से। यज्ञ शिवबाबा ने रचा लेकिन उसकी संभाल करनी है ब्रह्मा और ब्राह्मणों को। अगर शिवबाबा इसके द्वारा यज्ञ न रचता तो ब्राह्मण कहाँ से पैदा होते। ईश्वर की रचना कितनी सुंदर है–उसे हमने जाना। जिसके लिए ऋषि-मुनि बेअंत समझते उसका अंत हमने पा लिया। भगवान ने सृष्टि कैसे रची, कैसे भगवान को संकल्प उठा। इसको (ब्रह्मा को) अपना बनाया तो इसने भी 'हाँ जी' कह दिया। अपने आप को समर्पण कर दिया। भगवान जब आता तो बच्चों सहित आता, यह लीला हमने प्रैक्टिकल देखी। संगमयुग की घड़ी ऐसी है जैसे कि बहुतकाल से महाजाल में फंसे हुए पिंजड़े के पंछी, उनको भी अंदर से ख्याल आने लगा कि अब हमको ईश्वर का बनना है। पहले गीता भागवत पढ़ते थे तो अंदर से ख्याल आता था–मुझे क्यों नहीं यह ज्ञान सुनाया। अब हमारी वह आशा पूरी हो गई। भागवत में जिन गोप गोपियों का गायन है वह हम बन गए।

(2) विनाश काले हम पांडवों की है प्रीत बुद्धि... हमें नष्टोमोहा स्मृतिलब्धा बनना है जरूर। सब विकारों में कड़ा विकार है मोह। लोभ मोह बुरी बला है। काम तो सर्प है, क्रोध ताँबा बना देता। सर्प डस लेता। लोभ व्यक्ति में लालच पैदा करता है। जिसके अंदर चाहना बढ़ती जाती... मेरे पास यह भी होना चाहिए। लोभी नर कंगाल, दूसरे का हमें मिले, मेरे को कोई हाथ न लगाए... अगर जरा भी लोभ का अंश है तो कुछ न कुछ अवश्य चाहिए। इसको जिसने नहीं छोड़ा वो कभी शाही (रॉयल) घराने में नहीं आ सकता है। रॉयल घराने में आना है तो अपने आप से पूछो–में तृप्त आत्मा हूँ। बाबा ने मुझे कितना दिया है। ज्ञान का खजाना भी दिया है तो स्थूल मैं भी कमी नहीं है। जैसे दुनिया वालों को खाना भले न मिले लेकिन मिलेट्री वालों को जरूर मिलता। देश की सेवा करने वालों को खाना जरूर मिलेगा। ऐसे गैरन्टी है, चाहे सारी दुनिया भूखों मरे... हमें जरूर मिलेगा। यहाँ नहीं मिलेगा तो बाबा वतन में बुलाकर खिला देगा। तो अगर ऊँच पद पाना है तो चाहना को छोड़ दो। इच्छा कोई प्रकार की न हो। न आशा, न तृष्णा, न इच्छा। अटेन्शन है तो एक पढ़ाई में। पढ़ाई में जरा भी सुस्त व केयरलेस नहीं होना चाहिए। एक पॉइंट भी हमारी मिस न हो। कभी आपस में फालतू बात न करो। किसी की निंदा न करो। एक दूसरे को बाबा के चरित्र सुनाओ, बाबा की बातें सुनते सुनाते प्राण तन से निकलें। यज्ञ की ग्लानि न सुननी है न सुनानी है।

(3) वैजयन्ती माला में आना है तो निश्चय से लाइफ पास करो। लाखों-करोड़ों में से बाबा ने हमको माला का मणका बनाया है। अभी ख्याल करना है हम वैजयन्ती माला में कैसे आएँ। स्नेह का सूत्र पक्का हो, ध्यान (अटेन्शन) हो मुझे विजयी बनना है। विजय का आधार है प्रीत। प्रीत का आधार है निश्चय। अगर बाप से प्रीत नहीं है तो जरूर कोई व्यक्तियों में, वैभवों में प्रीत होगी। हरेक अपने दिल से पूछे-मेरी प्रीत कहाँ है। हमें सुखधाम में जाना है, इसलिए लायक बनना है। पीछे नहीं देखना है।

"सामने बाबा को देखो, लक्ष्य को दिमाग में रखो। लक्ष्य की स्मृति हमको ऊँचा बनाती है। लोभ लालच छुड़ा देती है।"

निमित्त बने हुए को बहुत ध्यान रखना है। भले 4-6 स्टूडेंट के निमित्त हो लेकिन ध्यान पूरा चाहिए। स्टडी पूरी करनी है। निरअहंकारी भी पूरा बनना है, कभी रोब न दिखाएँ। निमित्त बनना माना सेवाधारी बनना। निमित्त बनने से सावधान ज्यादा रहते, मुझे एक्यूरेट रहना पड़े। निमित्त बनने से बड़ा कल्याण हो जाता। औरों के सदके खुद का सुधार हो जाता। मुरली ध्यान से पढ़नी पढ़ानी होती। कई हैं जो घर में गीता पाठशाला खोल सुस्त हो जाते, बड़े सेंटर पर नहीं जाते। सेंटर पर जाएँगे तो बड़ों से अच्छा कनेक्शन हो जाएगा। सदा सीखने की भावना रहेगी। नहीं तो सीखने की भावना कम हो जाती। जहाँ जीना वहीं सीखना, यह कभी नहीं भूलना है। सीखने की भावना वाला दूसरे को भी अच्छा सिखा सकता है। बाबा सिखाने वाला है, मैं नहीं सिखाने वाली हूँ। हरेक को यह समझना है, यह कमाल बाबा की है, बाबा ने मुझे सेवा दी है मेरे कल्याण अर्थ। गीता ज्ञान बाबा का है, बाबा दे रहा है। यह स्थान सेवा के लिए बाबा ने दिया है। मैं जैसे पुजारी की तरह हूँ, वह देवता की मूर्ति को सजाता, न कि अपने को। विधि पूर्वक पूजा करना उसका काम है। पुजारी माना सेवाधारी। हम भी निमित्त बने हुए सेवाधारी हैं। हमको बाबा के स्थान को इतना शुद्ध, सुंदर रखना है जो कोई भी उस स्थान से अच्छे वायब्रेशन लेकर जाए। निमित्त बने हुए को भीलनी का काम करना पड़ता। सेवाधारी कभी अपनी चाल-चलन से बाबा का नाम बदनाम करने के निमित्त नहीं बनते। हमको बड़ा खबरदार रहना है। यह मोह नहीं–यह मेरा घर है। मेरे घर में भगवान के बच्चे आते, तो वातावरण बहुत शुद्ध हो जाता, यह भी भाग्य की बात है। साथ-साथ एकता (यूनिटी) जरूर हो। एक दूसरे से प्यार हो, ऐसा न सोचें, यह तो इसके संपर्क (कनेक्शन) में है, मेरे कनेक्शन में नहीं। यह संकल्प, यह बोल कभी हमारे मुख से नहीं निकलने चाहिए। हम एक पिता के बच्चे, एक ज्ञान सुनाने वाला... जो नियम बाबा ने बनाकर दिए हैं उसी के अनुसार चलना है। इतनी एकता

हो हमारी, जो दुनिया देखे। मन में कोई भेदभाव न रखो। जो आए उसकी सेवा करो। स्वच्छता, सत्यता दोनों की विजय है। स्थूल में स्वच्छता, माइंड में सत्यता। सत्य बोलने वाले हैं, सत्य ज्ञान है, सत्य हमारा व्यवहार है। सच्चे बाबा ने सचखंड स्थापन करने के लिए सच सिखलाया है। तो हमारा आपसी व्यवहार इतना प्रेम भरा हो, जिसमें रिंचक मात्र भी तेरा-मेरा न हो। सारा दिन बाबा के सिवाय और कुछ नहीं। आश्रम उसको कहा जाता जिसमें सुख, शांति, प्रेम हो। प्रेम, एकता में जरा भी कमी न हो। कभी हमारा चेहरा चिंता वाला न हो। जो कुछ हो रहा है, नया कुछ नहीं (नथिंगन्यु)। यह पाठ पक्का हो। जो बीती उसको याद नहीं करो। दुनिया का भविष्य हमारे हाथों में है, तो हमारा भविष्य कितना ऊँचा हो, यह हरेक देखे। जैसे कर्म करेंगे वैसा भाग्य बनाएँगे। जितना भगवान को हाथ में हाथ दिया होगा उतना ही वह मेरा भाग्य बना देगा। जिसको हाथ दिया उसका ही साथ मेरा अपना भाग्य है। मेरी डोरी तेरे हाथ-यह अंदर पक्का हो। हाथ में हाथ डालना यह बहुत अच्छा पुरुषार्थ है। जहाँ चलाए, जैसे चलना है, सभी कर्मों का वह मालिक है। कई हैं जो भगवान का हाथ छोड़ना चाहते हैं, भगवान उन्हें पकड़ लेता। वह छोड़ेगा नहीं, लेकिन कभी टेस्ट जरूर करता। हाथ छोड़कर देखता कि इसको विश्वास है या नहीं। कभी-कभी कोई कमजोर आत्माएँ कह देती हैं कि मेरे में हिम्मत नहीं है। बाबा, बहुत तूफान आते हैं, माया बहुत तंग करती है। अभी तो मैं कुछ नहीं कर सकती। बाबा उस समय टेस्ट करेगा, अभी देखें। बाबा कहेगा—खूब आये तेरे पास माया। बाबा चिल्लाने वाले की नहीं सुनता। महारथी बनो, हिम्मत वाले बनो, सदा खुश रहो। निश्चय को पक्का मजबूत बनाओ। महारथियों को संग रखो। संग कमजोरों का रखते तो तुम्हारा भी वह हाल हो जाता। कई पुराने-पुराने नयों को ऐसी निपुरी बातें सुनाते जो उनका माथा ही खराब कर देते, आगे चलोगे यह होगा, कोई पूछेगा नहीं..... ऐसी-ऐसी बातें हमें कभी नहीं सुननी चाहिए जिससे माथा खराब हो। मेरा भविष्य भगवान के हाथ में है। जिसने सारी उम्र ब्रह्म भोजन खाया है, उसे मरने के बाद श्राद्ध भी स्वयं भगवान खिलाएगा..... इसलिए यह नहीं सोचो—मेरी अर्थी पता नहीं कौन उठाएगा.... तुम अच्छे रहोगे तो तुम्हारा सब कुछ अच्छा ही होगा। कईयों को ख्याल आता, पता नहीं लौकिक मुझे न पूछे तो..... यह ख्याल आना भी संशयबुद्धि बनना है। याद रहे-जो अब होगा वह कल्प-कल्प होगा। आज मैं सुस्त होकर क्लास मिस करूँगी, बहाना बनाऊँगी तो कल्प-कल्प बनाऊँगी। कईयों को बहाना बनाने की आदत होती, झूठ बोलना थोड़ा पाप, बहाना बनाना महापाप। हरेक चेक करे, मैं सच बोलना सीखी हूँ, बहाना तो नहीं बनाती। धर्मराज को हमेशा याद रखो। बहाना बनाना माना बात को चलाना। अंदर एक, बाहर दूसरी। बहाने बनाने वाली है सुस्ती। होगी सुस्ती, कहेंगे—सिर में दर्द है। सिद्ध करते रहेंगे। बात को टाल देंगे..... यह सब छोटे-छोटे महान पाप हैं। पहले ही पापों की गठरी खत्म नहीं हुई है, दूसरे पाप चढ़ते जाते। इसलिए हंसी में भी झूठ न बोलो, बहाना न बनाओ। अच्छा—ओमशांति।

शुद्ध संकल्प, शुभ भावना से वायुमंडल बहुत सुंदर बनता, परचिंतन, अशुद्ध संकल्प वायुमंडल को भारी बना देता (15-01-87)

(1) एक दिन भी हमारी मुरली मिस न हो, यह उनके पास पक्की धारणा होती जिनका मुरलीधर से प्यार है, जिसको मुरलीधर बनना होता। मुरली सुनने से मनमनाभव होते। मुरली सुनते-सुनते मध्याजी भव अर्थात् सतयुगी राज्य पद पा लेते। मुरली सुनने वाले राजयोगी कहलाते, वही ब्रह्माकुमार बनते। ब्रह्माकुमार कुमारी वह जो मुरली पर मस्ताना हो। वही अपने को गोप गोपी महसूस करते। जिसका एक बाबा दूसरा न कोई, वही सहज राजयोगी है। यज्ञ, तप, तीर्थ, दान, पुण्य आदि से फ्री हैं। पहले सुनते थे-यज्ञ, तप, दान, पुण्य से.... भगवान कहता मैं नहीं मिलता फिर भी गीता पढ़ते, यज्ञ तप करते रहे। अब वह यज्ञ तप हम कर नहीं सकते। अभी हमने जो यज्ञ रचा है यह अनोखा यज्ञ है, गीता पाठशाला खोलना माना यज्ञ रचना। यज्ञ में विधि पूर्वक सब कुछ स्वाहा करना, वह तिल, जौ स्वाहा करते हम तन-मन-स्वाहा करते। ओमशांति माना स्वाहा, कुछ हमारा नहीं रहा। ऐसा सच्चा यज्ञ, सर्व मनोकामनाएँ पूर्ण करने वाला यज्ञ बाबा ने रचा है, जिस यज्ञ के हम सेवक हैं। जिस यज्ञ से हम ब्राह्मण बने, जिससे हमारे मनइच्छित फल पूर्ण हुए हैं। जिन्होंने यज्ञ सेवा की उनको इतना ऊँच पद भगवान देता। तप भी कर रहे हैं, तपस्या ऐसी है जिससे सारे विकर्म विनाश होते। योग लगाते हैं संबंध जोड़ने के लिए, तपस्या करते हैं विकर्म विनाश करने के लिए। पहले योग फिर तपस्या। शक्ति पैदा होती है योग से, एक बाप के संबंध से। यह बहुत काल की लगन तपस्वीमूर्त बना देती है, उससे विकर्म विनाश हो जाते हैं। अलग (डिटैच) होकर, शरीर से न्यारे होकर नंगे आए, नंगे जाना है। शांतिधाम याद आया तो दुखधाम भूल जाता। सुखधाम जाने के लिए बुद्धि श्रेष्ठ कर्म करने में बिजी हो जाती। तो हरेक अपने से पूछे मैं योगी, ऋषि, तपस्वी हूँ। बाबा हमको राजऋषि बना रहा है। हमारे संस्कारों में शीतलता हो। प्रवृत्ति में रहते बड़े पवित्र हो। तपस्वी के मस्तक से प्रकाश दिखाई पड़ता। तपस्या के आधार से सारा अंधकार नाश हो जाता। हम यात्रा पर भी हैं, व्रत भी बहुत पक्का रखा है। जहाँ तक जीएंगे पूरे वैष्णव रहेंगे। खान-पान के शुद्ध आहारी, शुद्ध व्यवहारी रहेंगे। शुद्ध विचार, शुद्ध आहार.... इसका पक्का व्रत है। हमारा सदाव्रत है। 21 जन्म तो क्या भक्ति मार्ग में भी हम शुद्ध होंगे, देवताओं के पुजारी होंगे। हम देव बन रहे हैं तो शुद्धता (प्युरिटी) हमारे पास अपने आप आ रही है। देह अभिमान जा रहा है। ब्राह्मण देही अभिमानी बन रहे हैं। सतयुग में देवताएँ हैं ही देव की मूर्ति। उनकी मूर्ति में दिव्यता तब आई जब देह अभिमान नहीं है। देह में होते अभिमान नहीं है। इसलिए बाबा समझाते, पहले अहंकार को छोड़ो फिर देह अभिमान को छोड़ो, तब देह भान से दूर रहेंगे। अहंकार है माना शूद्र है।

"अहंकारी क्रोधी होता है, लोभी होता है। पहले अहंकार को मारो। योग ऐसा लगाओ जो देह अभिमान खत्म होता जाए, जैसे घास कटती जाए।"

बहुत जन्म से देह अभिमान होने के कारण देही अभिमानी रहना मुश्किल लगता। देही अभिमानी रहने की आदत पड़ गई तो देह अभिमान की जंजीरें छूट गईं। उड़ना सरल (इजी) हो गया। जिस घड़ी उड़ने लगते तो वायब्रेशन बड़े शुद्ध होते, एक दूसरे के संग से उड़ना सीखते जाते। किसी को चलना, दौड़ना सिखाया जाता, उड़ना नहीं। वायुमंडल उड़ना सिखा देता है। कभी-कभी कोई कहते हैं, वायुमंडल थोड़ा भारी अशुद्ध हो गया है। कब कहेंगे, आज वायुमंडल बहुत शुद्ध है। वायुमंडल बनता है संकल्पों से। शुद्ध संकल्प, शुभ भावना वाला, स्नेह वाला संकल्प वायुमंडल बहुत सुंदर बनाता, हरेक का जी चाहता है ऐसे वायुमंडल में रहें। जरा-सा परचिंतन, अशुद्ध संकल्प वायुमंडल को भारी कर देता। खराब वायुमंडल डराता है, पता नहीं गिर न जाऊँ..... सुनते हैं ना कथन्ती, पशन्ती, भागन्ती... ऐसा समाचार देख कइयों के मन में आता है-पता नहीं मेरा क्या होगा। हम अपने अनुभव के आधार से कहती-अपने में पक्का विश्वास रखना हो तो दो-चार बातें ध्यान में रखो, इससे कभी भागन्ती की या ठंडे पुरुषार्थ की लाइन में नहीं जाएँगे। ज्ञान मार्ग में कहीं रुकना भी अच्छा नहीं लगता, क्योंकि और चले जाएँगे अकेला रह जाएँगे। साथ-साथ चल रहे हैं तो पता नहीं चलता, परंतु अकेले रह जाएँगे तो घबराहट आएगी। किसी के लिए भी रुकना नहीं है, पीछे नहीं देखना है। मित्र संबंधी आदि बड़ी मीठी-मीठी बातें सुनाकर कहते, धीरे-धीरे चलना..... थोड़ा ठहरो, हम भी चलेंगे। यह बातें मत सुनो। हमको घर जाना है, यह पक्का रखो। इसमें चाहिए निर्णय शक्ति बहुत तेज। मुझे क्या करने का है। मुझे बाबा का परिचय मिला तो बाबा की सेवा करनी है। देह, देह के कर्मबंधनों से मुक्त होना है। अगर खुद को पक्का निश्चय है तो कोई रुकावट आ नहीं सकती।

(2) एक तरफ बाबा मुरली सुनाता, दूसरे तरफ माया अपनी मुरली सुनाती। उसे भी बहुत अच्छी मुरली सुनानी आती है। एक कान से बाबा सुनाता दूसरे तरफ से माया सुनानी शुरू कर देती। माया ऐसी मीठी-मीठी बातें सुनायेगी जो बाबा की बातें मिस कर देंगे। बाबा क्या कहता-इसमें बड़ी होशियारी चाहिए। इतने समय जो माया के मुरीद रहे हैं वह ऐसे नहीं छोड़ेगी, प्रयास (ट्रायल) करेगी-कि हमारे होकर रहें। समझदार वह जो बाबा की मुरली को ध्यान पर रखें। बाबा से मुक्ति जीवनमुक्ति का पूरा वर्सा लेने की लगन में रहें। संगमयुग पर ही यह वर्सा लेनी है। अभी ही कर्मबंधनों से मुक्त होकर, विकारों से स्वतंत्र (फ्री) होकर जीवनमुक्त बनना है। ब्राह्मण जीवन सेवा में है परंतु मुक्त है, यह बड़ा ऊँचा पद है। यह वर्सा बाबा से अभी ही लेनी है।

भाई-भाई को यह वर्सा दे नहीं सकता या मैं किसी के निमित्त बनती तो मैं किसी को वर्सा देने वाली हूँ नहीं। हमारा काम है, सबको यही बताना कि बाप और वर्से को याद करो। वर्सा है मुक्ति, जीवनमुक्ति। बाप है दाता, देने वाला। शांति मिलेगी शांति दाता से। हमको जो बाबा ने दी है वह रास्ता बताते हैं। मम्मा सदा कहती थी–पिता प्रसाद दे रही हूँ। पिता से जो प्रसाद मिला है वो बाँटना है। प्रसाद बाँटकर खाना पुण्य का काम है, उससे हम पुण्य आत्मा बनते हैं, जो मिलता है बाँटकर खाओ। उसमें सुख मिलता है। धर्मात्मा माँ-बाप बच्चों को दान-पुण्य सिखाते हैं। पैसा देंगे–भंडारी में डालकर आओ। जो हाथ में आए पहले बाबा की भंडारी में डालो। किसी को दिखाकर नहीं डालना होता। शिवबाबा की भंडारी में गया, माना मेरा भंडारा भरपूर हो गया। जहाँ धन जाता वहाँ मन लटकता रहता। कई छोटे-छोटे बच्चे कभी भी पैसा खर्च नहीं करेंगे, भंडारी लेकर बाबा के पास आएँगे। यह भी दान-पुण्य करने का संस्कार डालना होता। जितना जो भगवान के सिखाए हुए नियमों पर चलता वह बड़ा सुखी रहता, वह कभी भागन्ती हो नहीं सकता। उसे कभी एक दिन भी क्लास मिस करने का ख्याल नहीं आएगा। कभी अपसेट नहीं होगा। बाबा के बताए नियमों पर चलने से सुरक्षा (सेफ्टी) महसूस होती है।

(3) बाबा ने जो नियम बताए हैं उनमें लापरवाह (केयरलेस) न रहो। कई पूछते हैं, भला प्याज, लहसुन खाने में क्या होगा। हम क्या कहती। बाबा ने कहा है–यह न खाओ तो हम खा नहीं सकते। बाबा ने चाय पीने की छुट्टी दी तो पी रहे हैं। बाबा कहे न पियो तो नहीं पियेंगे। हम बाबा के निर्देशन (डायरेक्शन) से जो खा रहे हैं उसमें नुकसान नहीं हो सकता, कर्मइन्द्रियाँ जीत बनते जाते। कर्मइन्द्रियों पर जीत पाने की बड़ी सहज साधना है–जो खिलाओ, वह खाऊँ, जहाँ बिठाओ, वहाँ बैठूँ। यह धारणा हमें बहुत मजबूत बनाती है। ईश्वरीय परिवार से प्रेम हो, छोटी-मोटी बात की कभी फीलिंग न आए। सहनशीलता का गुण हो, सीखने की भावना हो, समाने की भावना हो तो कभी भागन्ती हो नहीं सकते। कहाँ जाएँगे, भले झूठे कलंक भी लगे.... यह ईश्वर का दर, दाता का घर है, इसको छोड़ मैं कहीं जा नहीं सकती, यह निश्चय, विश्वास हो। एक बार समर्पण हो गए फिर मेरा कुछ रहा ही नहीं, तो जाएँगे कहाँ। न तन मेरा न मन मेरा.... कहाँ जाएँगे। अगर कोई विकार के वश होती तो सब मेरे पर हंसी करेंगे। ऐसा कर्म न हो जो और हमारे पर बुरी दृष्टि डालें। मुझे सब किस दृष्टि से देखेंगे। हम कर्म वह करें जिससे बाप का या अपने कुल का नाम वाला हो। ब्राह्मण कुल बड़ा भारी कुल है, हमारे बड़े पूज्य हैं। अंदर में सबका रिगार्ड रखने की आदत हो, सबको रिगार्ड देना फर्ज कहता है। बाबा जिससे भी कोई काम कराए, वह मालिक है। काम बाप का है, हमारा काम है जो मेरे से बाबा कराए। अगर कोई काम सफल नहीं होता तो यह ख्याल न आए, अब क्या होगा। काम बाप का है वह जाने। अंदर की स्थिति अचल-अडोल हो। अचल-अडोल बनना है तो याद रहे हम ईश्वर

के बच्चे हैं, ईश्वरीय कार्य है, हम ईश्वरीय सेवा पर हैं..... हमको कोई हिला नहीं सकता। मैं किसी का खाती नहीं, जिसका खा रही हूँ उसके गुण गा रही हूँ। मुझे नमकहराम नहीं बनना है। जिसका खाते उसके घर की रक्षा करते..... कभी संशय वाले संकल्प नहीं उठाओ। असंभव को संभव करने का जादूगरी का खेल बाबा ने करके दिखाया है। बाबा ने हम बच्चों को बड़ा सहज मार्ग दे दिया है। उस पर चलते रहो। हमेशा ख्याल करो मेरे जैसा बच्चा भगवान को और कोई मिलेगा क्या। जो देखे वह कहे, यह तो भगवान का बहुत अच्छा बच्चा है। अच्छा-ओमशांति।

श्रीमत कहती है-सदा शीतल-शांत रहकर सेवा करो, कम्पिटिशन में न आओ
(16-01-87)

बाबा और ओमशांति यह दोनों शब्द कितने प्यारे हैं। हम अपने को खुशनसीब आत्मा देख कितना हर्षित होते। आत्मा में जाग्रति आई तो रोशनी आ गई, अंधकार दूर हो गया। बाबा की समझ से आत्मा में वह प्रकाश आता जा रहा है। जैसे-जैसे वह प्रकाश आता जाता, अंधकार दूर होता जाता, आत्मा अपने को खुशनसीब महसूस करती है। कोई-कोई खुशी को छोड़ फालतू बातों से दुख उठाते। कोई दुख उठाता तो वह हुआ बदनसीब। बाबा से संबंध जोड़ना माना खुशनसीब बनना। खुशनसीब वह जिसकी किस्मत में खुशी हो। जो किसी की मत पर चलता या मनमत पर है वह दुखी है। श्रीमत से हमें कितनी शक्ति मिलती है-अगर मन यह स्वीकार कर ले तो किसी की मत का असर मेरे को हो नहीं सकता। श्रीमत की कदर होनी चाहिए। उसकी वैल्यु का पता होना चाहिए। अपने आप से पूछो, श्रीमत क्या कहती है? श्रीमत कहती है, तुम सदा शीतल, शांत रहकर सेवा करो, कभी किसी के प्रतियोगिता (काम्पिटिशन) में नहीं आओ। काम्पिटिशन वाले त्रेतायुगी बनेंगे। सतयुगी आत्माएँ त्यागी, तपस्वी होकर आराम से सेवा करेंगी। न किसी से ईर्ष्या (जैलसी) रखेंगे न उनसे कोई जैलसी करेगा। हरेक अपने कर्म का भाग्य खाता है, मैं अच्छा कर्म करके अच्छा भाग्य बनाऊँ, मैं दूसरे से जैलसी क्यों करूँ। अगर कोई सुखी है तो अपने कर्म से सुखी है। मैं अपनी मेहनत का खाऊँ, अपनी मेहनत करूँ, यह भी धारणा होनी चाहिए। अपनी मेहनत का फल खाना बड़ा मीठा लगता। दूसरा मेहनत करे मैं फल की इच्छा रखूँ तो वह हजम नहीं होता, ताकत नहीं मिलती। माली कितनी मेहनत करता, खुद क्या खाता? उसको खुशी होती, हमारे बगीचे से अच्छा फल निकला, अनेक को सुख मिला। जहाँ तक हो सकता है सबको मिले, जिसमें दातापन के संस्कार होते उसमें जैलसी नहीं होती। मैं किसी से जैलसी न करूँ। भगवान मेरे साथ है। भाग्य मेरा अच्छा है, क्योंकि कर्म बहुत अच्छे

हैं। कर्म और भगवान साथ हैं तो भाग्य अच्छा हो ही जाएगा, भरोसा (गैरन्टी) है। बड़ा भाग्य है जो भगवान मिला और कर्म का ज्ञान मिला। कर्मों की गुह्य गति को जब समझ लिया तो मेरा भाग्य बड़ा अच्छा बना ही पड़ा है, क्योंकि बाबा भाग्य का सितारा चमका रहा है। जब ऐसी मनोवृत्ति सुंदर हो जाती तो किसी के लिए ईर्ष्या नहीं होती। दिल कहता सब सुखी रहें। यह नहीं लगता कि कोई मेरी कुर्सी छीन लेगा। लक्ष्मी नारायण भी खुशी-खुशी अपने बच्चों को राजतिलक देंगे। अपना ताज उसको पहनायेंगे, अपना तख्त उसको देंगे फिर राम सीता को भी खुशी से राज्य देते हैं...... अभी तेरी बारी आई है.... लक्ष्मी नारायण की पर्सनेलिटी में कितना स्वामित्व (रायल्टी) होगा। हमारी पर्सनैलिटी की रायल्टी है। ऊँच पद स्थिति के अनुसार होगा। सदा ऊँची स्थिति बनी रहे यह ध्यान (अटेन्शन) रखो। मिरूआ मौत मलूका शिकार..... वाली स्थिति हो जाए। निर्भय निर्वैर स्थिति हो जाए। जिन्होंने बहुत पाप किए हैं उनका नाश होगा, जिन्होंने पहले से ही पाप नाश किए हुए हैं वह मलूक बन खुशी में नृत्य (डांस) करेंगे। उनको विनाश का भय नहीं होगा, क्योंकि उनके पास प्रीत बुद्धि की शक्ति है। वह शक्ति ही पावन बनाती है। जिसके पास प्रीत है उसके पास शक्ति है, महावीर है। जब 5 पांडवों का गायन करते हैं तो हरेक देखे-5 गुण मेरे पास हैं। पांडव माना जिसमें पाँचों गुण हों। अर्जुन वह जो सदा गीता ज्ञान सुनता रहे। भगवान के सामने बैठा है, ज्ञान सुन-सुनकर हर्षित हो रहा है। दिन-रात उसको पहचानने-जानने की लगन है। बच्चे तो बहुत हैं परंतु हरेक अपने आपसे पूछे-मैं अर्जुन समान हूँ। जिसने 18 अध्याय सिर्फ सुना नहीं जीवन में अपना कर प्रयोग (प्रैक्टिकल) किया। 5 विकारों को अंदर से मारा, कर्मइन्द्रियों को शीतल, शांत बनाया। अर्जुन माना जो जन हैं उनसे अलग हैं। और इंसानों से न्यारे हैं। आर्डनरी इंसान की तरह नहीं हैं। भगवान और अर्जुन का संवाद ही रूहरिहान सिखाता है। जो बात मन में आती बाप के आगे रखता। बाप बच्चा-बच्चा कहकर समझाता। जैसे-जैसे वह समझता जाता, समझदार बनता जाता। हम रोज-रोज समझते जाते, बेसमझ नहीं हैं। समझ से काम लेना है, न कि किसी की नकल (कापी) करनी।

भगवान ने समझ दी है अपनी मत नहीं चलाओ, दूसरों की मत में नहीं आओ। एक भगवान जो कहता है वही सत्य है, यह मानकर चलो। भक्ति मार्ग में कहते सत्य वचन महाराज। जो भगवान के महावाक्यों को सत्य वचन समझकर चलता वही महाराजा-महारानी बनता है। सत वचन बोलो, किसी को भी दुख मत दो। दुख तब देते जब दूसरे की मत का प्रभाव पड़ जाता। कोई भी बात अंदर जावे नहीं। ईश्वर की बातें सदा स्मृति में रहे। अगर सतयुगी महाराजा बनना है तो सदा शीतल, सदा शांत, सदा सुखी बनना है। जब से बाबा का बने हैं, तब से किसी को दुख नहीं दिया है। बाबा की याद की शक्ति से सहनशक्ति आ गई है.... निंदा हमारी जो करे मित्र हमारा सोई. ... बाप का दिया हुआ मंत्र याद है। निंदा स्तुति में समान रहने की कहाँ तक मेरे में

शक्ति आई है-वह चेक करता है। फर्स्ट है स्थिति (स्टेज), सेकेण्ड है कार्य (सर्विस)। आजकल सर्विस बहुत याद है खुद को भुला दिया है। और क्या कर रहे हैं, उसका चिंतन करना मेरा काम नहीं है। मेरा काम है ज्ञानी आत्मा बनना न कि सिर्फ ज्ञान देना। हरेक बाबा की प्रिय संतान बनें। वह तब बनेंगे जब ज्ञान सुनकर ज्ञानी योगी बनेंगे। कई ऐसे होते जो ज्ञान सुनायेंगे थोड़ा, फालतू बातें ढेर सुनायेंगे। इंसानों की बुद्धि में ज्ञान नहीं बैठता, बाकी फालतू बातें बहुत बैठ जाती हैं। दंतकथाएँ याद रहेंगी, महामंत्र भूल जाएगा। तो ऐसा न हो, ज्ञान के बदले घासलेट खिला दो। और-और बातें मिक्स करके किसी आत्मा को दुखी मत बनाओ। हम मक्खन चोर के बच्चे हैं, बाबा हमको माखन खिलाता है। जिससे हम विश्व की बादशाही लेते तो हम बुद्धि में और बातें रख नहीं सकते।

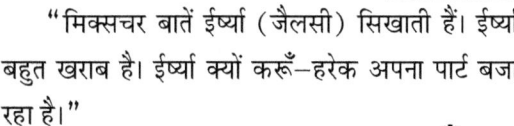

"मिक्सचर बातें ईर्ष्या (जैलसी) सिखाती हैं। ईर्ष्या बहुत खराब है। ईर्ष्या क्यों करूँ-हरेक अपना पार्ट बजा रहा है।"

लक्ष्मी ने अपना पुरुषार्थ करके लक्ष्मी पद पाया, नारायण ने अपना पुरुषार्थ कर अपना पद पाया। मम्मा को कोई बाबा ने मदद नहीं की। जैसे हमको पढ़ाया ऐसे उसको पढ़ाया। नारद के अंदर था मैं लक्ष्मी को वरूँ परंतु ऐसा पुरुषार्थ नहीं किया। नर ऐसी करनी करे जो लक्ष्मी को वरने लायक बन जाए। मेहनत करनी पड़ती, ऐसे ही स्वयंवर हो नहीं सकता। ईर्ष्या करने की बात ही नहीं। किसी के भाग्य में मैं क्यों जाऊँ..... हरेक अपने लिए करता है। मुझे जो करना है-सो करूँ, मना नहीं है। कई बार आता है-जो इसको सेवा मिलती वह मेरे को भी मिले.... तुम ऐसा क्यों सोचते हो? तुम ईमानदार लगन वाले रहो, सेवा तुम्हारे आगे आएगी। सिर्फ ज्ञान नहीं दो, सुख दो। ध्यान रहे-बाबा के घर में जो आए उसको सुख शांति मिले। एक आत्मा का ही पाठ (लेसन) देकर उसे शांति का अनुभव कराओ। आजकल सर्विस का फैलाव बहुत है तो बुद्धि भी बहुत फैली हुई है। हरेक के दिमाग में सेवा है। सेवा-सेवा ने नौकर (सर्वेन्ट) बना दिया है, कभी मालिक होकर शांति से बैठ बाबा को याद तो करो। हरेक अपने से पूछे-मुझे बाबा के याद की लगन (धुन) कितनी लगी है। जिसे याद की धुन लगी है-उसे ड्रामा की हर सीन बड़ी मीठी, प्यारी लगती, वह कभी दुखी (अपसेट) नहीं हो सकते। मलूक तब बनेंगे-जब बाबा का प्यार पाया हुआ होगा? बाबा का प्यार किस आधार पर मिलता है?

प्यार तो बाबा देगा जरूर, जैसे हैं तैसे हैं, बाबा के हैं। बाबा भी कहता, जैसे हो तैसे हो, मेरे हो। पहले वाला सब अभिमान छोड़ देते हैं तो बाबा भी वायदा कर

लेता–जैसे हो मेरे हो, प्यार शुरू हो गया। फिर है पहचान के ऊपर। जो आत्मा जितना पहचानती-उतना वह प्यार खींचती जाती। जो पूरा नहीं पहचानते वह क्या प्यार लेंगे। पहचानने से आँख खुली है, कभी आँख बंद नहीं होती। दिव्य दृष्टि मिली हुई देख खुशी होती। बाबा को थैंक्स देते, बाबा आपने हमें अच्छी बुद्धि दी है। जिसकी बुद्धि में फालतू बातें होती–उसको प्यार कैसे देगा। कोई कहता–बाबा मुझे प्यार नहीं करता, बाबा कहता–उसको बोलो, टीचर कभी प्यार नहीं करता। टीचर प्यार उसको करता जो अच्छी तरह पढ़ता। सदा ध्यान रहे हमारा बाप हमारा टीचर है। टीचर प्यार उसे ही करेगा जो अच्छी तरह पढ़ेगा, यूनिवर्सिटी का नाम रोशन करेगा। दूसरों को आप समान बनाने की सेवा करेगा। जो अच्छा नहीं पढ़ते वह झरमुई झगमुई करते...... जो फालतू चिंतन करते, रोते-कलपते, बाबा उनको प्यार कैसे करेगा? जो रोता है वह बाबा के काम का नहीं। जो रोता है वह समय गंवाता है, पुरुषार्थहीन होता है। कईयों में डाउट पैदा कर देता है। ऐसे अनुमान वाली बातों को प्रगट करने वाले को बाबा क्या प्यार करेगा। बाबा प्यार उसको करता जो सदा बाप को अच्छी तरह से जानता, पहचानता और वर्से का लायक बनता।

बाप का प्यार लेने के लिए न कभी किसी की शिकायत (कम्पलेन) करो, न आपकी कोई शिकायत (कम्पलेन) करे। (17-01-87)

(1) बाप को अच्छी तरह से जानने-पहचानने वाला ही अपने को वर्से का लायक बनाता है, वह कभी किसी की कम्पलेन नहीं करता, न उसकी कोई कम्पलेन करता। न किसी के नामरूप में फंसता है न फंसाता है। कई ऐसे हैं जो अपने में ही फंसाते हैं, समझते हैं यह मेरे से ही ज्ञान सुनता रहे..... ऐसे को बाबा प्यार नहीं करता। वह प्यार पाने वालों की लिस्ट से बाहर है। अगर मुझे बाबा से प्यार लेना है तो बाबा की आशाएँ पूरी करूँ न कि दूसरों की या अपनी। बाबा को चाहिए–एकांतवासी, अंतर्मुखी बच्चे, जो शांति से सेवा करें। सेवा है ही शांति देने की। सेवा करते कोई अशांति फैलाएँ इससे तो चुप होकर बैठना अच्छा है। योग में बैठ जाओ, खाना बनाओ, अनाज साफ करो, यह बहुत बड़ी सेवा है। अगर प्रतियोगिता (काम्पिटिशन) में आकर सेवा करते तो वह किस काम की..... इससे तो रोटी पकाओ, सब्जी काटो...... यह सेवा अच्छी है। सेवा के लिए लड़ो तो उसमें मजा नहीं आता..... कोई को सेवा का चांस मिलता, कोई को नहीं..... तो आपस में ही दुश्मन बन जाते, यह सब बातें हैं–बाबा से दूर करने वाली। शांति से सेवा करो, सदा सुखी रहने के अभ्यासी बनो। जो कभी किसी के परपंच में नहीं आता, उसका संग बहुत अच्छा लगता। उससे अपने आप जो सामने

आता-उसकी सेवा हो जाती। आप दीवारों को शुद्ध शांत बनाओ यह भी सेवा है। शुद्ध वातावरण बनाने का जिसे अभ्यास है, वह सच्चा बाबा का सहयोगी है। कभी भी वातावरण भारी न बनाओ। अच्छाई देखने का अभ्यास हो तो सतोगुणी बनते जाएँगे। सतोप्रधान बनना हो तो अच्छाई देखो।

(2) पाँच पांडवों में पहले अर्जुन बनो, फिर युधिष्ठिर बनो, युद्ध के मैदान में खड़े हो जाओ, कायर मत बनो। धर्मराज बनकर ऐसे कर्म करो जो कर्म करके पछताना न पड़े। कभी पश्चाताप करने में भी समय वेस्ट हो जाता है। महावीर, धर्मराज, युद्धिष्ठिर बनना है तो कर्मों की गुह्य गति को जानकर चलो। भीम है बाबा का भंडारा संभालने वाला। नकुल है बाप की नकल करने वाला (कापी करने वाला), सहयोगी है सहदेव। तो पाँचों गुण हमारे में हों तब बाबा प्यार करेगा। भीम है बाबा का यज्ञ संभालने वाला, सहदेव है सहयोग देने वाला। अर्जुन है 'हाँ जी' करने वाला, नकुल है नकल करने वाला, तो हरेक आत्मा यह सब गुण धारण कर ले तो बाबा कितना प्यार करेगा। सब तरफ से सावधान (आलराउन्ड अलर्ट) बनकर काम करो, ऐसे नहीं कि यह काम मेरा नहीं। सब कलायें तब आएँगी, जब सीखने की इच्छा होगी। बाबा सर्व कलायें दे देगा, सिर्फ सबके गुण उठाते चलो। ईश्वर के गुण हमारे में आ गए तो सबके गुण देखने के अभ्यासी हो जाएँगे। प्रभावित नहीं होंगे गुण खींच लेंगे। सूर्य सागर से पानी खींच लेता जिससे बादल बन जाते, प्रभावित नहीं होता, खींच लेता। जहाँ भी कल्याण वा फायदे वाली बात हो, खींच लो। मेरे अंदर कोई विकार न हो। बनकर दूसरों को बनाओ। जितना हम बनते जाते, उतना दूसरों को बनना सहज लगता। यह ऐसे बने हैं तो हम भी बनें। देखकर बहुत सीखते हैं। लाइफ देखने से लगता, ऐसी मेरी भी लाइफ बने। अच्छाई और सच्चाई ने ही इतनी सेवा की है। जितना जीवन में अच्छाई आती तो दूसरों का दिल कहता हम भी ऐसे बनें। सबका दिल कहे-ज्ञान को मैं अमल में लाऊँ..... मम्मा जैसी प्रिय योगी आत्मा बनो। हमारी लाइफ आइने का काम करे जो दूसरों को दिखाई पड़े-मेरे में यह कमी है मैं कैसे निकालूँ। टोकने की आदत न हो। टोन्ट मारने से बहुत दुख होता है। अपनी सूरत से किसी को बदलना यह सेवा बहुत अच्छी है। सच्चे सेवाधारी बाबा के बच्चे दुआओं भरा प्यार बाबा से खिंचवाते हैं। यह नहीं कहते कि बाबा प्यार नहीं करता। वह बाबा का प्यार पाने के अधिकारी हैं। सपूत सच्चे स्टूडेन्ट सदा श्रीमत पर चलते तो बाप टीचर सतगुरू का प्यार पाते हैं। कभी किसी की मनमत सुनने वाले नहीं। जो श्रीमत को पालन करने वाले हैं-वह बाप टीचर के लाडले हो जाते। स्टूडेन्ट वह जो टीचर का शो करे.... दिन-रात उसी लगन में रहे। सतगुरू तो दुआओं का भंडार खोलकर बैठा है, टीचर पढ़ाने के लिए हाजिर है.... सिर्फ अपने को दुआओं का पात्र बनाओ। सारी उम्र में जिसने किसी को दुख नहीं दिया, सदा अच्छा रहा है, उसके लिए अंदर से दुआ निकलती है। सबको स्नेह दिया है तो स्नेह पाया है। न नाम रूप में फंसा है न फंसाया है..... बाबा की दुआयें

उसके प्रति अंदर से निकलतीं। जिसे कोई रोग नहीं है, सबको स्नेह दिया है स्नेह पाया है, जो बाबा चाहता वही किया है, तो स्वतः बाबा की दुआयें मिलती हैं। कोई दान करते तो उसका भी प्रदर्शन (शो) करते, टीचर को तो पता होना चाहिए..... यह भी गलत (रांग)। एक हाथ करे दूसरा देखे भी नहीं। गुप्त दान का महापुण्य है, जो शो करते हैं वह बाबा के काम के नहीं। बाबा कहते, मांगने से मरना भला....।

"यज्ञ सेवा सर्वोत्तम है, जो करता अपने बैंक में जमा करता, यज्ञ सेवा में लगा तो सफल हुआ। पाप में गया तो व्यर्थ गया। जिसका सफल होता उसको गुप्त खुशी रहती है।"

बाबा कहता, पैसा खर्च करने के लिए नहीं सफल करने के लिए है। फालतू खर्च नहीं कर सकते हैं। भाग्यशाली वह जो अपना कणा दाना सब सफल करें। समय, संपत्ति, श्वास सब सफल हो। जो सफल करना जानते वह बाबा को प्यारे लगते। जो वेस्ट करते, पैसा गुम करते..... उनका योग 50-50 है। योगयुक्त का नुकसान हो नहीं सकता। उनका धन फालतू दवाईयों आदि में भी नहीं जा सकता। उनके लिए दुआयें दवाई का काम करती हैं। मेडिसिन का काम मेडीटेशन से चलता है। योगी बाबा का प्यार खिंचवाता है।

प्रश्न : बाप से सर्व संबंधों का अनुभव कैसे करें?

उत्तर– पहले तो वह हमारे माता-पिता हैं-जब हम माँ के रूप में देखते हैं तब हमारे अंदर बाबा के नजदीक आने की शक्ति आती है। जैसी हूँ तैसी हूँ, मैं तेरी हूँ। माँ ने गोद ले लिया अपना बना लिया..... माँ के प्यार ने खींच लिया। ब्रह्मा माँ ने बाप के समीप लाया। उसने माँ का रूप धारण कर हमें अपना बना लिया। कितनी मीठी माँ है, पावन बनाने वाली माँ है। माँ शीतल बनाकर सारे दुख दूर कर देती। माँ ही पवित्र बनाने वाली है। माँ के रूप में प्यार लेना हो तो गोद में आ जाओ। देह अभिमान छोड़ो। माँ की ममता, बाप का प्यार। बाप का प्यार तब पाएँगे जब वर्से के अधिकारी बनेंगे। वर्से के अधिकारी बनने के लिए सपूत बनो। समझदार का काम है सुपात्र आज्ञाकारी बनना, सब गुणों में महान गुण है आज्ञाकारी का। जो आज्ञाकारी है उनमें ईश्वर सब गुण भर देता है। तेरी आज्ञा मानी माथे.... आज्ञा को स्वीकार करने के लिए बुद्धि सदा तैयार रहे। वफादारी, ईमानदारी से बाप को सच सुना दो। फिर सखा स्नेह का संबंध सखा से होता। जैसे बच्चा बड़ा होता तो उसको दोस्त (फ्रैन्ड) जरूर चाहिए। अर्जुन सखा था, सुदामा सखा था। सखा भावना में सुदामा को महल बनाकर दे दिए। सखा भावना में अंदर एक बाहर दूसरी..... नहीं हो सकती। सखा से बहुत प्यार होता।

तो मेरा सखा, मेरा स्वामी कौन..... स्वामी के संबंध में बहुत रिगार्ड है। वही मेरा देव, गुरू है। वही मेरा स्वामी है। इतनी अंदर भावना है, वही मेरा कल्याणकारी है। जो कहता है, कराता है उसमें ही मेरा कल्याण है। भावना बड़ी पक्की है। गति सद्‌गति दाता एक है, वही मेरा स्वामी सतगुरू देव है। वही मुझे देवों का देव बना रहा है। निश्चय बुद्धि से बैठता, भावना दिल से बैठती। भावना का भाड़ा बहुत मिलता है। हम दोनों तरफ से फायदा लेते। साजन है तो सती अनसुइया हूँ, पतिव्रता नारी हूँ.... कहीं किसी में आँख जा नहीं सकती। सती वह जो लकड़े चढ़े.... चिता पर चढ़े। सुहागिन हो। सदा सुहागिन का नशा चढ़ा हो। जो पतिव्रता नारी होती वह सती माना तपस्वीमूर्त होती। आशिक माशूक की तरह याद हो। स्नेह सच्चाई से भरपूर याद हो। सुहागिन की याद बड़ी सच्ची होती। जो गायन है ऋषियों, मुनियों की भी ललकार कर सकती। ललकार करने वाली तपस्या, सती सुहागिन की है। उसे दूसरा कोई संबंध खींच नहीं सकता। बड़ा हुआ तो बच्चा चाहिए–बच्चा बना लो–तो वर्से का हकदार वह है, और किसी को दे नहीं सकते। हमारी अंत तक संभाल करने वाला वह है। ऐसे सर्व संबंध एक के साथ हो। तब एक की याद एक की लगन अनेक आत्माओं के कल्याण की शक्ति भर देती है। एक में ही सर्व संबंधों का सैक्रीन है। एक निराकार से ही सर्व संबंध जोड़ सकते हैं। एक से सर्व संबंध जोड़ो तो पुराने संबंध टूट ही जाएँगे। जिसने सर्व कलयुगी संबंधों से बुद्धि योग तोड़ एक पिता से जोड़ा वही देवताई संबंध के लायक बनता है। अच्छा-ओमशांति।

> "हमारे साथ कोई कैसा भी व्यवहार करे, हमारे व्यवहार में सबके प्रति प्यार और रिगॉर्ड हो - यही है व्यवहार-शुद्धि।"

मन का गुण है मोहित होना, मन बाबा से लगा दो तो धन और तन उधर लग ही जाएगा (20-01-87)

(1) सच्चे, अच्छे, पक्के बच्चे कौन हैं? जो आज्ञाकारी, वफादार, ईमानदार, फरमानबरदार हैं। पक्का वह जो फरमानबरदार है, सच्चा वफादार है। अच्छा बच्चा वह जो कदम-कदम बाप का अनुसरण (फालो) करे। हम अपना पुराना तन-मन-धन बाबा को देते हैं। बाबा सब कुछ नया करके देता है। पुराने तन से थक गए थे, मन भी पापी हो गया। धन भी पाप से कमाया हुआ था। तन-मन-धन जैसा भी है–वह भी बाबा को देते हैं तो पापी तन भी पावन हो जाता। मन भी फालतू सोचने वाला पापी, वह

भी बाबा को दे दिया। बाबा ने मन को अपना बनाकर मोह लिया। मन ऐसा है जिसके ऊपर मोहित होता उसी का हो जाता। मन का गुण है मोहित होना। जैसे माया के पीछे पड़ गया, ऐसे प्रभु के पीछे आ गया। तन से समर्पित (सरेन्डर) होने में टाईम लगता, मन तो सेकेण्ड में समर्पित (सरेण्डर) हो जाता। मन माया की तरफ भी एक सेकेण्ड में खिंच जाता, बाबा की तरफ भी एक सेकेण्ड में। तो पहले बाबा को दिया मन, फिर धन, फिर तन। पहले मन में आता है धन को बाबा की सेवा में लगाऊँ। इच्छाओं-ममताओं वश फालतू धन खर्च न करूँ। लोक-लाज भी बड़ी ममता है। उसके लिए भी फालतू खर्चा होता। घर परिवार, बाल बच्चों को खुश करने के लिए खर्चा होता। इच्छाएँ, ममतायें अब खत्म हो गईं, क्योंकि मन बाबा में लग गया। जहाँ मन वहाँ धन। मन का तन और धन से बहुत प्यार है। सुदामा ने चावल चपटी देकर अपना महल बना लिया। अपने को समझा मैं भगवान का सखा हूँ.... जन्म जन्मांतर मेरी प्रीत उनसे कायम रहे, अनेक जन्म कायम रहे तो चावल चपटी देकर बीज बो लिया, महल बन गए। प्रीत ने विकर्म विनाश कर लिए। मन से प्रीत रखी तो विकर्म विनाश कर लिए। धन लगाया तो महल बन गए। तन तो है ही पुराना।

बीमारी आती तो बाबा को याद करना ही मुश्किल हो जाता। मुश्किल उसको लगता जिसने यज्ञ की सेवा तन से नहीं की है। जिसने इस पुराने तन से अच्छी सेवा की है उसको बीमारी में दुआओं का बहुत अच्छा अनुभव होता। दुआयें उसकी बीमारी सूली से कांटा कर देती। दुआयें बाबा के याद की मस्ती में रखतीं। बीमारी की भावना उनको आती जिसने तन से सेवा नहीं की है। मनुष्य कोई मरने वाला होता तो समझता है मरने के पहले गंगा स्नान करूँ, गंगा स्नान से पाप कटेंगे, पुण्य आत्मा बनेंगे। साधु संगत होगी, यह पुण्य हो जाएगा। पाप कट जाएगा। मर जाता तो उनकी हड्डियाँ भी गंगा में डालेंगे। गंगा में हड्डियाँ नहीं डालेंगे तो समझेंगे भूत हो जाएगा। इसलिए बाबा कहते रोज गंगा स्नान करो, जीते जी मरे हो तो हड्डियाँ ज्ञान यज्ञ में ज्ञान गंगा में डाल दो। जो जितनी हड्डियाँ देता उसकी हड्डियाँ पावन हो जातीं। अनेक जन्मों के जो विकारी शरीर हैं उसको इतना अच्छी तरह से यज्ञ सेवा में लगाओ तो पावन हो जाए, फिर कोई विकारी भूत हमारे में आ नहीं सकते। पुराना हिसाब-किताब अपने आप चुक्तू हो जाता। यह पुराना शरीर है, भविष्य 21 जन्मों के लिए निरोगी काया होगी। ऐसा सर्जन हमको मिला है, जो ऐसा इलाज कर रहा है, भरोसा (गैरन्टी) है, 21 जन्म तक कोई बीमारी नहीं आएगी। योग की शक्ति से बहुतों की बीमारियाँ चली गईं। भगवान के घर में जो ओवर-टाइम सेवा करते उन्हें 100 गुणा वेतन (पे) मिल जाता। जो सेवा अर्थ निद्राजीत बनते उन्हें सबकी तरफ से दुआएँ मिल जाती हैं। बाबा अंदर दया करता। बाबा रहम का सागर है, हम जैसे हैं वैसे हैं—हमको अपना बना देता, कमी नहीं देखता। हमने अनेक पाप किए हैं, बाबा कहता सच बताओ, छिपाओ मत तो माफ कर दूँगा। छिपाने से रोग रह जाता है। अगर सच्ची दिल से बता देते तो क्षमा भी कर

देता और भविष्य में ऐसा काम न हो उसकी शक्ति दे देता। छोटी-मोटी कोई भी बात है तो बाबा को सुनाओ और हल्के हो जाओ। बाबा ने जो सिखाया है वही याद रहे, बाकी सब भूल जाए। दूसरे किसी की बात चुगली निंदा के हिसाब से नहीं लेकिन शुभभावना से, बाबा को सुना देते तो उस आत्मा का भला हो जाता। अगर हम छिपाते हैं तो सच्ची मित्रता नहीं। शिकायत (कम्पलेन) के भाव से नहीं सुनाओ, लेकिन दिल की सच्चाई से सबका भला सोचते हुए सच सुना दो। इससे बहुत फायदा है। जिसको बाबा का पक्का बच्चा बनना हो वह सच्चा बने। सच्चे को शक्ति मिलती है। तन से मन से, धन से.... जैसे हैं वैसे हैं, जितना है जो है छिपाओ मत। ईश्वर अर्थ अर्पण करो तो तन कर्मइन्द्रियाँ जीत हो जाएगा। कर्मइन्द्रियाँ पावन काम करने लगीं तो सतयुग में पावन शरीर मिलेगा। सच्ची लगन वाला दिन रात इसी धुन में रहता कि मेरी जंक उतरे। साफ सुई को चुंबक खींचता है। योग लगाने की जरूरत नहीं। साफ सुई को बाबा खींच लेता। सुई छोटी-सी परंतु उसमें अनेक गुण हैं। जंक उतरी हुई सुई है तो इन्जेक्शन लगाओ, सिलाई करो.... तो पहले बुद्धि रूपी सुई को साफ बनाओ। आत्माओं की सेवा करने के लिए या योग लगाने के लिए बुद्धि स्वच्छ चाहिए।

> "जो एक दूसरे के भाव को अच्छी तरह से समझ सके, क्षीरखंड होकर रहे, प्रेम प्यार से सेवा करे, समझदार है, प्रेम से व्यवहार करना जानता है, उसकी भाषा में मधुरता आ जाती।"

मधुरता आती है रूहानियत से। भाई-भाई की दृष्टि रखने से। जानते हैं यह अमूल्य घड़ियाँ हैं, हमको हीरे जैसा जीवन बनाना है।

(2) कोई चाहते हैं हमको सबका रिगार्ड मिलना चाहिए। परंतु रिगार्ड किसे मिलता। जो अपने को गुणवान, ज्ञानवान, सच्चा योगी बनाता, ईमानदार (आनेस्ट) रहता वह सबको प्रिय लगता। अपने से पूछो रिगार्ड किसको मिल सकता है, उसके लिए क्या गुण चाहिए। ज्ञान मार्ग में कभी किसी को डिग्री ऐसे ही नहीं मिलती। ब्राह्मणों को न मनी चाहिए न मर्तबा चाहिए। मनुष्य लड़ते हैं मनी और मर्तबे के लिए, उसमें ईर्ष्या द्वेष आ जाता। ब्राह्मण इनसे मुक्त हैं। ब्राह्मणों को चाहिए बाबा से जीवन मुक्ति का पद। ब्राह्मण कोई बंधन पसंद नहीं करते। निमित्त बनना हो, सच्चा बनना हो तो योगी बनो। अपने अंदर कोई हद न रखो। दूसरों को बंधनमुक्त बनाने की सेवा करते खुद किसी बंधन में न आ जाओ। जो जिसके निमित्त बनता है वह उसे पक्का कराए-यह बाबा का है। सेवा करते हैं बाबा का बनाने के लिए न कि अपना बनाने के लिए। सच्चा हीरा बनो। उसमें कोई भी दाग न हो। जरा भी कोई दाग है तो कीमत

(वैल्यु) कम हो जाएगी। ब्रह्मा कुमारीज की पोशाक में किसी को लूटने वाले न बनें यह खबरदारी चाहिए। हमारे में कोई कमी न हो, बाबा के घर जो आए सुख शांति संपन्न हो जाए। जो बेचारे विकारों के अधीन हैं उन्हें छुटकारा मिल जाए। विकारों के बंधन से छुड़ाने की हमारे अंदर शक्ति हो। वह शक्ति तब आएगी जब खुद किसी के बंधन में नहीं होंगे। सब बंधनों को तोड़ते जाओ, ईश्वर से नाता जोड़ो, तो दूसरों को प्रेरणा मिलती है। अपने मन-वचन कर्म से दिन-रात यह सेवा करते चलो। पहले मन-वचन कर्म विकारी बंधन में थे अभी उससे मुक्त हैं। जितना स्वयं मुक्त हैं, उतना दूसरों को भी मुक्त बनायेंगे। बंधनमुक्त बनते तो चेहरा चमकने लगता, संगमयुग की ब्राह्मण लाइफ ऐसी सुंदर पावन हो जाती। जितनी उम्र बड़ी होती जाती उतने और भी जवान होते जाते। यह ख्याल न आए कि अभी शरीर तो बूढ़ा हो गया..... यह बोल भी व्यक्त भाव वालों के हैं। बाबा ने हमें नई लाइफ दी है, हमारा ईश्वरीय बचपन है। बचपन लाइफ बेफिकर बादशाह की है, कोई बात की फिकर नहीं। फिर बाबा हमें इतनी कमाई करा रहा है, जो हम 21 पीढ़ी सदा सुखी रहेंगे। ईश्वरीय जवानी है तो महावीर, मायाजीत बनकर चलो। कभी हार में न आओ। जो अपने को आदि देव की संतान समझते वह महावीर हैं। साथ-साथ वानप्रस्थी हैं, घर जा रहे हैं। स्वीट होम की स्मृति आत्मा को स्वीट बनाती है। नष्टोमोहा बनना सीखना हो तो मधुबन से सीखो। ऐसा कर्म करो जो एक-एक कर्म एक-एक वचन प्रालब्ध बनाता जाए। पुरुषार्थ से प्रालब्ध बनती है। पुरुषार्थ जो करना है वह अब करना है।

(3) बाबा ने कहा, तुम बच्चे अभी काल पर विजय पाते हो, माना अभी जो काल (समय) चल रहा है उसमें विजयी बनना है। तब अंत में जो काल आएगा वह घुटका खिलाने वाला नहीं होगा। तो समय का फायदा लो। जो बहुतकाल से योग लगाने वाला योगी है वह अंत में बाप के पास पहुँच ही जाता है। उसको भरोसा (गैरन्टी) है। जिसके साथ बहुतकाल से योग है, संबंध है, अंत में हम उसके पास चले जाएँगे। परमधाम के वासी बन जाएँगे।

मुरली हमको नृत्य (डांस) करना सिखाती है। जो विष भरा था वह निकालने वाली मुरली है। अमृत पियो और पिलाओ तो लक्ष्मी नारायण जैसा बन जाएँगे। बोल मीठे रूहानी शक्ति से भरे हुए हों। ऐसे मीठे न हों जो आवाज पर कोई आकर्षित हो जाए। मधुरता में रूहानियत, कल्याणभाव हो। यह अमृतधारा सब दुखों को दूर करती है। तन-मन के सब दुख दूर हो जाते। जिसे सब चिंताओं से मुक्त होना है वह रात-दिन ज्ञान का सिमरण करे, सुख पाए। जीवनमुक्ति पद अभी मिल जाएगा। जो ज्ञान का दिन-रात सिमरण करता वह अपने को दुखों से मुक्त हुआ देख आनंदमय हो जाता है। जो मायाजीत बनने का अनुभव करते वह आनंदस्वरूप की स्थिति में रहते हैं। अच्छा-ओमशांति।

मर्यादा पुरुषोत्तम बनने के पहले अहिंसक बनो-दुख देना, दुख लेना भी बहुत बड़ी हिंसा है (21-01-87)

ऐसा क्या पुरुषार्थ करें जो अवस्था सदा एकरस रहे, नीचे-ऊपर न हो? मंजिल ऊँची है, उस पर जाने के लिए अवस्था मजबूत है तो पहुँचना सहज है। अगर अवस्था मजबूत नहीं है तो खुद को ही संशय उठता है कि पता नहीं पहुँचेंगे या नहीं। अगर मंजिल पर पहुँचना है तो बाबा को अपना साथी बनाओ। ईश्वरीय परिवार का भी साथ हो। ज्ञान बुद्धि में हो, धारणा अच्छी हो, योग भी हो, संगठन का बल भी हो। बाबा में अटल निश्चय हो तो मंजिल पर पहुँचना कठिन नहीं बहुत सहज है। मंजिल ऊँची है, पर दूर नहीं दिखाई देती। देवताओं की महिमा में कहा जाता है–सर्वगुण संपन्न, 16 कला संपूर्ण, संपूर्ण निर्विकारी, अहिंसा परमोधर्मः, मर्यादा पुरुषोत्तम। इन सबमें पहले कौन? बाबा हमको पहले सिखाता है, अहिंसा परमोधर्मः। किसी भी प्रकार की हिंसा मन-वचन-कर्म से न हो। अहिंसा की परिभाषा समझ लो तो न किसी को दुख देंगे न लेंगे। जो इस धर्म में पक्का है वह मर्यादा का पालन करके पुरुषोत्तम बनता है। मर्यादा पालन करने में विघ्न तब आते जब अहिंसा को नहीं समझते। अहिंसक बुद्धि कभी ईर्ष्या द्वेष में नहीं आती, कभी अशुद्ध संकल्प नहीं पैदा करती, वह निर्वैर बनाती है। माया दुश्मन को मारने के लिए, सतयुगी राज्य भाग्य लेने के लिए अहिंसा परमोधर्मः काम कर रहा है। माया रावण ने हम लोगों को अधीन गुलाम बना दिया। इतना गुलाम बन गए जैसे माया चलावे, विकार चलावे ऐसे चलते रहे। सतोप्रधान आत्मा तमोप्रधान बन गई। विकारों ने घेर लिया। माया से हारे, हार हो गई। अब माया के जीते जीत.... जीत पाते हैं याद की शक्ति से, अहिंसक बुद्धि से, जरा भी हिंसा भावना न हो। सबको भला हो। बीच में धर्मराज बाप बैठा है, हम किसी से बदला लें, क्या जरूरत है। हम अच्छे कर्म करते चलें।

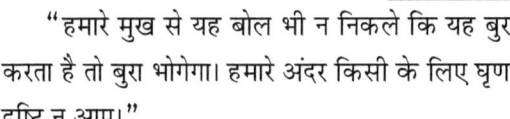

"हमारे मुख से यह बोल भी न निकले कि यह बुरा करता है तो बुरा भोगेगा। हमारे अंदर किसी के लिए घृणा दृष्टि न आए।"

अलग (डिटैच) भी रहो घृणा भी न रहे, यह बड़ी गहरी समझ चाहिए। किसी के लिए भी न तो नफरत हो न विशेष प्रेम हो। ईश्वरीय स्नेह जरूर हो। वही संस्कार अहिंसक बना देंगे। हिंसा मेरा धर्म नहीं। तो पहले अहिंसा हमारा परम धर्म है। जो अहिंसक हैं वह कभी गुस्सा नहीं कर सकते। कईयों की कम्पलेन रहती, काम को

तो जीत लिया लेकिन क्रोध नहीं गया। परंतु यह हमारा धर्म नहीं, क्योंकि हम ईश्वरीय स्नेह संपन्न राज्य स्थापन करने के संस्कार भर रहे हैं। वहाँ भी राज्य कारोबार होगी, परिवार होगा, लेकिन क्रोध नहीं होगा। लक्ष्मी नारायण कितने प्रेम संपन्न हैं, मधुर मूर्तियाँ हैं। बाबा मम्मा को भी सामने देखो उन्होंने कभी गुस्सा नहीं किया। कानून (ला) समझायेंगे प्यार (लव) नहीं छोड़ेंगे। ईश्वरीय स्नेह अंदर भरा हुआ हो। कानून (ला) सिखलाने के लिए कान पकड़ लेंगे। खबरदार, होशियार करेंगे। परंतु आवाज से नहीं इशारे से। अंदर से प्यार की, कल्याण की भावना है। बाबा ध्यान (अटेन्शन) खिंचवाता है, नारद का मिसाल देकर। लक्ष्मी का वरण चाहते हो तो अपने आपको देखो कोई विकार तो नहीं हैं। ऐसे तो नहीं कि बाबा चेतावनी (वारनिंग) दे और सुनाई न पड़े, ऐसी भैंस बुद्धि, पत्थर बुद्धि तो नहीं। बाबा कल्याणार्थ हमें सावधान करते। जरा भी हमारे में गुस्सा न हो। कभी गुस्से अथवा आवेश में मुँह लाल न हो जाए। कोई-कोई सुनाते हैं, दिन भर में कंट्रोल किया लेकिन स्वप्न में गुस्सा बहुत किया। अंदर सूक्ष्म गुस्से के संस्कार हैं तो मुख से बोल निकल ही जाता। कहेंगे इतना तो सहन किया, अभी सहन नहीं होता। जो रहम भावना रखना नहीं जानता, पास्ट को पास्ट नहीं कर सकता, उसे ही गुस्सा आता है। हरेक अपने आपको देखे कि हमारे में कितना परिवर्तन आया है, क्योंकि यह ज्ञान मार्ग का कायदा है, एक में परिवर्तन आता है तो 100 में अपने आप आता है। 100 की जिम्मेवारी मेरे ऊपर नहीं है। खुद को सुधारो, दूसरा क्या करता है यह चिंतन करने वाला हिंसक है। परचिंतन हिंसक बुद्धि बनाता है। वह अपने सारे गुण क्रोध के वश होकर खत्म कर देता है। कितनी भी कोई सेवा करता हो, तन-मन-धन से समर्पण हो, परंतु अगर गुस्सा है तो कोई काम का नहीं। बहुत हैं जो गुस्से के कारण भागन्ती हुए हैं। गुस्से वाला प्रेम खींच नहीं सकता। एक बार गुस्सा कर लिया फिर सॉरी कितना भी करे..... दिल को जख्मी कर दिया। तो पहले बनो अहिंसक, हिंसा करना मेरा काम नहीं। तो कुदरती सब मर्यादाएँ पालन करना सहज हो जाएगा। कभी विघ्न नहीं आएगा। ब्राह्मण कुल कहता है, ऐसा सुंदर भूषण बनो जो किसी भी मर्यादा का उल्लंघन न हो। भाई-भाई की दृष्टि पक्की रखो। बाप को फालो करने का लक्ष्य रखो तो सब मर्यादायें पालन हो जाएँगी। मम्मा बाबा, दादी-दीदी किसी को शिक्षा देती हैं तो कहते-तुम मेरे को ही क्यों कहती.....परंतु लायक बनने का लक्ष्य है तो थैंक्स दो। बाबा को लायक बच्चे चाहिए। लायक बनना है तो क्या करें। कभी किसी भी मर्यादा का उल्लंघन न करो, सदा 'हाँ जी' का पाठ पक्का हो, कभी किसी ने शिकायत (कम्पलेन) न की हो, चार्ट खराब न हुआ हो। तन-मन-धन समर्पण करते भी नशा न दिखाया हो। मैंने समर्पण किया..... यह शब्द भी मुख से न निकले तब लायक बन सकेंगे। जो अग्नि में स्वाहा हो गया, वायुमंडल बन गया, फिर वापस कैसे आएगा। तन-मन-धन स्वाहा कर लिया, ज्ञान अग्नि में चला गया, जिससे आत्मा पावन हो गई फिर उसका नशा क्या दिखाऊँ। कोई कहते, मुझे तो कोई समर्पण समझते ही

नहीं। एक बारी दिया फिर वर्णन क्यों करते। मर्यादा पुरुषोत्तम बनना माना निर्विकारी, निरअहंकारी बनना। सदा निराकारी स्थिति में रहने का ध्यान (अटेन्शन) हो। ब्राह्मण कुल में पुरुषोत्तम, सर्वोत्तम बनना है तो मर्यादाओं का पालन करो। दृष्टि वृत्ति इतनी पावन हो जो परचिंतन का जरा अंश भी न हो। मुझे अपने आपको और बाप को देखना है बस। यह पक्का व्रत हो। अंतर्मुखी होकर बाबा को देखें फिर अपने आपको देखो तो त्रिकालदर्शी रहेंगे। तीनों लोकों की सैर करते रहेंगे। किसी देहधारी का चिंतन करने वाला तीनों लोकों की सैर नहीं कर सकता। विदेही बनो तो तीनों लोकों की सैर कर सकेंगे। बुद्धि दिव्य, स्वच्छ होने से बाबा के पास जाकर बैठ सकते हो। इन कर्मइन्द्रियों से काम करते भी न्यारे रह सकते हो। कोई करा रहा है, मैं नहीं करता। कर्त्तापन का भान न रखो, गिनती मत करो मैंने किया। अनगिनत बादशाही मिल रही है, फिर उसकी भेंट में क्या है। पढ़ाई पढ़ रहे हैं तो अपने लिए पढ़ रहे हैं। कोई भूल (मिस) करता तो अपना नुकसान करता। किसी-किसी में रूठने की भी आदत होती है–यह आदत भी बहुत खराब है। कभी घर से रूठेंगे, कभी बच्चों से.... कभी खुद से रूठते, खुद को ही चमाट मारते। रूठता कौन है? जिसमें ईर्ष्या होती। दूसरों को आगे बढ़ता देख सहन नहीं कर सकता। जो शीतल स्वभाव वाला होता, अपने गुणों से अपने भाग्य से खुश रहता, वह कभी दुखी नहीं होता। अंदर हृदय शीतल हुआ पड़ा है। शीतल, शांत आत्मा मर्यादा नहीं छोड़ती। उसके मुख से कभी अशुद्ध शब्द नहीं निकल सकते। सर्वोत्तम पुरुषार्थी मर्यादाओं में संपन्न एक्यूरेट रहता है। जो मर्यादाओं पर चलने वाला है वह सबमें से गुण उठाता है। उसमें कोई विकार नहीं रहता। सबमें से गुण उठाया तो बाबा से गुण उठाने की आदत हो जाती। मर्यादा पुरुषोत्तम आत्माओं में बाबा अपने गुण भर देता है। हम योग क्यों लगाते? हमें बाबा से क्या चाहिए? महल चाहिए–पुत्र, पोत्रे चाहिए, क्या चाहिए? कुछ नहीं। बाबा, मुझे आपसे आपके पूरे गुण चाहिए। शांति, शक्ति, प्रेम..... जिन गुणों के आप सागर हो वह मेरे पास आ जाएँ, इसीलिए योग लगा रहे हैं। हमें शांतिपूर्ण (पीसफुल), प्यारपूर्ण (लवफुल), आनंदफुल (ब्लिसफुल) बनना है। भगवान के बच्चे हैं सबमें फुल बनें। माया को जीतने की शक्ति हमारे में आ जाए, जिससे बाबा के गुण हमारे में कायम रहें..... बाबा से शक्ति गुण लेते जाएँ, दूसरों को दान करते जाएँ। सबसे अच्छा दान है गुण दान। मन-वचन-कर्म से गुणों का दान करो। जो दानी होते हैं वह यह नहीं कहते कि बैंक में जमा करके ब्याज खाऊँ। वह तो दान करते रहते। जितना सफल होता उतना उन्हें खुशी होती। बाबा ने हमारा सब सफल करा दिया, जिससे हम स्वतंत्र (फ्री) बन गए। बाबा हमको ऐसी गिफ्ट दे देता, जो मरूँ तो भी एक तेरे ही ध्यान में मरूँ.... मरने के समय सबको भगवान की याद आ जाए, हमें दूसरा कोई न कहे तुम भगवान की याद करो। यह तपस्या करनी है। वह तब होगी जब अहिंसा परमोधर्मः, मर्यादा पुरुषोत्तम बनेंगे। कोई कमी न रहे। हमको पुरुषार्थ में इन सब बातों का ध्यान रखना है। मेहनत कुछ नहीं है, सिर्फ ध्यान

रखो। कभी सुस्त न बनो। सुस्ती भी बड़ा विकार है, जो पुरुषार्थ ढीला करा देती है। सुस्ती बड़ी अच्छी मुरली सुनाती है। कहेंगे सिर में, पेट में दर्द है.... भगवान के घर में झूठ, बहाना चल नहीं सकता। भगवान पढ़ाने आए और हम सुस्त बन सोये रहें.. ... यह शोभता नहीं। मुरली तेरे में जादू करने वाली, भगवान से अच्छा संबंध जुड़ाने वाली, पुरानी दुनिया से सुध-बुध भुलाने वाली है। मुरली में ऐसा जादू है जो कैसी भी कठोर, पतित आत्मा, बुराइयों से भरी हुई आत्मा हो वह बदल जाती है। जितना मुरली सुनते जाओ, दिल में समाते जाओ तो सदा दिल खुश रहने की खुराक मिल जाती है। जो अनेक जन्मों से पाप हुए हैं उन्हें नाश करने की शक्ति मुरली से मिलती है। इसलिए मुरली मिस नहीं करो। अच्छा-ओमशांति।

मनमत परमत बहुत धोखेबाज है, श्रीमत है धोखे से छुड़ाने वाली (22-01-87)

हम ब्राह्मणों की है गोल्डन मार्निंग, आगे चलकर हो जाएगी डाइमंड मार्निंग। अलाए (खाद) निकलते-निकलते हम सच्चा सोना बन जाएँगे। सच्चा सोना बने तो हीरे तुल्य भी बन जाएँगे। भाग्य विधाता बाबा ने हम बच्चों को भाग्य बनाने की चाबी दे दी है। चाबी लगाने की विधि है दिल से बाबा निकले। दिल से बाबा तब निकलेगा जब अच्छी तरह से उसे जानेंगे और मानेंगे। जानना होता बुद्धि से, मानना होता दिल से। दिल से मानते तो चाबी ठीक काम करती। बाबा को हम सबने बुद्धि से जाना है, इन आँखों से देखकर माना है। ज्ञानी, तो आत्मा बाबा को अच्छी तरह से जानती है। इसलिए ध्यान से ज्ञान श्रेष्ठ है। बाबा को जानकर जो मानता है वह कभी भूल नहीं सकता। बाबा को न सिर्फ जाना है, बल्कि आँखें खोलकर पहचाना भी है। अंधविश्वास (ब्लाइंड फेथ) से नहीं पहचाना है। पहले अंधे (ब्लाइंड) थे अब विश्वास (फेथ) से पहचान लिया। तीसरा नेत्र भी खुल गया तो यह आँखें भी खुल गईं। अब दिल कहता है, एक बाबा दूसरा न कोई। धारणा क्यों नहीं होती? क्योंकि मनमत पर चलते हैं। मनमत बड़ी धोखेबाज है। लोकलाज की मत, शास्त्रों की मत, परमत सब धोखेबाज है, श्रीमत है धोखे से छुड़ाने वाली। सबसे कड़ी मत है परमत और मनमत। परमत पर जो चलता है उन जैसा मूर्ख कोई नहीं। उसकी बुद्धि गधे जैसी.... (बूढ़े और गधे की कहानी) बूढ़े की अपनी बुद्धि नहीं थी, जो जैसा बोलता वैसा ही चल पड़ता। परमत पर चलने वाला गधा बुद्धि। मनमत पर मूर्ख चलता। जिसको श्रीमत का कदर नहीं। श्रीमत पर जो नहीं चलता वह जैसे बाबा को अच्छी तरह से नहीं जानता। अपनी मत पर चलना माना अभिमान है, मैं राइट हूँ..... एक दिन भी अपने मन-बुद्धि-संस्कारों को

अच्छी तरह से देखो। बुद्धि पर मन और संस्कारों का प्रभाव होने के कारण बुद्धि भ्रष्ट हो गई है। बाडीकानसेस हो गई है। मन जो संकल्प चलाता है, बुद्धि को सही-गलत (राइट रांग) समझने की बुद्धि है परंतु उसके अधीन है। बुद्धियोग तब लगे जब मन के संकल्पों को समझो। यह संकल्प जो उत्पन्न (क्रियेट) हुए हैं वह मेरे काम के हैं। अशुद्ध और साधारण संकल्प भी बुद्धि की एनर्जी पैदा होने नहीं देते। साधारण संकल्प है तो भी बुद्धि की शक्ति, जो काम करनी चाहिए वह नहीं कर सकती। और जो पास्ट के संस्कार हैं वह भी परिवर्तित (चेंज) नहीं होते। उसमें भी चाहिए महसूस करने (रियलाइजेशन) की शक्ति। मुझे परिवर्तित होना है, यह लक्ष्य बुद्धि में पक्का हो। अनेक जन्मों के बने हुए हिसाब-किताब के संस्कारों को रियलाइज कर सूक्ष्म बंधन तोड़ने हैं तब मालिक बनेंगे। ब्रह्मांड के भी मालिक और होवनहार विश्व के भी मालिक..... यह हमारे संस्कारों में पक्का होगा संकल्प और कर्म के आधार से। कर्मों से संस्कार बनते हैं। शुद्ध संकल्प के आधार से, श्रेष्ठ कर्म के आधार से हमारे ऐसे संस्कार बन जाएँ तो संस्कार हमको ब्रह्मांड और विश्व का मालिक बना दे। जहाँ जन्म लिया, पालना ली, जहाँ सेवा ली.... उसके संस्कार बन गए। हम अपने संस्कारों से पूछते-तुम किसकी संतान हो? जिसके लिए कहते थे-तुम्हारी कृपा से सुख घनेरे.. .. वह कौन है। हमारा बाबा। तो अपने संस्कारों को खोलकर देखो-इमर्ज करो..... बाबा ने हमारे पर यह कृपा की, जो हमारे अवगुण न देख, गुण हमारे में भर रहा है। भाग्यवान वह जिसकी दृष्टि में बाबा है। पुरुषार्थ में यह लक्ष्य (एम) हो-कि हम भगवान की दृष्टि में रहें। भगवान की दृष्टि में रहेंगे तो किसी बुरे (ईविल) की नजर मुझ पर पड़ नहीं सकती। बाप की दृष्टि ही हमारे लिए छत्रछाया है। कभी भी कोई परमत, मनमत, बुरे (ईविल) मत का प्रभाव पड़ नहीं सकता। बुरी (ईविल) मत भी बहुतों को पकड़ लेती है। वायब्रेशन से भी दिमाग खराब कर देती है। इसलिए सदा यह पुरुषार्थ रहे कि बाबा की दृष्टि में रहूँ। बाबा की दृष्टि में वही रह सकता जो बाबा को जानता और मानता है। जिसे अटल विश्वास है। कुछ भी हो जाए-मेरे विश्वास को कोई हिला नहीं सकता। कितने भी हिलाने वाले कारण बन जाएँ, समस्याएँ आ जाएँ पर मेरा विश्वास अंगद के समान (मिसल) होना चाहिए-जो कभी कोई पाँव भी हिला न सके। पाँव हमारी स्थिति है। जो स्थिति जमाने की मेहनत करते, उनके आगे कोई भी परिस्थिति आ जाए-हिल नहीं सकते। दिल से जो बाबा को मानने वाले हैं वह हनुमान के समान (मिसल) छाती खोलकर दिखा सकते-देख मेरे अंदर कौन है। इतना अपने निश्चय को मजबूत बनाना यह है महावीर का काम। जिसका आधार (फाउंडेशन) मजबूत है-उसका कैरेक्टर अच्छा है। फाउंडेशन मजबूत न हो तो बिल्डिंग ठीक हो नहीं सकती। कोई कहते मैं सदा सच बोलता हूँ। मैंने कभी झूठ बोला ही नहीं, यह भी अभिमान है। नहीं बोला, ठगी-चोरी नहीं की तो इसका भी अभिमान क्यों? मीठा तो बोलो, अभिमान तो न दिखाओ। सच में अभिमान आया तो योग क्या हुआ? सतयुग

में बोल-चाल अभिमान वाला नहीं हो सकता। धन बहुत होगा, अभिमान नहीं होगा। किसी भी प्रकार का अभिमान हमारे में न रहे। सच बोलने का भी अभिमान न रखो। मुख से सत्य वचन ही निकले। परंतु सत्य वचन रूहानियत से भरपूर हो। बाबा हरेक से बात करते, मुरली चलाते हमें सिखाता है कि कैसे रूहानियत से भरपूर हों। यह प्रैक्टिकल ट्रेनिंग मिलती है। वरदान की मूर्ति बनने के लिए बाबा इतना समय एकरस स्थिति में रहते, यही वरदान सदा के लिए मैं भी ले लूँ। बाबा के सामने जैसे देही अभिमानी स्थिति में रहते, दिल कहता सदा ही ऐसे रहूँ।

"अंदर की स्मृति बड़ी मजबूत हो। कार्य करते हुए विस्मृति में न आओ। ध्यान (अटेन्शन) रखो। कहीं भी हो, परिवार में हो, नौकरी पर हो, ट्रेन में हो सदा ध्यान (अटेन्शन) में रहें।"

सारा दिन दुनिया हमको देखती है यह ध्यान रखो। दिन-रात दुनिया हमें देख रही है। दुनिया को स्मृति दिलाने के लिए हमको याद में रहना ही पड़ेगा। मन्सा सेवा करने के लिए अपनी मन्सा को इतना ऊँचा बनाना पड़े। मन्सा जब सदा ऊँची बातें सोचे तब तो ऊँचे से ऊँचे भगवान के साथ सेवा कर सके। पहले मन को लायक बनाओ, फिर बाबा की याद दिलाने की सेवा करो। मन मेरा बाबा में लगा हो तो मन बाबा की सेवा अपने आप (आटोमेटिक) करेगा। बाबा करायेगा। कभी अपने मन को व्यस्त (इंगेज) मत करो। जब मन किसी भी प्रकार के फालतू ख्याल में चला जाता, तो बाबा क्या काम करायेगा। बाबा देखेगा यह तो व्यस्त (बिजी) है। बाबा को तो हमेशा तैयार (एवररेडी) चाहिए। किसी घड़ी भी बाबा कोई सेवा ले। हमारी मन्सा सदा फ्री हो। बंधनमुक्त हो। शरीर के बंधन से मुक्त हो। ऐसे नहीं सिर में, पेट में दर्द है, बुद्धि उसमें ही लगी हुई हो तो बाबा सेवा कैसे लेगा। दर्द से भी बुद्धि को फ्री रखो तब बाबा सेवा करा लेगा। दर्द भी वह संभाल लेगा। सिर्फ अपने को बाबा की सेवा अर्थ हमेशा तैयार (एवररेडी) रखो। जितना याद परिपक्व होगी उतना अंत में बाबा हमारा स्वामी सहायक होकर रहेगा। कोई भी बात आएगी, मैंने उसको सदा के लिए स्वामी बना लिया है। ऐसे नहीं कि मुश्किलात आती तो खूब याद करूँ, बाकी समय भूल जाऊँ। जैसी बुद्धि बहुतकाल से रहती उसी अनुसार संस्कार बन जाते। कईयों को पहले बाबा को याद करने की बहुत मेहनत करनी पड़ती, याद करने की आदत नहीं पड़ती। याद शक्तिशाली तब बनेगी जब मन को स्वच्छ साफ बनायेंगे। मन आदेश (आर्डर) में रहना सीखेगा। मन आदेश (आर्डर) में आया तो बुद्धि में परखने की शक्ति आ जाएगी, संस्कार अपने आप शुद्ध हो जाएँगे। बाबा हमको आइना देता—अपने संस्कार, मन-बुद्धि को अच्छी तरह देख मनमनाभव मध्याजी भव हो जाओ। अच्छा—ओमशांति।

दूसरी क्लास

बाबा के एक-एक कदम को देखो..... बाबा को दिल में बिठाओ, ऐसी पतिव्रता नारी बनो जो एक के सिवाय दूसरा कोई याद न आए। हमने शादी ऐसे के साथ की है जो दिलाराम है। उसको बच्चा बनाओ तब नष्टोमोहा बनेंगे। उसको अपना वारिस बनाओ तो पूरे वर्से के अधिकारी बनेंगे। पूरी वर्सा लेनी है दोनों बाप से। हम दोनों के बीच में बैठे हुए हैं। कई कहते मेरा काम तो एक से है..... एक से है, दूसरे से नहीं तो भी पूरे लायक नहीं बनेंगे। शिव, ब्रह्मा दोनों आपस में मिले पड़े हैं, हम उनको अलग कर नहीं सकते। बाप और दादा दोनों के बीच में हम हैं, यह सदा स्मृति में पक्का रहे, हम दोनों के हैं, दोनों हमारे हैं। दोनों के प्यारे हैं तब पूरा सुख लूट सकते हैं। पूरा योगी बन सकते हैं। विजयी बन सकते हैं। महावीर बनना है तो इनसे (ब्रह्मा बाबा से) सीखो। अशरीरी बनना है तो उनसे सीखो। बाबा अनुभव से सिखाता है-लाइफ में कितनी भी मुश्किलातें आएँ..... बड़ी बात नहीं। बाबा कहता–बच्चे सूली से कांटा हो जाएगा। ज्ञान यज्ञ में विघ्न तो पड़ते ही हैं, तुमको डरना नहीं है। तुम्हें विकल्प न आए। अगर विकल्प आते तो विकर्म न हो। अनुभव से सिखाने के कारण हम विजयी रतन बने हैं। सहज त्यागी बने हैं, तपस्या भी सहज लगती है, कठिन नहीं लगती। मजबूरी में दो बजे उठकर योग करने की जरूरत नहीं, खास बैठकर दृष्टि देने की जरूरत नहीं। योग प्राकृतिक एवं वास्तविक (नैचुरल रीयल) हो। घुटका-झुटका खाने की कोई जरूरत नहीं। **अहंकार भी न हो, निरादर भी न हो। समझदार बनो। बाबा ने जो नियम बना कर दिए हैं उस पर चलते चलो।** पढ़ाई के टाइम पढ़ाई, योग के टाइम योग, नींद के समय नींद..... अपनी मत नहीं चलाओ। सेवा के टाइम योग लगाना, मुरली पढ़ना गलत (रांग) है.... अच्छा–ओमशांति।

आत्मा का ज्ञान बुद्धि में पक्का हो तो तन-मन के सब रोग दूर हो जाएँगे (23-01-87)

संगमयुग है अच्छी तरह से कमाई करने का युग। यहाँ है पढ़ाई, कमाई और लड़ाई तीनों इकट्ठी। पढ़ाई शुरू की, क्योंकि इसमें कमाई बहुत है। एक घड़ी आधी घड़ी जो देह से नाता तोड़ शिव बाप से नाता जोड़ता है वह महसूस करता बड़ी कमाई हो रही है। पढ़ाई पढ़ने के बाद यह कमाई शुरू हो जाती। फिर अपने को धनवान महसूस करते। पढ़ाई पढ़ते ही बाबा ने फौरन पढ़ाना भी सिखाया है। सुबह को पढ़ो शाम को

"बाबा सर्वशक्तिवान है, उसे अपना आधार बना लो तो कोई व्यक्ति, वैभव को आधार नहीं बनाना पड़ेगा।"

पढ़ाओ। जिसको होशियार बनना है वह अच्छा समझते और समझाते हैं। हरेक अपने आपको ट्रेनिंग दो-ज्ञान कैसे, किसको समझाया जाए। आप आत्मा का, परमात्मा का, चक्र का..... ज्ञान दे रहे हो, पहले उद्देश्य (एम) बताओ। इससे फायदे क्या-क्या हैं। आत्मा का ज्ञान ही इतना अच्छा समझाओ जो पता चले-अलग (डिटैच) होने में कितना मजा आता है। देह अभिमान से कितने विकार पैदा होते हैं। देही अभिमानी बनने से विकार भागते जाते। समझाना माना उसको महसूस (रियलाइज) कराना। ऐसे नहीं कि सिर्फ पाठ पढ़ा, बुद्धि तक रहा। हम पाठ पढ़ते ही हैं जीवन में लाने के लिए। जैसे हम लोगों को तीर लगा-मैं देह नहीं आत्मा हूँ। वह कभी न भूले। ऐसा देह और आत्मा का ज्ञान बुद्धि में बैठ जाए-जैसे अंधे को आँख मिले। यह है अंधों का अस्पताल..... मन के रोगियों का यह अस्पताल है। आत्मा के ज्ञान से तन मन के सब रोग दूर हो जाते। आत्मा के ज्ञान से पूर्व जन्म के हिसाब-किताब भी समाप्त हो जाते। यह कड़े बंधन हैं। आत्मा देह विकारी संबंधों के बंधन में आ गई थी, अनेक भाव स्वभाव के बंधन की आदतों में आ गई। तो हे आत्मा, इन बंधनों को तोड़। सात दिन सिर्फ एक आत्मा का ज्ञान दो, फिर परमात्मा का दो.... भले 7 दिन के कोर्स में महीना लग जाए, कोर्स कराना माना आत्मा को फौरन आए कि मैं तमोप्रधान से सतोप्रधान बनूँ। यह ख्याल आया तो 4 बजे उठना शुरू हो गया। अगर आत्मा का ज्ञान सुनने के बाद भी 7 बजे उठता-तो उसने कुछ भी समझा नहीं। जब आत्मा का ज्ञान अच्छी तरह आ जाएगा तो यह शिकायत (कम्पलेन) भी समाप्त हो जाएगी कि कैसे व्यर्थ संकल्पों को कंट्रोल करूँ. ... अगर कोई प्रश्न (क्वेश्चन) पूछता, अभी तक खराब संकल्प आते, नींद फिट जाती है..... तो उसको आत्मा का ज्ञान ही नहीं है। किसी को क्रोध, लोभ आ जाता, चोरी ठगी कर लेता है माना आत्मा का ज्ञान नहीं है। आत्मा का ज्ञान मिला तो बुद्धि में जजमैन्ट पावर आ गई। आत्मा के ज्ञान से मुझ आत्मा को अपना मित्र बनना है। समझ आई कि मैं आत्मा अपना ही मित्र अपना ही शत्रु आप हूँ..... जो करेगा वह पाएगा. .... जैसा कर्म मैं करूँगा..... तो अपने आपसे पूछो मुझे आत्मा का ज्ञान कहाँ तक पक्का है। ऐसे तो नहीं खाओ पियो मौज करो.... जैसे दूसरे लोग कहते आत्मा तो निर्लेप है। उस पर लेपछेप नहीं लगता...... ऐसे तो नहीं समझ लेते। आत्मा का ज्ञान मिला तो चलन में शुद्धि आ जाए, क्योंकि पता चला निज आत्मा क्या है। उसका निज स्वरूप क्या है। उसमें जो अलाए मिक्स हुई है वह निकले।

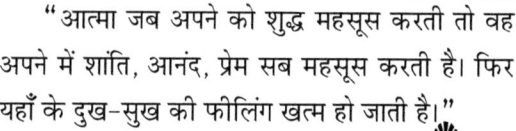

"आत्मा जब अपने को शुद्ध महसूस करती तो वह अपने में शांति, आनंद, प्रेम सब महसूस करती है। फिर यहाँ के दुख-सुख की फीलिंग खत्म हो जाती है।"

जिन विकारों ने हमको कमजोर बनाया वह विकार भी जा रहे हैं, बीमारी भी जा रही है। इंसान बीमार होते-होते बहुत कमजोर हो जाते, जिससे सहनशक्ति भी खत्म हो जाती। कई हैं, रोने की बात कुछ नहीं होगी फिर भी रोते रहेंगे। दुख जो अंदर भरा है वह निकल आता है। ज्ञान कहता है, रोने की बात हो तो भी न रोओ। अम्मा मरे, बाप मरे हलुआ खाओ..... इतनी समझ आ गई। रोने की क्या बात है, पुराना शरीर छोड़ा..... कोई दुर्घटना (एक्सीडेंट) से मर गया तो भी कहेंगे ड्रामा की भावी। रोयेंगे-चिल्लायेंगे थोड़े ही। फुल स्टाप आ जाता। चिंतन नहीं चलता। आत्मा, परमात्मा, ड्रामा तीन बिंदियों का ज्ञान मिल गया, फिर हलचल नहीं हो सकती। पता है ना–हिसाब-किताब था। अफसोस की सूरत हमारी बन नहीं सकती। जन्म जन्मांतर से, अनेक जन्मों से माया ने बहुत दुखी किया है, जो बहुत दुखी होता है उसका रोना बड़ी मुश्किल छूटता। आत्मा के ज्ञान से रोने के संस्कार जो भरे थे वह निकल जाते। अपने को पक्का कराओ–मैं आनंद स्वरूप आत्मा हूँ, मैं शुद्ध स्वरूप, प्रेम स्वरूप आत्मा हूँ। आत्मा को बैठकर समझाओ। शरीर से अलग होकर फिर समझाओ। आत्मा में ज्ञान भरो, अज्ञान निकालो। ज्ञान का प्रकाश आने से निर्भय हो जाएँगे। जैसे सूर्य उदय होता तो डाकुओं का डर नहीं लगता। अंधेरे में भूत भी आ सकते तो डाकू भी आ सकते। इसलिए अंधेरे से मनुष्य डरते हैं। लाइन कट ऑफ करके आ जाएँगे। ज्ञान की रोशनी से ज्ञान का प्रकाश ऐसा मिला है, जो आत्मा प्रकाश स्वरूप हो गई है। जिस कारण से कोई डाकू या भूत आ नहीं सकते। माया डाकुओं का रूप धारण करती है ज्ञान का खजाना लूटने के लिए। जब आत्मा ज्ञान से अपने आपको आनंद स्वरूप महसूस करती है, तो देही अभिमानी होकर रहना अच्छा लगता है, देह अभिमान वालों की बातें अच्छी नहीं लगतीं। आत्मा के ज्ञान से हंस बन जाते। शारीरिक ध्यानावस्था (बाडीकानसेस) माना बगुला। आत्मा ध्यानावस्था (सोलकानसेस) माना हंस। मोती चुगने वाला। ऐसे जब आत्मा का ज्ञान धारण कर ले फिर परमात्मा का ज्ञान दो तो कभी क्वेश्चन नहीं उठेगा। आत्मा का ज्ञान मिलने से बाबा का ज्ञान एक सेकेण्ड में आ जाता। बाप बच्चों को समझा रहा है, आत्मा ने महसूस (रियलाइज) किया। दिल उसका शुक्रिया मानता है। निश्चयबुद्धि की विजय है ही, विजय में भी मेरा निश्चय है, कभी ख्याल आता ही नहीं विजय होगी या नहीं। गाड जो फादर है, वह मेरा फादर है। वह मेरा है मैं उनकी हूँ। आत्मा कहती है वह मेरा मात-पिता है। जब आत्मा को समझ आई तो संबंध हो गया परमात्मा से। समझ नहीं है तो देहधारियों से संबंध है। तोड़ते भी जुट जाता है।

किसी पर भी आशिक हो जाते, क्योंकि आत्मा का पूरा ज्ञान नहीं है। किसी का गुण देखा, किसी का धन देखा..... उसके पीछे पड़ जाते। उन्हें भूत पुजारी कहेंगे। वह भूत के पिछाड़ी पड़ते। जिसे भगवान से योग लगाना है उसकी आँख कहीं डूब नहीं सकती। मेरा पिता अविनाशी, वर्सा भी अविनाशी.... हम बाबा से धन मांगते नहीं। जो धन मांगता बाबा उन्हें कहते तुम शरीर निर्वाह के लिए खुद कर्म करो। कर्म एक होता है शरीर निर्वाह अर्थ, दूसरा कुटुम्ब परिवार के लिए कर्म.... यहाँ करते हैं यज्ञ सेवा के लिए। आप खाना बनाओ.... अनेक आत्माएँ योग करें, तो ज्यादा पुण्य किसका? यहाँ शरीर निर्वाह के लिए, कुटुम्ब परिवार के लिए कर्म नहीं कर रहे हैं, यज्ञ का काम कर रहे हैं, इससे आत्मा पुण्य आत्मा बनती जा रही है। ऐसे कर्म सीखो जिससे अनेक आत्माओं का कल्याण हो। कोई सिलाई करता, उसकी बुद्धि में आता, मैं बाबा के ब्राह्मण बच्चों का कपड़ा सिलाई कर रहा हूँ..... भक्ति में ठाकुरों के कपड़े सिलाई करते, उसके जेवर बनाते.... राजा महाराजा के कपड़े सिलाई करेंगे तो उनसे खूब पैसा लेंगे। ठाकुरों के लिए बनाते तो क्या लेंगे। कुछ नहीं। तो हम सो देवी देवताएँ, चैतन्य मूर्तियाँ बन रहे हैं। आगे मूर्ति को प्यार से खिलाते थे, श्रृंगार करते थे, अभी जो मूर्ति बन रही हूँ उनको खिला-खिलाकर मूर्ति बना रहे हैं। हम शरीर निर्वाह अर्थ काम नहीं कर रहे हैं। मनुष्य को देव बनाने के लिए सेवा कर रहे हैं, इसमें कितनी कमाई है। कदम-कदम में पदमों की कमाई है। जहाँ बाबा के स्थान हैं, तीर्थ स्थान हैं। कोई बाबा का कमरा बनाता, कोई सेवा अर्थ मकान बनाकर देता, बाबा क्या करेगा? बाबा को मकान चाहिए? सेवा अर्थ स्थान बनाया, जिनकी सेवा हुई.... उनकी कमाई ज्यादा या जिसने स्थान बनाया उनकी कमाई ज्यादा? एक है सेवास्थान बनाने वाले, दूसरे हैं सेवा करने वाले। तीसरे हैं सेवा का फायदा लेने वाले। सेवा स्थान बनाने वाले का भाग्य बड़ा। जिसको संगम पर जो सेवा करने का चांस मिलता..... उसमें कमाई है। ड्रामा में भगवान ने हरेक को अच्छा पार्ट दिया है। हम कोई वेतन (पे) लेकर सेवा नहीं करते। सेवा करने में ही हमारी कमाई है। एक हाथ से कर, दूसरे हाथ से ले। मांगते नहीं हैं। अपने आप रेखाओं में बनता जाता है। करो और लो। भविष्य तो क्या अभी ही खुशी का खजाना जमा होता जाता। खुशी से पूछो तुम, कहाँ से जमा हुई? श्रेष्ठ कर्मों से। ज्ञान ने सिखाया कर्म अच्छे करो। ज्ञान कर्म में आया, कर्म ने हमारे अंदर खुशी का खजाना भर दिया। बहुत काल श्रीमत पर चलने वाले की ही अंत मती सो गति होती। सयाना वह जो आत्मा के ज्ञान को अच्छी तरह धारण करने वाला हो। श्रीमत का पालन वह करेगा–जिसको बाप के लिए रिगार्ड प्यार होगा। प्यार से रिगार्ड बैठता है। बाबा से प्यार है तो बाबा जो कहेगा 'हाँ जी'। 'हाँ जी' करते-करते इतनी खुशी आ गई है। भगवान हमें प्यार करे..... कम बात नहीं। वह कहता–बच्ची, कोई हुक्म है....इतना प्यार वह क्यों करता? क्योंकि उसके हम हैं, हमारा वह है। सच्ची भक्ति का बहुत अच्छा फल भगवान देता है। वह हमारे सामने हाजिर है, हम उसके सामने हाजिर हैं। अच्छा–ओमशांति।

इच्छाओं का त्याग कर पढ़ाई पर ध्यान (अटेन्शन) दो तो लोभ-मोह से सहज ही मुक्त हो जाएँगे (24-01-87)

हम सबको संगमयुग इतना प्यारा क्यों लगता है। क्योंकि यह संगमयुग ही है, जब मीठा बाबा हमको विदेही बनना सिखलाते हैं। एक तरफ बाबा कहते–बच्चे, विदेही बनो और कार्य व्यवहार में रहते स्वामी (ट्रस्टी) बनो। विदेही स्थिति में रहने से न्यारेपन का मजा ले सकते, साक्षी होकर देखने की स्थिति बना सकते। ट्रस्टी रहो तो लोभ-मोह के मायाजाल से छूट सकते हैं। ट्रस्टी बनने के लिए समर्पण भी हो तो त्याग भी हो। जो मेरा-मेरा है वह सारा ममत्व निकल जाए, सदा के लिए त्याग वृत्ति हो। कार्यव्यवहार में रहते भी कर्त्तापन का भान न हो। निर्मोही और अनासक्त वृत्ति हो तब ट्रस्टी बन सकता है। कई हैं जो कहते मैं तन-मन-धन से समर्पण हो गया हूँ, लेकिन पहले अपने आपसे पूछो–मोह गया है? देह से भी मोह गया है? लोभ गया है? लोभ वृत्ति भी अनासक्त बनने में विघ्न डालती है। "इच्छा मात्रम् अविद्या" ऐसी स्थिति हमारी बन जाए–जो कोई बात की हमारी इच्छा ही न हो, जैसे उसकी विद्या ही नहीं है। पहले इच्छाओं से भरे हुए संस्कार थे–अभी इतने बदल गए जो इच्छा पैदा ही नहीं होती। क्योंकि जानते हैं, प्रकृतिजीत बनने से प्रकृति दासी बनेगी। अभी हम इच्छाओं वश प्रकृति के गुलाम क्यों बनें, जबकि ब्राह्मण बने हैं, ईश्वरीय संतान हैं, जिसने जन्म दिया है वही हमारी पालना करेगा। जब पालना करने वाला बाबा बैठा हुआ है, हमको सिर्फ क्या करना है। पढ़ाई पर सिर्फ ध्यान (अटेन्शन) दो। अच्छा स्टूडेन्ट वह जो पढ़ाई पर ध्यान (अटेन्शन) दे। पढ़ाई पर अटेन्शन देने से बुद्धि लोभ-मोह को सहज छोड़ सकती है। पढ़ाई में अटेन्शन कम है तो लोभ-मोह जल्दी आ जाता। इच्छाएँ, ममताएँ क्यों नहीं मरी हैं–क्योंकि पढ़ाई कम है, योग कम है। जिस घड़ी अशरीरी स्थिति का अभ्यास करते हैं तो कितना मजा आता है, कोई संकल्प पैदा ही नहीं होता। देह अभिमान इच्छाएँ पैदा करता है। दूसरे को कोई चीज खाता हुआ देख, अच्छा कपड़ा पहना हुआ देख इच्छा पैदा हो जाती है। बुद्धियोग अगर खाने और कपड़े में रहता है तो धारणा हो नहीं सकती। साक्षी होकर देखो, मेरी बुद्धि कहाँ-कहाँ जाती है। दुनिया वाले मनुष्य जीभ रस के लिए खाते हैं, न खाने वाली चीज भी जीभ रस के कारण खा लेते। कपड़ा भी फैशन के लिए पहनते। सारा दिन बुद्धि उसमें ही जाती है। जब तक वह इच्छा पूरी नहीं हुई तब तक बुद्धि उसमें लगी रहती। बाबा कहता–इन सबको अंदर से मार, वह कैसे मरेंगी? जब ध्यान (अटेन्शन) से अनासक्त वृत्ति रखने का पुरुषार्थ करेंगे। अनासक्त वृत्ति होती है विदेही बनने की स्थिति से। शरीर विनाशी है, बाबा कहते–तुम सदा ख्याल रखो हम वनवाह में हैं। वनवाह में बहुत साफ स्वच्छ,

साधारण (सिम्पुल) रहते हैं। ऐसे नहीं फटा हुआ कपड़ा पहनो, फट गया, फौरन सिलाई कर दो, पर साफ पहनो। जब तक कपड़ा पुराना नहीं हुआ तब तक कभी न छोड़ो। कोई हैं जो नया देखते फौरन कहेंगे, इसे पहनूँ। इस प्रकार की छोटी-छोटी इच्छाएँ जो हैं उनको अंदर से जब तक नहीं मारा है तब तक न ट्रस्टी बन सकते न विदेही बन सकते। किसी को विश्वास भी नहीं हो सकता कि यह पूरा स्वामित्व (ट्रस्टी) है। मोह वश मैं किसको पैसा दे दूँ, सोचूँ, शिवबाबा के भंडारे में तो बहुत है, इस बेचारे को पहले दूँ..... यह संकल्प मोह पैदा कराता है। जिसको कर्मों के हिसाब-किताब का गहरा ज्ञान है, जिसने यज्ञ की पालना ली है, वह समझते हैं जैसे बाबा स्वामी (ट्रस्टी) रहा है, समर्पण होकर फिर ट्रस्टी बना है, ऐसे मैं भी बाबा को फालो करके पूरे यज्ञ का ट्रस्टी रहूँ। क्योंकि यज्ञ में दान दी हुई चीजें हैं, मैंने भी दान में दे दिया, वो मैं मोहवश किसी को दे नहीं सकती। देती हूँ तो दोषी हूँ। जिस पर बाबा ने हरिश्चन्द्र की मिसाल दी है। देकर वापस लिया तो पद भ्रष्ट हो गया। एक बार हम समर्पण हो गए तो हमें यह नहीं आना चाहिए कि यह फलानी चीज मैं फलाने को दूँ। कई प्रवृत्ति वाले बाबा से पूछते हैं–बाबा, मैं चाहता हूँ मैं समर्पण हो जाऊँ.. .. परंतु लड़के की शादी करानी है...... बाबा कहते, वह सब करके फिर समर्पण होना। समर्पण होकर फिर कहो लड़के की शादी, लड़की की शादी...... उसको यह देना है, यह करना है.... तो समर्पण नहीं हुए, उसका भी हिसाब बन जाता है। कईयों में खरीददारी करने का बहुत शौक होता, यज्ञ में देने के बजाय यह खरीदा, वह खरीदा. ... बुद्धि में यह नहीं रहता कि यज्ञ में जितना स्वाहा करेंगे वह मेरा जमा होगा, बाकी जो खर्च कर लिया वह नहीं रहेगा। मैंने यज्ञ प्रति कितना किया, कुटुम्ब परिवार प्रति कितना किया.... बैलेन्स रहा। बच्चों को पढ़ाने पर खर्च करना..... वह फर्ज है लेकिन मोहवश, लोभ वश धन खर्च होता है–तो उससे कोई प्राप्ति नहीं। भक्ति में भगवान के प्रति एक देते दस पाते और ज्ञान मार्ग में एक का सौगुणा, हजारगुणा होकर मिलता। मुट्ठी भर चावल से महल मिल जाते। यह कोई कहावत नहीं बल्कि वास्तविक (रीयल) है। सच्चे प्यार से, संबंध से मुट्ठी दे दी। भगवान के यज्ञ के साथ प्यार है। जिन लोगों का डायरेक्ट परमात्मा पिता से संबंध नहीं है, बड़ों से संबंध नहीं है, वह डरते हैं। दीदी होती तो कहती–आओ तुम्हारा कान पकड़ूँ...... कान पकड़ना माना कान में कोई अच्छी बात सुना देना। तो डरो मत, कोई कान में बात सुनाए तो मानो। बड़े आपके भले के लिए कहेंगे। बड़ों के नजदीक आओ। कोई तो बड़ों के आगे आने में डरते हैं। अगर सर्जन के सामने नहीं आएँगे, उसे अपनी बीमारी नहीं सुनायेंगे तो वह दवाई कैसे देगा। आजकल कोई कैमिस्ट ऐसे दवाई नहीं देता जब तक डॉक्टर लिखकर न देवे। यहाँ भी हमारा फर्ज है, हर बात बड़ों से पास कराना। बाबा से हर बात पास कराओ। बाबा हरेक की नब्ज देख, परिस्थिति (सरकमस्टांश) देख उसे जवाब देता। हरेक की दवाई अलग है। बाबा हरेक की परिस्थिति (सरकमस्टांश) को

जानता है। सर्जन को बताना है, न कि छिपाना है। छिपाने से न दवाई होती न निरोगी बन सकते। बीमारी बढ़ती जाती। इसलिए बाबा कहते, आपस में हिसाब-किताब न जोड़ो। सीधे (डायरेक्ट) बाप से संबंध जोड़ो। बाबा तुमको खिलाएगा। बाकी जो सरेन्डर नहीं हैं—बाबा उनके लिए कहते—तुम शरीर निर्वाह अर्थ अपना कर्म करो, किसी के ऊपर बोझा न बनो।

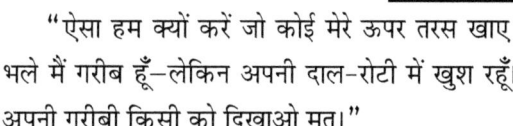

"ऐसा हम क्यों करें जो कोई मेरे ऊपर तरस खाए।
भले मैं गरीब हूँ—लेकिन अपनी दाल-रोटी में खुश रहूँ।
अपनी गरीबी किसी को दिखाओ मत।"

कई हैं जो जानबूझकर गरीबी दिखाते हैं। किसी-किसी को पैसे को सही जगह खर्च करना नहीं आता। पैसा आया खर्च कर लिया। बुरे समय के लिए बचाकर रखने का ढंग नहीं आता। सयाने कोई होते हैं जो बुरे समय के लिए बचाकर रखते हैं। कई दिखने में गरीब होंगे परंतु उनके पास बुरे समय के लिए जरूर कुछ न कुछ होगा। कोई साहूकार भी होते लेकिन बुरे समय पर दिवाला होता। ऐसा कर्म हम क्यों करें। बाबा हमको व्यवहार भी सिखाता है और परमार्थ भी सिखाता है। बजट अनुसार खर्चा करना चाहिए। दो रोटी नमक से भी खाओ तो भी गुजारा चल सकता है, जरूरी नहीं हम पुलाव ही खाएँ। 4 सब्जी खाएँ। हमको सेवा करके खाना है, मुफ्त का नहीं। तब हम स्वामी (ट्रस्टी) बन सकते हैं। कईयों को मुफ्त का खाने की आदत पड़ जाती है। कई खाते थोड़ा हैं रिटर्न बहुत देना चाहते हैं। किसी को परवाह ही नहीं होती। तो अपने को देखो—जितना हम खाते हैं उतना बाबा के गुण गाते हैं। जितना खाते हैं उतना मन्सा-वाचा-कर्मणा सेवा करते हैं। आत्मा को पावन बनाने के लिए खा रहे हैं। मन में कोई विकल्प आया तो गलत (रांग)। अंदर गुप्त नशा रहे—हमको भगवान खिलाता है। कर्म के बगैर न खाऊँ। जितना खाओ उससे 100 गुणा कर्म करके दिखलाओ। खाना तो मुख से है लेकिन कर्मइन्द्रियाँ तो सब कर्म कर सकती हैं। ब्राह्मणों को कभी किसी से उधार भी नहीं लेना है, न देना है। हाँ, कोई बीमार है तो उसकी सेवा करो। बीमार को भी यह ख्याल रहे कि मैं मरने की हालत में हूँ तो बहुत सेवा न लूँ। छोटी-मोटी बीमारी में किसी से इतनी सेवा नहीं लेनी चाहिए। संगमयुग है, सेवाधारी बनने का समय, जितना सेवा करेंगे उतना पुण्य आत्मा बनेंगे। पुण्य कर्म से शरीर भी निरोगी मिलेगा। तो ध्यान (अटेन्शन) रखो—मेरी आत्मा ज्ञान वर्षा से पावन बनती जाए। दुनिया में लोगों को एक मनी दूसरा महिमा चाहिए। बाबा ने हमें इससे छुड़ा दिया है। हम मनी या महिमा को क्या करेंगे। सेवाधारी को सेवा ही प्यारी लगती है। वही हमारा बड़ा धन है। सेवा से जिगरी दुआएँ मिलती हैं। बाबा कहते—रूहों की रूहानी सेवा करो।

कभी उल्टा नशा न चढ़े। मैंने क्लास कराई, मुरली ही हमें देहीअभिमानी बनने की शक्ति देती है। ध्यान से एक घंटा भी मुरली सुनते हैं तो यह भी योग है। मुरली सुनते जाओ परमधाम निवासी बाप को याद करते रहो। सेवा में निर्मल स्वभाव बहुत मदद करता है। नम्रता भाव देहीअभिमानी बनने में मदद करता है।

संगमयुग कम्पलीट पवित्र बनने का, सत कर्म करने का युग है। सच्चा योगी बनने का पुण्य आत्मा बनने का यह युग है। कुछ भी हो जाए हम अपने धर्म को न छोड़ें। हम सब एक पिता के बच्चे हैं, एकता में आकर एकरस स्थिति से एक दूसरे को एकरस बनाने की शक्ति देने का कार्य करते रहें, जो कार्य हमें नहीं शोभता वह न करें। सुपात्र बन हमेशा बाप को देखकर कार्य करो। जिसका बाप से प्यार है वह बाप जैसा काम करता। अच्छा स्टूडेन्ट स्कूल और टीचर का बड़ा रिगार्ड रखता। अच्छा पढ़कर स्कूल और टीचर का नाम रोशन करता। अच्छा-ओमशांति।

पावन बनने के लिए अन्तर्मुखी बनकर ज्ञान गंगा में खूब नहाओ, कान-नाक बन्द की डुबकी लगाओ (25-01-87)

(1) वरदाता बाप की वरदान भूमि से हरेक अपनी-अपनी झोली वरदानों से भरकर जाता है, पहला वरदान बाप के बने हो तो सदा खुश रहो। सुख-शांति, पवित्रता संपन्न बनने के लिए वरदाता भाग्यविधाता बाप यह अमर वरदान दे रहा है। भले शरीर छोड़ेंगे, दूसरा लेंगे, लेकिन सुख-शांति, पवित्रता हमारे साथ रहेगी-यह वरदान मिल रहा है। वरदान बाप देता, हमें वह वरदान लेकर मूर्ति बनना है। मूर्ति तब बनेंगे जब देह सहित देह के साथ जो संबंध रखने वाली बातें हैं उनको भूल अशरीरी बनने का अभ्यास होगा। देह में आते हैं तो अनेक बातें बुद्धि में आती हैं, न्यारे होते तो एक बाबा दूसरा परमधाम घर याद आता है। देह से न्यारे होने की बहुत अच्छी युक्ति बाबा ने बता दी है। ज्ञान मार्ग में आने से हम समझदार बनते जाते। समझ कहती है देह में रहते न्यारे रहो, कछुए मिसल रहो। कर्मइन्द्रियों से काम करते समेट लो। समेटने की शक्ति हो तो सहनशक्ति आ जाएगी। समाने की शक्ति भी आ जाएगी। राजयोग माना मास्टर बनकर काम करो। आगे कर्मइन्द्रियों के गुलाम थे, अब आत्मा का ज्ञान आने से मन कर्मइन्द्रियों को चलाने आता है। जब आत्मा अपने आपको पहचान जाती तो तीसरा नेत्र खुल जाता, बुद्धि दिव्य बन जाती। दिव्य बुद्धि होने से दिल खुश हो जाता। दिल शरीर का भाग है। आत्मा जब अपने को जानती है तो दिल में खुशी आती। आत्मा को समझने से परमात्मा से संबंध जुड़ जाता। देह समझने से देहधारियों से संबंध जुड़ जाता। शरीर छोड़ा तो संबंधी यहाँ रहे, आत्मा चली गई-जहाँ हिसाब-किताब है। अब शरीर में होते

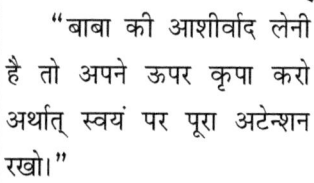

बुद्धि इच्छा रखती कि मेरी बुद्धि परमपिता के साथ ऐसी हो जो मैं शरीर त्याग करूँ तो परमधाम के वासी बनूँ। हमारा असली घर परमधाम है, वह असली मेरे पिता का घर है। वह प्रकृति के 5 तत्त्वों से पार ऊपर है। जो भगवान को नहीं जानते, मानते वह नास्तिक हैं, आस्तिक वह जो परमपिता को जानते हैं। ब्रह्मा को जानेंगे तो शूद्र से ब्राह्मण बनेंगे। ब्राह्मण माना पवित्र। पवित्रता और सुख शांति का वर्सा लेनी हो तो प्रजापिता ब्रह्मा को पहचानो–जिसके द्वारा ज्ञान सागर बाप ने ज्ञान देकर ज्ञान गंगा बनाया रूप बसंत बनाया। हरेक रूपबसंत बने माना योगयुक्त बने। न सिर्फ मुख से ज्ञान सुनाएँ परंतु स्वरूप बनें। सुनते जाओ और अभ्यास करते जाओ। सुनते समय ही अशरीरी बनने का अभ्यास करो। बाबा कहता–तुम आत्मा परमधाम की वासी हो.... उसी समय बुद्धि ने माना, अनुभव हो रहा है वह मेरा असली घर है। वह कैसा है। हमने देखा है, वहाँ सुप्रीम शांति है। जिस शांति में शक्ति है। शांति की शक्ति लेकर हम सतयुग में जाते हैं।

"बाबा की आशीर्वाद लेनी है तो अपने ऊपर कृपा करो अर्थात् स्वयं पर पूरा अटेन्शन रखो।"

(2) आस्तिक माना जो संगम को याद करे। यह घड़ी मूल्यवान (वैल्युबल) है। यह घड़ी ऐसी हो जो कलियुग की तरफ नजर भी न जाए। कलियुग पार करके आए हैं, वापस नहीं जाना है। चक्र घूम रहा है.... संगम पर खड़े हैं, वापस नहीं जा सकते। जिसने स्व का दर्शन किया, 'स्व' की पहचान आ गई.... हम सो की स्मृति आने से स्वदर्शन चक्रधारी बन गए। राइट वे में चक्र घुमाओ। घड़ी-घड़ी याद रहे कि अब घर जाना है फिर वापस सतयुग में आना है। हिसाब-किताब खुशी से चुक्तू करके जाना है। जिसकी कमाई अच्छी होती है वह कर्जा खुशी से उतारता है। ज्ञान योग की अच्छी कमाई करते चलो, बीते हुए (पास्ट) में जो कर्जा उठाया है वह उतरता जाए तो अंदर से हल्कापन महसूस होगा। सब कर्जा उतारकर रिटायर होकर वानप्रस्थ में बैठे हैं घर जाने के लिए। हम गंगा के कंठे पर हरिद्वार में बैठे हैं, सारा दिन ज्ञान वर्षा हो रही है, डुबकी लगाते चलो। कान, आँख, नाक सब बंद करो.... कान में कोई फालतू बात न पड़े। आँख से कुछ नहीं देखो। नाक भी बंद कर लो..... अंतर्मुखी बनकर ज्ञान गंगा में खूब नहाओ, ऐसा नहाओ जो पावन बन जाओ। महसूस होने (रियलाइजेशन) से पाप नाश होते हैं। महसूस हुआ तो बाबा कहेगा भूल जाओ। अच्छा पुरुषार्थ करो, बाप के खूब गुण गाओ।... स्वदर्शन चक्र फिराओ। शूद्र से ब्राह्मण बनना है तो कान, नाक बंद कर लो। टाक नो ईविल, सी नो ईविल, थिंक नो ईविल, डू नो ईविल, ईट नो ईविल. ..... ऐसा वैसा खाना भी न खाओ। ब्राह्मणों का पकाया हुआ शुद्ध भोजन खाओ। ऐसा पहनो जो किसी की बुद्धि हमारे कपड़ों पर न जाए। हमारे नैन आर्डनरी मनुष्यों जैसे न हों।

"इंसान का साक्षात्कार उसकी दृष्टि से होता है। जिसकी पावन निःस्वार्थी, रहमभावना की दृष्टि है वह सुखकारी है।"

जैसी दृष्टि वैसी सृष्टि। जैसी वृत्ति है वैसी दृष्टि हो जाती है। बहुतकाल से बाबा ने हमारे मन की वृत्ति इतनी ऊँची शुद्ध बनाई है। बाबा कहता–वृत्ति को देखो, जाँच करो। मेरी वृत्ति में सबके प्रति प्रेम भावना, शुभ भावना, रहम भावना, निःस्वार्थ भावना हो। सबका कल्याण हो यही भावना हो। न जाति, न धर्म, न मेल-फीमेल, छोटा-बड़ा, काला-गोरा..... कोई भेद दृष्टि में न हो। सब आत्माओं का पिता एक, उसके हम बच्चे हैं, तो हमारी दृष्टि भी बाप समान होनी चाहिए। बेहद की दृष्टि से यह साधारण बाप भी जगत का बाप हो गया। सेवा अर्थ बाबा ने अपना तन-मन-धन समर्पण किया। इस विश्व पर नई दुनिया आ जाए, इसके लिए अमृत वर्षा कर ज्ञान दान दिया, जिससे हम शीतल बने हैं। कईयों को यहाँ आते शीतलता का अनुभव होता, बाहर विकारों की तपन है। बाप ज्ञान अमृत की वर्षा करता। अंदर का प्यार हमारे दिलों के दुख को पी लेता, सुख दे देता। बाबा जानता है बच्चों ने भूल की, राज्यभाग्य गंवाया, फिर से रहमदिल क्षमा का सागर बाप कहता, अच्छा, जो किया उसे भूल जाओ। बाप जो, पतित पावन है उसे अच्छी तरह से जानकर सच्चे आस्तिक बन जाओ। बाप से प्यार पैदा हो जाएगा तो वह प्यार की अग्नि पावन बना देगी। पाप कर्म करने की कमजोरी सदा के लिए नष्ट हो जाएगी। कमजोरी से पाप होता है। हर इंसान जानता है यह करना चाहिए, यह नहीं करना चाहिए। पर लोभ, मोह, अज्ञान वश समझ को ताला लगाकर काम करना है। अब बाप हमें इतनी शक्ति देता है जो कोई उल्टा काम न हो। इसके लिए सदा खबरदार, होशियार रहो, हार न हो। सर्वशक्तिमान से शक्ति लेते सदा जीत में रहो। 'हिम्मते बच्चे मददे बाप' यह याद रहे। बाबा की उम्मीदें हमें पूरी करनी हैं।

(3) हमें बाबा की आशाएँ पूरी करनी है, कभी किसी बात में निराश नहीं होना है। कईयों में निराश होने की आदत होती। क्योंकि दूसरों को देखते हैं, अपने में विश्वास नहीं है। जबकि आत्मा का ज्ञान मिला है तो एक रखो आत्मविश्वास, दूसरा परमात्मा में विश्वास, तीसरा ड्रामा में विश्वास, जो हो रहा है बिल्कुल एक्यूरेट, सफलता हमारे साथ है–यह विश्वास रखो। संतुष्ट रहने का गुण अपने साथ रखो। जो सदा संतुष्ट रहना जानता वह ईश्वर की भावी पर बहुत राजी रहता। भावी बनी पड़ी है, ईश्वर मेरा पिता है। आत्मा-विश्वास का रूप बन जाए। कभी कोई भी समस्या आ जाए लेकिन आत्मा में, पिता परमात्मा में विश्वास है, ड्रामा के ज्ञान को प्रैक्टिकल लाइफ में लाने का विश्वास है, जिस कारण हम हिम्मत हार नहीं सकते। अगर हम कहते भगवान मदद करे, तो भगवान कहता–बच्चे, तुम हिम्मत रखो। कहा जाता है–करन करावनहार

स्वामी..... मुझे करना है, कराएगा बाप। पहले मेरे को इच्छा होनी चाहिए, हिम्मत रखनी चाहिए। पहले याद रखो करन, फिर करावनहार। वह मेरा स्वामी सतगुरू है। मुझे सिर्फ श्रीमत पर चलना है, जो वह कहे जी हाँ। हमारे शुभ दृढ़ संकल्प की बाप को जरूरत है। अगर मेरे संकल्प में दृढ़ता नहीं है, कपास (रुई) है, घी नहीं है, तो बाबा हमारा दीवा कैसे जगाएगा। तो हमारे में दृढ़ता का, विश्वास का घी होना चाहिए, फिर ज्योति जगाने में बाबा को देरी नहीं लगती। भगवान शैतान को भी देवता बना सकता। सिर्फ शैतान समझे कि मैं शैतानी निकालूँ..... जो अंदर रग-रग में झूठ, पाप भरा है वह निकालने की इच्छा होनी चाहिए। जिसमें महसूस होने (रियलाइजेशन) की शक्ति है, अंदर से पावन बनने का दृढ़ संकल्प है तो बाबा को देरी नहीं लगती। अगर ईश्वर की संतान बनकर पाप करे तो वह है आसुरी संतान। अगर बाप का बनकर नाम बदनाम करता तो वह है भस्मासुर। कोई मुख से खराब शब्द बोलता, दूसरों को दुख देता, अशांति फैलाता..... उसके लिए भगवान के मुख से क्या निकलेगा। यह तो मरा भला। किसके लिए भगवान के मुख से दुआएँ निकलतीं, वह बाप की दुआओं से जीता जागता.... किसके लिए कहता यह मरा भला.... भगवान के गार्डन में जो फूल बनते, कांटा नहीं लगाते, उन्हें दुआएँ मिलती हैं। बाबा की कमाल है जो काँटों के जंगल में रहने वाले कांटों को अपने प्यार के वायब्रेशन से, ज्ञान अमृत की वर्षा से, योग के वायुमंडल से फूल बना देता। कांटा माना दुख देना दुख पाना, वह आदत छुड़ा देता। खुशबूदार फूल बना देता। शोभा बढ़ाने वाले खुशबूदार फूल बनना है तो वृत्ति दृष्टि को सदा शुद्ध रखो। ईर्ष्या द्वेष भरी अशुद्ध वृत्ति दृष्टि न हो। ईर्ष्या जिसमें होती वह कभी संतुष्ट नहीं रहता। ईर्ष्या शांत चित बनने नहीं देती। वह दूसरों को देख जलता रहता। ताज तख्त मिलता है गुणों से, गुणवान बनने का ध्यान (अटेन्शन) रखो। दैवीगुणों की लिस्ट सामने रखो–एक भी गुण हमारे से मिस न हो। अच्छा–ओमशांति।

सेल्फ रिस्पेक्ट में रहना है तो दूसरों के पार्ट से रीस मत करो (20-02-87)

(1) माया के धोखे से बचने के लिए सदा सावधान रहो। जो देह अभिमान में आते, लोकलाज के वश होता उसे माया नाक, कान से पकड़ लेती है। आँख, नाक, मुख.... इन कर्मइन्द्रियों पर जीत हुई तो माया के तूफानों से बच जाएँगे। जहाँ से धोखा मिलता वहाँ से दुख जरूर मिलता है। अंदर किसी न किसी प्रकार की फीलिंग होगी तो दुख के आँसू अंदर से निकल आएँगे। अंदर का दुख बाहर आ जाएगा। माया के धोखे के आँसू कभी न आएँ। आजकल तो प्रेम के आँसू भी न आने चाहिए। बाबा

का गिरा हुआ आँसू कभी नहीं देखा। प्यार में गुलाबी आँखें भले हो जाएँ। बाबा की कई बार ऐसी स्नेह की आँखें देखी हैं। हमारी आँखें दूसरों को प्रेरणा देने वाली हों। वह तब होंगी जब कर्मइन्द्रियाँ जीत होंगे। फिर बाबा से, परिवार से अति प्रेम होगा। सर्विस अलग बात है, प्रेम अलग है। ईश्वरीय प्रेम में माया जरा भी मिक्स न हो। कल्याण भावना वाला प्रेम हो। हम किसी को भी कोई चीज दें तो अपने में फंसाने के लिए न दें। उसे बाबा की याद आए। बाबा के घर से कोई चीज मिलती है तो उसे प्यार से लो, क्योंकि उससे बाबा की याद आएगी। बाकी देह अभिमान में आकर किसी को कोई चीज देना या लेना यह माया है। फिर उसका ही चिंतन चलता रहेगा। सबके साथ एक जैसा स्नेह हो, किसी से कम, किसी से ज्यादा.... यह भी माया है। एक-दूसरे से प्रेम का व्यवहार हो। भेदभाव रहित व्यवहार हो तो निर्णय शक्ति तेज हो जाती है। बाबा की याद करने की, फालो करने की आदत बुद्धि तेज करती है। बुद्धि खुलती जाती है। छोटी-छोटी बातों में अंदर युद्ध न करो। एक बाबा से प्यार हो, दूसरा, अवस्था एकरस हो तो आठों शक्तियाँ सहयोगी रहेंगी। कितने भी तूफान आएँ लेकिन यह शक्तियाँ हमारी सखियाँ हो जाएँ। जैसे राजा-रानी की सखियाँ होतीं। नौकर-चाकर अलग होते। वह आर्डर में रहते। तो कर्मइन्द्रियाँ प्रकृति आर्डर में रहें। लेकिन दिव्यगुण संपन्न बनने के लिए आठों शक्तियाँ सखियों के रूप में प्रेम का संबंध रखने वाली हों। ऐसी आवाज अंदर से न निकले कि आज मेरी सहनशक्ति खत्म हो गई, अब मेरी बुद्धि काम नहीं करती। जो बहुतकाल से किसी न किसी कारण से डाउन होते रहे हैं वही शिकायत (कम्पलेन) करते कि मेरे में फलानी शक्ति नहीं है। जो बहुतकाल से अपनी अवस्था अच्छी रखते, स्वमान (सेल्फ रिस्पेक्ट) हैं, उनके सामने शक्तियाँ सदा हाजिर-नाजिर हैं। जो स्वमान (सेल्फ रिस्पेक्ट) को छोड़ता वह बेअक्ल है। ज्ञानी आत्मा सेल्फ रिस्पेक्ट में रहती हैं, उसे बाबा भी बहुत रिगार्ड से देखता है। स्वमान (सेल्फ रिस्पेक्ट) रहे कि मैं किसकी संतान हूँ। आत्म अभिमानी स्थिति पक्की हो जाए। अपने पार्ट को अच्छी तरह से जानता हो। दूसरों के पार्ट से रीस न करे तब सेल्फ रिस्पेक्ट में रह सकता है। जो दूसरों से सम्मान (रिस्पेक्ट) मांगता है वह खुद नहीं रह सकता। अपनी मेहनत से, कर्म से, याद की शक्ति से, अपने रिकार्ड से पहले अपना रिस्पेक्ट बनाएँ। जब से बाबा का बनें तो रिकार्ड अच्छा हो तब सबके दिल में रिस्पेक्ट रहेगा। बाबा भी महिमा करेगा, परिवार भी महिमा करेगा। लेकिन खुद महिमा मांगो मत।

"खुद अपने गीत नहीं गाओ। खुद बाप के गीत गाओ तो दूसरे आपके गीत गायेंगे। यह भी इच्छा न हो कि सब मेरे गीत गाएँ।"

मैं भी किसी आत्मा के गीत न गाऊँ। यह भी चिंतन न करो कि मैंने फलाने को लाया, या फलाने ने मुझको लाया। कोई किसी के लिए निमित्त बना तो अच्छा हुआ, उसका पुण्य हो गया। लेकिन बार-बार वह उसकी याद दिलाता रहे.... यह भी माया है। अंधे को रास्ता दिखाया..... यह तो अपना काम है। यह ख्याल न रहे मैं फलाने का आधार बनी, या मेरा फलाना आधार बना। आधार बाबा है। सहयोग देना दिव्यगुण है। दिव्यगुण संपन्न बनने में ऐसे-ऐसे गुण शक्ति के साथ-साथ काम करते हैं। गुण और शक्ति दोनों मिलकर काम करते हैं। शक्ति सूक्ष्म है, गुण एक्शन (कर्म) में दिखाई देते हैं। दोनों मिलते हैं बाबा से। सम्मान (रिस्पेक्ट) हरेक के लिए हो, किसी के लिए भी घृणा दृष्टि न हो। न किसी से घृणा करो, न प्रभावित हो। जब इन दोनों बातों से सेफ होंगे तब बाबा की याद से गुण और शक्तियाँ खींच सकेंगे। अपने आपको सदा साफ, स्वच्छ रखो। यही है हमारी व्यक्तित्व (पर्सनैलिटी) में बहुत सुंदर स्वामित्व (रायल्टी)। अच्छा-ओमशांति।

दूसरी क्लास 24-02-87

ज्ञान एक दर्पण है। सारा दिन ज्ञान को दर्पण के रूप में प्रयोग (यूज) करो। जिसे श्रृंगार करने का अच्छा शौक होता है वह दर्पण में घड़ी-घड़ी अपने को देखते हैं। देह अभिमानी स्थूल आइने में बार-बार देखते। सच्चा-सच्चा श्रृंगार करने वाले ज्ञान के दर्पण में देखते। अच्छी रीति कि दिन रात अपने आपको देखो मेरे में क्या कमी है। ज्ञान के दर्पण में यह शक्ति है जो कमी भी दिखाई देती और कमी को मिटाने की शक्ति भी आ जाती। कमी जा रही है, खूबी आ रही है। कोई भी दाग को मिटाने के लिए अच्छी-अच्छी क्रीम होती है। परंतु पता होना चाहिए यह दाग है। दाग मिटाने की दवाई भी हमारे पास है। जिसको बेदागी हीरा बनने की अपने लिए शुभ भावना है वही ज्ञान के दर्पण में अपने को बार-बार देखता। वह दूसरों को नहीं देखता, मैं बेदागी हीरा बनूँ, मेरे ऊपर कोई दाग न लगे। थोड़ा भी दाग होगा तो महत्त्व (वैल्यु) खत्म। किसी की भी खरीद करने की इच्छा नहीं होगी। तो **पुरुषार्थ में इतनी लगन हो कि मैं बेदागी हीरा बनूँ, जो धूल में भी चमकूँ। हीरा नहीं कहता मैं कैसे चमकूँ। वह स्वतः चमकता है। उसकी वैल्यु हरेक जानता है। मैं ऐसा पारस बनूँ जो मेरे संग से लोहा भी पारस बन जाए।** संग अच्छा हो, स्टडी अच्छी करो। स्वचिंतन में रहो। फालतू बातें सुनने की थोड़ी भी आदत न हो। फालतू बातें भी बहुत नुकसान करती हैं। जल्दी ही किसी की बात को मान लेते। स्वयं में पक्का विश्वास हो। बाबा में पूरी भावना हो। कितनी भी तन या मन की बीमारी क्यों न आ जाए-अनुभव कहता है सर्वशक्तिवान बाबा मेरे साथ है। बाबा से योग होगा, स्वयं में विश्वास होगा तो चढ़ती कला होती जाएगी। और जितनी चढ़ती कला होगी उतनी खुशी बढ़ती जाएगी। तो सदा

इस बात पर ध्यान (अटेन्शन) हो कि बाबा मुझे पढ़ा रहा है। भगवान पढ़ा रहा है, मैं पढ़कर उसकी पढ़ाई से पावन बन रहा हूँ। हमारी पढ़ाई पावन बनने के लिए है। पावन बनकर, फिर दूसरों को पावन बनाने के लिए पढ़ा रहे हैं। पावन बनकर पढ़ाओ तो बड़ी कमाई है। पावन बनने की इच्छा सदा लगी रहे तो बाबा की बहुत मदद है। जिसको संपूर्ण पावन बनने की इच्छा है वह सदा शांतचित्त, धीर्यवत सदा अडोल, सदा संतुष्ट है... . वह अंदर ही अंदर बाबा का आशीर्वाद ले लेता है। बाबा उसे इतना मीठा, अच्छा आशीर्वाद देता जो दिमाग ठंडा, दिल खुश हो जाता। तो हरेक अपने से पूछे मेरा दिल इतना खुश है। दिमाग सदा ठंडा है।

"सच्चाई की वैल्यु हो। नेचर ऐसी सुखदाई बनाओ जो किसी का दु:ख चला जाये।"

ज्ञानी आत्मा को सच्ची शांति का अनुभव स्वधर्म में स्थित होते ही हो जाता है। जो सदा स्वधर्म में स्थित रहने के आदती बन जाते, बाबा को वह बहुत अच्छी तरह से जान सकते हैं। जैसे कहावत है, धरत परिये धर्म न छोड़िए..... कुछ भी हो जाए–धर्म पर पक्के रहो। पहले समझते थे हिन्दू, मुस्लिम, क्रिश्चियन..... जो धर्म हैं, इन्हें नहीं छोड़ना है। अब बाबा ने स्वधर्म की पहचान दे दी। तो अंदर पक्का व्रत है कि हमें अपने धर्म को नहीं छोड़ना है–धर्म को जानने से ही शक्ति आई है। हमारा धर्म कहता है स्व स्थिति में रहकर बाप को याद करते रहो। नम्बर ऊँचा लेना है तो तीसरा नेत्र खोलकर सिर्फ बाबा को जानते जाओ। उसके नाम रूप, कार्य को जान उसे अच्छी तरह पहचान लो। कौन है, कहाँ से आया है। मनुष्य भगवान से मिलने की इतनी मेहनत करते, पुरुषार्थ करते, और वह कहता–बच्चे, मैं तो तुम्हें लेने लिए आया हूँ। हमको उसके दिल पर, आँखों पर बैठकर चले जाना है। जो आत्माएँ भूली-भटकी थीं, बाप को जाना-माना सगाई हो गई। पहचाना तो शादी की घड़ी आ गई। तू मेरा मैं तेरी... .. रिश्ता पक्का हो गया। परमात्मा साजन हम आत्मा सजनी को लेने आया है। बाबा साकार में हम बच्चों को सोते समय कहता, राजकुमारी सो जा। और उठते समय कहता जाग सजनी जाग..... सोई तो राजकुमारी, उठी तो सजनी। साजन जागे, सजनी सोये, यह आदर (रिस्पेक्ट) नहीं। राजकुमारी छोटी है तो कहता बच्ची सो जा। दिन में कुछ भी हुआ ड्रामा की भावी। तू मेरी बेटी आराम से सो जा। सुबह जाग सजनी जाग... .. का गीत बजता। पतिव्रता के अंदर बहुत रिस्पेक्ट रहता है। **साजन सजनी का रिश्ता बहुत पहचान का है, उसमें अलबेलापन नहीं होता। उसमें लापरवाही नहीं रहती। स्वयं में आज्ञाकारी बनने के संस्कार भरो। आज्ञाकारी बनने का संस्कार बड़ा सुखदाई है।** वफादार वाइफ अपने पति के दिल को जीत लेती है। नौकर मास्टर के दिल को जीत लेता, तो ऐसे आज्ञाकारी वफादार बनकर रहो, अच्छा–ओमशांति।

लक्ष्य और लक्ष्यदाता को सदा सामने रखो तो श्रेष्ठ लक्षण स्वतः आ जाएँगे (23-02-87)

(1) बाबा की मुरली हम बच्चों के मन को मोहित कर लेती है। अपनी तरफ ऐसा खींच लेती जो उसके मनन चिंतन के बगैर और कुछ मन में आता ही नहीं। ऐसा जिनको अनुभव है वह ऐसी मूर्ति बन जाते, जैसा बाबा बनाना चाहता। बाबा मुरली पर कमाल का गीत तब गाते, जब पूरा निश्चय है। आज बाबा ने तीन शब्द दिए निश्चय, नशा और निर्भयता। निश्चय बैठता है ज्ञान से, बाबा का पूरा परिचय मिलने से। निश्चय से अंदर नशा चढ़ता है। हमारा नशा वास्तविक (रीयल) है, निश्चय अटल है, उसे कोई टाल नहीं सकता। जो निश्चयबुद्धि बन करनकरावनहार बाबा को सामने रखता उसके लिए सफलता जन्मसिद्ध अधिकार है। उसे माया से भय नहीं होता। जिसमें हिम्मत है, बहादुरी है वह मैदान पर आता। तो हम पहले मायाजीत बनने के लिए मैदान पर आए, रावण माया को चैलेन्ज किया। अटल निश्चय और नशे की अंदर से शक्ति है-माया कितने भी रूप धारण करके आए। एक ज्योति बिन्दु का सहारा रावण को बेमुख कर देता है। बाबा को सामने रखो तो माया आ नहीं सकती। सामने बाबा खड़ा है तो माया नजदीक भी नहीं आएगी। महसूस करने (रियलाइजेशन) की शक्ति माया को भगा देती है। कई बार माया महसूस करने (रियलाइजेशन) की शक्ति को खत्म करने की कोशिश करती है। इसलिए बाबा हमेशा ईशारा करते-बच्चे, संगठन का सहारा, बाप की नालेज का सहारा पकड़कर चलो। जैसा बाप मिला है ऐसा लक्ष्य धारण करो। लक्ष्य कभी चेंज न हो। लक्ष्य की विस्मृति हुई माना बाबा की विस्मृति हुई। लक्ष्य को भूला तो लगा माया का गोला। लक्ष्य और लक्ष्य दाता सामने हैं तो लक्षण भी आते जाते हैं। लक्षणों को धारण करने की मेहनत नहीं करनी पड़ती। इस ज्ञान मार्ग में यह इच्छा कभी कम न हो कि बाबा जो चाहता है वह हमें पूर्ण करना ही है। दूसरों की इच्छा पूर्ण करना मेरी इच्छा नहीं। सिर्फ यह बात ध्यान पर रहे कि बाबा क्या चाहता है। जैसे, किसी के साथ प्रीत होती, तो यही अंदर रहता कि यह क्या चाहता है। तो बाबा क्या चाहता है यह लिस्ट अपने पास रखो। मेरे पास और कोई लिस्ट न हो। बाबा की लिस्ट पूरी हुई, माना मैं कर्मातीत हो गई। जब तक संगमयुग पर सेवा है तो याद और सेवा का संतुलन (बैलेन्स) रखते बाबा की नजरों में समा जाऊँ यह इच्छा है। याद भी परिपक्व हो, कच्ची-पक्की न हो। ऐसी याद हो जो वह और हम एक समान हो जाएँ। कभी भी कोई हमको देखे तो पुरानी लाइफ से भेंट न करे। बहुत समय से वही बातें चलती आतीं तो अच्छा नहीं लगता। अच्छा यह लगता कि कमियाँ खत्म होती जाएँ, संपन्नता आती जाए। मम्मा बाबा हमको अपनी संपूर्णता का अनुभव

कराते रहे हैं। हर कार्य व्यवहार करते न्यारा निर्लेप सदा हर्षित देखा है। बाबा मम्मा ने हम बच्चों में सच्ची सेवा के संस्कार डाल दिए।

(2) ज्ञान सागर बाप ने हम बच्चों को सभी वेदों शास्त्रों का सार समझा दिया। जब बुद्धि में सार बैठ जाता तो नशा चढ़ जाता। सेकेण्ड में सार को समेट भी सकते। विस्तार में जाते तो ज्ञान बड़ा गुह्य गोपनीय अनुभव होता। ज्ञान की गहराई में जाओ तो बहुत अच्छा लगता है, आनंद का अनुभव होता है। सदा हर्षित रहने के संस्कार बनते जाते हैं। ज्ञान सिर्फ सुनने-समझने के लिए नहीं है। लेकिन ज्ञान हमारे संस्कारों में चला जाए। संस्कारों को खोलकर देखो कि हमारे संस्कारों में ज्ञान भर गया है या नहीं। जब संस्कारों में ज्ञान भर जाता तो प्रालब्ध ऊँची बनती जाती। हम ज्ञान के चिंतन से सूक्ष्मवतनवासी वा बीजरूप नहीं बन सकते हैं। ज्ञान के संस्कार बन जाएँ तो सेकेण्ड में अव्यक्त वतन या साइलेन्स होम का अनुभव कर सकते हैं। सेकेण्ड में इस दुनिया से पार जा सकते हैं। बहुत काल से अलग (डिटैच) रहने का अभ्यास सेकेण्ड में अलग (डिटैच) कर देता है। डिटैच होने की मेहनत न करनी पड़े। काम-काज करते हुए लिप्त न होना, मान शान से परे रहना..... ज्ञान स्वरूप में ले आना.... इसमें ही मजा आता है। ज्ञान का पहले मंथन करो, मंथन करने से और कोई बात मन में टिकती नहीं। मंथन करने से यह फायदा है, जो लायक बात है, जो उन्नति की बात है वह रूप में आ जाती। सेवा के आधार से जो कुछ सीखने को मिला है वह लाइफ में आ गया। बातें याद नहीं हैं, बातों को याद करने से टाइम वेस्ट होता। लेकिन सीखे बहुत हैं। सीखने का यह युग है। सेवा से भी सीखे, संग से भी सीखे। कभी भी कहीं से भी कोई बात नीचे-ऊपर हुई होगी तो उससे भी सीखे हैं। विघ्नों ने भी सिखाया है, निर्भय बनाया है। विघ्न हमारे दुश्मन नहीं हैं। कोई भी समस्या आई–कहीं से भी आई–कोई नई बात नहीं है। बात को चिंतन में लाओ तो बड़ी हो जाती। चिंतन से फ्री हो जाओ तो छोटी हो जाती। पाजिटिव चिंतन पहाड़ को राई बनाता। नेगेटिव राई को पहाड़ बना देता। तो यह ज्ञान हमारे जीवन के लिए है न कि सिर्फ मनन चिंतन के लिए।

**"ज्ञान मनन चिंतन को जीवन में लाने का रास्ता है।
जीवनभर मनन-चिंतन ही करते रहे, जीवन में नहीं लाया
तो अतिइन्द्रिय सुख में कब नाचेंगे।"**

जो ज्यादा मनन चिंतन करता उसे अभिमान भी आ जाता। लेकिन मनन चिंतन ऐसा करो जो अभिमान खत्म हो जाए। मेरे साथ बाबा हैं, सिर्फ बाबा को कापी करो। जैसे बाप कर रहा है, ऐसे करते चलो। बाबा की यूनिवर्सिटी में कापी करने की छुट्टी है। लेकिन फ्रैन्ड्स को, देहधारियों को कापी मत करो। भगवान (आलमाइटी) को कापी करो। कापी करना कोई चोरी नहीं है। बाबा के मस्तक को देखो–कैसे मस्तक

में बैठ बात करता है। जैसे बाबा ज्ञान सुना रहा है, इतना मीठा अमृत पिला रहा है ऐसे मैं भी पिलाऊँ, बाबा हमें सच्ची-सच्ची बातें सुनाकर हमको सच्चा बनाना चाहता है, मैं भी ऐसे सुनाऊँ अधिकारपूर्वक (अथोरिटी से) सुनाऊँ, वह अथार्टी कापी करने से आती हैं। जिसमें विश्वास होता उसको सब शक्ति (पावर्स) दे दी जाती है। बाबा का मेरे में विश्वास है तो वह सब कुछ हमसे करा सकता है। मेरा उसमें विश्वास, उसका मेरे में विश्वास.... विश्वास में जरा भी कमी नहीं है तो हर कार्य हुआ पड़ा है, सिर्फ चेक करना है, जितना बाबा ने हमारे में विश्वास रखा है उतना हमने रखा है। मैं भी अपने में विश्वास रखकर भगवान को अपना बनाकर रखूँ। विश्वास से हमारी गति-सद्‌गति हो रही है और हम दूसरों की कर सकते हैं। हिलाने वाली कितनी भी बातें आ जाएँ लेकिन हमारा विश्वास कम न हो। पक्का विश्वास हो कि हमें महावीर बनकर रहना है। कभी पद भ्रष्ट नहीं होना है। कम पद भी नहीं पाना है। निश्चयबुद्धि माना पक्का विचार। बाप समान कर्मातीत, विकर्माजीत बनना, यह पक्का विचार है। ऐसा पक्का विचार हो तो फिर माया क्या करेगी। हमारे दृढ़ विश्वास को देख माया भी कहेगी, यह तो हिलने वाला नहीं है। ज्ञान मंथन करके, उसे जीवन में उतारकर दिल से हर्षित रहने का अभ्यास हो। कोई संग का रंग न लगे। कोई बात सुनते तो उसका असर न हो। आवाजों की दुनिया में रहते मुझे आवाज से परे जाना है। आवाजों में आना माना घबराना, सोचना, फालतू चिंतन करना। आवाज से परे जाओ तो बाबा के पास पहुँच जाते। बाबा के पास पहुँचे तो बाबा की शक्ति आवाज से परे रखने की आदत डाल देती। कई हैं जो आवाज सुनकर उसको मनन करने के शौकीन है, फिर उसके इफेक्ट में आ जाते हैं। यह हमारे ब्राह्मण जीवन का धंधा नहीं है। ब्राह्मण जीवन का धंधा है निश्चय नशे में रहकर निर्भय रहना। काल से भी भय नहीं। 'मिरूआ मौत मलूका शिकार' वाली स्थिति बनाओ। फरिश्ता बनकर दूर बैठे अनेक को साक्षात्कार कराओ।

(3) किस पुरुषार्थ से सदा मुस्कुराते रहेंगे? एक तो अच्छे कर्म करो। अच्छे संकल्प की शक्ति से नैचुरल मुस्कुराना होगा। अच्छे कर्म का अभिमान न हो। मायाजीत, विकर्माजीत बनो तो सदा मुस्कुराते रहेंगे। कभी हार न हो। चेहरे पर उदासी न हो। क्योंकि ब्राह्मण सदा शुभचिंतक हैं, उनका ईश्वर से सीधे (डायरेक्ट) संबंध हैं। परमपिता और जगतपिता की हम संतान हैं। यह नशा अंदर से निश्चिंत रखता है। निश्चिंत रहने के कारण खुशी का पारा चढ़ा रहता। ऐसी खुशी में सदा वही रहते जो सदा खुशमिजाज रहते। जितना खुश रहो उतना खुशी की खुराक सब दुखों की दवा है। तन के, मन के सब रोग मिट जाते हैं। कामेशु, क्रोधेशु..... इन बड़े डाकुओं से वह छूट जाते हैं। यह डाकू बहुत तंग करने वाले हैं। डाकुओं से डर लगता है। सारी की हुई कमाई सेकेण्ड में खत्म कर देते हैं। इसलिए बाबा कहते बचकर रहो। इतनी मेहनत करके कमाते हो वह कमाई अनेक जन्म साथ चलने वाली है। इसलिए सदा जीत में रहो। जीत में होंगे तो पूज्य भी साधारण (आर्डनरी) नहीं होंगे, पुजारी भी साधारण

(आर्डनरी) नहीं होंगे। परम पूज्य, परम पुजारी होंगे। यह संस्कार अभी से सुंदर बन जाएँ। सदा यह स्मृति रहे कि परमपिता और जगतपिता दोनों हमारे बाप हैं। अच्छा–ओमशांति।

सूक्ष्म तथा मोटे पुरुषार्थ में अन्तर (कॉन्ट्रास्ट) (27-02-87)

(1) बाबा हम बच्चों को नवयुग की स्मृति दिलाता है, जो बात बीत चुकी वह बीत चुकी.... उन बीती हुई बातों को, पुरानी दुनिया को याद न करो तो नवयुग स्वतः याद आएगा। जिस घड़ी पुरानी दुनिया का पूरा नक्शा बुद्धि में आ जाता उस घड़ी इस दुनिया से वैराग आ जाता। नवयुग याद उसे आता जो पूरा जगे हुए हैं। जो सुस्त हैं, सोये हुए हैं उन्हें नवयुग याद नहीं आ सकता। यह भी सूक्ष्म सुस्ती है जो नवयुग याद न आए। नवयुग स्थापन करने वाले हम हैं, उसमें आने वाले हम हैं। जब हम बाबा के मददगार बनेंगे, नवयुग में आने के योग्य बनेंगे, तब वहाँ के महाराजा–महारानी बनेंगे। उसके लिए बहुत सूक्ष्म पुरुषार्थ चाहिए। मोटी बुद्धि वाले के पुरुषार्थ का तरीका और सूक्ष्म बुद्धि वाले के पुरुषार्थ का तरीका क्या होता। पुरुषार्थी तो सब हैं। पहले मायाजीत, विकर्माजीत बनें तो मोह जीत बनेंगे। बुद्धि में कर्म–विकर्म का पूरा ज्ञान हो, हर कर्म पर अटेन्शन हो। कोई भी कर्म विकर्म न बने, यह महीन पुरुषार्थ चाहिए। हर कर्म श्रेष्ठ हो, साधारण न हो। इसके लिए बड़ी महीन बुद्धि चाहिए। कभी हम सोचते हैं–आत्मा का ज्ञान बहुत डीप है लेकिन परमात्मा का ज्ञान उनसे भी डीप है और कर्म फिलासफी का ज्ञान फिर उनसे भी डीप है। बाबा का ज्ञान बुद्धि में बैठा, अपने को आत्मा समझा। परंतु हर समय हर श्वास, हर संकल्प पर ध्यान (अटेन्शन) रहे। वह है, कर्म फिलासफी का ज्ञान। जिसे कर्म फिलासफी का ठीक ज्ञान है उसे संकल्पों को चेक करना आता है। सूक्ष्म पुरुषार्थी संकल्पों को चेक करता है। वेस्ट या आर्डनरी संकल्प हमारे पास न हों तब हमारी जीत है। जैसे साइंस वाले पावरफुल हथियार तैयार करते हैं, ऐसे हमारे पास मौन (साइलेन्स) के पावरफुल हथियार हों। मौन (साइलेन्स) की शक्ति सदा साथ हो। सामान्य सोच (आर्डनरी थाट) भी न हो। मोटा पुरुषार्थी सारा दिन औरों के पुरुषार्थ को देखता और क्या करता। किसी का अच्छा पुरुषार्थ देखता तो उसके ऊपर आशिक हो जाता, किसी का कम पुरुषार्थ देखता तो समझता औरों ने क्या किया जो मैं करूँ। अच्छे महीन पुरुषार्थी हरेक से गुण उठाते, बाकी अपने पुरुषार्थ की तात–लात में रहते। बाबा से शक्ति खींचते रहते। अंदर देहीअभिमानी रहते। देहीअभिमानी बनना ही सच्चे पुरुषार्थी के लक्षण हैं। देहअभिमान को छोड़ते जाना है।

अच्छी चेकिंग हो कि मेरे में अभी तक किस बात का देहअभिमान है। अगर सेकेण्ड में देहभान से परे होने की आदत नहीं है, जल्दी देह अभिमान खींचता है तो मोटा पुरुषार्थ। महीन पुरुषार्थी को ज्ञान घोटना आता है। उसके पास ज्ञान की शक्ति है जिससे सेकेण्ड में पार जा सकता है। उसकी याद ऐसी होती जो बैटरी सदा ही चार्ज रहती। दीवा जगा रहता। उसकी गाड़ी कभी खड़ी नहीं होती। दूसरे की गाड़ी अगर खड़ी है तो उसे भी हैल्प करके चला देते। तुम्हारी गाड़ी नहीं चलती, चलो मैं हेल्प करता हूँ। सूक्ष्म पुरुषार्थी फौरन हेल्प करते, जिससे दूसरे की गाड़ी भी चल पड़े। उसकी दुआयें उसको मिल जातीं। जैसे समय पर ईश्वर सहारा देता है, ऐसे सूक्ष्म पुरुषार्थी समय पर सहारा देने वाले होते, जिससे अन्य आत्माओं की दुआओं के पात्र बन जाते। मोटा पुरुषार्थी सिर्फ चाहता है, मेरा नाम हो। मैंने फलाने की मदद की, मैंने यह किया... इसकी गिनती करता रहता। अपना नाम रोशन होता न देख अंदर असंतुष्ट रहता।

> "सूक्ष्म पुरुषार्थी सदा संतुष्ट रहता। सदा हर्षित रहता। वह बाबा-बाबा कहता रहता, उससे वर्से की खुशबू आती।"

सूक्ष्म पुरुषार्थी बाबा के दिए हुए खजाने को स्वयं भी धारण कर खुश रहता और दूसरे को भी दान करता। खुद भी मालामाल रहता, दूसरों को भी अच्छा दान-पुण्य करता। जिससे उसका खजाना बढ़ता जाता। वह कभी किसी के अधीन नहीं होता। अपने गुणों से बाबा के खजाने पर अपना अधिकार समझता है। अधिकारी की योग्यता (क्वालिफिकेशन) देख भगवान भी बगैर मांगे देता है। उसमें मांगने के संस्कार नहीं होते। मोटे पुरुषार्थी सदा मांगते रहते। वह भगवान से भी मांगता, परिवार से भी मांगता, दुनिया से भी मांगता...... बाबा का एक ही महावाक्य-मांगने से मरना भला। सूक्ष्म पुरुषार्थी मांगता नहीं, मरता जरूर है। अपनी स्व स्थिति से प्रकृति उसकी दासी हो जाती है। वह कभी भाव स्वभाव के टक्कर में नहीं आता। मोटा पुरुषार्थी भाव स्वभाव के टक्कर में आ जाता है। सूक्ष्म पुरुषार्थी किसी के असर में नहीं आता, अपने आपको सदा सावधानपूर्ण (केयरफुल) रखता है और प्रसन्न (चेयरफुल) रहता है। मोटा पुरुषार्थी कभी लापरवाह हो जाता, समझता मैंने बहुत पुरुषार्थ कर लिया। सूक्ष्म पुरुषार्थी जहाँ जीना वहाँ सीखना, यह भावना कभी नहीं छोड़ता। मोटा पुरुषार्थी थोड़े में खुश हो जाता। सूक्ष्म पुरुषार्थी संपूर्ण बनने में ही अपनी शोभा समझता। कोई कमी हमारे में न रहे। मोटे पुरुषार्थी को अपनी खूबियाँ बहुत याद रहतीं, देखता है मेरी खूबियों का सबको पता है या नहीं। उसे कमी देखने की फुर्सत ही नहीं। उन्हें कमी देखने की फुर्सत क्यों नहीं, क्योंकि संपूर्ण बनने का लक्ष्य ही नहीं है। अगर कोई कमी सुनाता है तो वह कमी सुनने के लिए तैयार नहीं है। मोटे पुरुषार्थी को उसकी कमी सुनाना

भी बहुत मुश्किल। सूक्ष्म पुरुषार्थी को अगर कोई बात प्यार से सुनाओ तो कहेगा थैंक्यू, शुक्रिया। उनका जवाब (रेसपान्ड) बड़ा मीठा होता। बाबा से इतना स्नेहयुक्त हल्केपन का संबंध हो वह किसी के भी माध्यम से (थ्रू) बोले, सीधे (डायरेक्ट) स्वप्न में बोले, संकल्प से टच करे.... अधिकार है बाबा का। सूक्ष्म पुरुषार्थी अपना संबंध (लिंक) जोड़कर रखता। उसका भगवान से गहरा संबंध होता। वह आज्ञाकारी बनकर रहता। बाप, टीचर से अच्छा संबंध है तो सहज ही शिक्षाओं को अमल में ला सकते हैं। टीचर जो पढ़ाता उसमें वह आनाकानी नहीं करता। कई होते जो टीचर को भी शिक्षा देने शुरू कर देते। सदा याद रहे, हमारा बाप त्रिकालदर्शी है, आदि, मध्य, अंत को वह जानता है। 84 जन्मों की कहानी उसने हमको बताई है। सतगुरू से भी अच्छा संबंध हो। धर्मराज को अपना बनाकर रखो। इतने अच्छे कर्म करो जो पुराना सब मिट जाए। ऐसे नहीं सोचो कि पता नहीं हमारा पुराना क्या हिसाब-किताब है। नहीं तो यह भी लिखा जाएगा। मिटाने वाला तू लिखने वाला भी तू, मेरी तकदीर तेरे हाथों में है, इतना परमात्मा बाप में विश्वास हो। बाबा कहते–बच्चे, तुम्हारा भाग्य मेरे हाथ में हैं। परंतु हम भी तो हाथ दें। भगवान का हाथ हमारे हाथ में आ जाए तो रेखाएँ बदल जाएँगी। दिल से समर्पित (सरेन्डर) हो जाओ तो सारी रेखाएँ बदल जाएँगी। जिसको हाथ दिया है उसका ही साथ अटूट हो। किसी के गिराने से हम गिरें नहीं, चढ़ने से चढ़ें नहीं। मोटे पुरुषार्थी को कोई थोड़ा चढ़ाता तो चढ़ जाते, गिराता तो गिर जाते। तो हमेशा अपने को सूक्ष्म पुरुषार्थ की आदत डालो। जैसे रिफाइन पेट्रोल से प्लेन उड़ता है। आजकल की गाड़ियाँ डीजल से भी चला देते, गाड़ी को चलाते रहना, उड़ने की भासना न आए इसका कारण है भारीपन। जितना हल्का बनो उतना स्वयं भी उड़ते रहेंगे और दूसरों को भी उड़ने की प्रेरणा देते रहेंगे। अच्छा–

(01-03-87) सबका भाग्य बनाने वाले ब्राह्मण हैं। ब्राह्मण और देवताओं में ऊँचे कौन। देवताओं से भले मांगते हैं, लेकिन देने वाले हैं ब्राह्मण। ब्राह्मण ऊँचे हैं क्योंकि बड़े भाग्यवान हैं। ब्राह्मण अपना तन-मन-धन समर्पण करके फिर मन्सा-वाचा-कर्मणा सेवा करके अपना भाग्य बना लेते। भाग्य बनना शुरू तब हुआ जब तन-मन से समर्पण हुए। बाबा यह सब कुछ है तेरा, तू हो गया मेरा, यह सौदा करने वाला बड़ा भाग्यवान। ऐसा सौदा सारे कल्प में कोई नहीं करता। पुजारी से पूज्य बनने के लिए अभी हम ब्राह्मण बन यह सौदा कर रहे हैं। हम यथाशक्ति दान नहीं करते। हम सर्वशक्तिवान से शक्ति लेने के लिए सब कुछ दे देते हैं। महादानी बनते तो वरदान मिलता है बाबा से। एक तरफ संपूर्ण स्वाहा करो दूसरे तरफ वरदान मिलता। तो बड़े भाग्यवान हम ब्राह्मण हैं जो हमको भगवान से वरदान मिलता है। वर्सा एक तरफ, वरदान दूसरी तरफ, श्रेष्ठ कर्म तीसरे तरफ। तीनों से जोर की कमाई है। अधिकार समझते तो भगवान से वर्सा मिलता। वर्से से इतने तृप्त नहीं होते तो वरदान मिलता। लेकिन वर्सा या वरदान मिलता है अपने कर्मों के आधार से। हमारे कर्म श्रेष्ठ हैं तो एक तरफ वर्सा दूसरे तरफ

वरदान, दोनों की छिम-छिम होती है। हम मांगते नहीं। बाप अपने आप ही अपने बच्चों को वर्सा देगा। हर इंसान को कर्म का फल अवश्य मिलता है। जैसा करो वैसा मिलता है, हमको कर्म के फल की इच्छा नहीं रखनी है लेकिन जैसा करते हैं वैसा मिलता है। जो करते हैं वह अपने लिए फिर अभिमान क्यों आता है। अपना भविष्य बना रहे हैं, अपने लिए जमा करते तो अभिमान किस बात का। तन-मन-धन समर्पण किया अपनी राजाई के लिए। बीच में ईश्वर को डाला तो वह हजार लाख गुणा देने के लिए बंधायमान हो गया। जब उसको बाप कहा तो वर्से के अधिकारी हो गए। ईश्वर अपने गुण, शक्तियाँ सब वर्से में दे रहा है। अच्छा-ओमशांति।

सदा ध्यान रहे-किसी के गुण आकर्षित न करें और अवगुण की छाप न लगे (28-02-87)

(1) "हम ब्राह्मणों के जीवन का आधार है मुरली। मुरली सुनो, पढ़ो, नोट्स लो, उस पर मनन-चिंतन करो तो अच्छे ब्रह्माकुमार कुमारी की लाइन में आ सकते हो। अगर निरअहंकारी बनना है तो बाप समान आज्ञाकारी ओबिडियन्ट बनो। एक तरफ बाबा हमको मास्टर बनाता, कहता नशे में रहो, साथ-साथ नम्रता भाव इतना सीखो जो अहंकार का अंश भी न रहे। सच्चा योगी वही है जिसने अहंकार को मारा है। अहंकार को पहले मारो तो दूसरे सब मर जाएँगे। हरेक अपने आपसे पूछे कि अभी तक मेरे में कितने परसेन्ट तक अहंकार है। अहंकार को मारना है तो एक तरफ देहीअभिमानी स्थिति जमाने की लगन हो, दूसरे तरफ कदम-कदम बाप को फालो करते चलो। जैसे बाबा कहता, मैं तुम बच्चों का आज्ञाकारी सेवक (ओबिडियन्ट सर्वेन्ट) हूँ, ऐसे बाप समान बनो। भक्ति में हम बच्चों ने कहा मैं गुलाम, मैं गुलाम तेरा.... अब बाबा कहता-बच्ची, मैं गुलाम तेरा। जो बाबा को सच्चे दिल से प्यार करता, बाबा उसे लाख गुणा रिटर्न में प्यार देता। कई बच्चों को खुश करने के लिए भी प्यार देता। सच्चा प्यार माना दुआओं भरा प्यार लो। बाबा का सच्चा प्यार लेने के लिए दिल को साफ रखो। आत्म अभिमानी स्थिति में रहो। भाई-भाई की दृष्टि रखो। जितनी आत्मा अपनी स्थिति में स्थित रहेगी तो किचड़ा साफ होता जाएगा। आत्म अभिमानी स्थिति वाला बाबा को अच्छी तरह से प्यार करेगा। बाबा से शक्ति खींचने का अधिकारी हो जाएगा, उसकी लिंक जुटी रहेगी। कार्य-व्यवहार में आते, इतनी बड़ी फैमिली के संपर्क में आते भाई-भाई की दृष्टि पक्की हो-यही बड़ी मंजिल है। किसी के भाव स्वभाव का हमारे ऊपर असर न हो। हम किसी के गुण पर आकर्षित न हो जाएँ और किसी के अवगुण की हमारे पर छाप न लग जाए। कई बार गुण भूल जाते, अवगुण की छाप लग जाती।

अच्छी चीज भूल जाती, बुरी याद आती। यह बड़ी कड़ी आदत है। यह आदत तब मिटेगी जब भाई-भाई की दृष्टि पक्की होगी। मुझे बाप समान पवित्र (प्युअर) बनना है तो भाई-भाई की दृष्टि रखनी है। तब ही दिव्यता, अलौकिकता, संपूर्णता आएगी।

"दृष्टि में पवित्रता तब आती जब वृत्ति में पवित्रता है। वृत्ति में तब आती जब संकल्प में पवित्रता है। अति सूक्ष्म संकल्पों से वृत्ति बनती है। वृत्ति दृष्टि को बदल देती है।"

दृष्टि से फिर सृष्टि ऐसी दिखाई पड़ती है। तो अपने मन वृत्ति को चेक करते रहो। मन वृत्ति बहुत सूक्ष्म है, उसे साफ करते जाओ। हम संपूर्ण पावन तब बनेंगे जब सबको पावन दृष्टि से देखने के अभ्यासी होंगे। जैसे बाबा हमको ऊँची दृष्टि से देखता है, ऊँचा उठाने के लिए। अगर वह हमारी कमियों को देखे तो हम ऊँचा उठ नहीं सकते, तो सबसे सूक्ष्म पुरुषार्थ है कि अपनी भी अंदर से सफाई करते चलो, दूसरी आत्माओं को भी भाई-भाई की दृष्टि से देखो। आत्माएँ हैं भाई-भाई तो भाव स्वभाव से परे हो जाएँगे, जो हम चाहते हैं सुंदर स्थिति हो, वह सहज बनती जाएगी। जैसे-जैसे अनुभवी बनते जाएँगे तो न्यारे भी होते जाएँगे। क्योंकि हरेक के भाव-स्वभाव अनेक प्रकार के हैं, उसका असर हमको न हो। प्रेम भाव से उसके स्वभाव संस्कार को मिटाओ, उनकी गिनती नहीं करो। सोचो नहीं, उसका बैठकर वर्णन न करो। वर्णन करना या दिल में रखना अथवा अपनी कमजोरी घड़ी-घड़ी सोचना, यह निम्न श्रेणी (चीप क्वालिटी) का पुरुषार्थ है। जब कोई बात समझ में आ गई कि यह गलत (रांग) है तो फौरन चेक करो या ठीक जगह पर सुनाओ, जहाँ से हमेशा के लिए हमारा सुधार हो जाए या और किसी का हो जाए। भाई-भाई की दृष्टि ही समझदार बनाती है। इससे ही लगता कि ज्ञान सिर्फ बुद्धि तक नहीं, मुख तक नहीं, लेकिन जीवन में है। भाई-भाई की दृष्टि महासुखकारी है। अपने लिए या दूसरों को सुख देने वाली हो जाती है। जितना दूसरों को सुख देते चलो उतना देवता पद नजरों में रहता है। अब हैं देवदूत (एंजिल), कल हैं देवता। यह सदा याद रहे। अगर भाई-भाई की दृष्टि नहीं है तो एंजिल पद बहुत दूर है। अगर एंजिल स्टेज का अनुभव करना है तो भाई-भाई की दृष्टि पक्की करो।

(2) कई पूछते हैं-हम मेडीटेशन में जब बैठते हैं तो क्या करें? हम कहते-मेडीटेशन में अपनी एंजिल स्टेज को इमर्ज करो। जैसा स्वरूप सामने होगा वैसा बनते जाएँगे। भले थोड़ा टाइम लगता है, लेकिन बुद्धि में है कि यह स्टेज प्राप्त करनी ही है। इतनी पढ़ाई पढ़ी, इतनी मेहनत की है किसलिए? भरी ढोने के लिए नहीं। एंजिल बनने के लिए की है। और एंजिल बनना बहुत सहज है-सिर्फ पक्का करो मैं

हूँ आत्मा, तू है आत्मा.... पढ़ो पढ़ाई, कभी ना लड़ो लड़ाई। न मन से लड़ाई हो न मुख से.... बहुत काल से डबल अहिंसक मर्यादा पुरुषोत्तम रहने वाले ही एंजिल बन जाते। मर्यादा पुरुषोत्तम तब हैं जब डबल अहिंसक हैं, जो मन में भी लड़ना नहीं जानते। न अपने से न दूसरों से लड़ते। कोई खुद से ही सारा दिन लड़ते रहते तो एंजिल कैसे बनेंगे। फिर खुद ही खुद से दुखी होते। मन में लड़ने वाले भी एंजिल नहीं बन सकते। इसकी दवाई एक ही है, मैं भी आत्मा, तू भी आत्मा.....।

(3) ड्रामा में तुम सदा हीरो एक्टर बनना चाहते हो तो हल्के रहो। एक्टर माना हल्का। जिस घड़ी जो पार्ट बजाना हो, सेकेण्ड में बजाया फिर हल्का, फ्री। उसमें ही खुशी होती है। साकार बाबा के हल्केपन ने ही हमको सब कर्मबंधनों से छुड़ाया है। हल्का होकर हमारी सद्‌गति की है। कर्मइन्द्रियों पर, विकर्मों पर जीत हल्का बनने से हुई है। युद्ध के मैदान में हल्कापन चाहिए। भारीपन न हो तब जीत होगी। भाव स्वभाव बहुत भारी कर देता है। भाव स्वभाव की बातें होतीं तो आँखों से आँसू आते। चिंतन चलता है। फालतू चिंतन बहुत दुखी करता है। जब कोई किसी प्रकार का चिंतन करता तो वह रोता जरूर है। भारीपन आँखों से निकल जाता। जब तक रोयेंगे नहीं तब तक नींद नहीं आएगी। तो चिंतन में टाइम वेस्ट करना माना देवदूत बनने (एंजिलपन) की स्थिति (स्टेज) से दूर। फिर ऐसा ही कहेंगे जैसे इस पर कोई मृत्युलोक की आत्मा की छाया है। **अमरलोक जाना है तो मृत्युलोक की बातों से परे हो जाओ। उससे परे होने के लिए तुम भी हो आत्मा, हम भी आत्मा.... मीठी दृष्टि से दूसरी आत्माओं को भी मीठा बना दो।**

(4) बाबा अच्छी रिमार्क या वरदान उन्हें देता-जिनमें बाप का नाम रोशन करने की शक्ति है। कभी भी काम, क्रोध के वश हो बाप की निंदा नहीं कराते। बाप का नाम रोशन करने वाले हैं, कभी रूद्र यज्ञ में विघ्न डालने वाले नहीं हैं, विघ्नों को समाप्त करने वाले हैं उन्हें बाबा वरदान गिफ्ट रूप में देता है। कोई विरला होता है जो सारी पढ़ाई स्कालरशिप से पढ़ता रहता। किसी पर बोझा नहीं बनता। खुशी से गवर्मेन्ट स्कालरशिप देती है। यहाँ पर ऐसी कोई मुश्किल है जो स्कालरशिप के आधार पर पढ़ रहा है। स्कालरशिप उनको मिलती जो ईमानदारी से पढ़ते हैं। गवर्मेन्ट को उम्मीदें रहती यह हमारा और हमारे देश का नाम रोशन करेंगे। किसी के बच्चे अच्छे समझदार होते, माँ-बाप उन्हें पढ़ा नहीं सकते-तो दूसरे कहते मैं इनको पढ़ाऊँगा। यह भी पुण्य का काम समझते हैं। हम भी अच्छी तरह से पढ़कर दूसरों को पढ़ायें, ईमानदारी से पढ़ायें ताकि बाप टीचर सतगुरू का नाम रोशन करें। वैसे भी सच्चा ब्राह्मण उसे मानते जो अपने जजमानों के लिए रोज पाठ पूजा करे। ब्राह्मणों की यह भी ड्यूटी है। तो हम भी ध्यान रखें-सिर्फ खाने वाले ब्राह्मण न बनें। ब्राह्मण वह जो अच्छी तरह से पाठ पूजा करे। अच्छी तरह से पढ़कर, योग साधना करता रहे। यह हम ब्राह्मणों की मर्यादा या ड्यूटी है।

(5) वैजयन्ती माला में आना है तो आज्ञाकारी और वफादार बनो। भक्ति में कहते प्रभु की आज्ञा मानी माथे। प्रभु की जो आज्ञा। बड़ा सुंदर जवाब अंदर से निकलता है। **किसी-किसी को जवाब देने की भी सभ्यता नहीं होती। यह भी मर्यादा सीखो–किसी बात से चेहरा बदली मत करो। आज्ञाकारी बनने के संस्कार भरो। आज्ञाकारीपन का संस्कार बड़ा सुखदाई है।** वफादार नौकर भी अपने मास्टर के दिल को जीत लेता है। बाबा मिसाल देता था। कई वफादार नौकर में इतना विश्वास रखते जितना अपने बच्चों में नहीं रखते। वफादारी बहुत अच्छी चीज है। तो वैजयन्ती माला में आने के लिए सिर्फ आज्ञाकारी वफादार बनो। क्योंकि अंदर में विश्वास है, पहचान है–मेरा बाबा कहता है, मेरा बाबा कल्याणकारी है। कभी हाँ हूँ कर नहीं सकते। इसमें हम बेअक्ल, बुद्ध हैं। हाँ-हूँ करने को अक्ल नहीं चाहिए। 'हाँ जी' करने से बड़ा सुखदाई रिश्ता हो जाता है। दुआयें लेने के अधिकारी बन जाते। जो आज्ञाकारी हैं उन पर बाबा का भी हक लगता। फौरन फरमान करता है। उठ तो उठ, बैठ तो बैठ।

फालतू (व्यर्थ) सोचने के बजाए असोचता बनो, व्यर्थ सोचना भी कर्मभोग है (22-02-87)

(1) हम संगमयुगी ब्राह्मणों की महिमा देवताओं से भी ऊँच है। ऊँचे से ऊँचा सर्वोत्तम ब्राह्मण बनना है तो दिल से पहचानकर अति प्रेम से अनुभव के आधार से दिन-रात श्वासों श्वास बाप की महिमा करते चलो। बाप की महिमा करने में बड़ा आनंद आता है। सदा आनंद में रहने के अधिकारी हो जाते हैं। **सदा आनंद स्वरूप बनना है तो बाबा की महिमा अंदर से करते चलो। इतना अच्छा बड़ा मुसाफिर मेहमान बनकर आया है हमको महान बनाने। वह नीच से ऊँच बना देता। फर्शवासियों को अर्शवासी बना देता। गिरे हुए को उठाता।** सबसे बड़ा पुण्य का काम है डूबे हुए को पार लगाना, गिरे हुए को उठाना। सबसे ज्यादा गिरी हुई सारे विश्व में मातायें, कन्यायें हैं, उनको बाबा ने उठाया। ज्ञान अमृत का कलश सिर पर रखकर लक्ष्मी मूर्त बना दिया। ऐसे बाबा की कितनी महिमा करें। हम ऊँचे उठे ही तब हैं–जब बाबा ने अमृत का कलश हम माताओं के सिर पर रखा है। गिरी हुई आत्माओं को पावन बनाकर पतित पावनी बना दिया। दिल कहता है बाबा, आपने हमें ऐसा पावन बनाया, अब हम जितना हो सके सेवा करते चलें। धरती पर जो पाप का बोझा चढ़ा हुआ है उसे उतारें। जैसे ही यह धरती पावन बनेगी–वैसे देवतायें नीचे उतरेंगे। बाकी सब आत्मायें शांतिधाम वासी हो जाएँगी। आराम से जाकर वहाँ बैठेंगी। बाबा ने समझ दी है–हम वाया शांतिधाम सुखधाम में जा रहे हैं। बाकी जो आत्माएँ फ्री हैं.... उन्हें बाबा

अपने घर बिठा देता। पावन पृथ्वी पर देवता आएँगे, पतित सृष्टि खत्म हो गई तो बाकी सब आत्माएँ कहाँ जाएँगी। बाबा कहेगा, आ जाओ मेरे पास। कितना कल्याणकारी हमारा बाप है। जिन्होंने ऐसे सत्य बाप को जाना पहचाना है, वह अधिकारपूर्वक (अथार्टी) सत्यता को प्रत्यक्ष कर सकते हैं। अथार्टी आती है निश्चय और जीवन के अनुभव के आधार पर। निश्चयबुद्धि हैं और जीवन सबूत है। आज के इंसान को भगवान ऐसा देवता बनाने के लायक बना दें..... इतना पावन बना दें। यह बात सिर्फ आँखों ने देखी या कानों ने सुनी नहीं पर दिल जानता है, अनुभव कहता है। सबूत बैठे हैं, कोई सिर्फ आँख खोलकर देखे। यह दिल को खुश करने वाली बात नहीं है। दिल सदा खुश रहे यह बात हम सबके अनुभव में आ गई है।

(2) श्रीमत का इतना महत्त्व क्यों? मत देवताओं की भी है, मनुष्यों की भी है. ... फिर भी श्रीमत इतनी ऊँची क्यों मानी जाती? यह अकर्त्ता, अभोक्ता, असोचता की मत है। उसकी मत ही श्रीमत है जो श्रेष्ठ बनाती है। बाबा का बनना माना पूरा श्रीमत को पालन करना। जो थोड़ा बाप की सुनते, थोड़ा दुनिया की सुनते वह सच्चे बच्चे नहीं।

"बाबा हमारी स्टेज अकर्त्ता, अभोक्ता, असोचता वाली बनाना चाहता है। कर्मातीत बनते चलो, कर्म करते हुए अकर्मी होकर रहो, कोई विकर्म हमारे से न हो, कर्मभोग खत्म हो जाए, कर्मयोगी रहो।"

बीते हुए (पास्ट) के हिसाब-किताब चुक्तू करके कर्मातीत बनो तो कर्मातीत अवस्था (स्टेज) हमको असोचता बना देगी। फालतू सोचने की आदत खत्म हो जाएगी। फालतू सोचना, यह भी कर्मभोग है। समय व्यर्थ जाता है। धारणा अच्छी है तो ज्ञान बुद्धि में टिकता है–हिसाब-किताब से फ्री होकर बाबा तेरे पास आ रहे हैं। बाबा से मीठी-मीठी बातें करो–बाबा, हम आपकी आज्ञा मान आपके साथ चलते हैं, फिर आप ऊपर बैठ जाएँगे हम नीचे आ जाएँगे। जाएँगे साथ, आयेंगे अकेले। यह ड्रामा कैसा बना हुआ है। ऐसी मीठी-मीठी बातें बाबा से करो तो हर्षित रहेंगे। सदा सतयुग के नजारों को सामने रखो। यहाँ जिन्हें अपने महल का अभिमान है उनको बोलो–तुम्हारे यह महल तो सतयुग में झोंपड़पट्टी के समान है। हमारी प्रजा जिन महलों में रहेगी वह भी तुम्हारे इन पत्थरों के महल से अच्छे होंगे। हमारे तो हीरे के महल होंगे, क्योंकि हम ज्ञान रतनों से खेलते हैं। दिल मानता है–पुरुषार्थ से हमारी प्रालब्ध बन गई है। पक्का है, हम जो करेंगे वह पाएँगे। बाबा मुफ्त में नहीं देगा, बहुत होशियार है। उसकी होशियारी हम मुरली में रोज सुनते हैं। कहता-पहले अपना वारिस बनाओ तब मैं पूरा वर्सा दूँगा। सब कुछ मेरे को दो, मेरा कुछ नहीं..... तो मैं पूरा वर्सा दूँगा। वह अच्छी कन्डीशन डालता

है। अच्छा सौदागर है। हमको अच्छा सौदा करने की समझ देता है। सच्चा सौदा सिखाता है। सच्चे दिल से सौदा करने से दिल बड़ा मजबूत हो जाता। किसी के कहने से नहीं किया है, दिल से किया है, दुनिया माने न माने, हमने तो अपने बाप को पहचाना है। हमने कुछ पाया है तब तो उसके पास बैठे हैं। अंदर से विश्वास की आवाज उसके दिल से निकलती, जिसने दिल से किया है। हम सदा बाबा की स्पर्श (टच) में रहे हैं, तब अलग (डिटैच) हुए हैं। टच करने वाला बाबा है, मैंने फलाने को स्पर्श (टच) किया..... यह भी अभिमान न आए।

(3) सच्चे दिल से बाबा को प्यार करो–तो बाबा का प्यार अपने आप (आटोमेटिकली) मिलेगा। कोई संबंध मिस है माना बुद्धि कहीं न कहीं व्यक्ति वैभव की तरफ लटकी हुई है। फिर बाबा कामचलाऊ प्यार करता है, दिल से नहीं करता। दिल से उनको करता जिसके दिल में कोई खोट, पाप नहीं है। **बाप का आशीर्वाद चाहिए तो सच्चे दिल से, जो तुम्हारे अंदर है बाबा को सुनाओ। जो तुम झूठ, चोरी, पाप करते हो, सच सुनाओ तो अपने ऊपर आशीर्वाद होगा।** भगवान के साथ सच्चा होकर रहने में बहुत ऊँची प्रालब्ध बनती है। छिपाना माना बाप के प्यार से वंचित होना। कितना भी योग लगाने की कोशिश करो, योग लगेगा नहीं। मेहनत करनी पड़ेगी। मुहब्बत का अनुभव नहीं होगा। मेहनत में ही लाइफ गंवा देंगे। बाबा की दिल से महिमा नहीं निकलेगी। रूखी-सूखी महिमा में मजा नहीं आता है। अनुभव में प्यार और प्राप्ति है तो महिमा निकलती है। मर्यादाओं पर चलने वाले बाबा की नजरों में आते-जाते, बहुत प्यारे लगते। मर्यादाओं में बिल्कुल ठीक (एक्यूरेट) रहना मम्मा ने हमको सिखाया है। ब्राह्मण कुल, ईश्वरीय कुल वाले हम ब्राह्मण है, अपने कुल का नाम रोशन करना है तो मर्यादा में बिल्कुल ठीक (एक्यूरेट) रहो। और कुछ पुरुषार्थ नहीं हो सकता है तो मर्यादा संपन्न बनो, तो बाबा अपने आप ही प्यार करेगा। अपने आप ही याद करेगा। जो मर्यादा में एक्यूरेट रहता, मात पिता की इच्छा प्रमाण चलता उन्हें बाप की दुआयें मिलती हैं–जिससे शक्ति भर जाती है। सारी दुनिया की नजरें हमारे ऊपर हैं, इतनी ऊँची मर्यादा संपन्न मैं आत्मा बनूँ–जो सबको पावन बनने की, ऊँच बनने की प्रेरणा मिले। अमृतवेले से लेकर रात्रि तक मर्यादाओं को देखते चलो। खाते-पीते, चलते-फिरते मर्यादाओं में रहो। बाबा से इतना मिलता है, परंतु कईयों की झोली में सुराख होता तो बह जाता है। बाबा के सामने झोली खोलकर बैठो तो झोली भरती जाएगी। भगवान ने हमें अपनी नजर से देखा, कितनी खुशी है। आत्मा फुल हो जाती है। सदा याद रहे मैं सतगुरू की नजरों में हूँ, निहाल हूँ, मैं बेहाल हो नहीं सकती। शुक्रिया बाबा तेरा, तूने सब कुछ दिया है। तेरी सदा स्मृति रहे, मुझे यही चाहिए। स्मृति में रहने का सौभाग्य मिला है, थैंक्स बाबा। अच्छा।

(4) कभी भी बुरे अनुभव (बैडफीलिंग) की आदत हमारे में न हो। करनकरावनहार बाबा बैठा है, निमित्त बाबा ने इंस्ट्रमेन्ट बनाया है। जहाँ चाहे फिट करे।

जहाँ जिस घड़ी जरूरत हो वहाँ फिट कर ले। यह तो उसके हाथ में है। बाबा का मीठा-मीठा स्वरूप हमारे सामने आता.... **बाबा प्यार से समझाता धीरज धर मनुआ. ... ब्राह्मणों का जैसे बाबा साथी है, ऐसे धीरज को भी अपना साथी बना लो। कभी उतावली या डोलायमानी के चिह्न भी हमारे चेहरे पर न आएँ।** क्योंकि योगी जल्दी नीचे नहीं उतरता। धीरज ने अंदर से योगी बनने की आदत डाली है। जिसको धीरज नहीं होता उसका चढ़ना भी जल्दी, उतरना भी जल्दी। अधीरज होने का अवगुण है तो योगयुक्त बनने में बहुत टाइम लगता है। उतरता बहुत जल्दी है। तो अपने पुरुषार्थ के स्तर (लेविल) को देखो। अगर कर्मयोगी, राजयोगी बनना है तो कर्म में भी धीरज हो, हर कर्म प्रेरणा देने लायक हो। भाग्य विधाता बाप के हाथ में मेरा भाग्य है। पुरुषार्थ में भी अधीर्यता होती है तो रोना आता है। मेरा पुरुषार्थ क्या है। ड्रामा हमको अच्छा धीर्यवत बनाता है। तू अपने पार्ट को देख, सारा दिन देह अभिमानी (बॉडी कानसेस) नहीं बनो–सोचते न रहो–पता नहीं मेरा पार्ट क्या है। आत्माभिमानी (सोल कानसेस) बनो। किसी आत्मा से भेंट मत करो। बाबा की याद से धीरज से पुरुषार्थ करते चलो। अच्छा करने की आदत हो, बुरा करने की आदत छूट जाए। किसी को आपसमान बनाकर, अच्छा फूल बनाकर बाबा के पास लेकर आओ। सिर खपाने वाले न लाओ। हरेक अपने आपसे पूछे मैं क्या सेवा करता हूँ। अच्छा।

ज्ञान का सार बुद्धि में तब रहेगा–जब असार संसार की बातें बुद्धि से खत्म होंगी (23–02–87)

दो मिनट भी याद में बैठना माना विस्तार को समेट लेना। 50 वर्षों में बाबा से इतना ज्ञान रतनों का खजाना मिला हुआ है, लेकिन अंतिम स्थिति को नजरों के सामने रखो तो अंत में क्या रहेगा? सार। वह सार का स्वरूप हमारी अंतिम स्थिति होगी। बाबा के गुण हमारे स्वरूप में प्रत्यक्ष होंगे। अपने पुरुषार्थ से प्रालब्ध के संस्कार बन गए। एक तरफ बाबा का वर्सा, दूसरे तरफ पुरुषार्थ से प्रालब्ध, जिसको बाबा दूसरे शब्दों में कहते–ज्ञान योग की अग्नि से हम बदल गए, परिवर्तन आ गया। अंतिम स्थिति रही लाइट और माइट। हम हो गए लाइट के आकारी। 5 तत्त्वों से पार रहने की शक्ति उपराम बना देती है। प्रकृतिजीत बना देती है। सार रूप में हम क्या चाहते हैं? प्रकृतिजीत मायाजीत बनें। सार में वह शक्ति है जो हमको जीत पहनाती है। विस्तार में तो कभी माया का दखल (इन्टरफेयर) होता है, जबकि सार में माया की दखलंदाजी (इन्टरफेयर) नहीं हो सकती। विचार सागर मंथन करके अनुभव के आधार से ज्ञानी आत्मा बनो। सर्वशक्तिवान से शक्ति खींचने के लिए हर बात को मौन

(साइलेन्स) के आधार से सेकेण्ड में मर्ज कर लो। जैसे कि हुआ ही नहीं। पास्ट की बातें सब भूली हुई हों। कल्याणकारी बातें याद हों तो दिल को फरहेत (आराम) मिलता है। कर्मबंधन के हिसाब-किताब वाली बातें समाप्त (फिनिश) हो गईं। बाबा ने जो सुनाया है वही याद है, बाकी सब भूला हुआ है। जिस बात में रुचि (इनट्रेस्ट) नहीं होती वह खत्म हो जाती। **ज्ञान का सार बुद्धि में तब रहेगा जब असार संसार समझकर असार वाली बातों को मन से खत्म कर देंगे।** कोई भी बात करते, सोचते, पहले पूछो इस बात में सार क्या? सार माना अर्थ क्या। बिना अर्थ सोचना, बोलना ठीक नहीं। स्वार्थ अलग बात है, अर्थ सहित करना अलग बात है। स्वार्थी बनना गलत (रांग) है। यथार्थ काम करने से उसकी शक्ति पैदा होती है। विस्तार जो किया, उसका सार क्या रहा? सच्चाई सफाई रही? बाबा से अच्छा संबंध रहा? बाबा की समीपता का अनुभव हुआ। अंदर इतनी तैयारी हो, जैसे बाबा के पास अब पहुँचे कि तब पहुँचे-पहुँचे, यह है सार। जम्प लगाने की या उड़ने की भी बात नहीं। यहाँ से पाँव उठाकर वहाँ रखने की बात है। इतनी अंदर से फीलिंग हो।

आकाश तत्त्व से पार चले जाओ तो सूक्ष्मवतन मूलवतन में दूरी नहीं। जितना हमको आकाश से 5 तत्त्वों से पार जाने की प्रैक्टिस होगी उतना सूक्ष्मवतन मूलवतन नजदीक अनुभव होगा। सार यही है कि पहले अव्यक्त बनो फिर बिन्दी बनो। अव्यक्त बनना है तो व्यक्त भाव के भान से अपने आपको छुड़ाओ। परे रहो। अपने से पूछो बंधनयुक्त हूँ या मुक्त हूँ। एक बंधन छोड़ दूसरे बंधनों में फंस तो नहीं रही हूँ। मुझे बंधनमुक्त बनना है पार जाने के लिए। बंधनमुक्त आत्मा सेकेण्ड में पार जाती है। कैसे जाऊँ? प्रश्न (क्वेश्चन) नहीं है। जिस घड़ी उपराम रहने की वृत्ति हो जाती तो यहाँ के वायुमंडल का असर नहीं हो सकता। ज्ञान का सार है–सदा अपने आपको मधुबनवासी, सूक्ष्मवतनवासी समझो तब बनेंगे, स्वर्गवासी। मधुबनवासी समझना माना माता-पिता, भाई बहन, बाकी कोई संबंध नहीं। त्यागी तपस्वीमूर्त रहो तो मधुबन निवासी हैं। सेवा धर्म है, सेवा के बगैर रह नहीं सकते। सेवा ऐसी करो–जिसमें त्याग तपस्या हो। त्याग वृत्ति तपस्वी मूर्त बनाती है। तपस्वीमूर्त बनने से प्राकृतिक (नेचुरल) सेवा है। ईश्वर की याद दिलाने से अर्थ सेवा है, परमपिता के बच्चों के अर्थ सेवा है। कभी भाई-बहन के लिए यह नहीं कहा जाता–मैं इनकी सेवा कर रही हूँ। बहन-भाई माना एक दो के सहयोगी रहना। हम आपस में बहन-भाई हैं। खिलाने वाला संभालने वाला माता-पिता हैं। खिलाने-पिलाने की जिम्मेवारी हमारी नहीं है। हमको अपने बच्चे हैं ही नहीं जो हमें सिर दर्द हो। हम बहन-भाई हैं, शाही (रॉयल) फैमली के है, ईश्वरीय फैमली के हैं, हमें आपस में बहुत प्रेम से रहना है। यह भी सार है कि **हम सदा एक दूसरे के सहयोगी रहें। पुरुषार्थ या सेवा में एक दूसरे की मदद करें। कभी भी दखलंदाजी (इन्टरफेयर) न करें। इन्टरफेयर करने वालों से सब दूर हटते हैं।** कोई बहुत मीठी सहयोगी होती तो उसको सब कहते, इसको मेरे पास

भेजो। इन्टरफेयर करना फालतू चिंतन है। वह अपनी ड्यूटी छोड़ दूसरों की ड्यूटी में घुसता रहता। समझता है सब मैं करूँ.... अरे, तू अपनी ड्यूटी तो ठीक संभाल। जितना हम निरसंकल्प रहें, ईश्वरीय परिवार के लिए प्यार व शुभ भावना रखें उतना हम सहयोगी हैं। हमें सहयोगी रहने का बाबा से वरदान मिलता है। ऐसे नहीं सोचो—मैं जो कुछ करता हूँ वह फौरन दिखाई पड़ना चाहिए। नहीं। बाबा हमको दिन-रात गुप्त सहयोग देता है। बाबा की मदद बगैर, शक्ति के बगैर हम एक कदम भी हिल नहीं सकते। यज्ञ का कोई भी कार्य है, बाबा करवाता है।

> "जैसे बाबा हमारे साथ सदा सहयोगी है, ऐसे हम भी स्नेही-सहयोगी बनें। ईश्वरीय स्नेह से भरपूर बनें। स्वार्थ भाव से नहीं, यथार्थ भाव से। यह अभ्यास हमें कई बातों के विस्तार में जाने की आदत से छुड़ा देता है।"

हमारा इस बात से मतलब क्या। सबका भला हो उसमें मुझे खुशी है। अपने आप से पूछो, मुझे क्या चाहिए। मेरे को तो घर जाना है, सबका भला हो। मेरे को बाबा संपूर्ण बनायें और मैं बाबा के पास पहुँचूँ। बाकी सब बातें योग की अग्नि से बदल जाएँ। माचिस की इतनी छोटी-सी तीली—कितनी अग्नि जला देती। परिवर्तन कर देती। इतनी छोटी-सी याद की शक्ति अंदर ही अंदर हममें परिवर्तन कर लेती है। आग जब बहुत फैल जाती है तो कोई बुझा नहीं सकता। आग के साथ हवा का झोंका लग जाए तो काम खत्म। योग की अग्नि जोर से प्रज्वलित हो जाए और साथ-साथ वायुमंडल भी ऐसा हो तो बहुत जल्दी वायुमंडल शुद्ध हो जाएगा। कभी सार रूप में बैठकर पूछो-योग अग्नि क्या है, जिससे हम सारे बदल जाएँ और हमको बदला हुआ देख दूसरे बदल जाएँ। कलम लग जाए। पहले ज्ञान की कलम फिर बदलने का कदम। सेवा में यह बहुत जरूरी है। अच्छा।

दूसरी क्लास 24-03-87

कोई भूल करके सच बताता है तो बहुत प्यारा लगता है। अगर कोई पाप करे और छिपाता रहे तो उसकी क्या गति होगी। उसका भविष्य अच्छा नजर नहीं आता। सच बताने वाले का भविष्य अच्छा बन सकता है। सच बताने से उसी घड़ी हल्केपन का अनुभव होता है। कैसी भी भूल हो आधी माफ हो जाती। कायदा कहता है, जैसा कर्म वैसा फल...... परंतु सच बताने वाले को बाबा आधा माफ कर देता। सच न बताने वाले

को कड़ी सजा..... बाबा को सच वही बताता जो जानता है बाबा धर्मराज हैं। जिस पर देह अभिमान का घेराव है वह बताता नहीं। बाबा कालों का काल होते हुए भी सच बताने से धर्मराज को कहता, इसे आधा माफ कर दो। रहम का सागर है ना। आधा माफ किया। आधे का क्या होगा। उसकी भी भोगना से छूटने की साधना है। एक तो सच बताकर बाबा के दिल को जीत लिया, बाबा ने आधा माफ कर दिया, सच बताने से नजदीक आए। फिर जो किया उसके लिए बाबा कहता, भूल जाओ। भविष्य अच्छा है, काम करो। फिर पश्चाताप करके समय न गंवाओ। अच्छी तरह बाबा को याद करो, श्रेष्ठ कर्म की जो शक्ति है, बाबा की याद है वह बाकी आधा माफ कर देगी। सारा परिवर्तन हो जाएगा। फिर से हमारे द्वारा ऐसी भूल न हो। ऐसे नहीं कि सच बता दिया तो फिर श्रेष्ठ कर्म न करें, फिर से अलबेलापन या आलस्य हो या संग के प्रभाव में आ जाएं। फिर जो आधा माफ किया वह भी खत्म हो जाएगा। सच बताने का मतलब यह नहीं कि फिर जैसे के तैसे रहें। माफ तब होगा जब उसकी एवज में 100 गुणा श्रेष्ठ कर्म करें। ज्ञानी के लिए 100 गुणा प्राप्ति है तो 100 गुणा दंड भी है। समझदार वह जो नाम रोशन करे। समझदार वह जो समझ से काम लेकर श्रेष्ठ कर्म करे। बीती को बाबा तो क्या परिवार भी भुला सकता है..... लेकिन सच्चा, सुंदर संबंध रखें..... यही संगमयुग है जो विकर्मों का खाता श्रेष्ठ कर्म की रबर से, याद की शक्ति से मिट सकता है। जिससे बाप की नजरों में समा सकते हैं। लव में लीन रह सकते हैं। बाबा की नजरों में छिपे रहना, बाबा के प्यार में लीन रहना, यह भी बड़ी सुंदर माया से बचने की साधना है।

पांडवों में एक हैं बेमुख, दूसरे हैं मनमुख और तीसरे हैं सम्मुख, चौथे हैं गुरुमुख। सतगुरू के मुख से जो श्रीमत मिलती है उस पर चलने वाले वह होते, जो बाप को सम्मुख देखते हैं। बाबा हमारे सामने, हम बाबा के सामने। भक्ति में गुरुमुख को बहुत मानते, जो गुरू को फालो करने वाले होते। **ज्ञान मार्ग में भी जो बाबा की श्रीमत का अच्छा पालन करते, सतगुरू की मत को दिल में समाते वह बहुत प्यारे लगते। उसके लिए सबके दिल में रिगार्ड बैठ जाता।** बेमुख माना अपनी मनमत पर चलने वाला, जिसका मुँह माया की तरफ है वह बेमुख हुआ। उसका संग करना भी खतरे का है। उसके खान-पान रहन-सहन से लगता ही नहीं कि यह योगी है। अच्छा-ओमशांति।

 **संगमयुग पर मान-अपमान व दुख-सुख के खेल में समान रहो तो बाप समान बन जाएँगे (25-03-87)**

सतयुगी विश्व की बादशाही पाने के लिए हदों को छोड़ो। द्वापर से लेकर अनेक हदें पड़ गई हैं। संगमयुग पर हम बाबा के बच्चे हदों से पार होते जा रहे हैं। बेहद बाप

के बच्चे बेहद सृष्टि के मालिक हैं, बेहद सेवा अर्थ हैं। हदें नहीं हैं। हदें ही देहअभिमान में ले आती हैं। अहंकार को छोड़ने की युक्ति है–सदा याद रखो, जैसा कर्म हम करेंगे, हमको देख और करेंगे। उसको पहले जो करता है वह अपने लिए करता है, वह भी ध्यान (अटेन्शन) हो। बाबा हम बच्चों में अच्छे कर्म करने के संस्कार डाल रहा है। कराने वाला बाबा है, करने वाले अनेक आपके बच्चे हैं। बाबा अपने अनेक बच्चों को निमित्त बनाकर कार्य करा रहा है। हम बाबा के साथ हैं तो करनकरावनहार हैं। पार्टधारी हैं तो मुझे क्या करने का है। बाबा के साथ साक्षी होकर देखो। साक्षी होकर देखने से नैचुरल रॉयल्टी आती है। निरअहंकारीपन आता है। हम कुछ नहीं करते, कर्त्तापन के भान से दूर हो जाते तो निरअहंकारीपन और साक्षी होकर देखने का अभ्यास हमारे अंदर रॉयल्टी के संस्कार पैदा कर देता। कार्य में भी आओ परंतु कर्त्तापन के भान से परे रहो। अगर सोचते, मैं करता हूँ या मुझे करना है तो टेन्शन या चिंता होती। हार-जीत, मान-अपमान की फीलिंग आती। कार्य करते भी मान-अपमान से परे रहो। लाइफ में पवित्रता, कर्म में धीरज और शांति हो तो देहीअभिमानी स्थिति बनती जाएगी। मान-अपमान, निंदा स्तुति, हार-जीत, दुख-सुख में समान रहने का अभ्यास होता जाएगा। यहाँ जो चढ़ाई-उतराई, दुख-सुख है, यह वहाँ नहीं होगा। वहाँ प्रकृति दासी होगी। हवा-पानी भी दुख नहीं देगा। अब जो दुख-सुख आता है, मान-अपमान होता है, संगमयुग पर यह जो खेल चलता, उस खेल में पार्ट बजाते हुए समान रहना, यही बाप समान बनने का पुरुषार्थ है। यही हमारा स्वामित्व (रायल्टी) है। हम बाप समान बनना चाहते हैं तो दुख-सुख, हार-जीत में समान बनें। अगर हम अपनी ग्लानि सुनते जरा-सा अपसेट होते हैं, दिल को दुख महसूस होता है तो अपने आपसे पूछो, ऐसी स्थिति में मेरा पद क्या होगा। ऊँचा पद बनेगा ऊँची पढ़ाई पढ़ने से, अच्छी स्थिति जमाने से। अब दुख-सुख, मान-अपमान में समान रहो। यही स्थिति (स्टेज) हमारे पद को ऊँचा बना रही है। देवता पद कोई आर्डनरी नहीं है। सारे चक्र में जितने भी पार्टधारी हैं, उनमें देवताओं का पद ऊँचा है। ऐसा देवता घराने में पद पाने का पुरुषार्थ अब करना है। पढ़ाई के आधार पर ही राज्यपद मिलता है। पढ़ाई पर ध्यान (अटेन्शन) देना माना समय की कीमत (वैल्यु)। एकान्त में बैठकर लिखो, पढ़ो, विचार करो। जितने अच्छे स्टूडेन्ट होते वह एकान्तपसंद होते हैं।

जो अतिइन्द्रिय सुख का अनुभव करने के आदती हैं वह छोटी-छोटी बातों में नीचे-ऊपर नहीं होते। ऐसे नहीं कि योग में बैठें, योग कराया या किया उस समय आनंद महसूस हुआ.... फिर आधा घंटे के बाद दिमाग उल्टा, यह कोई योग नहीं है। योग अर्थात् सदा लव में लीन रहो। कनरस, आँखों के रस और जीभरस से दूर रहो। वह रस खींचने वाला न हो। सच्चा योगी वह जो खाना खाते यह याद न आए कि यह चीज अच्छी थी.... उसका टेस्ट याद न आए। खाना खाते समय योग लगाने का टाइम मिलता है। आत्मा को भी खिलाते, शरीर को भी शक्ति देते। शरीर अगर कमजोर

है तो 5 मिनट अच्छी तरह से योग में बैठें। जैसे-जैसे खाना खा रहे हैं शक्ति आ रही है, दिमाग ठंडा हो रहा है। ऐसा गुप्त अभ्यास कनरस, जीभरस, आँखों के रस, बाह्यमुखता से छुड़ाकर ईश्वरीय अतिइन्द्रिय सुख में रमण करने की आदत डालता है।

"परमात्मा बाप से हम सर्व संबंधों का रस ले सकते हैं। अगर बुद्धि इस देह में भी है तो बाबा से संबंधों का रस नहीं ले सकते।"

कोई दुख-सुख की फीलिंग में हो तो भी नहीं ले सकते। अच्छा पद पाना है तो सारा दिन अपने आपको पढ़ाओ, अंदर ही अंदर होम वर्क करते रहो। ऐसे नहीं कि जब इम्तहान के दिन आएँगे तब पुरुषार्थ कर लेंगे। अच्छे स्टूडेन्ट सदा तैयार (रेडी) रहते हैं। हम बाबा की मदद से सदा रेडी रहें, आज भी परीक्षा आ जाए। परीक्षा आने के पहले अपनी परीक्षा स्वयं लेते चलो। चेक करो मेरे में मोह या अहंकार या क्रोध तो नहीं है.... ऐसे नहीं, जब क्रोध आए तब शांत होने की कोशिश करो। ऐसे नहीं जब कोई शरीर छोड़े तब मोह को चेक करो। थोड़ा भी मोह आ गया माना फेल। इसलिए पहले से ही मोहजीत बनने का पुरुषार्थ करो। राजयोग माना मोहजीत बनकर राजा-रानी पद पाओ। जब यहाँ क्रोध जीत बनो तब प्रजा प्यार से कहेगी, तुम मेरे राजा। प्रजा के अंदर वह प्यार तब होगा जब हमारे अंदर प्यार होगा। राजा-रानी बनना माना वह स्वामित्व (रायल्टी) हो, वह तब आएगी जब सेवा में रहते नम्रता भावना हो।

कई सेवाधारी इतने अच्छे होते जिसमें जरा भी अहंकार, अभिमान नहीं होता। उनकी सेवा सबको प्यारी लगती है। सच्ची सेवा वह जो बाबा की याद में रहकर करे। दूसरों को याद दिलाता रहे। हम जब मम्मा बाबा का नाम लेते तो अंदर दिल से रिगार्ड, प्यार पैदा होता, क्यों? क्योंकि उन्होंने अच्छी तरह से घोट-घोट कर ज्ञान अमृत पिला-पिला कर सदा शीतल बनाने की पालना दी है। हमको सदा सुखी बनने का वर्सा दिया है। तो क्यों न हम उनके राज्य में आएँगे। तो पूज्य बनना है तो अपनी पूजा अभी नहीं कराओ। पूज्यनीय बनने की सूरत-सीरत धारण करो। हरेक दिल में यह भावना पैदा हो कि यह पूज्यनीय है, माना मेरे से बड़े हैं। दिल के अंदर प्यार रिगार्ड भरा हो। ऐसी लगन से अपने आपको पढ़ाकर पूज्य पद पाओ। सच्चे दिल पर भगवान राजी होता है। उसे अपना बनाकर रखो तो पूज्य बनेंगे। रायल्टी के संस्कार भरते जाएँगे। जो कुछ अंश मात्र किचड़ा पट्टी होगी वह सफाई हो जाएगी। सफाई रायल्टी दिखाती है। जितना सच्चा है उतना रायल है। झूठ रायल नहीं हो सकता। झूठ बोलने वाले को कौन प्यार करेगा। सच्चे को भगवान प्यार करता। सच्चाई सफाई हमको ऊँचा पद दिलाती है। ऐसा सच्चा बनने के लिए अपने आपको पढ़ाओ। जो अच्छी तरह से पढ़कर पढ़ाते हैं, वह बाबा को प्यारे लगते हैं।

दूसरे क्लास का शेष

जो बाप से बेमुख रहते, उनके संग से अपने आपको संभालो। समझदार बनो। जो ईश्वरीय संतान-बाप के सम्मुख रहने वाले हैं उनके साथ रहने में मजा आता है, सेफ्टी महसूस होती है। सच्चाई खींचती है। जिनका अपनी स्थिति जमाने पर पूरा ध्यान है.... परमात्मा पिता से सच्चा संबंध जोड़कर रखा है और दूसरों का भी जुड़ाते हैं, किसी के लेने-देने के बीच में नहीं आते...... ऐसे का संग करो। कर्म फिलासफी बहुत सूक्ष्म है। हम बीच में कोई कर्मबंधन न जोड़ें। कोई आत्मा, आत्मा से लेन-देन करती तो आपस में हिसाब-किताब बन जाता है। **संगम पर हमारा हिसाब-किताब है ही एक परमात्मा बाप से। तुमको चाहिए तो बाबा से लो, तुमको कुछ देना है तो बाबा को दो। इंसान से लेंगे तो इंसान गिनती करता रहेगा-मैंने इतना दिया.....** बाप कितना बड़ा वर्सा देता है पर यह नहीं कहता कि मैं बूढ़ा हूँगा तो मेरी सेवा करना..... ऐसा बाप सारे कल्प में नहीं मिलेगा, जो कभी गिनती नहीं करता, कि इतना देता। तो क्यों न उनसे लेवें। सतयुग में भी जो लेना है वह अभी संगम पर बाप-दादा से ले लो फिर लक्ष्मी नारायण भी यह नहीं कह सकते कि मैं तुमको वर्सा देता हूँ। वहाँ भी मैं अपना वर्सा खाती, परमात्मा बाप हमें इतना बड़ा वर्सा अभी दे रहा है जो भक्ति में काम आएगा। भक्ति में भी देवताओं के पुजारी होंगे लेकिन उनसे कुछ मांगेंगे नहीं। क्योंकि अभी के पुरुषार्थ का सारा कल्प खाते हैं। ऐसे सदा सच्चे दिल से अपने साहेब को साथी बनाकर रखना है। फिर कभी हमको हाथ ऐसा (मांगने वाला) नहीं करना पड़ेगा। बाबा हमें सब दे रहा है। 84 जन्मों के लिए संस्कार बन रहे हैं। बाबा को हमने पहचान करके अपना बना लिया। अपने को बच्चा समझो तो बाबा अपने दिल में छिपाकर बिठा लेगा। हम बाबा को दिल में बिठायें तो बाबा हमको बिठायेगा, फिर कुछ भी मेहनत करने की जरूरत नहीं।

पतित बनाने वाली माया की तरफ हमारी पीठ हो और बाबा की तरफ मुँह हो तो मायाजीत जगतजीत बन जाएँगे। सदा खुदा की खिदमत में रहो। फल की इच्छा न हो, देने वाला दाता बैठा है। जो कोई यज्ञ की सेवा करता अपना भाग्य बनाता, हम उसी सेवा को देख आशिक न हो जाएँ। जो करता अपना भला करता। ऐसी सूक्ष्म चेकिंग करते-करते मायाजीत बनना है। विजयी रतनों की लाइन में आना है। क्यों, कैसे का प्रश्न (क्वेश्चन) नहीं। किसी बात में मुश्किल शब्द प्रयोग (यूज) करना भी निश्चय की कमी है। अच्छा-ओमशांति।

धर्मात्मा वह जो खुद से भी सच्चा, दुनिया से भी सच्चा और भगवान से भी सच्चा हो, झूठ का अंश मात्र न हो (27-03-87)

(1) दुनिया में भी जो धर्मात्मा होते हैं वह कभी झूठ पाप चोरी नहीं करेंगे, क्योंकि वह सत धर्म की शक्ति के खजाने से भरपूर होते हैं। धर्मात्मा वह जिसे स्वधर्म की और परमात्मा बाप की अच्छी तरह से पहचान हो। जब स्वधर्म की पहचान है–तो धर्म क्या कहता है उसकी स्मृति है। जो दुनिया करती है वह हम नहीं कर सकते। अगर अब तक भी पहले के माफिक होता है तो उसको धर्मात्मा नहीं कहा जाता। ब्राह्मणों में भी धर्मात्मा कोई विरला है। धर्मात्मा वह जो सदा सच बोलने वाला है, वही सदा सुखी रह सकता, वह दो रोटी खाकर खुश रहना चाहता। साधारण (सिम्पुल) रहकर बड़ा खुश रह सकता है। जिसको साधारण (सिम्पुल) रहना अच्छा लगता उसे सच पर रहना सहज है। वह जिनके अर्थ निमित्त है उनको भी सच ही सिखायेगा। मजबूरी के कारण भी चोरी पाप नहीं करेगा। मजबूरी होती है मोह वश या दुनिया को देखने से। लोभ मोह वश ही झूठ पाप करते हैं। परंतु जब मैं धर्मात्मा हूँ, सच धर्म को जान लिया, तो कोई पाप हो नहीं सकता। ऐसे धर्मात्मा ही महान आत्मा बनते हैं, वही फिर पूजने लायक बनते है। पूज्य बनने वालों को बहुत मीठा बनना है। पाप पुण्य क्या होता है उसको कसौटी पर परखने की शक्ति है। **छोटे-छोटे पाप भी अगर होते हैं तो धर्मात्मा या पुण्य आत्मा नहीं बन सकते। तो पहले बनो पुण्य आत्मा, सेकेण्ड-सेकेण्ड पाप-पुण्य को देखते चलो। छोटे-छोटे पाप बहुत किए, अब पुण्य बहुत करने हैं।** ऊँच पद पाना है तो सेवा में हड्डियाँ दो। हड्डियाँ देने से हड्डी-हड्डी पावन बनेगी। पुण्य कर्म करने की आदत पड़ जाएगी। पुण्य कर्म करना सीखे तो पुण्य आत्मा हो जाएँगे। जिन कर्मइन्द्रियों से पाप किया, अब इन्हीं कर्मइन्द्रियों से पुण्य कर्म करने हैं। पाप आत्मा से बदलकर पुण्य आत्मा बनना है। पुण्य आत्मा बनने से जैसे धर्मात्मा बन रहे हैं। पुण्य कर्म की शक्ति स्वधर्म में स्थित रहने में मदद करती है। वह बाप को बहुत प्यारे लगते हैं। बाबा के प्यारे जो बन गए वह महान आत्मा हो गए। ऐसी महान आत्मा बनने से बाबा नजरों पर बिठाकर पूजनीय लायक बना देता है।

जब हम बाबा पर बलिहार जाते तो बाबा हम पर बलिहार जाता। बाबा हमें विश्व की बादशाही नहीं देता, वह विश्व की बादशाही लेने की युक्ति बताता है। राजयोग द्वारा मायाजीत बन हम विश्व के मालिक बन सकते हैं। माया से हार खाने से नो ताज, न लाइट का न स्थूल.... अब वापस दोनों ताज आ सकते हैं। पहले लाइट का क्राउन लेकर पवित्र बनो। फिर सेवा डबल क्राउन के अधिकारी बना देती। परंतु डबल क्राउन का नशा तब रहेगा जब पुण्य आत्मा बनेंगे। नहीं तो कभी अच्छा आत्म सम्मान (सेल्फ

रिस्पेक्ट) रहता, कभी खलास हो जाता। थोड़ा कुछ अच्छा करते तो नशा रहता, फिर औरों को देखते तो सोचते मैं तो कुछ नहीं हूँ। नशा चढ़ता उसको है जिसे धारणा करने की हाबी है। उतरता उसका है जो स्वयं को मियाँ मिट्ठू समझकर बैठे हैं। समझते हैं मैं बहुत अच्छा हूँ...... परंतु जब दूसरों को देखते तो अंदर आता, मेरा तो कुछ भी पुरुषार्थ नहीं है। निजी पुरुषार्थ से आत्म सम्मान (सेल्फ रिस्पेक्ट) बैठता है। वह शक्ति सदा कायम रहती है। बाबा से सच्चा प्यार है, आत्माओं की तरफ रिंचक मात्र भी बुद्धि का झुकाव नहीं है तो शक्ति है। झुकाव है तो बहुत नुकसान हो जाता है। थोड़ा भी कहीं लगाव (अटैचमेंट) है तो बहुत नुकसान होता। इसमें सेल्फ रिस्पेक्ट रह नहीं सकता। तो अपनी अंदर की स्थिति रेती के ढेर पर नहीं बनानी है। सेवा में रहते निष्कामी बनो, योगयुक्त बनो। निरअहंकारी बनो। दूसरों को देख रीस न करो। रीस करने से कुछ प्राप्ति नहीं होती। जितनी धारणा होगी उतनी सेवा स्वतः होगी। मुझे हड्डी प्यार से सेवा करनी है, सच्चे दिल से करनी है। योग दिल से लगाना है। दो दिन अच्छा योग लगा, तीसरे दिन न लगा–कारण क्या? सच्चा योग नहीं है, सच्चा संबंध नहीं है। सच्चा संबंध जोड़ो..... दूसरों को हमारे से भासना आए कि इसका बाबा से योग बहुत अच्छा है। यह नहीं कहें–कि इसने ज्ञान अच्छा बताया, नहीं। इसका प्यार अच्छा है। बाबा के प्रति कईयों का बहुत प्यार है, उनके लिए बाबा का भी बहुत प्यार है। ज्ञान भले इतना नहीं सुना सकते, परंतु चेहरे पर बाबा के याद की चमक है। तो इसको कहेंगे धर्मात्मा। धर्मात्मा माना अनुभवी योगी, ऊँची योग्यता (क्वालिफिकेशन) वाला। उसमें ईर्ष्या द्वेष नहीं होता। ऐसे धर्मात्मा बहुत थोड़े होते। जो सच के शौकीन हैं। भगवान से भी सच्चे, दुनिया से भी सच्चे, खुद से भी सच्चे.... जो खुद को कभी धोखे में नहीं रखता, थोड़े में खुश नहीं होता..... वह भगवान से भी सच्चा रहता, दुनिया से भी सच्चा रहता। उसे सच्चा रहने में मजा आता। वह जानता है झूठा रहने से कोई प्राप्ति नहीं। न दुनिया से न परमात्मा से। वह और ही खोया हुआ महसूस करेगा।

> "झूठा भले कितना भी प्रदर्शन (शो) करे–परंतु अंदर से गंवाता है। सच्चा कमाई जमा करता। इसलिए सच्चा ब्राह्मण वह जो धर्मात्मा हो।"

तो पहले बनो पुण्य आत्मा फिर धर्मात्मा, महान आत्मा, फिर बनेंगे पूज्यनीय आत्मा। सात दिन का कोर्स किया माना पाप-पुण्य का पता चला, सात दिन के कोर्स में भले 7 साल लग जाएँ पर पहले पाप-पुण्य का तो पता चले। ऐसे नहीं कि औरों को भी कोर्स कराने लग जाएँ लेकिन खुद को ही पाप-पुण्य का पता न हो। पाप-पुण्य की पहचान आने से ही स्वधर्म में स्थित हो अपने पाँव पर खड़े हो सकते। वह किसी

पर आधारित नहीं होते। योग भी अपनी बुद्धि से लगाते, कर्म भी सतकर्म की शक्ति से करते।

(2) ब्रह्माकुमार कुमारी वह जो किसी पर आधारित न हो। खाना बनाना भी अच्छी तरह से जानता हो। सिर्फ ज्ञान सुनाना ही न जानता हो लेकिन हर सब्जेक्ट में जो पास होता वही ब्राह्मण सो देवता बन सकता है। प्यार से किसी को एक रोटी बनाकर खिलाओ, खुद भी खाओ, बाबा को भी खिलाओ तो तन्दुरूस्त रहेंगे। दूसरों के भी डॉक्टर बन जाएँगे। जो प्रेम से भोजन बनाता और औरों को भी प्रेम से खिलाता–वह कभी कमजोर नहीं हो सकता। जो क्लीनिंग करना (सफाई करना) और कुकिंग करना नहीं जानता वह किसी को पढ़ाएगा भी क्या। उससे कौन सीखेगा। कर्मइन्द्रियों से कोई न कोई अच्छा कर्म करते चलो, भले सफाई ही करो। कर्म करने से एक्सरसाइज होती रहती। सिर्फ खाने से नहीं, बनाने से, बर्तन साफ करने से एक्सरसाइज होती है। **सतकर्म में प्यार से हड्डियाँ दो तो हड्डी गलती नहीं मजबूत होती है। ऊँच पद पाने का सहज तरीका है–यज्ञ में हड्डी-हड्डी सेवा करो, जो भी करो प्यार से करो..... कभी यह मुख से न निकले, यह काम नहीं आता।** जैसे ज्ञान सीखे हो ऐसे सब कुछ सीखना पड़ेगा। ज्ञानी योगी आत्मा हर बात सीख सकती है। अपने आप जिसको जिस बात का शौक होता है वह सीख लेता है। इसलिए धर्मात्मा बनना है, बाबा के दिल में बसना है, तो स्वधर्म में स्थित रहो, बाबा को याद करते रहो तो शक्ति मिलती रहेगी। सिर्फ अपनी कमियों को देखते दिलशिकस्त नहीं बनो। सदा दिल खुश रहो। इतनी हिम्मत रखो तो बाबा की मदद मिलती रहेगी। हिम्मतवान बच्चे बाबा को अच्छे लगते हैं।

दूसरी क्लास का शेष

ब्रह्माकुमार कुमारी बने तो काम क्रोध को छोड़ना सहज हो गया। ब्राह्मण वह जो पवित्र हो। काम विकार पर जीत जरूरी है। गीता में कहा है–यह महानशत्रु है। सयाने समझदार बच्चों की समझ में आ जाता–कि यह महान शत्रु है। जिसने काम को जीता वह अपने आपको अंदर से बड़ा स्वच्छ साफ भाग्यवान (लकी) समझता, उसे आत्मअभिमानी स्थिति का अनुभव होने लगता, जब तक कामात्र बुद्धि है तो बुद्धि देह अभिमान तरफ लटकी रहती, दूसरों का ध्यान रहता। खुद भी वशीभूत होते, देहधारियों पर ध्यान रखने के आदती हो जाते। इसलिए भगवानुवाच–इसको महान शत्रु जान। इस बात को समझ। जब तक देह की तरफ, किसी की भी देह की तरफ आकर्षण है तो कामात्र बुद्धि है। खींच होती है बात करूँ, यह करूँ.... वह स्वच्छ नहीं, सेकेण्ड नम्बर–**भगवान कहता क्रोध को अपना शत्रु जान। क्रोधी दूसरे को भी दुखी**

करते, खुद भी दुखी होते। जलता भी है जलाता भी है। क्रोध करते-करते लाल हो जाता। प्रेशर हाई हो जाता। उसके अंदर दूसरों के प्रति गुस्सा बहुत आता। जो मैं चाहूँ वही दूसरा करे। उसमें अहंकार भरा होता। इसलिए बाबा कहते—आत्मअभिमानी स्थिति में अंतर्मुखता से मीठे बनो। शीतल बनो। क्रोध तो क्या आवेश भी न आए। चेहरा सदा देवता जैसा हो। अच्छा—ओमशांति।

() () ()

BEST SELLING TITLES OF GPH

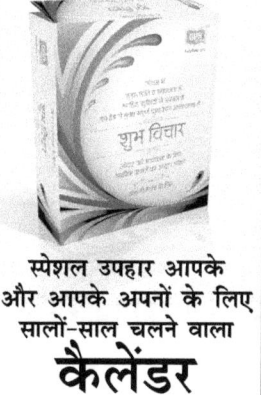

Do you want to become a writer? If yes, then

e-mail us at: publishmybook@gullybaba.com
Our team of experts waiting you to fulfill your dreams.

Milton Keynes UK
Ingram Content Group UK Ltd.
UKHW010738030424
440506UK00014B/1880

9 789383 921829